U0639024

国际共产主义运动史

张友伦文集

张友伦 ◎ 著

南开大学历史学院 ◎ 编

南开大学中外文明交叉科学中心资助

天津出版传媒集团

天津人民出版社

图书在版编目（CIP）数据

国际共产主义运动史/ 张友伦著; 南开大学历史学
院编. -- 天津: 天津人民出版社, 2024.6
（张友伦文集）
ISBN 978-7-201-17798-4

Ⅰ.①国… Ⅱ.①张… ②南… Ⅲ.①国际共产主义
运动史—研究Ⅳ.①D1

中国版本图书馆CIP数据核字(2021)第226757号

国际共产主义运动史
GUOJI GONGCHANZHUYI YUNDONG SHI

出　　版	天津人民出版社
出 版 人	刘锦泉
地　　址	天津市和平区西康路35号康岳大厦
邮政编码	300051
邮购电话	（022）23332469
电子信箱	reader@tjrmcbs.com

总 策 划	王　康　沈海涛
项目统筹	金晓芸　康悦怡
责任编辑	张　璐
特约编辑	康嘉瑄
装帧设计	明轩文化·李晶晶

印　　刷	河北鹏润印刷有限公司
经　　销	新华书店
开　　本	710毫米×1000毫米　1/16
印　　张	23.75
字　　数	316千字
版次印次	2024年6月第1版　2024年6月第1次印刷
定　　价	182.00元

版权所有　侵权必究
图书如出现印装质量问题,请致电联系调换(022—23332469)

前　言

　　张友伦先生是国内外知名的美国史、世界近现代史和国际共运史学家。1959年毕业于苏联列宁格勒大学历史系，回国后于南开大学历史系、历史研究所从事教学、研究工作。张先生曾任南开大学历史研究所所长、美国史研究室主任、校学术委员会委员，长期担任教育部人文社科重点研究基地南开大学世界近现代史研究中心学术顾问、教育部国别与区域研究（备案）基地南开大学美国研究中心学术顾问，主要学术兼职有中国美国史研究会理事长（1986—1996）及顾问（1996—　）、中华美国学会常务理事、《美国研究》编委等。张先生撰写和主编的学术著作、教材和工具书达二十余种，在《历史研究》、《中国社会科学》（英文版）、《世界历史》、《美国历史杂志》等国内外重要的学术刊物发表了数十篇论文。值得特别指出的是，张先生还参与历史知识普及工作，所编写的《共产主义者同盟》《第一国际》《第二国际》等历史通俗读物，行销百万册，还出版发行了少数民族文字版。张先生指导过近三十名硕士和博士研究生，其中多人已经成为中国世界史学界的栋梁之才和骨干力量。张先生在世界史尤其是美国史的学术探索、学科建设、人才培养等方面做出了卓越贡献，推动了中国世界史研究的纵深发展，堪称"老一代和新一代史学家之间的桥梁"。

　　由天津人民出版社编辑出版的多卷本《张友伦文集》，在众多张门弟子、家属、南开师友和出版社领导、各位编辑的共同努力下终于问世。这套文集由南开大学历史学院主持编选，就一些事项特做说明如下：

　　《张友伦文集》收录先生所著的多部学术著作及四十余篇学术论文，这些论著写作时间跨度很长，难免带有时代烙印，并且著述体例规范各

1

异,给文集的整理和编辑工作带来较大困难。此次出版除对个别字句的误植进行订正和人名地名译名的核改外,尽量保持原来发表及出版时的形态,如其间涉及俄文注释的篇章,保留了张先生对部分俄文的翻译,充分体现学术发展的脉络和时代性,以便后人更好地理解中国世界史研究的演变态势。

为保证文集的学术水平和编纂质量,南开大学历史学院与天津人民出版社密切合作,联手打造学术精品。经张友伦先生授权,由南开大学历史学院主持文集编选工作,成立以杨令侠教授、张聚国副教授、丁见民教授为主的编选工作组,带领研究生收集旧版书稿、整理编选、核对史实、翻译注释,并拟定各卷顺序及目录。其间,美国研究中心的博士及硕士研究生杜卓阳、栗小佳、马润佳、赵航、郝晋京、陈阿莉和吴昱泽等同学出力尤多,在旧版书稿与扫描文稿间多次折校。东北师范大学梁茂信教授、北京大学王立新教授、复旦大学李剑鸣教授、南开大学杨令侠教授、赵学功教授和付成双教授分别对各卷文稿进行专家审读,以避免年世浸远而引起的篇牍讹误。

感谢南开大学中外文明交叉科学中心江沛教授、南开大学历史学院余新忠教授为文集出版所做出的努力和所提供的支持!中心负责人江沛教授在担任历史学院院长时,启动了《张友伦文集》的出版工作,并指派专人负责文集资料的收集与整理工作。余新忠教授继任历史学院院长后,十分关心文集的后续进展,就文集的编辑、出版提出不少建设性意见。

天津人民出版社刘庆社长、王康总编辑和沈海涛副社长带领团队全力投入,成立《张友伦文集》编辑小组,由具有出版专业职业资格证的专业人员负责各卷编辑工作。小组的全体编辑对文集的编辑出版工作倾情投入,付出了艰巨的劳动,他们是责任编辑金晓芸、张璐、王小凤、康悦怡、燕文青、康嘉瑄,二审金晓芸、孙瑛和三审沈海涛。在此向天津出版传媒集团和天津人民出版社表示衷心的感谢。

2021年,恰值张友伦先生九十华诞,这套历时三年精心打造的文集是献给张先生的寿辰贺礼！张先生长达半个世纪的学术生涯是在南开大学度过的，他对南开大学历史学院及世界史学科常怀眷眷之心，退休后依然关心历史学院的发展，希望南开史学后继有人。每每看望，先生殷殷嘱托，时常响于耳畔，勉励我辈奋发图强。我们衷心祝愿先生健康长寿！

丁见民
2021年11月18日

作者附言

　　天津人民出版社为我出的这套文集，差不多把我一生所写的文章和书都收进去了。过去，只有知名的老教授才能获得这样的机会，但获得的人数极少。我虽然也是退休老教授，却没有什么知名度。所以，从来没有出这种文集的奢望。

　　作为一名教师，出版文集也是心所向往却又不容易的事情。我有幸出过两本文集，但部头都不大。每本只有二十几篇文章，三十多万字。那时已有幸遇知己的感觉，满怀高兴和感谢之情。对于那些从未谋面或交往不多的知我者一直念念不忘。

　　这次的感受更不同了。当我听到要出多卷本文集的时候，立刻被震动了，喜出望外，深感出版社的知遇之情，同时也明白自己同"知名"还有距离。我被拔高了，心中有所不安。常言道实至名归，我却是实尚未至，名却归了。

　　出版社的工作抓得很紧。2019年初，金晓芸编辑就带着她的编辑出版计划到我家来商讨，时任南开大学历史学院院长的江沛教授和曾任中国加拿大研究会会长的杨令侠教授一直关心文集的出版，也参加了这次商讨会。大家都觉得，出版社的计划很具体，也很周密，按专题分卷，并列出了每卷收入的著作和文章，可操作性很强。大家都同意这个计划，但觉得部头大，编辑工作很繁重，我应当配合出版社做的事情也很多，恐怕我这个耄耋老人承担不了。大家的担心不是多余的。只是查找和收集分散在外的文章这一项工作就得跑遍资料室和图书馆，是我无法办到的。我的听力不行，用电话和编辑沟通也比较困难，肯定会影响工作的进展。我确实有些为难了。江沛教授察觉到我的心情，当场就指定张聚国老师全力帮助我。

聚国是我的同事，办事认真、仔细。有他帮助，我就如释重负了。那段时间，在他的帮助下，我比较快地完成了应做的事情。现在工作已经到了校对阶段，离完成的日子不远了。可以说，聚国是此事的一大功臣。现任南开大学历史学院院长余新忠教授和副院长丁见民教授也为这部文集的出版费了不少心力，我谨在此对他们和所有关心、帮助过文集出版的先生、学友致以诚挚的谢意。对出版社的诸位领导和编辑除了深深的感谢以外，还要对他们为了事业，不计得失，果断出版多卷本、大部头史学文集的气魄表示由衷的敬佩。

在我的附言中不能不提到我那已经去世的老伴李景云。她也是南开大学历史系的教师。在我们共同生活的五十五年中，她总是主动承担着几乎全部的家务，否则我是写不出这些著作和文章的。这套文集背后有她的辛勤劳动和无限关心，没有她的支持也就不会有这套文集。我心里总觉得文集是我们两人共同努力的结晶，所以要在这里写上一笔。

张友伦

2021年11月10日

引　言

　　1983年是科学社会主义的创始人、无产阶级革命导师马克思逝世一百周年。全世界都在悼念这位伟人的逝世。人们在悼念马克思的时候，自然就联想到恩格斯的名字，联想到他们两人亲密无间的友谊和共同的战斗历程。

　　马克思和恩格斯的一生都是在辛勤的理论建设和艰巨的革命活动中度过的。他们在奠定科学革命理论以后所面临的第一个极其重要的实践活动就是创建第一个国际无产阶级组织——共产主义者同盟。今天，在悼念马克思的时候，重温共产主义者同盟的历史，显得分外亲切，而且具有特殊的意义。

　　共产主义者同盟的历史距今已有一百多年了。那时候，无产阶级刚刚作为独立的政治力量登上历史舞台。马克思主义也诞生不久，还没有为广大无产阶级所接受。五花八门的空想社会主义和空想共产主义盛行一时，在不同程度上影响着第一批工人活动家和社会主义者的思想。英、法、德等国家为数不多的社会主义团体和工人小组犹如海上的孤岛，分散零落，互不联系。尽管当时英国的宪章运动正在蓬勃发展，而且"在宪章主义旗帜下起来反对资产阶级的是整个工人阶级"[1]，但是就英国和欧洲大陆工人运动的整个形势来说，倾向马克思主义的只有少数先进工人和社会主义者。在这样的历史条件下，一般地区性的工人组织和社会主义团体很难担负起团结分散的革命力量和宣传科学革命理论的任务。于是，共产主义者同盟应运而生。

---

　　[1]《马克思恩格斯全集》第2卷，人民出版社，1957年，第516页。

共产主义者同盟的建立标志着马克思主义在同工人运动相结合的过程中,取得了第一次伟大胜利,使西欧国家早期工人运动的面貌焕然一新,这在国际工人运动史上是一桩极为重要的事件。共产主义者同盟并不是凭空出现的,而是在最初出现的、最激进的、最具有无产阶级性质的工人组织——正义者同盟的基础上,经过革命改造而后建立起来的。这个革命改造过程集中反映了当时的工人运动逐步从自发走向自觉,从分散走向团结的过程。因此,恩格斯在概述共产主义者同盟历史的时候,总是从它的前身正义者同盟开始,并且把1836年正义者同盟的建立到共产主义者同盟宣告解散这一段时间作为德国工人运动的第一时期和第一次国际工人运动。恩格斯还满意地回顾说,这是国际工人运动的光辉青春时期。在改造正义者同盟的过程中,马克思、恩格斯亲手创立的布鲁塞尔共产主义通讯委员会曾经起过极为重要的作用。因此,它在共产主义者同盟的历史中占有显著的地位。

　　马克思主义是指导无产阶级进行革命斗争的科学理论。它只有通过由无产阶级先进分子组成的独立的革命政党才能变成千百万革命群众的思想武器,从而产生出能够改造整个社会的巨大的物质力量。马克思、恩格斯从来就把无产阶级政党的建设作为国际工人运动的首要任务,并为之奋斗终生。恩格斯曾经说过:"要使无产阶级在决定关头强大到足以取得胜利,无产阶级必须(马克思和我从1847年以来就坚持这种立场)组成一个不同于其他所有政党并与他们对立的特殊政党,一个自觉的阶级政党。"①

　　然而,建立无产阶级政党是一个长期而又艰巨的任务。无产阶级从刚刚开始觉醒到能够组成自己的政党需要走过相当长的路程。共产主义者同盟就是马克思、恩格斯建立无产阶级政党的最初尝试,同时也是整个建党过程中所采取的第一个重大步骤。

　　共产主义者同盟是不是具备了一个无产阶级政党的基本条件呢?

---

①《马克思恩格斯选集》第四卷,人民出版社,1972年,第469页。

马克思说得好："制定一个原则性纲领……这就是在全世界面前树立起一些可供人们用以判定党的运动水平的界碑。"①共产主义者同盟不但有一个马克思、恩格斯亲笔起草的科学共产主义的纲领——《共产党宣言》，而且还有一个建立在民主集中制基础上的新章程。这两种历史文献明确地规定了共产党人的长远奋斗目标和眼前的具体任务、方针、政策和策略。就共产主义者同盟的纲领和章程所反映的运动水平来看，同盟完全可以当得起无产阶级政党这个光荣的称号。列宁曾经肯定地说，同盟"虽然很小但却是真正无产阶级的政党"②。

共产主义者同盟刚刚成立，声势浩大的欧洲一八四八年革命就爆发了。这次革命对于每个革命者都是一次严峻的考验，对于同盟尤其是这样。当时同盟还是幼小的，组织比较松散，未能在整个运动中充分发挥组织领导作用，不过，它仍然不愧是"一个极好的革命活动学校"③。它在两个方面经受了革命的考验：首先，同盟盟员到处都积极地参加了革命运动，不论在报纸上、街垒中，还是在战场上，都是站在唯一坚决革命的阶级即无产阶级的最前列；其次，1847年历次代表大会和中央委员会的通告，以及《共产党宣言》中阐述的关于运动的观点都已证明是唯一正确的观点，这些文件中的种种预见也已完全得到证实，同盟关于现代社会状况的见解在群众中引起了广泛的反响。

马克思、恩格斯一直把革命作为锻炼盟员的熔炉，积极组织他们投入战斗。他们通过共产主义者同盟和革命时期的《新莱茵报》对盟员和革命群众进行理论和思想教育，不断提高他们执行同盟的方针、政策的自觉性。在有《新莱茵报》作为坚强中心的莱茵河一带，在拿骚和莱茵豪森等地，到处都是由同盟盟员领导的民主运动。

同盟之所以能够取得这些成就完全应当归功于马克思、恩格斯，以

---

① 《马克思恩格斯选集》第三卷，人民出版社，1972年，第3—4页。

② 《列宁全集》第19卷，人民出版社，1959年，第292页。

③ 《马克思恩格斯选集》第四卷，人民出版社，1972年，第200页。

及那些英勇战斗在第一线的第一批无产阶级革命家。在他们的行列中有约瑟夫·莫尔、卡尔·沙佩尔、威廉·沃尔弗、弗里德里希·列斯纳、卡尔·普芬德、约瑟夫·魏德迈、罗兰特·丹尼尔斯、格奥尔格·维尔特、斐迪南·弗莱里格拉特、恩斯特·德朗克、康拉德·施拉姆、亨利希·鲍威尔、A.雅可比等人。虽然他们当中并不是所有的人都能够始终保持自己的节操，一直站在革命运动的前列，但却都毫无例外地在一定的历史时期对国际工人运动做出过自己的贡献。他们的名字已经载入了共产主义同盟的史册而流传至今。

共产主义者同盟虽然仅仅存在五年，但这却是极不寻常的五年。它经历了革命风暴的考验，也经历了反动政府疯狂迫害和同盟内部斗争的考验，几乎每前进一步都要付出巨大的努力。由于这个原因，同盟为国际工人运动提供了丰富的正反两方面的经验，在理论上、思想上、组织上为第一国际的建立提供了必要的条件。同盟是第一国际的先驱。共产主义者同盟在一八四八年革命中所提供的最重要的一条经验就是无产阶级在资产阶级革命中必须保持自己的独立地位和牢记长远的奋斗目标。在小资产者到处都受压迫的时候，在他们同无产阶级暂时还有共同利益的时候，无产阶级可以同他们建立只适合一定时机的联盟。但是，无产阶级首先是共产主义者同盟，不应当成为小资产阶级民主派的随声附和的合唱队，应该努力建立一个秘密的和公开的独立工人政党。马克思、恩格斯在一八四八年革命期间，一直希望能够建立一个比共产主义者同盟更加成熟的无产阶级政党。但是，无论在革命当中，还是革命结束后的一段时间，马克思、恩格斯的愿望都未能实现。就当时国际工人运动的水平来说，无论哪一个欧洲国家的无产阶级都还不具备建立独立的无产阶级政党的条件。这种情况决定了未来的独立的无产阶级政党仍然只能采取共产主义者同盟那样的国际组织形式。后来的第一国际就是在这样的历史条件下建立起来的。

共产主义者同盟为第一国际提供了纲领和章程的蓝本，是马克思、恩格斯制定《国际工人协会成立宣言》和《国际工人协会共同章程》的基础。第一国际的《国际工人协会成立宣言》(以下简称《成立宣言》)是继《共产党宣言》以后,国际无产阶级的第二个纲领性文献。它的基本原则和《共产党宣言》是一致的,只不过在阐述的方式上有所不同。当时卷入运动的工人人数有很大的增加,工联主义、蒲鲁东主义和拉萨尔主义在相当部分的工人中有着较大的影响。马克思、恩格斯从大多数工人的实际觉悟程度出发,尽量把可能争取的群众团结在第一国际的旗帜下,巧妙地把原则性和灵活性结合起来。在不损害基本原则的情况下,在《成立宣言》文稿中保留了一些"真理""道德"和"正义"之类的词句,语气也较为缓和。《成立宣言》针对工联主义、蒲鲁东主义和拉萨尔主义的机会主义观点,着重阐明了无产阶级暂时利益和长远利益的关系。它肯定了争取暂时利益的斗争,说明英国工人阶级争得十小时工作制是一次重大胜利,合作运动也是反对资本的一种形式,但紧接着就指出,要是把这些活动作为斗争的唯一目的,而不去推翻资本主义制度,那么无产阶级是得不到真正解放的。《成立宣言》明确指出:"夺取政权已成为工人阶级的伟大使命。"[①]《成立宣言》在末尾,再次提出了"全世界无产者,联合起来!"的伟大号召。

《国际工人协会共同章程》(以下简称《章程》)同共产主义者同盟的章程一样,也体现了马克思主义的建党原则。《章程》一开始就强调:"工人阶级的解放应该由工人阶级自己去争取。"[②]民主集中制原则在《章程》中也得到反映。按照规定,协会的最高组织是会员代表大会,在大会休会期间由总委员会负责处理日常工作。

共产主义者同盟也为第一国际培养了一批优秀的工人运动的领导骨干。共产主义者同盟的著名活动家,在欧洲一八四八年革命失败后相继到达伦敦。他们在马克思、恩格斯的热情关怀和教导下,认真地学习科学共产主义理论和科学知识,为迎接下一个革命高潮而艰苦奋斗。威

① 《马克思恩格斯选集》第二卷,人民出版社,1972年,第134、135页。

② 《马克思恩格斯选集》第二卷,人民出版社,1972年,第136页。

廉·李卜克内西①曾经回忆说：马克思"有计划地教育别人"，我们"坐在大英博物馆里，努力积累知识，为未来的战斗准备武器"。②弗里德里希·列斯纳也回忆说："我把1860年到1864年的几年时间用来充实自己的知识。我按时去听了伦敦大学的教授们赫胥黎、丁铎尔和霍夫曼所做的生理学、地质学和化学方面的讲演……而鼓励我们去听讲的是马克思。"③共产主义者同盟的活动家们经过一段艰苦的学习都取得了明显的进步。后来，弗里德里希·列斯纳和卡尔·普芬德两人都被选入第一国际总委员会并担任委员，并在第一国际的中央领导机构内部积极地支持和捍卫马克思主义的正确路线。威廉·李卜克内西也是第一国际的重要活动家。他在德国工人运动中，积极开展反对拉萨尔主义、维护国际原则的斗争。曾经反对过马克思、恩格斯的同盟活动家卡尔·沙佩尔，也逐渐接受了马克思、恩格斯的批评教育，勇敢地改正了错误，成为第一国际总委员会的一员。

星星之火，可以燎原。共产主义者同盟的战斗号召"全世界无产者，联合起来！"正在实现。如果马克思、恩格斯能够看到今天的情景，该是多么高兴啊！

俄国十月革命一声炮响，给中国送来了马克思列宁主义。《共产党宣言》也传到了中国，共产主义者同盟的历史才开始为人们所了解。新中国成立以后，在一些报刊上曾经登载过介绍同盟的文章。在20世纪50年代和60年代初，德国史学家卡尔·欧伯曼的《共产主义者同盟史》、苏联史学家康捷尔的《马克思恩格斯是共产主义者同盟的组织者》、米·伊·米哈伊洛夫的《共产主义者同盟》等专著相继翻译和出版。毫无疑问，这些著作和文章对于我们了解共产主义者同盟的历史是很有帮助的。但

---

① 威廉·李卜克内西(1826—1900)，德国和国际工人运动著名活动家，德国社会民主党的创始人和领导人之一。他参加了第二国际的创建工作。

② 《回忆马克思恩格斯》，人民出版社，1957年，第102、106页。

③ 《回忆马克思恩格斯》，人民出版社，1957年，第179页。

是,由于某些重要史料当时还未找到,在这些著作中都留下了一些空白点,或者用作者个人的推论和猜想来填补。

1968年,在德意志联邦共和国汉堡国家与大学图书馆手稿部的图书档案中,发现了同盟汉堡组织负责人马尔腾斯保存下来的五个珍贵的文件。这些文件是:《1847年6月9日代表大会致汉堡同盟书》《共产主义者同盟章程》《共产主义信条草案》《1847年6月24日同盟中央委员会致汉堡同盟组织的信》《1847年9月14日中央委员会告同盟书》。这批珍贵文件的发现,使一些悬而未决的问题迎刃而解,把共产主义者同盟的研究向前推进了一步。

作者认为,了解共产主义者同盟的历史对于深入学习马克思主义非常重要,多年来总是希望编出一本比较详细的书,为读者提供一点系统的完整的材料。现在这个夙愿终于实现了。不过,由于本人的水平有限,这本书只能起到抛砖引玉的作用。希望在不久的将来能够看到更多的优秀成果。

目 录

第四编　第二国际

第一编

马克思、恩格斯和
第一个国际无产阶级组织

一、国际工人运动的开端

无产阶级成为历史发展的最伟大动力

共产主义者同盟是国际工人运动的开端,也是工人运动发展到一定阶段的产物。在欧洲,最早的工人运动发生在英国,是随着18世纪60年代英国工业革命的开始而开始的。工业革命产生了工业资产阶级和工业无产阶级,使资本主义社会分裂为两大敌对的阶级,从而也产生了工人运动。不过,早期的工人运动完全是自发的,斗争的矛头还没有直接对准工人阶级的敌人资产阶级,而是对准机器设备和工厂厂房。恩格斯曾经指出:"工人阶级第一次反抗资产阶级是在产业革命初期,即工人用暴力来反对使用机器的时候。"[1]据传说,第一个起来砸毁机器的人是一位名叫卢德的英国青年工人,所以历史上把这一时期的工人运动叫作卢德运动。显而易见,在这样的历史条件下是不可能发生真正的国际工人运动的,当然也不会形成国际无产阶级组织。

开展国际工人运动的最重要条件就是工业无产阶级本身觉悟的提高,从自发走向自觉,成为历史发展的最伟大动力。马克思、恩格斯把1836年正义者同盟的成立作为国际工人运动的开端绝不是偶然的,因为19世纪三四十年代,欧洲的工人运动已经经历了破坏机器和自发斗争时期,进入了有意识有组织的经济斗争和政治斗争时期,无产阶级已经开始作为独立的力量登上政治舞台。先后在法、英、德三个国家发生

---

[1]《马克思恩格斯全集》第2卷,人民出版社,1957年,第502页。

了具有重大历史意义的无产阶级革命运动。这就是1831年和1834年的两次法国里昂纺织工人起义，1836年至1848年的英国宪章运动和1844年的德国西里西亚纺织工人起义。

里昂是法国东南部的重要工业城市和丝织业中心。丝织工人每天工作十几个小时，而得到的工资却非常微薄，每天只够买一磅面包。工人的生活十分困苦，终年不得温饱。1831年10月，六千多名工人举行示威，要求增加工资。但是，这个要求遭到了资本家的无理拒绝，示威游行很快就转变为武装起义。起义工人曾经一度占领里昂市，并同前来镇压起义的六万军队展开了三天的激烈战斗，表现了不畏强暴的英勇精神。在众寡悬殊的不利形势下，起义虽然被反动军队淹没在血泊之中，但是斗争并没有结束，里昂工人没有被吓倒。1834年4月，他们再一次举行起义，同反动军队血战了六天。

两次里昂起义虽然都失败了，但它们是国际工人运动史上最早的有组织的武装起义。里昂工人为了争取生存权利和政治自由，提出了"工作不能生活，毋宁战斗而死！"和"推翻富人政权，争取民主共和国"的战斗口号，把斗争的矛头直接对准资产阶级。

1836年至1848年的英国宪章运动是世界上第一次广泛的、真正群众性的、政治性的无产阶级革命运动。整个英国工人阶级都在宪章主义旗帜下起来反对资产阶级。"他们首先向资产阶级的政权进攻，向资产阶级用来保护自己的这道法律围墙进攻。"[①]英国广大工人群众和人民都卷入了这场规模巨大的运动，中小资产阶级也带着自己的要求，挤进运动的行列，想从中为自己捞取好处。在英国，各地纷纷举行集会和示威游行。北部的许多工业城市如利兹、伯明翰、曼彻斯特、格拉斯哥等地都成了运动的中心。参加集会游行的，在格拉斯哥有二十万人，在伯明翰有二十万人，在曼彻斯特近四十万人。有时夜间举行火炬游行，火光烛天，宛如游龙，极为壮观，给人们留下了深刻的印象。宪章运动的蓬勃发

---

①《马克思恩格斯全集》第2卷，人民出版社，1957年，第516页。

展,使得英国统治阶级如临大敌,万分惊恐。

但是,由于缺乏正确革命理论的指导,运动的目标只限于通过合法斗争在资产阶级统治下的英国争取普选权,以改善工人阶级的政治地位。宪章派曾经三次向英国国会递交请愿书,但是都一一被英国政府拒绝了,宪章派为此发动的罢工运动也遭到政府的严酷镇压。宪章运动的一些领导人和许多群众被投入监狱。轰轰烈烈的宪章运动终于遭到失败。

德国的工业发展比英国和法国缓慢,德国无产阶级独立运动的开展也比英、法稍晚一些。直至1844年6月4日,才在德国的纺织业中心西里西亚爆发了武装起义。这次起义虽然历时只有两天,但却明确宣布反对私有制社会。正如马克思所说的"西里西亚起义一开始就恰好做到了法国和英国工人在起义结束时才做到的事,那就是意识到无产阶级的本质"①。西里西亚起义在德国产生了深刻的影响,进一步推动了在工人中间的社会主义和共产主义宣传。

里昂起义、宪章运动、西里西亚起义,标志着无产阶级和资产阶级间的阶级斗争,已经在欧洲最发达国家的历史中上升到了首要地位,欧洲的工人运动进入了一个崭新的时期。工人阶级作为独立的力量登上政治舞台,成为历史发展的最伟大动力以后,一些工人中的先进分子和社会主义者开始寻找无产阶级谋求自身解放的道路。在英、法、德等国家中,稀疏地出现了各种工人小组和社会主义团体。共产主义逐渐成为颇为流行的思潮。各种共产主义书刊开始在法国传播,然后流入德国。恩格斯在1845年1月20日致马克思的信中谈到当时的情形。他写道:"事情发展之快简直难以形容!秘密的宣传也并不是没有收获:每当我到科隆去的时候,每当我走进这里的某一家小酒铺的时候,都看到新的成就、新的拥护者。科隆的集会已经创造了这样的奇迹:共产主义小组一个个

---

① 《马克思恩格斯全集》第1卷,人民出版社,1956年,第483页。

地逐渐出现,这些小组是未经我们直接协助就悄悄地发展起来的。"①在爱北斐特,共产主义也成了人们的主要话题,曾经成功地举行了三次共产主义者大会。第一次大会有四十人参加,第二次大会有一百三十人参加,第三次大会至少有二百人参加。

在共产主义运动迅速开展的过程中,各种思想都纷纷登台表演。当时科学共产主义还正在创立,马克思、恩格斯的学说只是作为共产主义的一个派别出现。因此,迫切需要建立一个宣传科学革命理论的中心,战胜各种非无产阶级思潮,从而使无产阶级能够在正确革命理论指导下,组织自己的独立政党。但是,建立无产阶级政党是一个长期而又艰巨的任务。无产阶级从刚刚开始觉醒成长到能够组成自己的政党需要走过相当长的路程。就当时欧洲工人运动发展的水平来看,无论哪一个国家都还根本没有具备创建独立的无产阶级政党的条件,甚至成立一个能够统一行动、目标明确、在群众中具有广泛影响、比较严密的工人组织都是非常困难的。这种情况决定了最初的无产阶级政党的胚胎只能是一种共产主义者同盟式的国际无产阶级组织。实际上创立共产主义者同盟乃是马克思、恩格斯在建立无产阶级政党的过程中所采取的第一个重大步骤。就当时的历史条件来说,这也是一个伟大的革命创举。

德国工人在国外建立的第一个协会和流亡者同盟

共产主义者同盟这个不大的战斗队绝不是凭空建立起来的。它有着自己的组织基础,就是19世纪三四十年代的工人组织和社会主义团体。共产主义者同盟的前身——正义者同盟,就是在这些组织的不断演变和发展中逐步形成的。在欧洲,最初出现的工人组织和社会主义团体,规模都是很小的,而且分散各地、互相缺乏联系,同广大工人群众基

---

①《马克思恩格斯全集》第27卷,人民出版社,1972年,第18页。

本上隔绝,带有浓厚的密谋色彩。它们的口号是"平等""友爱",缺乏无产阶级的阶级内容。总体来说,运动还停留在资产阶级民主运动的水平上。1830年法国七月革命以后,巴黎成为各种政治团体活动的中心,旅居巴黎的侨民也卷入了沸腾的政治生活。当时旅居巴黎的侨民大约有一万三千人,其中大部分是德国人。德国侨民的成分比较复杂,主要是由律师、医生、新闻记者、杂志编辑等资产阶级、小资产阶级知识分子与裁缝、鞋匠、印刷工人、车工等无产者、半无产者组成的。这种情况决定了德国侨民的工人组织具有浓厚的资产阶级民主主义的色彩。

1832年2月,有资产阶级自由派、急进派,以及小资产阶级共和派参加,基本群众是无产者和半无产者的人民同盟在巴黎成立。①这是德国工人在国外建立的第一个协会。这个组织最初完全处于小资产阶级思想影响下,具有鲜明的共和主义性质。人民同盟的主要领导人是激进的小资产阶级代表人物路德维希·伯尔尼。他曾经向德国人民介绍在法国发生的革命事件,是《巴黎来信》的作者。后来,在1833年1月的选举中,另外两个小资产阶级的代表人物雅科布·费奈迭和泰奥多尔·舒斯泰尔也被选入同盟的执行委员会。人民同盟的主要目的是争取德国的统一和自由。但是,随着运动的发展,在人民同盟不多的几份文件中也逐步反映出无产者和半无产者的某些政治要求和经济要求。例如,在1833年9月5日的传单中,人民同盟还只限于向德国人民发出一般的呼吁,要求他们从物质上帮助被德国各邦反动政府驱赶在外的流亡者,并向他们指出,德国的王公贵族是国家的叛徒、人民的敌人。而在1833年11月和1834年1月的两封呼吁书中,同盟已经比较明确地揭露了富人对穷人的无情剥削,并且号召所有的工厂工人、帮工和农民同这种罪恶进行斗争,

① 米·伊·米哈伊洛夫在《共产主义者同盟》一书中,把人民同盟成立的年代定为1833年,但根据迪茨出版社1965年出版的《德国工人运动编年史》第1卷,同盟成立年代应当是1832年2月,E.康捷尔和波布科夫在自己的著作和文章中也都使用1832这个时间。本文以《德国工人运动编年史》为主要依据。

创造条件消灭贫富差别。

人民同盟对吸收新会员没有什么特殊限制，手续也比较简单。一般情况是先由介绍人在基层组织的全体会议上提出建议，经会议同意后即邀请申请人参加会议，并宣布吸收入盟。由于同盟采取了比较灵活的组织原则，成员人数日益增多，最多时曾达到五百多人。①

人民同盟是一个公开的合法组织，但由于它的成员参加了1834年4月13日法国共和派团体发动的不成功的起义，被迫停止活动。一部分人脱离了同盟，一部分人转入地下，组织秘密团体——流亡者同盟。流亡者同盟是一个大约拥有两百名成员的较大的德国流亡者和手工工匠的组织。②由于同盟是在秘密条件下组织起来和开展活动的，极其容易受到当时流行一时的密谋活动的影响。它在成立伊始就是一个等级森严的密谋团体。同盟的组织分为四级。基层组织叫作"茅舍"或"帐篷"，"茅舍"归上一级组织"营"或"山岭"领导，"营"上面设"区营地"，同盟的最高领导机构是"民族茅舍"或"主要基地"。流亡者同盟各级之间的成员是不平等的，下级必须无条件服从上级，对决定同盟行动的一切措施完全不能过问。同盟内部存在两种章程：一种是适用于基层组织和普通成员的章程——《流亡者同盟共同章程》；另一种是适用于"营"和"区营地"的章程——《流亡者同盟章程》。迄今只发现了前一个章程。在这个章程里，我们可以看到关于基层组织"帐篷"和最高领导机构"主要基地"的规定，而对于"营"和"区营地"的情况几乎毫无了解，最多只能在关于"帐篷"的规定中知道，"帐篷"是在"区营地"的直接领导下开展活动的。

根据章程规定，在基层组织内部还存在一些民主原则。"帐篷"的领

---

① 米·伊·米哈伊洛夫认为"同盟总共有不超过一百个盟员"，但《德国工人运动编年史》第1卷的数字是五百到六百人。后一个数字比较可靠。

② Institut für Marxismus-Leninismus beim ZK der SED, *Chronik-Geschichte der deutschen Arbeiterbewegung*, Berlin, Dietz Verlag, 1965, p. 10.

导人由"帐篷"的全体成员选举产生,每六个月选举一次。"帐篷"每八天到十四天开一次会,讨论和形势有关的各种问题或者举行吸收新盟员仪式。这种仪式带有浓厚的神秘色彩。新加入同盟的人要用布蒙上眼睛,在夜幕降临以后悄悄地被领到"帐篷"的会议上,然后按照章程三十七条和三十八条规定,发誓以自己的忠诚保守同盟存在的秘密,准备为实现指定的任务做出任何牺牲,一旦破坏誓言就甘愿蒙受耻辱和死亡。每个"帐篷"都有自己的专门代号,各"帐篷"之间不能互相往来。

在流亡者同盟内部存在着不同的思想倾向。同盟的大部分领导人继承了人民同盟的观点,坚持小资产阶级共和派的政治主张。在同盟的正式文件中充分反映出这种思想倾向。流亡者同盟在自己的传单里,仍然把推翻德意志各国的君主制度和建立统一的德意志共和国作为主要的政治任务。同盟章程第二条在表述最终目的时,也突出了平等、自由的思想。上面这样写道:"同盟的目的是把德国从可耻的奴隶制度的枷锁下解放出来,并建立起这样的状态,它按照一般可能的人类预见来防止奴隶制度的复辟。要想达到这个目的,只能靠起初是在德意志语言和习俗统治的那些国家里,随后也在地球上所有其余的国家里,建立和保持社会的与政治的平等、自由、公民的美德同人民的一致。"但是,同盟的普通成员无产者和半无产者却具有自己的思想倾向,强烈希望同盟能够充分反映自己的社会要求,坚持各种空想的和小资产阶级的社会主义与空想共产主义思想。

同盟内部思想上和组织问题上的分歧,构成了后来同盟分裂的主要原因。但是,分歧并不是从同盟成立开始就充分暴露出来的,因此,同盟在它的初期活动中曾经取得相当显著的成果。1834年6月,同盟的机关刊物《流亡者》月刊开始出版,由费奈迭担任编辑,白尔尼和舒斯泰尔也参加了编辑部的工作。不久以后,同盟在德国的汉诺威、不来梅、汉堡、莱比锡、慕尼黑、莱茵河上的法兰克福等大城市建立了自己的"帐篷"和"营"。

同盟的分歧首先从小资产阶级民主共和派领导人费奈迭和舒斯泰

尔之间的争论开始。这场争论在表面上看来是相当激烈的,双方都在《流亡者杂志》上发表文章互相抨击,以致许多资产阶级史学家把它看成同盟分裂的主要原因,而且企图把舒斯泰尔的名字同科学共产主义联系起来。有人说舒斯泰尔的观点同卡尔·马克思的学说极为相近,甚至连梅林这样的马克思主义史学家也认为舒斯泰尔是正义者同盟的创始人。但实际上,舒斯泰尔只不过是一个小资产者,而且后来还成了共产主义运动的叛徒。舒斯泰尔曾经是格丁根大学的法律学讲师,参加过格丁根的武装暴动,但是从1842年起就逐步退出了政治舞台。1912年,在维也纳国家秘密档案中发现了舒斯泰尔投靠奥地利政府的材料。1846年到1847年间,舒斯泰尔还同汉诺威、黑森驻巴黎的使节保持秘密联系,他答应将巴黎侨民的活动情况定期向这些国家汇报。

从争论的焦点看,舒斯泰尔和费奈迭的观点并不是截然对立的。费奈迭否认资产阶级和无产阶级的阶级矛盾,认为政治自由可以导致社会平等。他的理想就是建立一个资产阶级民主共和国,并通过国家保证来满足劳动人民的基本生活需要。舒斯泰尔并不反对费奈迭的这个要求,但认为政治自由和共和制度不可能消灭财产的不平等,所以除去争取政治自由和共和制度以外,还应当消灭统治阶级的一切特权,特别是财富的特权。然而舒斯泰尔主张消灭财产特权并不是从无产阶级的立场出发而是从小手工业者的利益出发。他并没有把资产阶级和无产阶级的对立,作为考虑问题的出发点,而是极力赞扬小手工业者独立劳动的优越性,认为共和派人士的最大缺点就是从来没有解决他们的困难,使他们生活得幸福一些。他说:"可以毫不夸张地预言,如果某种大改良还不能制止住不平衡状态地进一步发展,那么已经陷于无衣无食的绝大多数手工业者,势必迟早要落到工厂工人的悲惨境遇。"舒斯泰尔的主张是要使社会倒退,同反动的小资产阶级社会主义很接近,最多不过是在小资产阶级共和派的主张中加上一些社会色彩。因此舒斯泰尔同费奈迭的分歧不可能构成同盟分裂的原因。事实上,他们两人在同盟分裂后还继续在巴黎共同领导着流亡者同盟。

同盟内部真正深刻的分歧发生在资产阶级、小资产阶级盟员和无产者、半无产者盟员之间。后一部分盟员的代表人物裁缝威·贝仑哈尔特、格·阿仑茨、格·毛勒不满意同盟领导所采取的代表小资产阶级利益的主张,要求明确地提出社会改革问题。1835年10月,德国工人运动的杰出活动家和理论家威廉·魏特林从维也纳到达巴黎,并且很快成为流亡者同盟的会员。1836年春天,另一位著名的德国工人运动的杰出活动家卡尔·沙佩尔也成为巴黎流亡者同盟的成员。他们两人参加到同盟中来,无疑大大加强了无产阶级和半无产阶级的一翼。越来越多的盟员团结在他们周围,酝酿着组织新的同盟。

最后,在组织问题上的尖锐分歧终于导致了同盟的彻底分裂。同盟的许多基层组织曾经多次要求"主要基地"从根本上改变同盟的等级制和密谋的组织结构,采取民主化的原则。但是"主要基地"顽固地予以拒绝,并且扬言它情愿失去大部分盟员,绝不削弱自己拥有的无上权力。于是从1836年开始,许多"帐篷"逐渐脱离了流亡者同盟,组成一个新的秘密同盟——正义者同盟。流亡者同盟的分裂过程持续到1838年,在此以后只在巴黎等地保留下不多的组织,并逐渐减少活动,以致在社会主义运动中销声匿迹。

正义者同盟和同盟的思想家威廉·魏特林

正义者同盟是一个从流亡者同盟中分化出来的最激进的、大部分是无产阶级分子组成的新的秘密同盟。同流亡者同盟比较起来,正义者同盟无疑已经前进了一大步。恩格斯把正义者同盟的建立作为德国工人运动和第一次国际工人运动的开端,并且在撰写《关于共产主义者同盟的历史》的时候,把正义者同盟作为一个重要的组成部分。

正义者同盟同布朗基主义的组织四季社联系密切,并且受到它的密谋主义的影响。恩格斯说:同盟是"当时在巴黎形成的具有巴贝夫主义传统的法国工人共产主义的一个德国分支"①。同盟实际上是一个半宣传、半密谋的团体。同流亡者同盟相比较，同盟领导成员的成分发生了根本变化。同盟存在初期的著名活动家莫烈尔、阿林德斯、威廉·魏特林、卡尔·沙佩尔、亨利希·鲍威尔等人基本上都是无产者和半无产者，其中有些人后来成为共产主义者同盟的领导成员和马克思、恩格斯的战友和学生。

同盟的组织原则和指导思想也发生了巨大的变化。在1838年通过的新章程中包含了民主集中制的成分，流亡者同盟等级森严的制度基本上被废除。根据新章程的规定，同盟的中央领导机关叫作"人民院"，下设"省"，基层组织是由五至十人组成的支部。但是，同盟仍然保留了不少密谋主义痕迹。同盟的每一个支部都有自己的名称和特殊标志，而且只有上级领导人知道。吸收盟员的程序仍然同过去一样，弄得十分神秘。申请入盟的人要进行特别宣誓，然后由老盟员向入盟人提出警告，如果他胆敢泄露同盟的机密，就要受到可怕的惩罚。在同盟内部，小资产阶级民主共和主义思想已经让位于威廉·魏特林的平均共产主义思想。魏特林成为正义者同盟的思想家和理论家。

威廉·魏特林（1808—1871）是德国马格德堡人。他的父亲是法国军官特里扬，在随拿破仑远征俄国时战死。魏特林的母亲克利斯丁又改嫁成衣匠柏恩，改嫁后生活贫困，只得靠充当女厨师来维持生活。由于家境清寒，魏特林只能在马格德堡中等市民学校念一段时期书，到十四岁那年就被送去学裁缝。艺成以后开始了流浪手艺人的生活。德国社会的残酷现实使这位年轻的裁缝工人开始认真研究德国的社会问题，并且投身到革命运动的激流中去。19世纪30年代初期，魏特林曾经撰写过一些具有激进思想的文章。1838年，魏特林的第一部著作《现实的人类和理想的人类》问世。这部著作初次系统地阐述了魏特林的平均共产主义思想，即财产共有共享的要求。魏特林认为"劳动和由劳动所创造的

① 《马克思恩格斯选集》第四卷，人民出版社，1972年，第187页。

财富的分配不平等"是劳动者贫困的原因。工人阶级的奋斗目标就是要用暴力手段废除这种不平等,实行财产的共有共享,以保障"一切人的平等的生活地位"和人类的"无忧无虑和友爱"。魏特林的这部著作从理论上反映了半无产者,或者说正在无产阶级化的手工业者的要求,因此在正义者同盟中引起了强烈的反响。但是,这时魏特林还没有完全形成自己的思想体系。1842年12月,魏特林的主要著作《和谐与自由的保证》出版。这本书全面地、系统地阐明了他的观点,使魏特林的平均共产主义成为一种自成系统的并且刊印成著作的东西,即是所谓的魏特林主义。

《和谐与自由的保证》实际上是正义者同盟的思想纲领,它是在许多盟员的热切期望和大力支持下写成和出版的。成百的工人捐助印刷费用,使第一次印刷数达到两千册。魏特林本人也深为这种热情所感动。他回忆说:"这是一种最大的鼓励……他们为我劳动,我为他们劳动;这件事如果我不做,自然还有替代我的千百个人来做;但是既然我有了这个机会,我就有义务来利用这个机会。""因此放在读者面前的这本书并不是我的作品,而是我们的作品","我在这本书里汇合了我的同志们所集合的物质和精神力量"。①由此可见,魏特林的这部著作在正义者同盟中是有广泛基础的,其影响因而也是颇为巨大的。同盟的著名活动家医生艾韦贝克还在这本书未出版前就预言说:"这本书要和大卫·施特劳斯博士的《耶稣传》一样发挥作用……"

魏特林在《和谐与自由的保证》这本书里表述了十分丰富的思想。简略来说,魏特林认为,推动社会发展的因素是人类的各种欲望和满足这些欲望的能力。在任何一个社会中,总体来说,人类的欲望和能力是永远保持平衡的,能力随着欲望增长,欲望也随着能力增长。保持这种平衡就能使整个社会的欲望和能力处于自由与和谐的状态。但是,现实的社会"不是努力用一切可能的方法去为每一个个人保证这种平衡,而

---

① [德]威廉·魏特林:《和谐与自由的保证》,商务印书馆,1960年,第57—58页。

是去包庇那种最可恶的不平等"。让某些人凭借这种欲望和能力去侵害其他人。同盟的奋斗目标正是要消除这种弊病,恢复平衡。正如梅林所概括的那样:"从所有人的欲望和能力的自由与和谐中产生出一切好的东西,为了少数人的利益而压制和克制这种欲望和能力则产生出一切坏的东西。这短短的一段话包括了一切。"①在魏特林看来,资本主义制度之所以罪恶累累,其根本原因就在于少数人破坏了整个社会欲望和能力的自由与和谐,使多数人的欲望和能力受到压制和克制。而私有财产恰恰是这种破坏行为的集中表现。魏特林指出:在资本主义社会里,"人们把一切偷窃来的东西叫作财产,而把赃物的交换叫作商业"。"只要在那里有一个人死于劳苦和穷困,私有制就是犯了一次劫盗杀人罪",所以"私有财产是一切罪恶的根源"。②

从这个观点出发,实现魏特林的未来理想社会的根本前提就在于保证社会欲望和能力的和谐与自由。魏特林的共产主义是使所有人的欲望和能力互相协调,实现人人平等的"共有共享的社会制度"。在这个理想社会里,所有社会成员的生活地位都得到一律平等的安排,"一切人都没有第一和最末的区别"。这个理想社会的基层组织是自由相爱的公社,实际上是由一些小家庭自由结合起来的联盟。最高领导机构是由三个医学、物理学、机械学最伟大的天才,同时又是伟大哲学家的人物组成的小组或者委员会。

魏特林的理论表明,他同空想社会主义者一样,不懂得阶级和阶级斗争,不了解资本主义制度的实质和无产阶级的伟大历史使命。对他来说,共产主义不是人类社会发展的必然产物,而是某些聪明人提出来的东西。魏特林本人就以发现理想社会制度的"救世主"自居,并且唯恐别人抢走他的发明权。恩格斯嘲笑他说,魏特林自以为"口袋里装有一个能在地上建成天堂的现成药方,并且觉得每个人都在打算窃取他的这副

---

① [德]弗·梅林:《德国社会民主党史》第1卷,生活·读书·新知三联书店,1963年,第107页。

② [德]威廉·魏特林:《和谐与自由的保证》,商务印书馆,1960年,第93、74页。

药方"①。

但是,魏特林比空想社会主义者高明,他承认实现共产主义需要通过暴力手段。不过,这种暴力手段不是大多数人民群众所采取的暴力手段,而是少数人的密谋活动。魏特林反对开展艰苦细致的聚集和扩大革命力量的工作,反对引导无产阶级进行有组织的、自觉的政治斗争,认为革命只能是自发的行动,应该由社会上最不幸的人——乞丐、罪犯和强盗来完成。这样,魏特林就把整个无产阶级撇在一边,而把少数流氓无产者作为革命动力,把改革社会的希望寄托在他们身上。魏特林曾经说过,为了消除现存的不合理状况,可以组成一支由"两万名勇敢、机智的壮汉"组成的军队,让他们"翻倒和搜查钱柜、货橱,把它们里面的东西像垃圾一样抛在大街上,总之,把财产贬低到那样的程度,使得它再也抬不起头来"。魏特林在强调暴力手段的同时也不排斥和平的渐进的道路,他认为:"革命是我们所必需的。至于这个革命是否只是单凭纯粹精神的力量去取得胜利,还是要配合上物质的暴力,我们必须等着瞧,并且无论如何我们要对这两种场合都有所准备。"②为了要实现自己的理想,魏特林还曾经在一些地方组织公共餐厅,兴办一些福利事业。但是,这些空想共产主义的试验是不可能取得显著效果的。

《和谐与自由的保证》一书,在揭露资本主义社会,加强正义者同盟内部的思想团结方面起过重要作用,远远胜过了小资产阶级民主共和主义思想。马克思曾经在1844年巴黎《前进报》上发表的文章中指出:"(德国的)资产阶级及其哲学家和科学家哪里有一部论述资产阶级解放(政治解放)的著作能和魏特林的《和谐与自由的保证》一书媲美呢?只要把德国的政治论著中的那种俗不可耐、畏首畏尾的平庸气拿来和德国工人的这种史无前例光辉灿烂的处女作比较一下,只要把无产阶级巨大的童鞋拿来和德国资产阶级的矮小的政治烂鞋比较一下,我们就能够预

---

① 《马克思恩格斯选集》第四卷,人民出版社,1972年,第194页。

② [德]威廉·魏特林:《和谐与自由的保证》,商务印书馆,1960年,第260页。

言德国的灰姑娘将来必然长成一个大力士。"①

　　《和谐与自由的保证》一书是魏特林一生中所达到的最高理论成就,它的出版标志着他的革命活动的顶点。在这以后不久开始出现了每况愈下的趋势。1843年,魏特林出版了他的第三部著作《一个贫苦罪人的福音》。这部著作同《和谐与自由的保证》相比较是明显的倒退。书中所表述的基督教共产主义思想和依靠流氓无产者、罪犯同私有制做斗争的主张引起了巴黎和伦敦通讯员的反对,也使他和瑞士的一部分具有先进思想的盟员疏远起来。但是,瑞士同盟支部的领导权却落入了魏特林的信徒手中。正如恩格斯所指出的:"魏特林所著《一个贫苦罪人的福音》一书中有个别的天才论断,但他把共产主义归结为早期基督教,这就使瑞士的运动多半起初是掌握在阿尔勃莱希特这种蠢货手中,后来又掌握在库尔曼这种诈取钱财的骗人预言家手中。"②由于魏特林的疏忽大意,在《一个贫苦罪人的福音》一书的预定广告中出现了这样的句子和章节编目:"这本书里有一百多处《圣经》的引文可以证明,自由思想的最大胆、最勇敢的结论完全和基督学说的精神一致。""耶稣教导废除私有财产""耶稣教导废除金钱""耶稣的原则就是自由和平等的原则""耶稣绝不尊重私有财产"等。所有这些都成为苏黎世的资产阶级和教士控告魏特林侮辱上帝罪行的凭证。1843年6月9日,魏特林被苏黎世政府逮捕,并被判处十个月监禁。1844年5月,瑞士政府将魏特林引渡给德国政府,以后他又被遣送出德国,并于8月27日到达伦敦。

　　正义者同盟伦敦组织的领导人沙佩尔、莫尔、鲍威尔,以及全体成员对魏特林的到来表示了热烈的欢迎。但是他们的眼界已经超过了魏特林的思想,不能同意他的理论和策略。在伦敦同盟组织中只有克利盖同魏特林志同道合,建立了亲密的交情。他们完全忘记了1839年起义失

---

①《马克思恩格斯全集》第1卷,人民出版社,1956年,第483页。

②《马克思恩格斯选集》第四卷,人民出版社,1972年,第195页。

16

败的教训,企图立即发动一次"革命",说什么:"革命的来临犹如雷霆风暴一样,没有人能够预告它的后果。"这种冒险主义的观点理所当然地遭到了同盟的拒绝。魏特林在同盟中的影响开始削弱。1845年5月,魏特林到达布鲁塞尔,并参加了马克思、恩格斯所领导的共产主义通讯委员会的活动。马克思、恩格斯曾经对魏特林进行过多次帮助。但可惜的是魏特林辜负了马克思对他的殷切期望。他没有在原来的基础上进一步吸收新的科学革命理论,纠正自己的错误观点,反而越来越变得故步自封、夜郎自大了。他逐渐从一个以力求弄清共产主义社会究竟应当是什么样子的天真年轻的帮工裁缝,变成了一个以"救世主"自居的大人物,到处和同盟盟员争吵,同任何人都合不来。而在工人运动日益蓬勃开展的形势下,他却不能用自己的"灵丹妙药"给无产阶级指出正确的方向,相反只能使运动走上密谋主义的歧途而遭到失败。随着时间的推移,特别是在科学共产主义产生以后,魏特林主义越来越成为国际工人运动的严重障碍。总体来说,魏特林的平均共产主义,不是科学的革命理论,在马克思主义诞生以前曾经起过动员德国无产阶级参加社会主义运动的进步作用。它作为德国无产阶级的第一次独立理论运动是具有一定历史意义的。但是在科学社会主义诞生以后,它就成了必须加以扬弃的糟粕。

1846年12月,魏特林由于日益感到处境孤独,满怀忧愤地离开欧洲到达美国。他在欧洲一八四八年革命爆发后曾经回到巴黎,但不久就永远离开了欧洲第二次到达美国。在美国,魏特林逐渐退出了工人运动,埋头于天文学和技术问题的研究。1871年1月25日,魏特林在纽约逝世,在逝世前不久,他曾经参加过一次第一国际德国、英国和法国各支部的结盟典礼。这是魏特林一生中所参加的最后一次政治活动。

正义者同盟内部的思想状况和主要领导者卡尔·沙佩尔、亨利希·鲍威尔、约瑟夫·莫尔等人

正义者同盟的活动可以分为两个时期：巴黎时期（1836—1839）、伦敦时期（1840—1847）。①同盟在巴黎时期的活动主要有两个方面：一是在工人中间宣传财产共有共享的平均共产主义思想，二是在布朗基主义的影响下参加密谋组织四季社的活动和这个社所策划的密谋起义。

在宣传工作中，毛勒尔、阿伦兹、贝思哈德、魏森巴赫和霍夫曼等人都曾经起过积极作用。同盟为了加强宣传工作，经审查决定出版魏特林的《现实中的人类和理想中的人类》。同盟的委员魏森巴赫、霍夫曼和其他一些盟员都热心支持这项工作：有人主动腾出自己的住房；有人夜间担任排字、印刷和装订工作；有人为了资助这本小册子的出版，把自己的表送进了当铺。

1839年5月12日，正义者同盟在巴黎的组织参加了布朗基主义者巴尔贝斯所发动的四季社密谋起义。这天下午，巴尔贝斯带领三百名起义者涌上街头，构筑了六个街垒，同十万雇佣兵和资产阶级骑士进行英勇的搏斗。到晚上9点钟最后一个街垒被攻破、巴尔贝斯负伤倒地，起义失败。正义者同盟受到巴黎政府的追查。同盟在巴黎时期的主要领导人卡尔·沙佩尔（1812—1870）和亨利希·鲍威尔遭到逮捕，并被驱赶出境，遣送到伦敦，同盟在巴黎的组织也遭到破坏和削弱。魏特林是这次起义的幸存者，他留在巴黎通过集会和同手工工人个别谈话来集合分散

---

① 康捷尔把正义者同盟的活动分为三个时期：巴黎时期（1836—1840）、瑞士时期（1841—1843）、伦敦时期（1844—1847）。这种分法夸大了魏特林和同盟瑞士组织的作用，同实际情况不太吻合。

的盟员。1840年夏,魏特林去瑞士开展工作,由海尔曼·艾韦贝克掌管同盟巴黎区分部的工作。1839年起义结束了同盟的巴黎时期,同盟的活动中心转移到伦敦。正如魏特林所说的,从此"德国的共产主义运动也就同时移植到了伦敦"。

卡尔·沙佩尔、亨利希·鲍威尔都是正义者同盟和共产主义者同盟的著名领导人,也是马克思、恩格斯所培养起来的第一批无产阶级革命家队伍中的成员。此外,他们还都是在19世纪30年代起过一定作用的职业革命家。鲍威尔是弗朗克尼亚的皮鞋匠,关于他的生平活动,几乎没有留下什么较为详细的材料。我们只从恩格斯的回忆中知道"他是个活泼、灵敏而诙谐的小伙子,但在他那矮小的身体里也蕴藏着许多机警和果断"①。鲍威尔在19世纪30年代参加社会主义工人运动,成为正义者同盟的积极活动家,在被驱赶到伦敦以后负责伦敦德国工人教育协会的领导工作。在伦敦活动时期,鲍威尔逐步接受了马克思、恩格斯所创立的科学共产主义的基本思想,对共产主义者同盟的创立做出了自己的贡献,在以后的运动中一直站在马克思、恩格斯一边,成为他们的可靠战友和学生。

卡尔·沙佩尔于1812年出生在德国南部拿骚的魏恩巴赫村。他的父亲是一个收入微薄的乡村牧师,因此他从幼年开始就不得不忍受生活上的困难。他在吉森林学院学习期间成为大学生协会的会员,并且参加了格奥尔格·毕希纳所组织的密谋活动。1833年,沙佩尔在一次袭击法兰克福警察岗哨的密谋活动中,负责准备武器和弹药。1833年7月,他第一次被捕入狱,刑满释放后,开始了国外的流亡生活。1834年2月,沙佩尔参加了马志尼向萨瓦的进军,受到马志尼的直接影响,更深地陷入了对密谋斗争方法的迷恋。1834年夏,沙佩尔暂时在瑞士的伯尔尼居住下来,并且参加了当地密谋的共和组织"青年德意志"②。1836年春,

---

① 《马克思恩格斯选集》第四卷,人民出版社,1972年,第188页。

② "青年德意志"成立于1834年,1836年被迫解散,它的许多成员被驱逐出境。

他又由于积极开展革命活动而被迫徒步旅行到法国。在巴黎，他参加了流亡者同盟，并且成为无产者、半无产者一翼的领导人之一。从上述沙佩尔的简单经历可以看出，他的名字同密谋活动总是联系在一起，而且在每一次密谋失败以后他都遭到了迫害。但是，他一直未能从中吸取教训。只有1839年起义的惨痛失败，三百名英勇战士的无谓伤亡才真正触动了他，使他对密谋活动感到失望。他同鲍威尔到达伦敦后开始了一个新的活动时期。

在同盟活动的第二个时期，伦敦取代了巴黎的地位成为活动中心。除此以外，同盟在瑞士和巴黎还拥有比较大的地区组织，在德国的工作也取得了进展。

在伦敦，沙佩尔、鲍威尔和同盟伦敦时期涌现出来的另一位重要领导人约瑟夫·莫尔（1813—1849），紧密团结在一起，共同努力，使同盟由于在巴黎的领导中心遭到破坏而中断了的联系得以恢复，完成了使同盟中心从巴黎转移到伦敦的过程。

约瑟夫·莫尔的名字以属于第一批无产阶级革命家的行列而永垂青史。他在短短的一生中，以自己刚毅、果敢，不计较个人得失，不怕牺牲的崇高品德博得了工人和盟内同志的爱戴和尊敬，也受到了马克思、恩格斯的器重。他不愧为马克思、恩格斯的亲密战友和学生。1813年10月，莫尔出生在德国的大工业城市科隆，少年时期在一个钟表铺当学徒，艺成以后就离开德国到国外谋生。莫尔对于理论有出众的理解力，在侨居国外期间接受了社会主义思想和共产主义思想，并且参加了法国、比利时和英国的所有公开的和秘密的革命团体。莫尔曾经参加德国民主派在瑞士的组织"青年德意志"，并成为这个组织内部无产阶级半无产阶级派别的活动家。1836年，"青年德意志"遭到破坏，莫尔被放逐出境，流亡巴黎。在巴黎，他参加了正义者同盟，1839年起义失败后，逃到伦敦，成为伦敦同盟组织的领导人之一。

在恢复正义者同盟的过程中，创立德意志工人教育协会是一个非常重要的措施。这个协会是1840年2月7日由沙佩尔、鲍威尔和莫尔共同努力创建的。莫尔是协会的主席,沙佩尔是秘书,协会团结了许多工人积极分子,有相当的群众基础,一直存在到20世纪初。可以说,教育协会实际上是秘密同盟支部的一种合法存在形式。这个协会的领导权完全掌握在同盟手中,它曾经把一些积极活动的会员输送到同盟中去。不久,同盟便在伦敦建立一些称为"秘所"的秘密支部。这样,在正义者同盟的历史上第一次开创了把公开的合法斗争同秘密斗争结合起来的先例。这种新的斗争策略,在瑞士和其他地方都曾被采用。在禁止建立工人协会的地方,同盟的盟员就在歌咏团、体操队等团体中进行活动。由于这个原因,同盟的组织得到了迅速扩大。在瑞士、德国、巴黎都相继建立了一些支部,同盟逐渐变成了一个国际性的组织。参加同盟组织和工人协会的不仅有德国人,还有荷兰人、南斯拉夫人、匈牙利人、捷克人、斯堪的纳维亚人和俄国人。伦敦组织事实上成了同盟的中央领导机构。

沙佩尔、莫尔和鲍威尔三人在伦敦开展工作的过程中越来越感觉到魏特林主义的错误和局限性,并且努力寻求新的、正确的革命理论来指导同盟的工作。在这种情况下,他们开始同马克思、恩格斯建立联系,并逐步了解和掌握科学共产主义的基本原理。1843年,他们第一次会见恩格斯,给恩格斯留下了深刻的印象。恩格斯曾经回忆说:"……这是我遇到的第一批革命无产者……我永远也不会忘记这三个真正的人在我自己还刚刚想要成为一个人的时候所留给我的良好印象。"①沙佩尔曾经请求恩格斯加入正义者同盟,但由于时机不成熟,同盟还不具备改组为真正的国际无产阶级组织的基本条件,因而没有得到恩格斯的同意。恩格斯虽然没有加入正义者同盟,但他同马克思都非常关心这个组织的成长和发展,和同盟的领导人、普通成员都保持着经常的联系,通过口头、书信和报刊不断向他们宣传科学革命理论,影响着最杰出的盟员的理论观点,使他们的思想不断发生变化,越来越清楚地认识到无论是法

---

① 《马克思恩格斯选集》第四卷,人民出版社,1972年,第188页。

国的平均共产主义,还是魏特林的空想共产主义都不能作为同盟的理论指南。经过一段时间的学习和实践,正义者同盟的主要领导人终于相信,只有马克思、恩格斯的革命理论能够指引同盟走上正确的道路。恩格斯曾经回忆说:"过去的理论观念的毫无根据,以及由此产生的实践上的错误,愈来愈使伦敦的盟员相信马克思和我的新理论是正确的。当时伦敦领导者中有两个人无疑促进了这种体会,他们在理论理解能力上大大超过上面所说的那些人。这两个人,是海尔布隆的细工画家卡尔·普芬德和图林根的裁缝格奥尔格·埃卡留斯。"[1]

卡尔·普芬德(约1818—1876)是正义者同盟的积极活动家,对理论问题有深刻的理解,是最早领悟科学共产主义思想的一位无产阶级革命家。1849年底,他被选为共产主义者同盟中央委员会委员。后来在第一国际时期,普芬德一直站在马克思、恩格斯一边,成为他们的得力助手,并且被选为第一国际总委员会的委员。格奥尔格·埃卡留斯(1818—1889)是裁缝工人,共产主义者同盟和第一国际的著名活动家。第一国际活动的后半期,他逐渐背离马克思、恩格斯,成为英国工联主义改良派领袖。他和普芬德两人在创建共产主义者同盟的过程中都做出了自己的贡献。

从同盟伦敦组织领导人的思想和工作开展情况来看,同盟已经基本具备了改组为国际无产阶级组织的条件。但是,同盟的两大分支——瑞士组织和巴黎组织的情况就大不相同了。

在瑞士,同盟扩展组织的工作曾经取得相当成果。在威廉·魏特林、西蒙·施米特、奥古斯特·贝克尔、塞巴斯蒂安·戴勒尔、彼得逊和克里斯田生的努力下,同盟的小组和魏特林式的公开食堂都有发展。根据魏特林的报道,到1843年,同盟在十三个工人协会的七百五十名会员中拥有不同程度的影响。1841年,在日内瓦、洛桑、威维和穆尔西等地成立过许多公共食堂。这一年,魏特林还在日内瓦创办一个月刊《呼吁德国青

---

[1]《马克思恩格斯选集》第四卷,人民出版社,1972年,第195页。

22

年》，进行公开宣传。但是，在1843年夏，魏特林被捕后不久，同盟在瑞士的活动日益减弱。更为严重的是：瑞士的同盟组织是在魏特林的直接控制下进行活动的，几乎没有接触科学共产主义的机会，因而成为各种错误思想的温床。蒲鲁东主义和"真正的社会主义"在这里都能找到自己的市场。

巴黎的情况更加令人担忧。蒲鲁东主义和"真正的社会主义"都在这里广为传播，严重地腐蚀着同盟的组织和盟员的思想。

蒲鲁东主义是19世纪中期对国际工人运动有相当影响的反马克思主义的社会主义流派。它对正义者同盟在法国的各个支部有很大影响。巴黎支部的几个领导人都曾经是蒲鲁东的信徒。在相当长的时间内，蒲鲁东的"救世药方"成了巴黎几个支部议论的中心内容。

蒲鲁东主义的创始人比埃尔·约瑟夫·蒲鲁东（1809—1865）是法国的小资产阶级思想家和无政府主义的鼻祖。1809年1月15日，蒲鲁东出生在法国东部贝桑松郊区一个世代为农民和小手工业者的家庭。贫寒的出身使他从小就饱尝资本主义社会给穷苦人民带来的种种灾难辛酸，也使他对这个万恶的吃人制度产生了极大的愤恨。在经过艰苦生活的磨炼以后，他非常珍视自己的寒微出身，并且自豪地说："我的十四代祖先都是农民，谁能找出有这样好祖辈的家庭呢？"当时，蒲鲁东所出身的阶级——小资产阶级正处在法国工业革命的不断打击下，面临彻底破产的威胁。这个阶级的成员农民和小手工业者纷纷被抛到无产阶级的行列中去，随之把小资产阶级的思想也带到工人队伍里面。本来这种思想应该受到彻底改造才能适应革命运动迅速发展的需要。但是，蒲鲁东却把它当作革命思想而加以集中和发挥，并且妄自尊大，俨然以"救世主"自居。这样，蒲鲁东主义所集中反映的就正好是同工业发展、社会进步格格不入的小资产阶级落后意识。蒲鲁东主义的全部出发点就在于寻求阻止大工业发展、防止小生产者破产的办法。实现蒲鲁东的主张就等于把人类社会从大机器生产阶段拉回到工场手工业阶段，让历史开倒车。所以尽管蒲鲁东用种种美妙动听的革命词句来装饰自己的学说，并且把它同自己的贫苦的出身联系起来,蒲鲁东主义的反动性也是不可能掩藏起来的。正如恩格斯所尖锐指出的:"如果这个蒲鲁东主义的反革命真能实现,世界是要灭亡的。"①

蒲鲁东所设想的社会是一个能够使小资产阶级的政治要求和经济要求都得到充分满足的社会。小资产阶级是小私有者,也是私有制度的维护者,他们所反对的只是大私有制。所以蒲鲁东的理想社会应当"有工商业自由",实行"保险互惠""税收均摊",保障家庭遗产继承权不受侵犯,由工人共同负责企业盈亏,并且能够保护小生产者的经济利益,能够向穷人提供福利:建立医院、育婴室、养老院和退休基金。蒲鲁东把这个理想社会叫作"完备的、真正的社会主义"。实际上这是一种虚无缥缈的幻想,根本无法实现。因为资产阶级生存的条件和它所起的革命作用就在于使生产工具、使生产关系、使全部社会关系不断地革命化,日甚一日地消灭生产资料、财产和人口的分散状态。在资本主义条件下,小生产所有制正在不断被消灭、兼并,建立在这个所有制基础上的社会是不能存在的。正如恩格斯所说的,蒲鲁东的理想社会"在萌芽状态就已经被不断前进的工业发展的进程摧毁了"②。

在革命途径问题上,蒲鲁东反对采用革命斗争手段,主张实行和平的社会改良办法来实现自己的理想社会。他说什么"用文火把私产烧掉"比实行暴力革命"要好些"。他所说的"文火"是什么东西呢?就是建立"交换银行",发放"无息贷款",组织生产者按产品劳动量进行产品的直接交换,避免商业资本的中间剥削,帮助无产者购买生产工具进行独立生产。他认为,这样无产者就可以得到经济上的保障,过着稳定而富裕的生活,并且可以利用自己的积蓄作为小额股份,集中起来开设作坊和小工厂,如此发展下去,就有可能利用长期积累起来的财力去购买整个国家的生产资料,从而取消资本的统治。显而易见,在资本主义条件

---

① 《马克思恩格斯选集》第二卷,人民出版社,1972年,第480页。

② 《马克思恩格斯选集》第二卷,人民出版社,1972年,第478页。

下,这完全是一种痴人说梦的废话。恩格斯曾经辛辣地嘲笑说:"这样一个卓越的计划真是从来没有人想到过,而且,既然打算表演这样的戏法,那么用月亮的银光立刻铸出五法郎硬币,岂不是更简捷得多吗?"①

蒲鲁东从维护个体小生产者的"独立"地位出发,反对一切组织、纪律,反对一切国家和权威,主张个人政治上的绝对自由。他的口号是:"不要政党,不要权力,一切人和公民的绝对自由。"他自称是"一个名副其实的无政府主义者"。蒲鲁东的无政府主义反映了小生产者的分散倾向,同组织、集中、统一的倾向相对立,根本不符合无产阶级的利益。

蒲鲁东所勾画的这一"美妙蓝图",对无产阶级来说,当然是极其荒唐的东西,但是对于小生产者却具有极大的吸引力。由于当时德国的手工业者还不是真正的无产者,而只不过是刚刚向现代无产阶级转变的、附属于小资产阶级的一部分人,而这种人又是正义者同盟的基本成员,因而蒲鲁东主义在正义者同盟内部有一定的市场。这对于正义者同盟的成长和发展,起着极其有害的作用。

"真正的社会主义"对同盟的巴黎支部的影响也是很大的。"真正的社会主义者"同蒲鲁东主义者狼狈为奸,把同盟巴黎支部变成宣传他们的冒牌社会主义的阵地。它也是1844年到1848年间在德国流行一时的反动的社会主义流派。"真正的社会主义者"都是一些舞文弄墨、玩弄漂亮辞藻、空喊革命口号的小资产阶级文化人。其中有臭名昭著的莫泽斯·赫斯、奥托·吕宁、卡尔·格律恩,以及莱茵、西里西亚、萨克森等地的作家。他们虽然对当时的社会说一些不满的话,有时候甚至还要骂一骂统治阶级,但是他们对现实的阶级斗争和革命运动,总是谈虎色变,望而生畏。他们企图用超阶级的"和平""博爱"来代替阶级斗争,从理论上把社会主义和共产主义归结为人道主义,说什么:"只有人道主义世界观才可能通向人类未来生活的道路","共产主义和社会主义归根到底都消融在人道主义中了"。

---

①《马克思恩格斯全集》第27卷,人民出版社,1972年,第58页。

"真正的社会主义"的理论来源于费尔巴哈的人本主义,特别是他的关于超阶级的"爱"的观点。费尔巴哈哲学的两个突出的弱点是使用过于夸张的辞藻和过于神化的"博爱"。"真正的社会主义者"完全承袭了这两个弱点,而扬弃了费尔巴哈的正确东西,使自己的学说变成了极其有害的谬论。所以"真正的社会主义"首先在有产者中间得到传播。正如恩格斯所说的:"从1844年起在德国的'有教养的'人们中间像瘟疫一样传播开来的'真正的社会主义',正是把费尔巴哈的这两个弱点当作自己的出发点的。它以美文学的词句代替了科学的认识,主张靠'爱'来实现人类的解放,而不主张用经济上改革生产的办法来实现无产阶级的解放,一句话,它沉溺在令人厌恶的美文学和泛爱的空谈中了。"①

　　"真正的社会主义者"攻击"革命是过了时的政治手段",就是对历史上的革命运动也要横加指责。他们把社会主义当作纯粹的理论活动,反对同实际的革命运动相结合,使社会主义完全成了存在于云雾弥漫中的哲学幻想。他们不顾德国的实际情况,硬要把社会主义的要求同当时德国的政治运动对立起来,对德国资产阶级所进行的反封建斗争横加指责。这样,它就成了德意志各邦专制政府对付德国资产阶级的武器。成了容克地主和官僚求之不得的、吓唬来势汹汹的资产阶级的稻草人。

　　"真正的社会主义"反映了德国小资产阶级既害怕无产阶级的革命运动,又害怕资产阶级强大的经济力量和屈从于封建贵族政治统治的心理。恩格斯在评论格律恩的《从人的观点论歌德》一书时,对"真正的社会主义者"的这种心理做了非常形象的、高度概括的描述。他写道,"真正的社会主义者""对于'有教养的阶层'总是怀着深厚的敬意,对于上层贵族更是毕恭毕敬。其次,他的特点是极端畏惧一切巨大的群众运动、一切强大的社会运动。当运动迫近时,他不是胆怯地躲在火炉背后,就是急忙卷起铺盖溜之大吉……但是运动刚一过去,他就从容不迫地站在

---

　　①《马克思恩格斯选集》第四卷,人民出版社,1972年,第218页。

舞台前面,用海格立斯的巨掌打耳光(这些耳光的声音只是现在他才感到那样的悦耳),并且认为所发生的一切都是'极其可笑的'"①。

"真正的社会主义者"把自己置身于革命运动之外,既不冒半点风险,又可以躲在书斋里对革命的失败指手画脚,把自己打扮成凌驾于群众之上的英雄。其实他们所追求的目的是安逸优裕的生活,社会主义只不过是他们用来装点门面的幌子。格律恩曾经引用了歌德的一段话,并且明确表示,这一段话确切地表达了他们的思想。那段话是:"如果我们在世界上找到一个地方,能够安安静静地生活和占有自己的财产,能够有足以供养我们的田地,能够有栖身之所,难道那里不就是我们的祖国吗?""真正的社会主义者",对这一段话做了庸俗的理解。他们所干的事情就是要把德国小资产阶级追求舒适、平静生活的庸俗愿望,用华丽的革命辞藻装饰起来,"给这些小市民的每一种丑行都加上奥秘的、高尚的、社会主义的意义,使之变成完全相反的东西"②。

"真正的社会主义"的创始人是莫泽斯·赫斯(1812—1875)和卡尔·格律恩(1817—1887)。赫斯出生在科隆市一个企业家家庭。他在年轻的时候,曾经在巴黎参加过政治活动。1844年初,他从法国回到科隆,过着优裕而安定的生活,同外界社会的接触大为减少。这时,他和卡尔·格律恩建立了比较密切的联系。同年9月,赫斯创立了一个共产主义俱乐部,形成了"真正的社会主义"的中心。后来,"真正的社会主义者"在德国各地创办和掌握了不少刊物。其中具有一定影响的有《特利尔日报》,1845年的《德国公民手册年鉴》《莱茵社会改革年鉴》,《社会明镜》月刊,《威斯特伐利亚汽船》《人民论坛》《工场》,等等。但是,"真正的社会主义"并不是一个有统一严密组织的社会主义流派。在它内部存在着威斯特伐利亚、萨克森、柏林、伍珀塔尔等派别。由于"真正的社会主义"在德国影响面比较大,它成了德国工人运动同马克思主义相结合的严重

---

① 《马克思恩格斯全集》第4卷,人民出版社,1958年,第266页。

② 《马克思恩格斯选集》第一卷,人民出版社,1972年,第279页。

障碍,也是使正义者同盟陷于思想混乱的一个重要根源。

由于正义者同盟存在着如此严重的非无产阶级思想,同盟的工作是很难取得重大进展的。因此,清除"真正的社会主义"、蒲鲁东主义和魏特林主义的思想影响,接受科学共产主义的基本理论和原则已经成为正义者同盟的紧迫任务。而这一任务的完成与否直接关系到同盟的前途和命运。

二、马克思主义对正义者同盟的影响

科学共产主义的产生和传播

正义者同盟在活动的第二个时期里,无论是在思想上和组织上都有显著的进步,但是它能不能够最终从一个思想混乱的半密谋半宣传的团体转变成为一个真正的国际无产阶级组织,一个无产阶级政党的胚胎,关键在于它是不是能够找到正确的革命理论做指导。19世纪40年代中期科学共产主义的诞生使正义者同盟获得了完成这种根本转变的可能性。假如没有科学共产主义,正义者同盟就只能停留在魏特林主义或者别的什么空想社会主义的理论基础上,永远也不可能实现彻底的改组,从而把自己提高到国际无产阶级组织的水平。可以说,科学共产主义是创立共产主义者同盟的理论前提。

科学共产主义的创始人卡尔·马克思、弗里德里希·恩格斯差不多都在19世纪40年代前半期完成了从革命民主主义者转变为共产主义者的过程,奠定了科学革命理论的基础。

卡尔·马克思(1818—1883)于1818年5月5日诞生在古老的特利尔城一个犹太律师的家庭里。他从小就热爱科学,注意观察社会,显露了非凡的才能和敏锐的思想。1842年到1843年在《莱茵报》工作时期,是马克思青年时代的一个重要时期,正是在这个时期,根据他在《莱茵报》上所发表的文章,"可以看出马克思已从唯心主义转向唯物主义,从革命民主主义转向共产主义"①。1843年,马克思在荷兰克罗茨纳赫撰写的《黑格尔法哲学批判导言》就是他转变为共产主义者的重要标志。这篇文章发表在《德法年鉴》合刊号上。文章直截了当地提出:"批判的武器当然不能代替武器的批判,物质力量只能用物质力量来摧毁。但是理论一经掌握,群众也会变成物质力量。"②"哲学把无产阶级当作自己的物质武器,同样,无产阶级也把哲学当作自己的精神武器。"③在这里,马克思已经十分明确而又坚定地认为,只有人民群众和无产阶级才是改造和推动社会的动力。

弗里德里希·恩格斯(1820—1895)的共产主义思想是1842年以后他居住英国时期形成的。在那里,他放弃了一切豪华的享乐和社交活动,把所有的空闲时间都用来深入工人生活和斗争,因而能够深刻而准确地剖析资本主义社会的各种矛盾,并向无产阶级指明,只有社会主义才是他们的唯一出路。

马克思和恩格斯在初步形成了自己的观点以后不久就开始了共同的战斗历程。1842年11月,两人在科隆《莱茵报》编辑部的第一次会面并未留下深刻的印象。那次会面是在彼此未能充分了解的情况下发生的,因此当时两人未能因此建立起密切的联系。恩格斯到达英国后曾经在马克思和卢格创办的《德法年鉴》上发表文章。马克思发现,恩格斯在文章中所表述的观点同自己的看法不谋而合,才开始同恩格斯通信,互相探讨问题,交流思想。他们渴望再次见面,就科学共产主义的一切重大问题交换意见。1844年8月底,恩格斯利用回国的机会,途中经过巴黎,同马克思第二次见面,两人畅谈了十天,发现他们在一切重大理论问题上的观点都是完全一致的。共同的思想使马克思、恩格斯结下了亲密无间的友谊。恩格斯曾经回忆说:"当我1844年夏天在巴黎拜访马克思

①《列宁全集》第21卷,人民出版社,1959年,第59页。

②《马克思恩格斯全集》第1卷,人民出版社,1956年,第460页。

③《马克思恩格斯全集》第1卷,人民出版社,1956年,第467页。

时,我们在一切理论领域中都显出意见的完全一致,从此就开始了我们共同的工作。"①在这以后,马克思、恩格斯两人,不管情况多么复杂、斗争多么激烈,总是同甘共苦,患难相依,他们的名字也总是连在一起。列宁曾经赞叹说:"他们的关系超过了古人关于人类友谊的一切最动人的传说。"②

就在巴黎会见期间,马克思、恩格斯两人商定,合写共同著述的第一部著作——《神圣家族》。马克思、恩格斯在这部光辉著作中全面地清算了青年黑格尔派的错误思想,系统地论述了唯物史观并第一次明确地表述了无产阶级伟大历史使命的思想。

青年黑格尔派是黑格尔学派的左翼,其代表人物是布鲁诺·鲍威尔(1809—1882)、施蒂纳(1806—1856)和埃德加尔·鲍威尔(1820—1886)等人。在德国哲学史上,青年黑格尔派曾经起过某些进步作用。最初,他们试图从黑格尔的哲学中引出革命的结论,来说明德国有进行政治改革的必要。但是,即使在这个时候,他们所主张的改革也只是停留在哲学的空谈上,并没有打算把它变成现实。布鲁诺·鲍威尔在1839年12月致马克思的信中说,普鲁士似乎注定要通过一次耶拿战役,但这个战役并不一定要在尸横遍野的战场上进行。

鲍威尔等人满足于这种毫无实际内容的空谈,并且妄自尊大,以改造世界的伟大人物自居。他们捡起黑格尔的唯心主义,加以改头换面,给"绝对观念"换一个新名字叫作"自我意识",说什么"自我意识"就是一切。按照他们的说法,"自我意识"是一种高深莫测的东西,不是人人都能达到的,只有具有批判能力的人,通过批判活动才能达到。换句话说,就是只有像他们这样少数具有批判能力的天才人物的头脑中才能够产生"自我意识"。这样,就把人民群众完全摆在被动的地位上了。由于他们轻视群众、脱离斗争实际和本身的软弱性,19世纪40年代初逐渐屈服

---

①《马克思恩格斯选集》第四卷,人民出版社,1972年,第192页。

②《列宁选集》第一卷,人民出版社,1972年,第92—93页。

于政府的压力,完全赞同黑格尔尊崇普鲁士君主政体的主张。他们的批判也就成了可怜虫的哀鸣。最后,青年黑格尔派蜕变成一些文化人的小团体。他们经常在《文学总汇报》《柏林月刊》和《北德意志报》上发表文章,宣传自己的反动观点,毒害群众的思想。他们穿着睡衣和拖鞋在书房里傲慢地宣布政治是没有充分价值的事情。实际上在他们内心深处隐藏着对革命斗争的极端恐惧。他们为了反对革命和改革,竟然恬不知耻地为普鲁士国家的反动政策辩护。布鲁诺就曾经说,不能把人民和国家对立起来,因为人民是被包括在国家之内的。当普鲁士政府颁布书报检查令的时候,青年黑格尔派的另一个代表人物卡尔·弗里德里希·科本以所谓的超然态度来掩盖他支持政府的立场。他说:"批判既不拥护也不反对书报检查。它不会同书报检察机关进行友好的谈话,但是它也不责骂、诽谤它。批判超越于效用和感情用事之上,它不偏爱也不憎恶任何东西,因此它不把自己同书报检察机关对立起来,不同它进行斗争……"

青年黑格尔派的代表人物还不断发表文章,攻击共产主义。马克思、恩格斯的《神圣家族》就是为了回答青年黑格尔派的进攻和澄清理论上的混乱而撰写的。这部著作的序言中有一段话概括了写作这本书的目的和任务。"在德国,对真正的人道主义说来,没有比唯灵论即思辨唯心主义更危险的敌人了。它用'自我意识'即'精神'代替现实的个体的人,并且同福音传播者一道教诲说:'精神创造众生,肉体则软弱无能。'显而易见,这种超脱肉体的精神只是在自己的想像中才具有精神力量……""……对《文学报》所暴露的材料加以考察,就能帮助广大读者识破思辨哲学的幻想。这也就是我们写作本书的目的。"①

《神圣家族》是由许多篇文章构成的。它针对青年黑格尔派的唯心史观,着重回答了英雄创造历史还是奴隶们创造历史这个根本问题。马克思、恩格斯指出,推动历史发展的动力不是什么"批判精神",不是什么英雄人物,而是从事物质生产的劳动人民,而布鲁诺一伙不过是一些玩

---

① 《马克思恩格斯全集》第2卷,人民出版社,1957年,第7页。

弄概念、故弄玄虚的家伙,这些人所干的事情"仅仅是'用现存事物的范畴来制定公式'",也就是用现存的黑格尔哲学和现存的社会意向来制定公式。公式除了公式便什么也没有"①。"批判的批判什么都没有创造,工人才创造一切,甚至就以他们的精神创造来说,也会使得整个批判感到羞愧。"②马克思、恩格斯还进一步论述了无产阶级的伟大历史使命,指出:"无产阶级……执行着私有制因产生无产阶级而给自己做出的判决……随着无产阶级的胜利,无产阶级本身,以及制约着它的对立面——私有制都趋于消灭。"③

马克思、恩格斯在《神圣家族》中,充分地阐发了他们自己已经表述过的关于经济的和社会的关系是理解一切历史问题的钥匙这一历史唯物主义的基本原理。

列宁对于《神圣家族》一书给予了高度的评价,认为这部书已经"非常鲜明地提出了马克思的几乎已经形成了的对于无产阶级革命作用的观点"④。"奠定了革命唯物主义的社会主义的基础。"⑤

马克思、恩格斯在奠定科学革命理论的过程中曾经给自己提出了两项任务:第一,科学地论证自己的观点;第二,使欧洲无产阶级,首先是使德国无产阶级相信他们的观点是正确的。因此,马克思、恩格斯除去进行理论建设以外还同一些国家的激进派和无产阶级组织建立了广泛的联系,毫不倦怠地向这些组织中的成员和工人群众宣传科学共产主义的基本思想。恩格斯曾经回忆说:"我们绝不想把新的科学成就写成厚厚的书,只向'学术'界吐露。正相反,我们两人已经深入到政治运动中。"⑥科学共产主义在正义者同盟中间,特别是同盟领导人中间的传播

①②《马克思恩格斯全集》第2卷,人民出版社,1957年,第22页。

③《马克思恩格斯全集》第2卷,人民出版社,1957年,第44页。

④《列宁全集》第38卷,人民出版社,1959年,第9页。

⑤《列宁全集》第2卷,人民出版社,1959年,第7页。

⑥《马克思恩格斯选集》第四卷,人民出版社,1972年,第193页。

为同盟的彻底改组做好了理论上和思想上的准备。

布鲁塞尔共产主义通讯委员会

在宣传科学共产主义,争取教育工人团体和社会主义组织领导人的过程中,布鲁塞尔共产主义通讯委员会起到了极其重要的作用。这个委员会是马克思、恩格斯在奠定自己的科学革命理论以后,亲自着手建立的第一个宣传组织,也是当时还作为社会主义流派之一的马克思主义派的一个团体。还在1845年,马克思、恩格斯就在比利时首都布鲁塞尔建立了第一个共产主义小组,为共产主义通讯委员会的成立打下了基础。小组成员有威廉·沃尔弗、约瑟夫·魏德迈、斐迪南·沃尔弗、塞巴斯蒂安·戴勒尔、日果①等人。1846年1月,布鲁塞尔共产主义通讯委员会正式成立。马克思、恩格斯和比利时社会主义者日果当选为通讯委员会委员。通讯委员会的具体任务是:同各国社会主义小组、工人团体建立联系,互相交换资料和情况,沟通思想;通过宣传科学共产主义,批判五花八门的资产阶级和小资产阶级思想,逐步在思想上取得一致,为建立无产阶级政党做好准备。

在马克思和恩格斯的直接领导下,布鲁塞尔共产主义通讯委员会的工作很快就取得了积极的成果,形成了一个以它为中心的分布在英、法、德、瑞士、荷兰、比利时等国的通讯联络网。在科隆,罗兰特·丹尼尔斯(1819—1855)曾经试图建立共产主义通讯委员会,但没有成功。根据毕尔格尔斯8月11日致马克思的信中提到的情况可以知道,丹尼尔斯经过深思熟虑以后认为,当时成立共产主义通讯委员会的条件还不具备,即使勉强动员人们参加了这个委员会,通讯联络工作也不可能积极展开。有一段时期,同布鲁塞尔和其他城市的通讯联系工作,主要由丹尼

---

① 菲利浦·查理·日果(1819—1860),1819年出生于布鲁塞尔,是比利时的一名官员,他曾担任布鲁塞尔共产主义通讯委员会委员和共产主义者同盟布鲁塞尔支部的主席。

尔斯和毕尔格尔斯两人承担。在威斯特伐利亚，马克思、恩格斯的学生约瑟夫·魏德迈(1818—1866)负责通讯联系工作，经常把那里的情况写信向布鲁塞尔共产主义通讯委员会报告。

马克思、恩格斯还通过布鲁塞尔共产主义通讯委员会成员威廉·沃尔弗，同西里西亚各城镇的共产主义者和民主派建立了通讯联系。沃尔弗曾经根据当地警察追究、监视严密的情况，建议人们在成立共产主义通讯委员会的时候，应当以读书会或其他不引人注目的形式做掩护。从1846年7月起，沃尔弗不断收到西里西亚各地通讯员的来信，并根据信件所提供的情况，专门为布鲁塞尔通讯委员会写了许多关于西里西亚工人运动和共产主义宣传情况的报道。沃尔弗还不断通过信件转达布鲁塞尔通讯委员会的意见，并向各地通讯员说明，应当不懈地宣传共产主义思想，清除和批判种种错误观点，对于通讯委员会的人选也要慎重挑选。由于沃尔弗认真贯彻马克思、恩格斯的意图，积极开展工作，到1846年秋天，在施特里高、布雷斯劳、奈斯、兰兹福特、佛兰肯施泰因、洛文堡、赖辛巴赫等城镇先后建立了共产主义通讯委员会。这些人数不多的通讯委员会同布鲁塞尔通讯委员会保持着经常的联系，成为后来共产主义者同盟在德国建立基层支部的基础。

马克思、恩格斯还通过布鲁塞尔共产主义通讯委员会同英国、法国、德国的工人组织和工人运动的领导人建立了密切联系。马克思主义越来越多地在一些国家的先进工人和社会主义者中间传播起来。恩格斯在回忆这一段时期的情况时，满意地指出："我们两人已经深入到政治运动中。我们已经在知识分子中间，特别在德国西部的知识分子中间获得一些人的拥护，并且同有组织的无产阶级建立了广泛联系。"①

正义者同盟的领导人莫尔、沙佩尔、鲍威尔等人积极支持布鲁塞尔共产主义通讯委员会的工作。1846年6月8日，他们写信告诉马克思说："共同的宣传组织和各国共产主义者相互交换意见这两点是如此必

①《马克思恩格斯选集》第四卷，人民出版社，1972年，第193页。

要,以致每一个真正的共产主义者都愿意在这件事上协助你们。"他们还准备在伦敦建立共产主义通讯委员会,并希望得到马克思和恩格斯的帮助。马克思、恩格斯根据他们的请求,把布鲁塞尔共产主义通讯委员会的工作计划和在开展广泛思想斗争的基础上召开共产主义者代表大会的设想告诉他们。他们三人对工作计划和设想都表示赞成,并在7月17日致马克思的信中写道:"你们的通讯委员会的建立和全部计划都是我们极为赞成的,但是最使我们高兴的是你们所提出的召开共产主义者代表大会的设想。我们认为这是使我们的宣传取得力量和一致的唯一途径。"但是,他们的头脑中还存在着"真正的社会主义"等流派的影响,对这些派别同马克思主义的原则分歧,认识不足,因此不同意开展思想斗争,要求通过"冷静地和兄弟般地讨论"来消除各团体和派别间的分歧。根据这个情况,马克思、恩格斯认为,召开共产主义者代表大会的思想基础还不具备,需要进一步清除种种非无产阶级思想对工人运动的影响。

为了把更多的群众团结在布鲁塞尔共产主义通讯委员会周围,使他们能够更多地接触马克思主义,马克思、恩格斯在布鲁塞尔建立了德意志工人联合会,并通过工人联合会把当地的民主力量团结起来,创立了布鲁塞尔民主协会。马克思、恩格斯参加了这两个组织的活动。1847年11月15日,马克思当选为民主协会副主席。在马克思、恩格斯和布鲁塞尔共产主义通讯委员会的影响下,布鲁塞尔民主协会成为当时欧洲民主主义运动的一支重要力量。

布鲁塞尔共产主义通讯委员会,在马克思、恩格斯刚刚开始的建党活动中,占有极其重要的地位。它为未来的第一个国际无产阶级组织——共产主义者同盟的建立,做了大量的思想准备和组织准备工作,成了马克思、恩格斯开展反对魏特林主义、反对"真正的社会主义"和反对蒲鲁东主义的重要阵地。

反对魏特林主义的斗争

马克思、恩格斯反对魏特林主义的斗争,是布鲁塞尔共产主义通讯委员会的极其重要的活动内容,也是改组正义者同盟的刻不容缓的任务。尽管魏特林主义已经越来越成为在先进工人和社会主义者中间传播科学革命理论的阻碍,但是,马克思、恩格斯仍然历史地对待魏特林和他的思想,把他当作"德国无产阶级的第一次独立理论运动"的代表,充分肯定他在历史上曾经做出的贡献,耐心地争取他和帮助他,吸收他参加布鲁塞尔共产主义通讯委员会,希望他能够在宣传共产主义的活动中逐步纠正自己的错误,接受科学的革命道理。但是,魏特林以"伟大人物"自居,拒绝马克思和恩格斯的帮助,后来还和"真正的社会主义者"勾结起来,公开反对马克思和恩格斯。魏特林公然以正义者同盟理论家和领导人的身份出现,企图牢牢地控制这个同盟,阻止科学共产主义在同盟内部传播。由于魏特林坚持自己的错误立场,自绝于革命,马克思、恩格斯同魏特林的最后决裂终于不可避免地发生了。

1846年3月30日,在布鲁塞尔共产主义通讯委员会会议上,魏特林挑起了第一场争论。在这次会议上,魏德迈建议由商人雷姆佩尔和迈耶尔提供资金组织一个专门的出版社,出版马克思、恩格斯和共产主义者的著作。会上有人提议出版马克思、恩格斯合写的《德意志意识形态》,以便用科学的统一的思想武装共产主义者,并指导他们的行动。魏特林竭力反对这个意见,顽固地要求通讯委员会优先出版他的新近著作。这就等于要求通讯委员会接受他的空想的平均共产主义思想和密谋主义策略,并在各工人组织和社会主义团体内部广为传播。魏特林的这种无理要求,理所当然地遭到了马克思、恩格斯和通讯委员会的断然拒绝。

魏特林还反对开展理论宣传工作,说什么当务之急不是开展理论宣传工作,而是把无产阶级鼓动起来去实现他所"发明"的"平均共产主义社会",用一种更为有效的方法来打开工人们的眼睛,使他们看到自己可怕的处境。马克思在会议上针对魏特林的观点,严肃指出,如果没有事先制定好的纲领,不把科学依据交给群众,不给工人以严格的科学和正确的学说,而只是用感情冲动、声泪俱下的宣传手段轻率地把群众激发起来,使他们产生完全不切实际的幻想那就同传教士们所玩弄的那一套空洞而无耻的把戏毫无区别。因为,在这种情况下,一方面是通神意的预言家,而另一方面只能是一些张着嘴巴听他讲话的蠢材。这种做法实际上是对工人阶级的欺骗,必然会导致运动的失败。在这次会议上双方都坚持自己的立场,争执不下。参加这次会议的还有日果、魏德迈、塞勒、海尔柏克和埃德加尔·冯·威斯特华伦。①他们大多不赞成魏特林的错误行动。

然而,这次公开的剧烈的冲突还没有使魏特林同马克思的友谊达到完全破裂的程度。会后,魏特林履行了诺言,把曾经答应撰写的文章寄给马克思,马克思也曾邀请魏特林共进便餐。最后的决裂是在对待"真正的社会主义者"的态度上的原则分歧造成的。魏特林始终没有认真接受马克思的中肯的批评,正视自己在理论问题方面的错误,因而同布鲁塞尔共产主义通讯委员会的观点分歧越来越大,同"真正的社会主义者"的思想越来越近,甚至完全同流合污。1846年5月11日,当通讯委员会讨论"真正的社会主义者"克利盖的问题,并通过《反克利盖的通告》(以下简称《通告》)的时候,魏特林独自一人拒绝在《通告》上签名,并且顽固地为克利盖辩护,要求共产主义通讯委员会允许克利盖根据美国的情况采取措施。②这就等于实际上反对通讯委员会对克利盖的批评。在这种情况下,如果继续同魏特林合作,或者允许他留在共产主义通讯委员会内部,对于工人运动的开展都会产生不好的影响,起码会使人产生是非不分、旗帜不明的感觉。所以马克思、恩格斯断然同他决裂,为当时的

---

① Carl Wittke, *Utopian Communist:A Biography of Wilhelm Weiting*, Baton Rouge:Louisiana State University Press,1950,p. 117.

② Carl Wittke, *Utopian Communist:A Biography of Wilhelm Weiting*, Baton Rouge:Louisiana State University Press,1950,p. 118.

社会主义者和有觉悟的工人指出明确的前进道路。

　　这次决裂绝不是个人思想问题，而是马克思主义同非无产阶级思想的一次决裂。因此毫不奇怪，在共产主义通讯委员会内部和外部都还有一些人同情和支持魏特林，但这是少数，大多数人是倾向马克思和恩格斯的。"真正的社会主义者"的代表人物莫泽斯·赫斯因故未出席5月11日的会议，但在闻知这次会议上发生的事件以后就对魏特林表示同情，并且向马克思写信说："你使他完全变成了疯子，你会由于他的发疯而感到惊讶。"伦敦也有少数人写信支持魏特林。魏特林本人在这次会议后写信给克利盖，说明他和马克思分裂的情况，并且表示在他看来，对克利盖的攻击就是对他自己的攻击。魏特林还把克利盖的《人民论坛报》看成是宣传共产主义原则的最合适的机关。不久，魏特林的这封信就在《人民论坛报》上刊登出来。魏特林的行动对克利盖是一个很大的鼓舞，同时表明他已经同"真正的社会主义者"结成了反对科学共产主义、破坏工人运动的可耻同盟。

　　布鲁塞尔共产主义通讯委员会把这场原则争论的情况通知各地同它有联系的共产主义组织和工人团体，并且宣布同魏特林彻底决裂。《通告》在《威斯特伐利亚汽船》上发表，《通告》的副本散发到英国、法国、德国和美国的许多地区。许多共产主义组织和工人团体的领导人和代表都纷纷写信，拥护和支持马克思、恩格斯所采取的果断行动。正义者同盟的领导人沙佩尔在1846年6月6日给马克思的复信中尖锐地批判了魏特林的错误。有正义者同盟几位主要领导人参加的伦敦共产主义通讯委员会断绝了同魏特林的一切联系。德国工人运动的积极活动家魏德迈不但看清了魏特林的错误观点，并且批判了他的宗派主义立场。他在给马克思的信中揭露了魏特林寄给《威斯特伐利亚汽船》的一些文章的缺点。1847年1月，魏德迈在致马克思的信中进一步明确地批评了魏特林所坚持的错误立场，把他看作是对马克思和同盟发动攻击的人。

　　同魏特林的决裂是对正义者同盟全体成员理论水平和思想水平的一次考验。结果证明，同盟大多数领导人和盟员已经初步领会了科学共产主义的某些基本观点,对魏特林的错误思想具有了一定的识别能力。魏特林在正义者同盟内部和工人队伍中的处境日益孤立。马克思、恩格斯反对魏特林主义的斗争取得了辉煌的胜利。这一胜利为科学共产主义在工人运动中的进一步传播扫除了一道重大的障碍,为正义者同盟的改组创造了重要的条件。

反对蒲鲁东主义的斗争

反对蒲鲁东主义也是从思想上改组正义者同盟的一个重要环节。马克思、恩格斯批判蒲鲁东主义是因为它对当时工人运动已经产生了消极的阻碍作用,而并没有对蒲鲁东的一生全盘否定。他们对蒲鲁东在19世纪40年代初期的活动和著作给予了适当的评价。马克思曾经指出:蒲鲁东的"第一部著作《什么是财产? 或关于法和权力的原理的研究》无疑是他最好的著作"[1],但同时又指出,这本书只是从道德、法权方面谴责资本主义社会的不平等现象,而没有从社会经济方面揭露资本主义制度的本质。所以,"不管表面上如何轰轰烈烈,在《什么是财产? 或关于法和权力的原理的研究》中已经可以看到一个矛盾:蒲鲁东一方面以法国小农的(后来是小资产者的)立场和眼光来批判社会,另一方面他又用他从社会主义者那里借来的尺度来衡量社会"[2]。正是这个矛盾使蒲鲁东在理论上漏洞百出,始终不能自圆其说。

蒲鲁东也是属于马克思、恩格斯曾经寄予希望,并耐心争取和帮助过的为数不多的早期的社会主义者。1844年,马克思在巴黎认识蒲鲁东以后,经常用辩证唯物主义观点影响他,1846年又邀请他参加共产主义通讯委员会的工作。但是,蒲鲁东狂妄地拒绝了这一邀请,并声明他反对革命斗争方法和共产主义,公开站到了马克思的对立面。以后,蒲鲁东

---

① 《马克思恩格斯书信选集》,人民出版社,1962年,第158页。

② 《马克思恩格斯书信选集》,人民出版社,1962年,第159页。

又曾多次反对马克思、恩格斯的学说,在错误的道路上越滑越远。1846年,蒲鲁东出版了自己的主要著作《经济矛盾的体系,或贫困的哲学》,系统地宣扬自己的反动观点。蒲鲁东主义的流毒也随着这本书的出版而到处传播。马克思读了《贫困的哲学》以后,立刻指出这"是一本坏书,是一本很坏的书"①。为了清除蒲鲁东主义对工人运动的恶劣影响,马克思、恩格斯决定对蒲鲁东主义进行系统的、全面的批判。1846年12月28日,马克思在致巴·瓦·安年科夫的信中概括地阐述了批判蒲鲁东主义的基本论点。从1847年1月起,马克思开始撰写《哲学的贫困》这部光辉著作,从理论上给予蒲鲁东主义以全面的批判和毁灭性的打击。

马克思首先批判了蒲鲁东的唯心主义哲学。蒲鲁东主张精神是第一性的,把理性说成是脱离人体而永恒存在的东西,认为人类社会的历史是观念发展的历史。这样,蒲鲁东就把本来是人的大脑产生的思维和观念变成一种支配人类社会的力量,因而陷入了唯心主义的泥潭。蒲鲁东认为,思想家的任务就是要去发现那个永恒存在的理性和种种观念,而如果一旦真被发现,理想的社会主义社会就会变为现实。蒲鲁东大言不惭地把自己打扮成发现这些观念的伟大思想家,并且宣称他的《贫困的哲学》就是拯救社会的理论体系,企图用他头脑中的运动来代替现实社会的阶级斗争和革命运动。马克思在《哲学的贫困》中针对蒲鲁东的谬论,着重阐明了观念和社会物质生产的关系,强调指出观念不是第一性的,社会物质生产才是第一性的,每一个历史时代的物质生产,以及必然由它的条件产生出来的社会关系是这个时代的政治和思想观念的基础。他写道:"人们按照自己的物质生产的发展建立相应的社会关系,正是这些人又按照自己的社会关系创造了相应的原理、观念和范畴。"②这样就纠正了被蒲鲁东所颠倒的社会意识和社会存在的关系,捍卫了历史唯物主义的基本原理。

---

① 《马克思恩格斯选集》第四卷,人民出版社,1972年,第319—320页。

② 《马克思恩格斯选集》第一卷,人民出版社,1972年,第108页。

马克思还揭穿了蒲鲁东玩弄辩证法名词,大搞形而上学的戏法,说他歪曲和篡改了对立统一的概念,把一切事物都简单地分为好的方面和坏的方面,抹杀了两个对立面之间的斗争。蒲鲁东还错误地认为,对立的两个方面可以机械地加以分割,可以保留好的方面,去掉坏的方面。他把资本主义制度也分为好的方面和坏的方面,并且认为资产阶级经济学家只强调好的一面,而社会主义者只看到坏的一面,唯独他自己比这两种人都高明,能够同时看到好的和坏的两个方面,而且能够找出一种可以保存好的方面,消除坏的方面的“科学公式”。其实这种谬论根本没有一点辩证法的味道。马克思一针见血地指出:“蒲鲁东先生从黑格尔的辩证法那里只学得了术语。而蒲鲁东先生自己的辩证运动只不过是机械地划分出好、坏两面而已。”①马克思还说,蒲鲁东瞧不起资产阶级经济学家和社会主义者。其实蒲鲁东还比不上他们。因为他用自己的神秘公式来代替对经济问题的深入细致的研究,既缺乏勇气,又没有远见,不能超出资产者的眼界。所以,尽管蒲鲁东“希望充当科学泰斗,凌驾于资产者和无产者之上,结果只是一个小资产者,经常在资本和劳动、政治经济学和共产主义之间摇来摆去”②。

蒲鲁东究竟用什么妙术来铲除资本主义制度坏的方面呢?这首先就要“归功”于他的“构成价值论”了。这是他用来医治资本主义制度弊病的重要理论根据。所谓的“构成价值论”就是从资产阶级经济学家那里剽窃来的价值学说,不是什么新发明。蒲鲁东从商品的价值是由一定数量的社会劳动时间所构成的这个论点出发,得出了为自己的改良主义服务的结论。他认为既然劳动时间是计算价值的尺度,那么直接参加生产的劳动者,只要能够按这个尺度,实现等量交换的原则,就找到了公平交换而不受中间剥削的办法。这就等于说,在资本主义制度下,可以排除剥削和阶级对抗。在实践上,蒲鲁东认为通过组织交换银行,通过组

---

① 《马克思恩格斯全集》第4卷,人民出版社,1958年,第146页。
② 《马克思恩格斯全集》第4卷,人民出版社,1958年,第158页。

织互助合作,就可以克服资本主义的坏的方面,消灭剥削,实现理想社会,而且把这些措施作为唯一可行的途径,因此他反对一切政治斗争,反对暴力革命,甚至连罢工都要反对。蒲鲁东竟然公开宣称:"工人罢工是违法的。不仅刑法典上如此规定,而且经济体系、现存制度的必然性也说明这一点……每一个工人有单独支配自己的人身和双手的自由……但是社会不能容许工人组织同盟来压制垄断。"①

马克思批判了蒲鲁东企图调和阶级矛盾的理论,指出:"当文明一开始的时候,生产就开始建立在级别、等级和阶级的对抗上,最后建立在积累的劳动和直接的劳动的对抗上。没有对抗就没有进步。这是文明直到今天所遵循的规律。"②马克思还指出了经济斗争和政治斗争的关系,以及政治斗争在无产阶级解放事业中的重大作用。马克思强调指出,工人阶级组成同盟,可以消除工人之间的竞争,团结一致,同心协力地同资产阶级进行斗争。原来孤立活动、互不联系的同盟可以在对抗资本家的斗争中联合组成为集团,从维护工资发展到维护自己的联盟,从而使同盟具有政治性质。在无产阶级同资产阶级的搏斗中,无产阶级只有依靠这样强大的政治斗争,才能取得胜利,整个社会才能得到根本改造。马克思还特别强调说:"要使被压迫阶级能够解放自己,就必须使既得的生产力和现存的社会关系不再继续并存。"③最后马克思引用著名的法国女作家乔治·桑的一句话作为《哲学的贫困》一书的结尾,突出无产阶级同资产阶级的斗争的不可调和性。"不是战斗,就是死亡;不是血战,就是毁灭。问题的提法必然如此。"

《哲学的贫困》从理论上清算了蒲鲁东主义,但是同蒲鲁东主义的斗争并未结束而且还继续进行了相当长的时间。蒲鲁东的门徒同"真正的社会主义者"勾结在一起,不断在工人当中传播他的思想。为了进一步

---

① 《马克思恩格斯全集》第4卷,人民出版社,1958年,第194页。

② 《马克思恩格斯全集》第4卷,人民出版社,1958年,第104页。

③ 《马克思恩格斯全集》第4卷,人民出版社,1958年,第197页。

清除蒲鲁东主义的影响,恩格斯在巴黎做了深入细致的调查工作,同蒲鲁东的信徒展开了面对面的斗争。恩格斯在9月18日致马克思的信中辛辣地嘲笑蒲鲁东那种要求无产者积储小额股份开办工厂,最后把整个国家的生产力都收买下来的异想天开的计划是超出一切范围的荒唐事。恩格斯还进一步指出,蒲鲁东心里藏着的这个"和平的药方"正是他"抱怨和攻击革命的原因"。针对蒲鲁东的改良主义观点,恩格斯在同蒲鲁东信徒们的辩论中着重指出暴力革命的作用,论证了暴力革命的必要性。恩格斯对蒲鲁东主义淋漓尽致的揭露和批判,使得正义者同盟巴黎支部中的大部分盟员开始抛弃蒲鲁东主义,站到共产主义通讯委员会的一边。

反对"真正的社会主义者"的斗争

"真正的社会主义"不仅在德国,而且在正义者同盟巴黎支部中有很大影响,在美国也有它的代表人物。因此反对"真正的社会主义者"的斗争具有一定的紧迫性和重要性。这场斗争首先从反对海尔曼·克利盖开始。

海尔曼·克利盖(1820—1850)是德国侨居美国的大学生,自称德国共产主义者组织的代表。他在自己主编的《人民论坛报》上,大肆宣扬"真正的社会主义"那一套胡言乱语。克利盖把共产主义说成是"爱的王国","要在大地上建设起第一批充满天国的爱的村镇"。他把当时美国的资产阶级的土地改革运动说成是全人类的社会主义事业。他组织了一个社会改良协会,规定协会的任务是祈求社会各阶层,特别是上层人物的慷慨资助,帮助工人和其他劳动者得到一小块土地,从而使他们摆脱贫困得到幸福。他认为同情贫苦人民、热爱人类和从事各种慈善事业,是实现共产主义的最重要的手段。实质上这是不折不扣的小资产阶级的社会改良方案,其结果只能把工人阶级争取解放的革命斗争引上歧途。马克思把这种以"爱"为基础的共产主义叫作"荒诞的梦呓"。

1846年5月11日,在马克思、恩格斯的直接参加和领导下,布鲁塞尔共产主义通讯委员会讨论了克利盖的问题,并发表了《反克利盖的通告》。《反克利盖的通告》明确指出,克利盖的罪恶目的在于妄图把无产阶级用革命方式改造社会的学说改变为关于"爱"的胡说。这种论调"如果被工人接受,就会使他们的意志颓废"①。克利盖的宣传不仅败坏了共产主义者在美洲的声誉,也败坏了他们在欧洲的声誉。《反克利盖的通告》还指出,克利盖完全不懂得资本主义社会的经济发展规律,妄图长期保留小生产。他所反映的不是共产主义工人的愿望,而是业已破产的小农业主、手工业工人和无地农民的愿望。

布鲁塞尔共产主义通讯委员会把《反克利盖的通告》也寄给克利盖一份,并让他在自己主编的《人民论坛报》上登载出来。

《反克利盖的通告》引起了很大的反响,得到了科隆、巴黎和德国一些城市中正义者同盟盟员的支持。但是正义者同盟的一些著名活动家莫尔、沙佩尔、鲍威尔却未认清这场斗争的重要性。他们虽然承认对克利盖的批判是正确的,但不同意所采取的方式。沙佩尔在看到《反克利盖的通告》以后说,这个文件所用的口气似乎过于严峻,并且根本不值得这样公开批判克利盖的观点。

克利盖坚持错误,同魏特林勾结起来反对马克思、恩格斯对"真正的社会主义"的批判。克利盖继续写文章诽谤和攻击马克思、恩格斯,顽固地为自己的反动立场辩护。魏特林私下给克利盖写信,肆意歪曲1846年5月11日通讯委员会会议情况和通过的决议内容。针对这个情况,马克思又于1846年10月写了第二个《反克利盖的通告》,进一步批判了克利盖的反动谬论。

为了清除"真正的社会主义"在巴黎的影响,1846年8月15日,恩格斯受布鲁塞尔共产主义通讯委员会的委托前往巴黎。恩格斯到达巴黎后立刻广泛接触工人群众,展开紧张的工作。9月16日,他把那里的情况写信告诉通讯委员会说:"首先必须清除格律恩,他的确是直接或间接地对他们起着一种可怕的松懈意志的作用,一旦他们抛掉了这些空谈,

---

① 《马克思恩格斯全集》第4卷,人民出版社,1958年,第3页。

我就有希望对这些人做些工作了……"①

　　格律恩在巴黎从蒲鲁东著作中剽窃许多谬论作为自己讲义的基础，向巴黎正义者同盟盟员宣讲。听他讲课的少数人是对共产主义已经感到厌倦的人，大部分人是抱有许多疑难问题而到处寻求答案的人。他们中的许多人曾经被格律恩的花言巧语和一时的虚名所迷惑。如果能够把格律恩贩卖的那一套东西当众驳倒，就能够把巴黎的共产主义运动向前推进一步。1846年10月，恩格斯在巴黎德国工人的集会上，严厉地批判了格律恩所宣传的蒲鲁东主义和"真正的社会主义"的观点，展开了非常激烈的争论。

　　有一次辩论会接连开了三个晚上。争论的中心问题是：暴力革命有没有必要？恩格斯令人信服地说明了暴力革命的必要性，驳倒了主张阶级调和、提倡博爱、宣扬社会改良的观点。格律恩分子遭到挫败以后，在会下密谋策划，准备反扑。他们在一个星期日晚上的会议上当众攻击共产主义，并且要求恩格斯对共产主义下一个定义。他们妄图把争论引向对未来社会进行无休止猜测的途径。但是，事情完全出于这些家伙的意料之外。恩格斯巧妙地撇开了琐碎细节和对共产主义的种种猜测，直截了当地把马克思主义同"真正的社会主义"围绕共产主义问题的原则争论提了出来，使格律恩分子措手不及，狼狈不堪。恩格斯回忆说："我把共产主义者的宗旨规定如下：1.维护同资产者利益相反的无产者的利益；2.用消灭私有制而代之以财产公有的手段来实现这一点；3.除了进行暴力的民主的革命以外，不承认有实现这些目的的其他手段。"②会议在表决恩格斯提出的这个议案时，参加会议的十五人中有十三人支持恩格斯。格律恩的主要支持者，他的门徒艾泽曼被赶跑了。格律恩的影响也大为削弱。

　　恩格斯在摧毁了"真正的社会主义者"的阵地之后，在巴黎建立了共

---

①《马克思恩格斯全集》第27卷，人民出版社，1972年，第46页。

①《马克思恩格斯全集》第27卷，人民出版社，1972年，第46页。

②《马克思恩格斯选集》第四卷，人民出版社，1972年，第319页。

产主义通讯小组,并开始争取蒙受格律恩影响较深而暂时未参加小组的原正义者同盟支部的成员。

但是,格律恩并不甘心自己的惨败,曾经指使他的同伙在城门口告恩格斯的密,并且背地里煽动《特利尔日报》对马克思进行诬蔑和攻击。由于他采取了种种卑劣的手段,他的丑恶面貌终于在正义者同盟的领导人和盟员面前暴露无遗。卡尔·沙佩尔和威廉·沃尔弗在《共产主义者同盟第一次代表大会致同盟盟员的通告信》中,回顾这一段斗争时指出:卡尔·格律恩是一个文坛上的骗子和工人的剥削者。"这家伙看到共产主义的著作能赚钱时,就附和共产主义。过了不久,他看到今后充当共产主义者会招致危险,于是就在新近由他译成德文的蒲鲁东关于国民经济学的矛盾一书中,为自己的退却找到了借口……那些仍然认为还可以向格律恩学点东西的人……也很快就看到格律恩发表反对共产主义者的恶毒言论;看到他的全部学说根本不能够代替共产主义……在辩论中表明,几乎所有的盟员都仍然忠于共产主义,只有两三个盟员为上面说到的那个格律恩和他的蒲鲁东体系辩护。同时查明,就是这同一个格律恩惯于欺骗工人,把他们为波兰起义者募集的总共三十法郎的捐款用于他的私人目的,并且为了出版论普鲁士议会的决定这本毫无价值的小册子,向工人骗取了大概数百法郎。结果是,格律恩以前的听众多数不到场了。"[1]

为了回击格律恩一伙的诽谤和进攻,巩固斗争的胜利成果,马克思、恩格斯又撰写了一些批判文章。1847年4月,恩格斯的《真正的社会主义》脱稿。这篇著作是《德意志意识形态》第二部分的补充。但遗憾的是,这两部彻底清算"真正的社会主义"的光辉著作都未能及时发表。不过,"真正的社会主义"在马克思、恩格斯的连续打击下已经一蹶不振,很快就从历史舞台上消失了。

---

① 《马克思恩格斯全集》第42卷,人民出版社,1979年,第426页。

马克思、恩格斯和正义者同盟

马克思、恩格斯领导布鲁塞尔共产主义通讯委员会,在各国共产主义者中间所进行的广泛通讯联系和思想斗争,对于清除正义者同盟内部魏特林主义、蒲鲁东主义、"真正的社会主义"的思想影响,起到了决定性的作用。正是在科学共产主义同魏特林主义、蒲鲁东主义和"真正的社会主义"展开激烈斗争并不断取得辉煌胜利的过程中,正是在马克思、恩格斯的亲切关怀和帮助下,正义者同盟的领导人和许多盟员才逐步同错误思想划清界限,产生了彻底改组正义者同盟的要求。

马克思、恩格斯虽然没有参加正义者同盟,但同盟员和同盟领导人之间保持了密切联系,不断对同盟的工作进行指导。为了扩大正义者同盟的群众基础,马克思、恩格斯曾于1845年7月中旬到8月24日,在伦敦帮助正义者同盟伦敦支部的领导人莫尔、沙佩尔同宪章运动左派活动家乔治·哈尼建立联系,共同开展工作,并支持他们和各国流亡伦敦的民主派共同组织一个民主派兄弟协会。马克思、恩格斯还在8月下旬出席了预备会议。1845年9月22日,在马克思和恩格斯的热情赞助下,民主派兄弟协会正式在伦敦成立,参加成立大会的有代表十个国家的二百多人。由于马克思、恩格斯已于8月下旬离开伦敦,他们未能出席这次大会。

民主派兄弟协会的成立,沟通了正义者同盟领导人同宪章运动左派领导人之间的渠道,使他们能够保持经常的工作联系。在莫尔等人的领导下,这个协会对当时发生的一切重大事件都表明了自己的态度。1846年3月,它发表了告英国人民书,支持波兰克拉科夫起义,通过了给予起义者物质援助的决议。7月,它又通过了告美国工人书,呼吁他们起来制止对墨西哥的战争。这些活动对于提高协会会员的政治积极性有很大作用,也使正义者同盟各支部深深卷入了政治斗争,推动了盟员的思想转变。

正义者同盟的活动家莫尔、沙佩尔、鲍威尔的思想也发生了重大的变化。在19世纪30年代,他们都信奉布朗基的密谋策略。由于这种密谋策略在1839年5月起义中遭到失败,他们就走到另一个极端,转而主张通过和平教育来实现社会主义。1844年,莫尔和他的同伴在领导德国工人教育协会期间,发表《告全体德国工人书》,声援西里西亚起义织工的时候说:"不是通过暴力,而只是用教育我们自己的办法,通过对我们的孩子的良好的教育,我们就能够使工人阶级摆脱现在的贫困。"不过,随着形势的发展,他们的观点也在逐步发生变化。1845年5月到7月,他们在同魏特林的辩论中,虽然还没有完全放弃和平改革的思想,但在一些问题上开始提出了比较正确的看法。例如,沙佩尔就反对搞小规模共产主义试验、反对建立共产主义移民区和组织公共食堂。莫尔甚至考虑了在一定条件下采取革命手段的问题。他在1845年6月30日会议上发言说,只要人们相信革命的"最终结果符合人民的利益",那么参加革命就还是必要的。1846年是莫尔等人思想变化的转折点。莫尔同他的伙伴们在1846年6月6日致马克思的信中所表述的观点,可以证明他们既反对魏特林主义,又摆脱了和平改良思想的影响。他们写道:"当然,我们深信,没有强大的革命是不行的,而且也是行不通的,不过如果认为可以通过魏特林式的密谋和不痛不痒的宣传就能引起这一革命,那也是可笑的。"

莫尔、沙佩尔、鲍威尔的思想转变,以及他们同马克思、恩格斯的密切联系都促使整个同盟向布鲁塞尔共产主义通讯委员会所坚持的立场靠近。

这一段时间,正义者同盟在组织上也有所发展。1839年起义失败后,同盟的中央领导机构人民院虽然仍然设在巴黎,但实际上伦敦已经成为同盟的活动中心。莫尔、沙佩尔、鲍威尔领导的伦敦各支部,同巴黎、瑞士的同盟组织保持了经常的联系。1846年,正义者同盟的人民院由巴黎迁到伦敦。莫尔、沙佩尔、鲍威尔成了人民院的成员,正式领导着整个同盟。同盟在伦敦的组织充分利用了言论结社自由,通过盟员在伦敦国际工人教育协会及其设在怀特查佩尔的分支、民主派兄弟协会、法国共产主义讨论协会等组织中的活动,极为有效地开展了宣传工作和组织工作,把几百名群众团结在自己周围。

在巴黎,同盟由于清除了格律恩分子和魏特林分子,人数减少了三分之一,但还保留着三个统一的、强大的支部。在法国的马赛和里昂,同盟都拥有一定数量的盟员。在比利时,同盟已经建立了两个生气勃勃的支部。在德国,除去柏林的支部遭到警察破坏以外,在汉堡、阿尔图纳、不来梅、美因茨、慕尼黑、莱比锡、柯思尼斯堡、托尔恩、基尔、马格德堡、斯图加特、曼海姆和巴登-巴登都建立了同盟的支部和组织。在瑞典的斯德哥尔摩也有同盟的组织。在瑞士,由于魏特林派的控制和警察的迫害,同盟的组织处于涣散状态,需要加以整顿。

总体来说,正义者同盟在19世纪40年代中期,在组织上和思想上都发生了显著的变化,改组正义者同盟的条件已经成熟。

正义者同盟的组织发展和思想变化当然应当归功于马克思、恩格斯和他们的共产主义通讯委员会。但是,对于正义者同盟的领导人和活动家所做出的不可泯灭的伟大贡献也必须给予充分的估价。首先,他们通过辛勤的劳动和严峻的斗争,在国际共产主义运动开创时期建立了一个拥有两三百个无产者和半无产者的国际组织,这在当时的历史条件下来说是一个相当重大的组织工作上的成就;其次,他们不但自己逐步接受了马克思主义,而且把这个科学的革命理论灌输到正义者同盟内部。这两方面的工作仅仅依靠马克思、恩格斯和他们所领导的人数不多的共产主义通讯委员会是很难完成的。假如没有正义者同盟领导人和活动家的努力,共产主义者同盟不可能在1847年诞生。因此,正义者同盟的领导人和活动家也都是创建共产主义者同盟的功臣。

三、共产主义者同盟的建立

第一次代表大会

正义者同盟的领导人在1846年底已经开始筹划召开共产主义者代表大会来消除各国共产主义者之间的分歧和统一他们的行动。1846年11月,正义者同盟中央领导机构向全体盟员发出通告,预定在1847年5月召开共产主义者代表大会,要求盟员为消灭共产党人之间的分歧,为建立一个强大的共产党和制定共同的理论纲领而努力奋斗。通告还指出,必须同那些追逐各种标新立异的空想社会主义和空想共产主义的发明家进行坚决的斗争。但是,通告也暴露出了严重的缺陷。它不加区分地反对共产主义者之间的任何分裂和思想斗争,幻想在一次共产主义者的代表会议上,通过协商来解决一切原则分歧。对于这种调和矛盾的办法,马克思、恩格斯是不赞成的。

正义者同盟领导人采取这一重大步骤,事先并未征求马克思、恩格斯的意见。因此这个通告没有反映马克思、恩格斯对当时国际工人运动所提出的主要任务和革命策略。马克思、恩格斯认为,只有在清除工人运动中的异己分子,在科学革命理论基础上把最先进的革命分子团结起来之后,才可以召开这样的代表会议。他们不同意正义者同盟领导人召开这次会议的计划。事实证明这个计划是不切实际的,正义者同盟中央关于召开共产主义者代表会议的倡议没有引起预期的反响,会议未能召开。

以工人画家普芬德和裁缝工人埃卡留斯为代表的一些思想先进的

盟员,敏锐地领悟了马克思、恩格斯的思想,积极推动同盟领导人迅速同马克思、恩格斯建立更为密切的联系。莫尔、沙佩尔、鲍威尔等人逐步懂得了马克思主义的许多道理,越来越感到同盟迫切需要马克思、恩格斯的正确领导。伦敦的盟员也深刻认识到马克思、恩格斯的理论是正确的。在这种情况下,1847年1月20日,正义者同盟人民院决定派遣约瑟夫·莫尔到布鲁塞尔和巴黎去同马克思、恩格斯商谈,邀请他们参加同盟。莫尔随身带着一份伦敦共产主义通讯委员会的函件。函件内容如下:

> 布鲁塞尔共产主义通讯委员会鉴:伦敦通讯委员会下列署名诸委员授权约瑟夫·莫尔并委托他代表他们同布鲁塞尔共产主义通讯委员会进行谈判,并口头报告我们这里的工作情况。同时我们请求布鲁塞尔委员会就一切具有重要意义的问题向本委员会委员、公民莫尔做精确的说明,并请将应该转交伦敦委员会的一切交给他。

1847年2月,莫尔到布鲁塞尔会见马克思,随后又到巴黎会见恩格斯,十分恳切地邀请他们参加同盟,并就同盟的改组问题征询两位革命导师的意见。前面曾经简略提到,过去正义者同盟领导人曾经在1843年邀请恩格斯,1844年和1845年邀请马克思参加,但都由于当时同盟在理论上接受马克思主义的倾向还不明显,在组织上还保留着宗派主义的密谋组织形式,没有得到马克思、恩格斯的同意。他们认为,留在这个组织外面来影响它,比参加进去更为有利。他们同伦敦的盟员保持着经常的通讯联系,同巴黎各支部的领导人有更密切的交往,不断向他们灌输科学革命理论。恩格斯在回忆这一段历史时曾说:"我们不参与同盟的内部事务,但仍然知道那里发生的一切重要事件。另一方面,我们通过口头、书信和报刊,影响着最杰出的盟员的理论观点。我们在问题涉及当时正在形成的共产党内部事务的特殊场合,向世界各处的朋友和通讯员分发各种石印通告,也是为了这个目的。这些通告有时也涉及同盟本身。"①

　　这一次,莫尔在商谈中明确表示,同盟领导人相信马克思、恩格斯的观点是正确的,也确信必须使同盟摆脱陈旧的密谋性的传统。也就是说,过去阻碍马克思、恩格斯参加同盟的因素已经由于同盟思想水平的不断提高而基本上消除了。在这种情况下,如果马克思、恩格斯接受邀请参加同盟,他们就有可能在同盟的代表大会上充分宣传科学共产主义的观点,并以宣言的形式作为同盟的纲领公开发表;有可能帮助同盟用新的符合当时条件的适当的组织形式来代替它的业已过时的组织形式。同时,还可以实现马克思、恩格斯关于"在德国工人阶级队伍中必须有一个哪怕只以宣传为目的的组织"的设想。因此,马克思、恩格斯欣然接受了邀请,加入了正义者同盟。

　　马克思直接领导下的布鲁塞尔共产主义通讯委员会的全体成员也都加入了同盟,组成了同盟的布鲁塞尔支部,不过通讯委员会这个组织一直存在到同盟第一次代表大会召开。恩格斯也在巴黎经常参加和指导同盟三个支部的活动。

　　1847年2月,正义者同盟人民院在征得马克思、恩格斯同意后,向全体盟员发出了关于召开第一次代表大会的通告。通告第一次明确地表示了对"真正的社会主义"的批判态度,指出:"我们要求你们,请你们对一切肤浅的关于爱的滥调进行斗争,可惜在某些地方的共产党人中间还流传着这种滥调。"通告同时还批评了密谋的宗派主义的组织方法和形式。通告最后规定在1847年6月初召开共产主义者代表大会,即同盟的第一次代表大会,并公布了大会的议程和准备讨论的几个问题:

　　1.人民院的总结报告和选举同盟的新的领导机关,并决定领导机关以后的驻地。

　　2.彻底改组同盟,修改章程。

　　3.通过同盟的纲领——《共产主义信条草案》,同时提出三个问题供

---

①《马克思恩格斯选集》第四卷,人民出版社,1972年,第194页。

全体盟员讨论:(1)什么是共产主义,共产主义者的愿望是什么?(2)什么是社会主义,社会主义者的愿望是什么?(3)通过什么途径才能最快地、最忠实地实行集体的生活方式?

4.创办同盟的中央机关报。

5.组织和宣传问题。

经过三个多月的酝酿和准备,1847年6月2日,同盟的第一次代表大会在伦敦秘密召开。马克思由于经济困难未能参加这次大会。代表布鲁塞尔同盟组织出席大会的是马克思、恩格斯的忠实战友和助手威廉·沃尔弗。恩格斯是同盟巴黎组织选出的出席大会的代表。由于恩格斯、沃尔弗两人的共同努力和莫尔等人的积极支持,这次大会在一切重要问题上都能按照马克思主义的原则和精神形成正确的决议。

根据马克思、恩格斯的建议,大会决定将正义者同盟改名为共产主义者同盟,并在新章程草案中正式使用这个名称。《共产主义者同盟第一次代表大会致同盟盟员的通告信》,对更改名称的原因专门做了两点说明:第一,格律恩分子门特尔在柏林无耻叛变,使正义者同盟的名称暴露给政府,因此改变名称是适宜的。"第二,而且也是主要的一点,因为旧的名称是在特殊的情况下,并考虑到一些特殊的事件才采用的,这些事件与同盟的当前目的不再有任何关系。因此这个名称已不合时宜,丝毫不能表达我们的意愿……我们的特点不在于我们一般地要正义——每个人都能宣称自己要正义——而在于我们向现存的社会制度和私有制进攻,在于我们要财产公有,在于我们是共产主义者。"①

大会特别研究了通过派遣特使来加强同盟中央对地方支部领导的问题。与会代表一致同意拨出一定基金用来派遣特使。代表们还研究了如何节省经费、多派特使的有效办法,正式做出派遣两种特使的规定。第一种特使由同盟中央直接委派,并提供全部费用。其任务是到指定的地方去执行特殊的使命,或者在同盟不存在的地方建立同盟支部,或者

---

①《马克思恩格斯全集》第42卷,人民出版社,1979年,第430—431页。

54

在同盟已经瓦解的地方重建同盟。这种特使必须受同盟中央委员会的直接监督。派遣第一种特使的基金由中央委员会每三个月向各个区部委员会收取经费来建立。第二种特使是要回自己的故乡或者要到其他地方去的盟员。同盟只补偿他们为同盟而花费的额外开支。这笔费用一般由区部委员会从自己的基金中支付,在特殊情况下也可以由同盟中央拨付。这种特使直接对区部委员会负责,只是在特殊情况下才受中央委员会监督。其任务主要是访问一些距离他们旅居处所不远的支部。

大会还根据马克思、恩格斯的建议,用"全世界无产者,联合起来!"的战斗号召代替了"人人皆兄弟!"这个缺乏阶级观点的旧口号,并将它写在同盟新章程的开头。

代表大会最重要的议程是通过新章程和新纲领草案——《共产主义信条草案》。经过大会的热烈讨论,两个文件都在6月9日最后一次会议上获得通过,并在会后分发给各个支部讨论修改。新章程同原来正义者同盟的旧章程比较起来已经做了非常重要的变动,面目焕然一新。新章程对原来的条文做了调整、合并,将论述共产主义普遍原理的部分并入同盟的纲领——《共产主义信条草案》中去,因而使新章程在形式上更加简明扼要。

新章程规定,同盟各级组织的名称是支部、区部、中央委员会,取消了带有纯粹的德国民族特点和密谋性质的名称"省"和"院"。新章程去掉了过去接收盟员的复杂的、半神秘主义的仪式,规定了对每个志愿入盟者的要求是:行为光明正大;承认同盟的各项原则;忠实履行自己的诺言并保守秘密;同时还规定接收新盟员应由支部主席和担任介绍人的盟员共同办理,申请人必须获得一致通过,才能被接收加入某一支部。

新章程贯彻了民主集中制原则,规定各级领导机构必须通过选举产生,而且可以随时撤换。中央委员会的委员由所在地区的区部委员会选出,任期一年,任期届满后必须经过确认才能连任。新章程规定:中央委员会是同盟的权力执行机关;代表大会是同盟的最高权力机构;中央委员会应向代表大会报告工作;各届代表大会有权决定各届中央委员会的驻地和审定同盟内部的重大事件,但在紧急情况下,中央委员会有权召开非常代表大会。恩格斯曾经对此给予高度评价:"组织本身是完全民主的,它的各委员会由选举产生并随时可以罢免,仅这一点就已堵塞了任何要求独裁的密谋狂的道路,而同盟——至少在平常的和平时期——已变成一个纯粹宣传性的团体。"①

然而,新章程在对一些重要问题的表述上还存在着缺点。例如,新章程第一条规定:"同盟的目的:通过传播财产公有的理论并尽快地要求其实现,使人类得到解放。"这种表述方法只是一般地说明了同盟的政治方向,而没有准确地使用科学共产主义的概念把无产阶级的当前任务和终极目标说清楚。

代表大会对于制定新的纲领采取特别慎重的态度,认为"公开宣布同盟的原则是一个极其重要的步骤",对待这一步骤不应操之过急,因此不拿出最后的方案,而只是把恩格斯执笔的《共产主义信条草案》发给各支部讨论,并提出建设性的倡议。大会要求各支部严肃地、仔细地加以考虑,并进行特别热烈的讨论。大会希望"通过对信条提纲的讨论给正在复苏的同盟生活提供新的养料",其目的在于:"一方面想离一切粗制滥造体系的行为远一点,另一方面又想避开多愁善感的共产主义者关于爱的粗俗无聊的呓语","力求通过对共产主义所有产生的社会关系的不断考察,永远保持一块稳固的基地"。

共产主义者同盟的新纲领——《共产主义信条草案》(以下简称《信条草案》)是《共产党宣言》诞生过程中的第一个文稿。这个文献是恩格斯按照当时最为流行的问答形式写成的,共有二十二条。《共产主义信条草案》的每一条都贯穿了科学共产主义的精神,明确地回答了关于共产党人的目的和实现目的的途径等重大问题。《共产主义信条草案》指出:共产党人的目的在于组织一个使"每一个成员都能够完全自由地发展和发挥他的全部才能和力量"的社会,"并且不会因此而损害到这个社会的

---

① 《马克思恩格斯选集》第四卷,人民出版社,1972年,第196页。

基本条件"。而这一目的只有"通过废除私有制,代之以财产公有"才能实现。《信条草案》特别对无产阶级的产生及其同奴隶、农奴、手工业者的区别做了说明,指出"共产主义是一种对奴隶、农奴或者手工业者均不可能,只有对无产者才是可能的关于解放的学说"。《信条草案》还指出,共产主义者主张革命,但认为革命是一种严肃的事业而不是随心所欲的密谋行动。"革命在任何地方和任何时候都是完全不以单个政党和整个阶级的意志和领导为转移的各种情况的必然结果。"

大会讨论了关于同盟机关刊物的问题。与会代表一致同意在伦敦出版一个周刊或者月刊,并在7月份出版试刊号。在杂志正式出版以前由一个专门委员会负责编辑工作。杂志出版后则由一位编辑在委员会的协助下负责领导工作。大会还对刊物的经费来源、发行计划做了具体规定。后来,这个刊物的名字叫作《共产主义杂志》,由威廉·沃尔弗任主编。不过,由于经费和其他方面的困难,试刊号的出版日期由7月改为8月,最后又改到9月。而在试刊号问世以后,杂志也就停刊了。

马克思、恩格斯对大会这一决议非常重视,并且在创办机关刊物遭到挫折的情况下,运用自己的影响为同盟寻找新的机关刊物。他们还在参加正义者同盟以前就曾经不止一次地进行过创办共产主义者机关报的尝试,而且选定小资产阶级民主派的报纸《德意志-布鲁塞尔报》为对象。马克思、恩格斯不断为这家报纸撰稿,使它越来越具有无产阶级报刊的色彩。共产主义者同盟第一次代表大会以后,马克思、恩格斯进一步加强了对该报的影响。马克思在1847年8月8日致格·海尔维格的信中表示,这家报纸是完全可以争取过来的。他写道:"这家报纸虽然存在许多缺点,毕竟还有一些功绩,特别是现在,伯恩施太德已经表示愿意在各方面都适应我们,报纸将会办得更好些。"[1]9月,马克思、恩格斯同伯恩施太德缔结了协定,这家报纸实际上掌握在马克思、恩格斯手中,成为同盟的机关报。正如威廉·沃尔弗所说的那样:"《德意志-布鲁塞尔报》

---

① 《马克思恩格斯全集》第27卷,人民出版社,1972年,第492页。

现在是充分表达无产阶级的观点、愿望、要求和期待的唯一的机关报。"恩格斯也曾经回忆说:"我们在布鲁塞尔……取得了《德意志-布鲁塞尔报》,该报一直到二月革命始终是我们的机关报。"①

大会根据原正义者同盟人民院的工作报告,以及各地来信对魏特林分子和格律恩分子的分裂破坏活动的揭露材料一致通过决议,将魏特林分子开除出盟,彻底摒弃了魏特林的平均共产主义和密谋策略。

大会考虑到伦敦是一个比较安全的地方,同时伦敦的同盟组织"最为坚强有力",决定将中央委员会的驻地设在伦敦。莫尔、沙佩尔、鲍威尔当选为中央委员。

第一次代表大会宣告了共产主义者同盟的诞生,实现了马克思主义同工人运动的初步结合。但是,改组工作还没有全部完成。迫切需要尽快召开另一次代表大会来解决一系列重大问题。正如代表大会所认为的:"本届大会是在同盟组织被削弱的时候宣布召集和举行的,它作为第一次代表大会,首先应当把自己看作是组织建设的大会。""为了彻底解决当前的重要问题,召开一次新的代表大会是必要的。"代表大会决定于1847年11月29日在伦敦召开第二次代表大会,并且希望将有许多区部派遣代表参加大会。

两次代表大会之间和第二次代表大会

共产主义者同盟的第一次代表大会刚刚结束,同盟的新的中央机构就向德国、法国、瑞士、比利时、瑞典等国家的十个城市的同盟组织寄发了大会的主要文件《共产主义信条草案》《共产主义者同盟章程》、1847年6月9日第一次代表大会致汉堡同盟的通告信,即共产主义者同盟第一次代表大会的通告信,并附有约瑟夫·莫尔、卡尔·沙佩尔以同盟中央委员会名义签发的通知——1847年6月24日同盟中央委员会致汉堡同

---

① 《马克思恩格斯选集》第四卷,人民出版社,1972年,第193页。

盟的信。

1847年6月24日的通知主要是为贯彻第一次代表大会决议和要求各地方同盟组织认真做好第二次代表大会的准备工作而发出的。通知提出了六个问题要求全盟认真讨论，并尽快把意见提交中央委员会，以便从现在起能够开始第二次代表大会的必要的准备工作。六个问题如下：

1.你们是否满意代表大会的工作，是否同意代表大会所做出的决议；

2.你们对新章程是赞成还是反对；

3.你们能否每一季度或每半年为我们提供一次用于代表大会通告信中规定的目的所需的经费，能提供多少；

4.你们是否已经组成区部，如果尚未组成，那么你们在什么地方能最容易和最妥善地将它组成……

5.在你们那里能否发行将在8月份出版的同盟机关刊物，能发行多少册；

6.社会主义的和共产主义的思想是否在你们那里的居民中间得到传播，是以什么方式传播的，它们在居民中间有什么反应。

通知特别提出需要认真讨论《共产主义信条草案》，因为中央委员会将把各地同盟组织提出的意见加以整理，提供第二次代表大会进行讨论。通知还提到了汉堡支部应立即开始磋商下届大会代表问题。通知最后要求各支部对是否接受章程表明态度，也可以对章程提出修改意见，以便在下届大会上讨论并做出最后决定。

同盟中央委员会对组织整顿工作也给予了应有的注意。大会后曾向各地派出特使，其任务是巩固旧的同盟支部，建立新的支部，加强中央委员会和各地同盟组织的联系。由于各级组织负责人和盟员的努力，在短短的几个月内同盟的各项工作都取得了可喜的成果，同盟在工人群众中的影响有所扩大。

马克思所领导的同盟布鲁塞尔支部的工作最为突出。马克思没有出席同盟的第一次代表大会，所以一直等到恩格斯于1847年7月底到达布鲁塞尔后才开始改组同盟支部的工作。8月5日,马克思同恩格斯一起改组了同盟的支部,成立了区部。马克思担任布鲁塞尔支部的主席,并同威廉·沃尔弗、日果、年轻工人云根一起当选为区部委员会委员。在马克思的领导下,同盟布鲁塞尔支部的工作一开始就有一个明显的特点。它的着眼点绝不局限于支部内部的秘密活动,而是更多地放在扩大同盟的群众基础上面。所以布鲁塞尔支部经常保持同工人群众的密切联系,在他们中间广泛开展政治活动和宣传活动,并吸收他们的优秀分子参加同盟来壮大自己的队伍。8月底,在马克思的倡导下成立了以同盟为核心的布鲁塞尔德国工人联合会。这个联合会很快就成为同盟布鲁塞尔支部的外围组织,因而扩大了盟员的活动范围。布鲁塞尔区部委员会还同1847年秋天成立的民主协会建立了联系,把协会中的无产阶级革命家和资产阶级与小资产阶级民主派中的先进分子团结在自己周围。马克思参加了争取民主协会的工作,并于11月15日当选为民主协会的副主席。由于马克思和布鲁塞尔区部的正确指导和积极支持,布鲁塞尔民主协会做出了许多有益的工作,在比利时劳动人民中间享有良好的声誉。

同盟布鲁塞尔区部在马克思、恩格斯的领导下,还为准备第二次代表大会的召开做了大量工作。区部对新章程草案提出了两条原则性的修改意见:第一,区部盟员认为,新章程第一章第三条第五项规定志愿入盟者"不属于任何政治的或民族的团体"是不策略的,会导致同盟失去"能影响这些组织的一切机会";第二,布鲁塞尔区部盟员认为,第五章第二十一条规定"代表大会的一切立法性决议须提交各支部通过或否决"是不妥当的。"如果处于革命高潮时期,那么这种限制就会束缚代表大会的全部活动能力。我们记得,1794年贵族们在国民公会上曾提出过同样的要求,想使它的所有活动瘫痪。"布鲁塞尔区部的两条意见后来都被第二次代表大会采纳了。在第二次代表大会通过的章程中,第五章第二十一条被全部删去。第一章第三条第五项改为"不得参加任何反共产主义的(政治的或民族的)团体并且必须把参加某团体的情况报告有关的领导机关"。

布鲁塞尔区部所提出的两条修改意见进一步促进了无产阶级政党的组织原则完善化，有助于彻底克服党的结构中正义者同盟所固有的宗派主义关门倾向的残余。这对于加强同盟的集中领导，使同盟成为一个坚强的、行动统一的战斗组织是非常重要的。

伦敦同盟组织的情况也是令人满意的。那里差不多各个支部都认真热烈地讨论了第一次代表大会发去的文件。新的章程获得一致通过，关于《共产主义信条草案》的意见也正在搜集整理。伦敦区部团结一致，为同盟的事业尽力工作。同盟杂志的试刊号在伦敦的销路很好。

根据同盟特使的来信，同盟的事业在瑞士取得了可喜的进展。在日内瓦已经成立了两个支部，第三个支部也有望成立。拉绍德封同盟的各个支部拒绝了魏特林分子的拉拢而等待着同盟特使的来临。

巴黎同盟组织的情况比较复杂。在那里魏特林派同"真正的社会主义者"的余孽狼狈为奸，公开反对同盟第一次代表大会的决议。他们的整个组织（除两名盟员外）由于宣布反对共产主义而被开除出去，而且还使用从同盟支部强占的钱派遣魏特林分子霍恩舒作为特使到瑞士去拉拢一些同盟支部，共同反对共产主义者同盟。由于这个原因，巴黎盟员的人数大为减少，巴黎同盟支部大约只有三十人，另外还有二三十名要求参加同盟的人。显而易见，巴黎同盟组织迫切需要整顿和加强。1847年10月，恩格斯回到巴黎担负起这项工作。他立即组织宣传小组，不辞辛劳地在同盟盟员和共产主义者中间进行演说，宣传大会精神，谴责和揭露魏特林派和"真正的社会主义者"的破坏活动。恩格斯在巴黎的盟员和共产主义者中间享有崇高的威望，在回到巴黎开展活动以后，被选进同盟的巴黎区部委员会，并被指定为秘书。巴黎同盟组织的状况也发生了明显的变化。在讨论第一次代表大会文件的过程中，巴黎各支部"一致接受新的章程，对信条展开讨论，拥护的人大为增加"。

但是，在讨论大会文件的过程中也暴露出同盟各地支部思想发展状况极不平衡。德国汉堡支部不仅反对更改同盟的名称，而且反对"激烈攻击魏特林分子和格律恩分子"，要求同盟保持"克制和团结"。就是在巴黎支部里也有人仍然没有摆脱格律恩和蒲鲁东的影响,他们追求的是正义而不是共产主义。

在第一次代表大会后大约三个月,同盟中央委员莫尔、沙佩尔、鲍威尔签署了《1847年9月14日中央委员会告共产主义者同盟书》(以下简称《告同盟书》)。这个文件对三个月来的工作、同盟的现状及下一步任务分别做了总结和说明。《告同盟书》充分肯定了同盟的工作成绩,同时也指出了某些支部中存在的思想混乱,并且特别强调保持同盟思想纯洁的重要性,要求全盟同格律恩和蒲鲁东的信徒划清界限。《告同盟书》果断地宣布:"分裂要比内部纠纷好","在我们同盟中只能有共产主义者"。《告同盟书》还敦促格律恩和蒲鲁东的信徒认真阅读马克思的《哲学的贫困》一书,彻底抛弃对正义国家的幻想。

《告同盟书》又一次要求各支部做好下一届代表大会的准备工作,尽快对6月24日通知所提出的关于同盟的改组、章程、纲领草案等问题提出自己的看法,并责成每个区部或独立支部选派一名代表于当年11月29日出席将在伦敦召开的第二次代表大会。此外,《告同盟书》还提出了为宣传出版工作筹措资金和为即将问世的机关刊物组织稿件的要求。

从当时同盟的状况来看,继续澄清思想上的混乱是至关重要的事情。因此,马克思、恩格斯在准备第二次代表大会期间使用了相当精力来进行反对封建社会主义代表人物瓦盖纳和小资产阶级民主主义者海因岑的斗争。这两个代表人物的思想和论点同蒲鲁东和格律恩信徒的思想有许多相似之处,曾经在一部分盟员中引起共鸣,造成某些地方支部的思想混乱。例如,瑞士伯尔尼同盟支部竟然印刷和传播海因岑的小册子,而且要求同盟中央自愿捐款,以便继续出版海因岑的《为专制国家官兵制定的近代战争条例三十条》。该支部在致同盟中央的信中还宣扬说:"共和派中的某某人,也就是勇敢的海因岑,的确怀有高尚的意向,但是他的双手被缚住了,他不是德国共和运动的灵魂,现在他是得力助手……"

以海尔曼·瓦盖纳为代表的德国封建统治阶级中的一些人物打着社

会主义的旗号,宣传封建思想和基督教的原则,企图引诱无产阶级脱离反对封建专制统治的斗争,转而跟在封建势力后面去反对资产阶级反对派。马格德堡的国教顾问海尔曼·瓦盖纳在宗教、教育、医务部大臣艾希霍恩的默许和庇护下,在《莱茵观察家报》上发表文章,围绕政府征收所得税问题攻击资产阶级反对派,美化政府。事情真相如下:普鲁士政府为了增加国库收入,曾经向议会提出征收所得税的要求,但被议会中的资产阶级代表否决了。这本来与提高人民的生活福利毫无关系。但瓦盖纳硬说,征收所得税的议案之所以被否决,是因为资产阶级不愿意出钱来改善人民的处境,使王室政府的这一改革措施不能实现。瓦盖纳把征收所得税这个措施说得神乎其神,似乎它可以"导致革命,即导致社会关系的改造和无限贫困的消除"。"它还会导致一般所了解的共产主义……"既然自由派资产阶级从私利出发,在议会里否决了如此重要的改革议案,所以无产阶级应当同国王一道去反对资产阶级。他公开鼓吹说:"王权和人民是一个统一的整体",而且普鲁士人民"既保存了君主制的权力,又保存了它的威严、它的诗意"。

瓦盖纳还宣扬说,基督教那种"人人为我,我为人人"的教义,是解决一切矛盾的可靠手段,甚至认为,假如基督教的社会原则能够得到发展,"共产主义者很快就会不作声的"。

马克思在《〈莱茵观察家〉的共产主义》一文中,痛斥了瓦盖纳的反动谬论。他指出瓦盖纳之流拼命美化所得税的真正原因,并不是因为所得税真正能起那样大的作用,而是因为它只是对政府有利。议会否决所得税是正确的,因为"否决税收是所有议会强迫政府向大多数人让步的手段。议会只是在这次坚决否决税收的问题上表现了它的气魄"①。马克思还辛辣地讽刺说,瓦盖纳之流所吹嘘所得税的收入除去日常的和非常的国家开支以外,剩下来的余额等于零,天上的地产收入也等于零。把这两个零当成无产阶级取之不尽用之不竭的生活源泉完全是一种妄想。

---

① 《马克思恩格斯全集》第4卷,人民出版社,1958年,第212页。

也即是说,瓦盖纳用所得税收入给无产阶级描绘的美妙图画只不过是封建社会主义者设下的骗局。

马克思同时还驳斥了瓦盖纳美化基督教的谬论。他揭露了基督教教义貌似公正的虚伪性。实际上,瓦盖纳所宣扬的"基督教的社会原则曾为古代奴隶制进行过辩护,也曾把中世纪的农奴制吹得天花乱坠,必要的时候,虽然装出几分怜悯的表情,也还可以为无产阶级遭受压迫进行辩解"[①]。也就是说,基督教的社会原则是建立在承认阶级压迫的基础上的。它只不过用统治者的恩典来欺骗被压迫者,使他们产生一种完全无法实现的希望。它只答应在天上消除一切使人受害的弊端,让被压迫者死后去享受极乐世界的"幸福",而却让这些弊端在地上现实生活中长期存在。它把压迫者对被压迫者的各种卑鄙龌龊的行为,说成是对生就的罪恶和其他罪恶的公开惩罚,或者说成是无限英明的上帝对人们赎罪的考验,让被压迫者逆来顺受,不加反抗。无产阶级必须抛弃这些狡猾的、假仁假义的基督教的社会原则,团结起来,开展革命斗争,才能求得解放。

马克思在《〈莱茵观察家〉的共产主义》一文中,透彻地分析了德国革命的性质和任务,规定了德国无产阶级对待即将来临的革命的态度。他指出,无产阶级对资产阶级从来不抱任何幻想。"问题就在于什么能使无产阶级取得更多的手段以达到自己目的:是目前的政治制度即官僚统治,还是自由派想望的制度即资产阶级统治。"[②]在当时德国处于封建各邦专制统治的历史条件下,无产阶级必须在资产阶级革命中打倒封建统治,才能取得反对资产阶级斗争的崭新的武器和与过去完全不同的有利地位。

马克思、恩格斯还对德国小资产阶级民主主义者海因岑攻击共产主义的谬论进行了严厉的驳斥。海因岑攻击共产主义的文章发表在《论坛

---

① 《马克思恩格斯全集》第4卷,人民出版社,1958年,第218页。

② 《马克思恩格斯全集》第4卷,人民出版社,1958年,第210页。

杂志》第二期上。《德意志–布鲁塞尔报》针对他的文章发表了一篇短评。海因岑立即进行报复，写了一篇攻击共产主义者的长文，寄给《德意志–布鲁塞尔报》编辑部。他指责共产主义者在激进派内部制造分裂，并以德国一切非共产主义者激进派的代表自居，来同共产主义者进行争论。他还标榜自己三年前就曾尽可能采取一切措施来防止即将发生的分裂，但"共产主义者在德国激进派制造的无谓分裂"还是出现了。他还非难共产主义者追求空中楼阁，丧失了现实基础。海因岑所说的共产主义者同激进派之间的分裂本来是他同"真正的社会主义者"格律恩之间的纠纷，他所说的共产主义者不务实际本来是对"真正的社会主义"的批评。但是，他不加区分地把"真正的社会主义者"的假社会主义同马克思、恩格斯的科学共产主义混为一谈，同时加以攻击，在共产主义者同盟内部和盟外的共产主义者中间引起了思想混乱。

　　针对这一情况，马克思、恩格斯接连写了几篇文章来回答海因岑挑起的原则争论，严格地把科学共产主义和"真正的社会主义"区分清楚。马克思的《道德化的批评和批评化的道德》、恩格斯的《共产主义者和卡尔·海因岑》先后公开发表。恩格斯在文章中阐明了共产主义者在当时条件下对待民主主义者的政策，并且指出海因岑在三年前根本不是激进派，也没有资格代表民主派说话。他写道："在目前条件下，共产主义者不仅根本不想同民主主义者进行毫无补益的争论，而且他们本身目前在党的一切实际问题上，都是以民主主义者的身份出现的。在各文明国家，民主主义的必然结果就是无产阶级的政治统治，而无产阶级的政治统治是实行一切共产主义措施的首要前提。因此在民主主义还未实现以前，共产主义者和民主主义者就要并肩战斗，民主主义者的利益也就是共产主义者的利益。"①可见，海因岑责难共产主义者制造分裂是毫无根据的。相反，共产主义者之所以反对海因岑，正是因为他是一个蹩脚的民主派政论家，他的论点和他的鼓动方式只会给德国民主派造成不好

---

① 《马克思恩格斯全集》第4卷，人民出版社，1958年，第306页。

的影响。海因岑不能代表民主派,而且他根本没有采取办法防止所谓激进派的分裂,因为三年前他还不是一个激进派,而是一个自由派,并且对于一切认为必须进行革命的人都加以攻击。海因岑硬要把他同格律恩的矛盾扩大为整个共产主义者同民主派的矛盾,硬要把早已受到马克思、恩格斯痛斥的,已经被共产主义者同盟所摒弃的"真正的社会主义",强加给共产主义者和马克思、恩格斯,然后加以攻击。所以,他对共产主义者的荒唐的责难和卑鄙的诽谤就显得特别无耻。恩格斯说:"过去对任何一个党派的非难从没有像海因岑现在对共产主义者的非难这样荒唐、这样庸俗。"①

恩格斯在反驳海因岑的攻击时,对共产主义做了一个深刻的说明。他说,共产主义不是空论,"而是运动。它不是从原则出发,而是从事实出发。被共产主义者作为自己前提的不是某种哲学,而是过去历史的整个过程,特别是这个过程目前在文明各国的实际结果。共产主义的产生是由于大工业,以及和大工业相伴而生的一些现象……在共产主义作为理论的时候,那么它就是无产阶级立场在这个斗争中的理论表现,是无产阶级解放的条件的理论概括"②。恰恰是那个责难共产主义是空中楼阁的海因岑脱离实际,不研究德国的情况,对德国没有总的了解,找不出切实可行的进步措施。他不是使自己的策略适应德国的发展进程,而是十分任性地要求德国的发展进程适应自己的策略。

马克思、恩格斯在批判海因岑的论战中,十分明确地重申了共产主义者在资产阶级革命中的策略原则。他们的正确立场得到了广大共产主义者同盟盟员的支持。《德意志-布鲁塞尔报》刊登了许多侨居巴黎的德国工人共产主义者的声明,明确表示:"如果海因岑先生再向共产主义进行攻击,那么在工人共产主义者中间将出现很多战士,他们会无所畏惧地来和他交战。"巴黎、伦敦共产主义者同盟的盟员也纷纷起来反对海

---

①《马克思恩格斯全集》第4卷,人民出版社,1958年,第297页。

②《马克思恩格斯全集》第4卷,人民出版社,1958年,第311—312页。

因岑。同盟中央委员会的机关刊物《共产主义杂志》试刊号对海因岑分裂民主阵营的活动、攻击共产主义的言论进行了批评。

马克思、恩格斯反对封建社会主义和小资产阶级民主主义者海因岑的斗争，对于从思想上巩固刚刚改组的同盟，阐明共产主义者同盟在资产阶级革命中应当采取的策略原则都是非常重要的，为同盟第二次代表大会的召开创造了良好的条件。

共产主义者同盟中央委员会在马克思、恩格斯的正确指导和热情支持下逐步排除了魏特林分子、"真正的社会主义者"、蒲鲁东主义者的干扰和破坏，使第二次代表大会的准备工作得以顺利进行。马克思虽然不是同盟中央委员会的成员，但是伦敦中央委员会和各地盟员已经把他当成整个同盟的领导人，在每一个关键时刻，都要请求马克思给予指示和援助。为了使这次具有重大历史意义的大会能够取得预期的成果，克服同盟地方组织当时存在的思想混乱，伦敦中央委员会热切地希望马克思能够出席这次大会。他们于1847年10月18日给布鲁塞尔区部委员会写信说："如果马克思能够出席大会，我们真是高兴极了，我们将尽我们的力量来减轻你们的用费负担……如果我们克服了这次危机，那我们将取得胜利……伦敦和布鲁塞尔是目前的两个柱石，整个同盟都维系在它们的身上。"

1847年11月29日，同盟第二次代表大会在伦敦召开。马克思作为布鲁塞尔区部委员会的代表出席了这次大会。恩格斯也是出席这次大会的代表。他们按照预先商定的计划在赴伦敦途中会面，讨论了将在大会上共同提出的问题。参加这次大会的有瑞士、法国、比利时、德国和英国的盟员代表，有伦敦中央委员会的成员沙佩尔、莫尔、鲍威尔、列曼等人，还有伦敦教育协会的许多共产主义者。马克思、恩格斯曾经把这一次代表大会评价为"第一次国际无产阶级代表大会"。大会大约开了两个星期。大会充分吸收了全盟讨论的意见，对第一次代表大会提出的章程做了重要修改，并予以通过。修改后的章程第一条规定："同盟的目的：推翻资产阶级政权，建立无产阶级统治，消灭旧的以阶级对立为基础的资产阶级社会和建立没有阶级、没有私有制的新社会。"①章程第二条规定了吸收盟员的具体条件,从而使盟员的政治素质、思想水平和同盟组织上的纯洁性能够得到保证。盟员的条件:

1. 生活方式和活动必须符合同盟的目的;

2. 具有革命毅力并努力进行宣传工作;

3. 承认共产主义;

4. 不得参加任何反共产主义的(政治的或民族的)团体并且必须把参加某团体的情况报告有关的领导机关;

5. 服从同盟的一切决议;

6. 保守同盟的一切机密;

7. 必须获得一致通过,才能被接收入某一支部。②

大会的另一个重要议程是通过同盟的纲领。围绕这个问题进行了长时间激烈的争论。马克思、恩格斯在争论中详尽地、无可辩驳地阐明了科学共产主义的基本观点,使出席大会的代表受到了一次深刻的教育。科学共产主义的思想取得了一次重大的胜利。恩格斯曾经回顾说:马克思在长时间的辩论中捍卫了新理论。"所有的分歧和怀疑终于都消除了,一致通过了新原则,马克思和我被委托起草宣言。"③大会的这一决定非常重要。它使同盟的纲领能够完全根据马克思、恩格斯的要求,成为一个以科学共产主义为指导思想的革命战斗纲领。

共产主义者同盟的第二次代表大会是一次非常重要的大会。它为同盟确定了按照科学共产主义理论制定的完全不同于过去的思想原则和组织原则,使同盟成为第一个以科学革命理论为指导思想的无产阶级政党。

---

①②《马克思恩格斯全集》第4卷,人民出版社,1958年,第572页。

③《马克思恩格斯选集》第四卷,人民出版社,1972年,第197页。

第一个周详的理论和实践的党纲——《共产党宣言》

共产主义者同盟第二次代表大会结束后,马克思、恩格斯根据大会的委托写成了《共产党宣言》。《共产党宣言》于1848年2月正式出版。于是这个举世闻名的光辉历史文献就作为共产主义者同盟——第一个国际无产阶级组织的纲领而公之于众了。这一事实表明,同盟已经正式接受了马克思、恩格斯的学说,把马克思主义作为自己的指导思想。

《共产党宣言》的产生是经过长期酝酿的,而且是同共产主义者同盟的改组过程密切联系在一起的。《共产党宣言》问世以前,恩格斯曾经根据同盟在不同阶段的思想水平拟订过两个纲领。第一个纲领是恩格斯在1847年6月2日至9日同盟的第一次代表大会期间执笔草拟的《共产主义信条草案》(以下简称《信条草案》),经代表大会通过后分发给同盟各支部讨论。这个文件久寻不获,人们认为它已经失传。在《马克思恩格斯全集》第4卷的注释中就曾经指出:这是一个"已失传的共产主义者同盟纲领的初步草案之一"①。《信条草案》的完整内容长期以来不为人们所知。对于《信条草案》的作者也有种种猜测。国外的一些史学家曾经认为《信条草案》不是恩格斯的手笔而是同盟其他领导人草拟的。1968年,在西德汉堡国家与大学图书馆所收藏的文献手稿中终于发现了《信条草案》的石印稿,是恩格斯手写的笔迹。关于《信条草案》起草人的问题已经完全得到澄清,不存在任何疑问。现在虽然对恩格斯是否为《信条草案》的唯一作者的问题还存在不同看法,但对于《信条草案》主要出自恩格斯之手这一点是没有分歧的。《信条草案》共有二十二个问题和答案,其中有几个答案,恩格斯在《共产主义原理》中略为修改后加以采用,有两个答案一字未动地保留下来。

第二个纲领是恩格斯在1847年10月底至11月的短时间内,受巴黎

---

① 《马克思恩格斯全集》第4卷,人民出版社,1958年,第618页。

共产主义者同盟区部委员会委托写成的《共产主义原理》。《共产主义原理》同《信条草案》一样,也是采用当时工人团体中惯用的问答形式写成的。但是,恩格斯对这种形式并不满意。他在1847年11月23日致马克思的信中就表示要抛弃问答形式,采用宣言的形式来起草纲领。他写道:"请你把《信条》考虑一下。我想,我们最好是抛弃那种教义问答形式,把这个东西叫作《共产主义宣言》。"①根据这个意见,马克思主义的两位创始人在前两个纲领草案的基础上起草了《共产党宣言》。

《共产党宣言》不仅是共产主义者同盟的纲领,而且是无产阶级政党的第一个"周详的理论和实践的党纲"②,是国际共产主义运动史上第一个纲领性文献。列宁曾经指出:《宣言》"以天才的透彻鲜明的笔调叙述了新的世界观,即包括社会生活在内的彻底的唯物主义、最全面最深刻的发展学说辩证法,以及关于阶级斗争、关于共产主义新社会的创造者无产阶级所负的世界历史革命使命的理论"③。

《共产党宣言》包括七篇序言和四个部分。《共产党宣言》中贯彻始终的思想是:每一时代的经济生产,以及必然由此产生的社会结构,是该时代政治的和精神的历史的基础。因此,从原始土地公有制解体以来的全部历史都是阶级斗争的历史,即社会发展各个阶段上被剥削阶级和剥削阶级之间,被统治阶级和统治阶级之间斗争的历史;而这个斗争现在已经达到这样一个阶段,即被剥削被压迫的阶级(无产阶级),如果不同时使整个社会永远摆脱剥削、压迫和阶级斗争,就不再能使自己从剥削它、压迫它的那个阶级(资产阶级)下解放出来。

《共产党宣言》阐述了资本主义社会的两大相互对立的阶级——资产阶级和无产阶级产生、发展的历史条件和它们各自的历史使命。《共产党宣言》特别强调,资本主义制度的确立不是一个偶然现象,而是欧洲国

---

① 《马克思恩格斯全集》第27卷,人民出版社,1972年,第123页。

① 《马克思恩格斯全集》第27卷,人民出版社,1972年,第123页。

② 《马克思恩格斯选集》第一卷,人民出版社,1972年,第228页。

③ 《列宁选集》第二卷,人民出版社,1972年,第578页。

家社会经济发展的必然结果。资本主义关系是在封建社会内部就已经产生了的。随着资本主义关系的发展,资产阶级的经济实力和政治实力不断增长,终于夺取了政权,推翻了封建社会,使生产力得到一次大解放。同时,《共产党宣言》还指出,资本主义社会也包含着不可克服的矛盾,即生产社会化和生产资料私人占有的矛盾。资本主义世界的"社会瘟疫"——周期性的经济危机就是这种矛盾的集中表现。正如《共产党宣言》所说的:"这个曾经仿佛用法术创造了如此庞大的生产资料和交换手段的现代资产阶级社会,现在像一个巫师那样不能再支配自己用符咒呼唤出来的魔鬼了。"①这表明,资本主义制度已经不能容纳它本身所造成的庞大生产力,这种日益发展的庞大生产力要求突破资本主义制度的束缚,建立一个能够与之相适应的新的社会制度。无产阶级不仅是资本主义社会受苦最深的阶级,而且是同大工业生产联系在一起的,是资本主义制度的掘墓人。

《共产党宣言》论述了共产党人和无产阶级群众,以及和其他工人政党和政治组织的关系。《共产党宣言》指出:共产党人没有任何同整个无产阶级利益不同的利益,也不是同其他工人政党相对立的特殊政党。共产党是无产阶级的阶级组织,始终推动运动前进的那一部分人组成的。在理论上,它能够了解无产阶级运动的条件、进程和一般结果。共产党人同其他工人政党和组织成员不同的地方只是在于:"一方面,在各国无产者的斗争中,共产党人强调和坚持整个无产阶级的不分民族的共同利益;另一方面,在无产阶级和资产阶级的斗争所经历的各个发展阶段上,共产党人始终代表整个运动的利益。"②《共产党宣言》还根据欧洲几个国家的不同情况,为各国共产党人规定了不同的具体任务,并且号召他们应当把自己的主要注意力集中在德国,因为德国正处在资产阶级革命的前夜。《共产党宣言》同时又教导共产党人"一分钟也不忽略教育工

①《马克思恩格斯选集》第一卷,人民出版社,1972年,第256页。
②《马克思恩格斯选集》第一卷,人民出版社,1972年,第264页。

人尽可能明确地意识到资产阶级和无产阶级的敌对的对立"①,以便在推翻德国的反动统治后立即开始反对资产阶级本身的斗争。

《共产党宣言》揭露和批判了种种冒牌社会主义,并对空想的社会主义做了历史的评价。

《共产党宣言》十分明确地提出了暴力革命的思想,公开宣布:共产党人的目的"只有用暴力推翻全部现存的社会制度才能达到"。

《共产党宣言》在结尾向各国无产阶级发出了"全世界无产者,联合起来!"的战斗号召。

就共产主义者同盟的纲领——《共产党宣言》所反映的运动水平来看,同盟完全可以当得上共产党这个光荣的称号。列宁就曾经说过,同盟"虽然很小但却是真正无产阶级的政党"②。但是,当时存在两个具体情况,使得同盟的思想建设和组织建设遇到严重障碍。第一,同盟成立后仅仅几个月就面临着欧洲一八四八年革命的考验,因而没有得到必要的时间来整顿所属的各个区部和支部,并加强中央委员会同基层组织的联系,使同盟成为一个思想统一、步调一致、行动协调的坚强的战斗集体。第二,同盟的成员大多是侨居国外的手工工人。他们为了谋求生计,寻找职业,不得不经常变换自己的居住地区,有很大的流动性,这就使得同盟各支部的人员极不固定,因而削弱了经常性的思想教育和理论学习。由于上述原因,共产主义者同盟还不是一个成熟的无产阶级政党,还没有能力来实现《共产党宣言》所规定的各项任务。从这个意义上说,它仅仅是一个无产阶级政党的胚胎或者雏形。

《共产党宣言》开创了人类社会的新时代。它的发表标志着国际共产主义运动进入了一个崭新的阶段。

---

①《马克思恩格斯选集》第一卷,人民出版社,1972年,第285页。
②《列宁全集》第19卷,人民出版社,1959年,第292页。

四、共产主义者同盟和欧洲一八四八年革命

革命的爆发和进程

《共产党宣言》刚刚发表,声势浩大的欧洲一八四八年革命就爆发了。法国巴黎工人的二月起义拉开了革命的序幕,紧接着在德国、匈牙利、意大利、捷克等国家燃起了革命的烽火。几乎所有的欧洲国家都程度不同地受到这次革命的影响。总体来说,这是一次资产阶级民主革命。但是不同国家的具体任务却有所不同。法国的革命任务是推翻七月王朝,结束金融贵族的单独统治;在德国是要结束封建割据局面,实现国家的统一;在奥地利帝国则是使波兰人、捷克人、匈牙利人和意大利人取得独立,建立民族国家。

同以前的资产阶级革命相比较,这次革命有很大的不同。资产阶级的革命性已经随着无产阶级登上政治舞台而大为减弱,而无产阶级则在革命中冲锋陷阵,并且提出了自己的要求,在一些国家的革命中曾经起过主导作用。正如恩格斯所说的:"这次革命到处都是由工人阶级干的:构筑街垒和流血牺牲的都是工人阶级。"①

法国和德国是这次革命的两个主要战场,也是马克思、恩格斯和共产主义者同盟盟员的主要活动场所。在共产主义者同盟历史上,这两个国家的革命占有非常重要的地位。

法国革命爆发于 1848 年 2 月 22 日。这一天巴黎工人和人民群众,

---

① 《马克思恩格斯选集》第一卷,人民出版社,1972 年,第 248 页。

纷纷走上街头,高呼着"革命万岁!""打倒基佐!"的口号,冲向议会,推翻了1830年建立起来的七月王朝的统治。2月24日晚,临时政府在市政厅大厦宣告成立。法国国王路易·菲利浦逃亡英国。

七月王朝是由银行家、交易所大王、铁路大王、大矿山主、大森林主等组成的金融贵族集团的政权。工业资本家和一部分商人被排挤在政权之外。七月王朝代表资产阶级中最反动阶层的利益,不断加重对人民群众的剥削。马克思曾经指出:"七月王朝不过是剥削法国国民财富的股份公司,这个公司的红利是在内阁大臣、议会、二十四万选民和他们的走卒之间分配的。"①

打倒七月王朝是法国社会各被统治阶层的共同目标,但是走在斗争最前列的却是工人阶级和劳动人民。巴黎几十万工人拿起武器,走上街头,完全控制着形势,曾经使一切有产者胆战心惊。但是,他们还不了解夺取政权的重要性。他们错误地把临时政府当作社会共和国,轻信资产阶级的骗局,满足于在政府内部设立毫无实权的"劳动委员会"和在三色旗上加上红色丝绦。

二月革命以后,真正登上统治地位的还是资产阶级。它的代表占据了政府中的一切要职。资产阶级政府行使权力的第一件重大措施就是解除工人的武装,建立自己的绝对统治。它借口维持秩序,调来十万国民自卫军进驻巴黎,并且在5月10日制宪会议选举中,把政府中的两名工人代表路易·勃朗和阿尔伯踢出政府的权力机构。新政府还着手清除二月革命留下的社会改革痕迹,于6月22日宣布解散国家工场,强迫十八岁到二十八岁的单身工人当兵,其余的工人到疾病流行的索隆郡开荒。

资产阶级政府向工人阶级的猖狂进攻激起了巴黎六月起义。从6月22日到6月26日,起义共延续了四天。四万多起义工人同二十五万军队和资产阶级国民自卫军进行了激烈的浴血战斗。结果,一万一千多

---

①《马克思恩格斯选集》第一卷,人民出版社,1972年,第396页。

起义者被杀害,二万五千多起义者被判处监禁、流放和各种苦役。六月起义的失败使法国工人阶级开始清醒,认识到:"它要在资产阶级共和国范围内稍微改善一下自己的处境只是一种空想,这种空想在一开始企图加以实现的时候就会成为罪行。"①

　　六月起义是一次具有重大意义的历史事件。马克思曾经指出:"这是现代社会中两大对立阶级间的第一次伟大战斗。这是为保存或消灭资产阶级制度而进行的战斗。"②六月起义也是一八四八年法国革命的转折点。资产阶级共和派由于镇压了工人阶级而失去了群众基础,在它刚刚取得"独占"统治的时候就已经种下了失败的种子。从此以后,法国革命急转直下,政权终于落到了路易·拿破仑手中,开始了法兰西第二帝国的反动统治。

　　继法国二月革命之后,3月18日,在普鲁士爆发了三月革命。革命胜利后建立起来的政府是唯国王之命是从的大资产阶级政府。大资产阶级代表康普豪森、汉塞曼组成的内阁保存了封建王朝原有的全部统治机构。在普鲁士国民议会中,只有两名工人代表,局势完全控制在封建贵族和大资产阶级议会代表手中。三月革命后,在德国的许多邦也都成立了大资产阶级代表人物组成的政府。紧接着各邦政府就出面筹划统一德国的问题。不言而喻,它们采取的做法是避开群众,从上而下地统一德国。3月底,各邦议会代表团举行了一次筹备会议,经过讨论后决定召开一次全德议会来进一步解决统一问题。

　　5月18日,全德国民议会在美因河畔的法兰克福正式开幕。但是,议会对各邦政府毫无约束力,任何一个决议都不会产生实际效力,完全是纸上谈兵。所以,它只是一个名副其实的"清谈馆"。恩格斯曾经讽刺地把它叫作"老太婆议会"。尤其严重的是,正当法兰克福议会为了制定一部全德宪法而长期争吵不休的时候,各邦的君主们却在背后磨刀擦

---

①《马克思恩格斯选集》第一卷,人民出版社,1972年,第417页。

②《马克思恩格斯选集》第一卷,人民出版社,1972年,第415页。

枪,策划反革命事变。从这个意义上说,法兰克福议会掩护了各邦君主们的反革命活动,在一部分群众中散布了不切实际的幻想。正如恩格斯所说的:"实际上这个议会替各政府办事比它们自己办得还要好些。"①

1848年10月和11月,德国最大的两个邦奥地利和普鲁士的反革命势力进攻得手,维也纳和柏林都恢复了革命前的旧秩序。连极为保守的普鲁士国民议会也被迫宣告解散。三月革命的成果随着一个一个地被君主们夺走。1849年春天,革命的最后一个成果——法兰克福议会于3月28日通过的全德宪法也由于各邦君主的蛮横拒绝而化为泡影。于是,所有的革命力量在维护宪法的旗帜下集合起来进行最后一战,发动了五月起义。而这次起义的失败宣告了德国革命的结束。

共产主义者同盟在革命爆发后的最初日子里

1848年欧洲的形势,由于革命后资产阶级的欺骗行为和叛卖活动而变得十分错综复杂。无产阶级在付出了昂贵的血的代价以后,才开始觉察到自己根本不同于资产阶级和小资产阶级的独特利益和革命目的。这种情况对年轻的共产主义者同盟来说是一场非常严峻而又光荣的考验。几乎在每一个阶段都需要同盟拿出自己的主张和对策去引导革命群众。这就要求同盟的领导机构自始至终都有一个正确的指导思想。

总体来说,同盟对待这次革命的指导思想是明确的。马克思、恩格斯在革命爆发前就对欧洲,特别是对德国的政治经济形势做了科学的分析,判定了这次革命的资产阶级民主性质。他们曾经多次指出,在当时的历史条件下资产阶级民主革命是无产阶级革命所必须经历的阶段,因此在《共产党宣言》中号召共产党人支持"反对现存的社会制度和政治制度的革命运动"②。在德国,由于德国存在着比英法两国落后得多的经

---

① 《马克思恩格斯全集》第8卷,人民出版社,1961年,第49页。
② 《马克思恩格斯选集》第一卷,人民出版社,1972年,第285页。

济情况和阶级关系,共产主义者同盟盟员最初是作为最极端的民主派登上政治舞台的。

但是,革命毕竟来得太快了,同盟完全没有时间来统一思想、整顿和巩固自己的队伍。幸亏有马克思、恩格斯及时而又正确的指导,同盟的大部分盟员才能够在短促的时间内使自己适应革命形势的发展,积极投入革命运动的洪流。

革命在比利时的情况是有条不紊的。马克思、恩格斯领导布鲁塞尔的同盟组织早就为这场即将来临的斗争做了充分准备。他们动员布鲁塞尔的盟员积极参加和支持比利时的民主运动,不断扩大同盟的群众基础。马克思本人也担任了布鲁塞尔民主协会的副主席。马克思、恩格斯还介绍布鲁塞尔民主协会同伦敦的民主派兄弟协会建立联系,互相定期通信,交流运动情况。布鲁塞尔民主协会逐步成为推动比利时各地民主运动的中心,它曾经派出代表团到比利时的重要城市根特,同那里刚成立不久的民主派协会建立联系。不久根特民主派协会召集了第二次群众大会,有三千多人参加,会议情况十分热烈。总体说来,在革命前夕,比利时的民主运动出现了空前活跃的局面,这是同马克思、恩格斯和当地盟员的共同努力分不开的。

巴黎二月革命胜利的消息刚一传到比利时,立刻引起了强烈的反响,共产主义者同盟盟员毫不犹豫地站到了斗争的前列。恩格斯为此写了《巴黎的革命》一文,热烈歌颂巴黎无产阶级的辉煌成就。这篇文章发表在2月27日《德意志-布鲁塞尔报》第十七期上。恩格斯十分高兴地指出:"人民已经获得胜利,宣布了共和国的成立。老实说,我们并没有料想到巴黎的无产阶级会达到如此辉煌的成就。""由于这次革命获得胜利,法国的无产阶级又成了欧洲运动的领袖。荣誉和光荣属于巴黎的工人们!他们推动了整个世界,所有国家都将一一感到这一点,因为法兰西共和国的胜利就是全欧洲民主派的胜利。"[①]

---

① 《马克思恩格斯全集》第4卷,人民出版社,1958年,第547、548页。

2月27日星期六这一天，布鲁塞尔的人们都在等待着一场革命风暴的来临，迫切希望知道布鲁塞尔民主协会和资产阶级激进派联盟两个有影响的团体将采取什么态度。资产阶级激进派反应冷淡，袖手旁观，完全置身于运动之外，因而为革命群众所抛弃。以盟员为骨干力量的布鲁塞尔民主协会反应十分强烈，就在2月27日这一天召开了全体大会，马克思和恩格斯出席了这次大会。大会决定，为了适应形势的发展，把每周召开一次例会改为每天召开一次，并向市政委员会递交《请愿书》，要求不仅把武器发给资产阶级市民自卫队，而且发给每个地区所有的公民。布鲁塞尔民主协会还向法兰西共和国全体公民和临时政府的委员们发出一封公开信，祝贺他们取得的重大成就，感谢他们"对人类所做的伟大贡献"，并且表示其他国家的人民也将追随法国的先例。

　　侨居布鲁塞尔的德国人几乎都是民主派。他们在整个时期都表现得非常好。他们不顾警察的迫害，坚守自己的岗位，每晚都出席民主协会的会议，并且表示，即使本身遭到不幸，在最危急的时刻也不会抛弃自己的比利时弟兄。共产主义者同盟布鲁塞尔支部也积极参加了宣传鼓动和武装起义的准备工作。马克思拿出自己的财产来为布鲁塞尔工人购买枪支弹药。日果·德特斯科在人民群众中做了大量宣传工作。根据当时曾是盟员的斯蒂凡·波尔恩的回忆，盟员律师德特斯科从一个咖啡馆到另一个咖啡馆向人群发表激动人心的演说，每次演说结束时都高呼流行的口号"共和国万岁！"就好像比利时君主政权当天晚上就会被人民起义推翻一样。

　　比利时政府对布鲁塞尔人民炽烈的革命情绪和如火如荼的共和主义运动感到惊恐和恼怒。它首先向民主协会中的活跃分子共产主义者同盟盟员（其中大部是德国流亡者）开刀，进行了大搜捕，同时还散布谣言说，所有争取共和制度的鼓动都是一些德国人搞起来的，这些人没有什么东西可以损失的，他们打算独揽预谋中的比利时共和国的大权，企图用这些恶毒的谣言来挑拨比利时工人和同盟的关系，同时为自己的镇压行动制造借口。比利时政府还颁布命令禁止为德国工人协会提供集会场所，将失业的外国人驱逐出境，并且寻找借口对同盟布鲁塞尔的主要领导人马克思、恩格斯、日果，以及威廉·沃尔弗、德特斯科进行迫害。2月2日晚上，威廉·沃尔弗和另外一位工人被捕。从逮捕的经过可以看出，这是一个经过周密策划的阴谋。沃尔弗在警察局里被拘留的时候，居然遭到一帮醉醺醺的市政近卫军的殴打，后来又受到社会保安部头子奥迪的审讯。而奥迪在审讯中被沃尔弗的质问和揭露所激怒，怒不可遏地泄露了政府当局迫害德国流亡者的阴谋。他高声叫嚷说："我敢打赌，今天晚上逮捕的人中间，大约有三分之二是德国人。"沃尔弗讥讽地回答说："是的，因为本来早就要逮捕德国人。"当天晚上沃尔弗接到了比利时政府早已拟好的驱逐他出境的命令，规定离开比利时的日期是2月27日。也就是说不管审讯的结果如何，不管沃尔弗是不是犯了比利时的法，在他被捕以前就已经决定要把他驱逐出境了。

沃尔弗的住宅也遭到搜查。一整箱文件落到了比利时警察手里，其中有许多英文、法文、德文的报纸和小册子，而最为重要的一份文件是沃尔弗手抄的德意志工人联合会名单。名单中一共有九十一个人的名字，有一些人是共产主义者同盟的成员，例如：威廉·沃尔弗、斐迪南·沃尔弗、卡尔·瓦劳、亨利希·施泰因根斯等。

同盟布鲁塞尔支部的领导人比利时人日果也被捕入狱，德特斯科后来被判处死刑。

威廉·沃尔弗、德特斯科和日果等人的被捕，对同盟是一个重大的打击，但尤其严重的是马克思夫妇也遭到迫害。这不仅使同盟布鲁塞尔总区部失去了领导，而且迫使整个同盟的领导中心从布鲁塞尔转移到巴黎。大约在2月27日，共产主义者同盟伦敦中央委员会鉴于革命已经在欧洲大陆爆发，将关于把它的职权转交布鲁塞尔总区部委员会的决定寄到马克思手里。但是，这个计划由于比利时局势的突然变化已经不可能实现了。3月3日，布鲁塞尔总区部在极其紧张的形势下举行会议并通过决议，接受伦敦中央委员会的决定，将布鲁塞尔总区部确立为同盟的新的中央委员会，同时又指出，要在布鲁塞尔将盟员尤其是德国盟员联合起来是不可能的，因此应将中央委员会迁到当时整个革命运动的中心巴黎,并授权马克思独自实现中央对同盟一切事务的领导,对即将成立的新中央委员会和即将召开的代表大会负责,委托马克思在情况许可的时候亲自选择人员在巴黎成立新的中央委员会。

新确立的布鲁塞尔中央委员会会议刚刚结束,出席会议的五个人还来不及分散,比利时政府当局就派人闯进马克思的住宅,限他在二十四小时内离开国境。当天晚上布鲁塞尔警方还肆意侵犯人权,以莫须有的罪名蛮横地非法拘捕马克思和他的夫人燕妮达十几小时,致使他们在离开比利时的时候,连最起码的行李都来不及收拾。

在德国,情况有所不同。虽然从整体来说,共产主义者同盟盟员积极参加了革命运动,但是由于思想准备不够,在一些地方某些盟员没有及时地、积极地促进运动的发展,甚至表现出犹豫不决,无所作为。德国的革命运动首先在科隆这个大工业城市爆发。3月3日,这里发生了轰轰烈烈的示威游行,由共产主义者同盟盟员组织的五千群众示威队伍涌向市政厅。①哥特沙克随着一部分群众冲进市政厅向市议会递交请愿书,维利希和安内克留在市政厅外面向包围市政厅的游行队伍发表演说。请愿书共有六点内容:

1.人民立法和管理,普选权和进入议会的普遍选举制;

2.言论和出版的绝对自由;

3.废除常备军和实行全民武装,军官选举制;

4.结社自由;

5.保护劳动和保证一切人的生活需要;

6.对所有儿童实行公费全面教育。

这份请愿书主要反映了反对普鲁士国家封建专制制度的要求,而没有提出无产阶级在这次革命运动中的政治、经济要求。它反映了请愿书的作者在政治上和理论上的不成熟。在谈判过程中,市议会议员们顽固

---

① Institut für Marxismus-Leninismus beim ZK der SED, *Chronik-Geschichte der Deutschen Arbeiterbenegung*, Berlin, Dietz Verlag, 1965, p. 25.

地拒绝请愿书的各点要求,故意拖延时间,激怒了会议厅外的示威群众。他们最后在被激怒的人群冲进大厅以后,才仓皇溜走。

由于组织这次示威游行的盟员没有抓住时机,采取有力的措施,运动只停留在和平请愿的阶段上而且组织松散,因而轻而易举地被开到现场的军警用武力镇压下去。维利希、哥特沙克和安内克相继被捕。恩格斯称之为"科隆老朋友"的盟员德斯特尔、丹尼尔斯、毕尔格尔斯虽然曾经"共同决定采取行动",并且在市政厅外面的游行群众队伍旁边待了一会儿,但却无所作为,采取了袖手旁观的态度,根本没有参加这次斗争。恩格斯在1848年3月9日致马克思的信中提到这个重大事件时,对科隆盟员坐失时机感到惋惜。他写道:"科隆发生的事件是令人不愉快的,三个杰出的人坐了牢。我同事件的一个积极参加者谈过,他们曾经打算行动起来,但是,他们不去收集本来很容易弄到的武器,而是手无寸铁地前往市政厅,让人包围了自己。据称,军队的大部分都是赞成他们的。事情一开始就非常蠢笨;如果这个人的消息可靠,那么,他们本来可以平安行事,并且在两小时内解决问题。但是,一切都安排得惊人地蠢笨。"①

在德国其他地方同盟盟员多半是进行分散的活动。盟员魏德迈在威斯特伐利亚,为了参加革命活动辞去了铁路上的职务,成为这个地区民主运动的主要领导人。

在英国,原共产主义者同盟伦敦中央委员会的成员约瑟夫·莫尔和卡尔·沙佩尔在中央委员会决定将职权转交给马克思领导的布鲁塞尔总区委员会以后,参加了伦敦的革命流亡者代表团到法国向临时政府递交贺信,并代表德国流亡者在信上签名。3月2日,代表团离开伦敦,4日到达巴黎。莫尔和沙佩尔到达巴黎后立即投入当地的革命活动。

留在伦敦的盟员有列斯纳和斐迪南·弗莱里格拉特等人。他们也积极地开展了革命活动。2月25日,巴黎革命的消息刚刚传来,弗莱里格拉特就写了一首充满革命激情的诗篇《山中初雷》。他在诗中倾诉了期

---

①《马克思恩格斯全集》第27卷,人民出版社,1972年,第132页。

待法国革命将席卷其他国家和德国的强烈愿望,对革命群众起到了鼓舞斗志的作用。列斯纳根据伦敦区部委员会的决议,同宪章派左翼站在一起积极开展争取民主改革的运动,后来又同宪章派左翼领袖、同盟盟员琼斯一起参加了1848年4月10日宪章派的群众示威。

同盟盟员格奥尔格·维尔特在巴黎街垒尚未拆除、余烬尚未熄灭的时候从比利时来到巴黎,参加了3月初举行的各种集会和示威,并且向侨居巴黎的德国人发出呼吁,号召他们参加支持法兰西共和国的大示威。3月2日,示威游行开始,示威群众随即举行了声势浩大的群众集会。维尔特担任了这次大会的主席。3月8日,在维尔特等人的号召下,在卡鲁塞尔广场举行了七千人的大会。会后人们举着红黑黄三色旗帜沿着塞纳河向市政厅进发,把祝贺信递交给临时政府。维尔特在革命的巴黎只待了十四天就动身到德国去参加自己国家的革命运动。

总体来说,在革命刚刚开始的时候,共产主义者同盟还是一个人数不多的组织。同盟在德国大约有三十个支部或小组,在国外还有一些组织和同盟得以从中吸取盟员的各工人联合会。此外,在许多地方有个别的盟员在单独活动。"但是,这个不大的战斗队,却拥有一个大家都乐于服从的第一流领袖马克思,并且赖有他才具备了一个至今还保留其全部意义的原则性的和策略的纲领——《共产党宣言》。"①由于这个原因,同盟比当时欧洲的其他无产阶级组织,具备了更为优越的条件,只有它能够经得起一八四八年革命的严峻考验。

同盟在巴黎的活动和《共产党在德国的要求》

巴黎是革命运动最活跃的地方,也是各国革命者集中活动的政治舞台。共产主义者同盟的领导人和活动家也先后在巴黎聚首。最早到达巴黎的是共产主义者同盟的著名活动家维尔特、莫尔和沙佩尔。3月5

---

① 《马克思恩格斯选集》第四卷,人民出版社,1972年,第176页。

日，马克思也到达巴黎。相继到达的还有同盟著名活动家沃尔弗和鲍威尔等人。马克思趁着许多同盟活动家聚集巴黎的机会，立即着手建立同盟新中央委员会和整顿巴黎各支部的工作。当时巴黎有四个人数不多的同盟支部。这些支部在革命爆发前很少开展活动。二月革命的胜利促使巴黎同盟各支部重新活跃起来。3月8日，马克思出席了四个支部的联席会议。会议着重讨论了在当时情况下如何开展工作和加强组织建设问题。会议经过讨论做出了两项重要决议：第一，把四个支部联合起来组成巴黎区部；第二，建立公开的德国工人俱乐部，以便在更广泛的范围内开展活动，并委托马克思草拟俱乐部的章程。会议批准了俱乐部委员会的人选。由盟员鲍威尔和莫尔分别担任俱乐部主席和会计。3月9日，马克思起草的俱乐部章程在同盟巴黎区部第二次会议上得到批准。俱乐部的主要任务是团结流亡巴黎的德国工人并且向他们说明无产阶级在资产阶级民主革命中的策略。德国工人俱乐部实际上是共产主义者同盟在法国革命初期进行公开活动所采取的一种组织形式。

几乎完全由同盟盟员担任俱乐部的领导人，在《改革报》上刊登通告，将成立俱乐部的消息通知巴黎的全体德国工人。在通告上签名的有鲍威尔、海尔曼、莫尔、瓦劳、沙佩尔。他们都是同盟盟员。马克思也在上面签了名。俱乐部委员会还邀请所有参加俱乐部的工人于3月14日参加在披卡尔咖啡店召开的会议。

3月11日，马克思根据3月3日科隆中央委员会的决议，在巴黎建立了同盟的新的中央委员会。马克思担任主席，沙佩尔担任书记，恩格斯（缺席）、沃尔弗、鲍威尔、莫尔、瓦劳担任中央委员。巴黎新中央委员会和同盟巴黎区部的建立，使巴黎成为共产主义者同盟的心脏，指导同盟盟员进行革命活动的中心。3月20日，恩格斯到达巴黎，使同盟中央委员会的力量又得到加强。

由于马克思、恩格斯的正确指导和同盟中央委员会全体成员的共同努力，同盟在巴黎开展积极活动的时间虽然很短，但却做了大量工作。其中以帮助和组织盟员返回德国参加革命运动的工作最艰巨。从当时法国的政治局势来说,这项工作没有太大的困难,因为二月革命建立起来的临时政府在表面上还是一个民主共和政府,不能公开阻挠外国流亡者开展革命活动。困难在于同盟内部对于如何派遣盟员返回德国的问题上存在着原则的分歧。盟员伯恩施太德和小资产阶级民主主义者海尔维格认为,法国二月革命已经向德国发出了信号,侨居巴黎的德国流亡者应该组织起来成立志愿军团,开进德国发动推翻各邦君主政府的起义。他们纠合一些人组织德意志民主协会,在德国流亡者中间大张旗鼓地进行组织志愿军团的工作。这个轻率的冒险计划正中临时政府的下怀,因为掌握临时政府实权的资产阶级暗中已经把革命的流亡者看成眼中钉,对他们在巴黎的革命活动心存戒惧,非常希望能够寻找借口把他们遣送出国。海尔维格、伯恩施太德的冒险计划为临时政府提供了一个绝妙的机会,所以它毫不犹豫地表示愿意为志愿军团开往边境提供必要的条件。法国临时政府外交部部长拉马丁又以关怀义勇军的行军路线为名,把志愿军越过国境的时间、地点泄露给德国各邦政府,企图借它们的手来搞垮志愿军团。

马克思、恩格斯和同盟中央委员会的其他成员一眼就看出了这个计划的严重错误和危害,坚决反对这种轻率冒险、企图把革命输入德国的做法。3月6日,马克思在德国侨民区集会上发表演说批评海尔维格、伯恩施太德的进军计划,马克思的讲演在盟员中引起了热烈的反应。共产主义者同盟盟员塞巴斯蒂安·戴勒尔后来回忆当时的情景时说:"社会主义者和共产主义者表示坚决反对任何从外部以武装输出的方式去建立一个德意志共和国。他们在圣丹尼大街举行公开的会议,有一部分后来参加志愿军团的人当时也列席。在一次会议上马克思做了一个长篇报告,阐明为什么二月革命仅仅应被看作是欧洲运动的表面上轰轰烈烈的开端。在不久以后将在巴黎这个地方爆发无产阶级同资产阶级的公开斗争(这一点后来在6月得到了证实)。革命的欧洲的胜败将取决于这场斗争"。恩格斯也曾经尖锐地指出:企图"从外面强行输入革命,那就等于破坏德国的革命",是一种"把革命当作儿戏的做法"。①同盟中央委员会遵照马克思的意见,把拒不服从中央委员会指示、继续推行冒险计划的盟员伯恩施太德开除出同盟。

由于马克思、恩格斯和同盟中央委员会及时地对海尔维格、伯恩施太德的错误的冒险计划进行了坚决的斗争,广大盟员和共产主义者很快就识破了这个计划的欺骗性,拒绝参加志愿军团。结果,海尔维格、伯恩施太德的计划遭到了挫败,革命力量因而避免了可能遇到的严重损失。海尔维格及其同伙,在进行一场喧闹的鼓动工作以后,只拼凑了一支小小的杂乱队伍,由他自己带领前往巴登。而这支队伍刚刚越过法国国境进入巴登,就陷入了巴登政府早已布好的罗网,遭到了彻底覆灭。

马克思、恩格斯和同盟中央委员会认为,在当时条件下,只有采取帮助盟员和革命者分散地、单个地回到德国参加革命才是唯一正确和切实可行的办法。他们一方面通过德国工人俱乐部对盟员和非盟员革命者进行耐心的说服工作,一方面委托可靠的同盟领导人和盟员向各个地方组织说明同盟中央的正确立场。3月26日,沙佩尔带着同盟中央的委托动身到伦敦。他在那里向盟员解释同盟中央的意见,要求他们相信中央委员会绝不会阻挠他们返回德国参加革命,但是希望他们放弃立刻拿起武器取道巴黎、组成志愿军团开赴德国的冒险计划,并且表示,同盟中央将尽力支持那些采取正确方式、个别返回德国的盟员和革命者。

除此以外,莫尔还以德国工人俱乐部的名义向法国临时政府交涉,要求它向个别返回德国的人员提供路途上的生活费用。经过不懈的努力,法国临时政府终于不得不同意按资助志愿军团的标准向个别返回德国的德国工人俱乐部人员发放补助费。这样,同盟中央委员会就能够顺利地贯彻自己的指示。在一个月里,竟然有三四百个盟员和非盟员革命者,按照马克思、恩格斯的计划成功地越过边境进入了德国。派遣巴黎德国盟员和革命者返回德国的工作于4月初基本完成。同盟中央委员

---

① 《马克思恩格斯选集》第四卷,人民出版社,1972年,第199页。

会在巴黎的紧张工作至此告一个段落。

3月18日柏林起义爆发后,马克思、恩格斯和同盟中央委员会的其他成员已经开始考虑把同盟的活动中心转移到德国。在组织盟员和革命者返回德国的过程中,马克思、恩格斯在3月底为中央委员会草拟了同盟在德国革命中的行动纲领,这就是《共产党在德国的要求》(以下简称《要求》)。这个纲领是以《共产党宣言》最后一章中所阐述的战略和策略思想为根据,结合德国革命所造成的局势拟定出来的,对同盟盟员和德国无产阶级所面临的任务做了具体的、明确的说明。3月底,《要求》印成传单,4月初,在《柏林阅报室》《曼海姆晚报》《特利尔日报》《德意志总汇报》等民主派报纸上陆续发表。《要求》还作为同盟中央的指示性文件分发给返回德国的盟员。

《要求》规定德国革命的基本任务是推翻各邦的封建统治,清除封建割据局面,"全德国宣布为一个统一的,不可分割的共和国"。《要求》还提出了许多民主改革措施,以便保障统一的共和国能够建立在充分实行民主原则的基础上。这些措施是:实行普选权;发给人民代表薪金,使德国工人有可能出席国会;武装全体人民,使军队成为能够进行生产的劳动大军;无偿地废除农民的封建义务、徭役租、代役租和什一税,等等。

《要求》包含了许多从资产阶级民主革命转向无产阶级革命的过渡性措施。如果实现这些措施,就能够使无产阶级在新建立起的统一共和国中处于十分有利的地位。《要求》规定:将各邦君主的领地和其他封建地产,一切矿山、矿井全部收归国有,并采用科学方法大规模地经营农业;成立国家银行来代替所有的私人银行;一切运输工具和通讯机构全部收归国家所有;建立国家工厂,保证工人就业和享受劳动保护;取消消费品税,实行高额累进税,限制资本的增长,等等。列宁曾经指出,《要求》中所说的统一的不可分割的共和国"按内容来说,首先就是实行民主革命:抵御反革命势力,在事实上消除一切和人民专制相抵触的东西。

这正好就是革命民主专政"①。

《要求》是对德国资产阶级革命面临的种种问题所做出的民主主义的、革命的回答，它符合当时德国社会中一切进步阶级的利益，同时也符合无产阶级的根本利益。实现这些要求也就能够为未来无产阶级反对资产阶级的斗争做好准备。

共产主义者同盟在德国革命爆发以后

德国三月革命刚一爆发，同盟中央委员会立即把活动中心转移到德国。从法国回到德国的盟员受马克思、恩格斯和其他同盟中央委员会委员的委托，带着《共产党宣言》和《共产党在德国的要求》到德国各地加强当地的同盟支部和创建新的支部，并利用革命所造成的自由环境开展公开活动，把为数众多的工人组织联合为一个全德的工人政治组织。但是，当时同盟的实际情况不能适应这一革命要求。两三百个分散的同盟盟员越过国境以后大半没有同共产主义者同盟的地方组织取得联系，他们突然卷入这次民主革命运动的浪潮，消失在广大群众的海洋中。他们和同盟中央的通信几乎完全中断了。过去侨居国外的盟员有四分之三回国后改变了住址，以前他们所在的支部大部分因此解散了。也有一部分盟员各行其是，独自在所在的地方开展小小的分散的运动。再加上德国各邦、各城市的情况差异很大，所以同盟只能向盟员发出一般性的指示，而不能根据不同情况进行具体的领导。

马克思、恩格斯认为共产主义者同盟组织上的削弱是新形势下不可避免的现象。革命已经创造了公开活动的条件。像过去那样把同盟恢复为一个秘密的、宣传性的组织已经没有必要，而是应该使它成为民主革命运动的核心力量，使盟员成为民主革命运动的极左翼，并不断推动运动前进，否则就只好创立一个小小的宗派而不是创立一个巨大的行动

---

① 《列宁选集》第一卷，人民出版社，1972年，第620页。

党了。这就是同盟德国革命时期活动的特点。它同许多工人联合会、民主协会的活动紧密地交织在一起。梅林曾经引用波尔恩给马克思信中的一句话说："同盟解散了——它无处不存在而又到处都不存在。"当然，这句话是言过其实的，同盟并没有宣布解散，而且在德国许多地方还存在着它的区部和支部。不过，把这句话用来形容当时同盟活动的特点倒是合适的。

马克思、恩格斯、同盟中央委员会的其他成员，以及同盟的许多活动家都先后离开巴黎回到德国参加革命运动。最早到达德国的是维尔特。1848年3月25日，维尔特从科隆给马克思写信，报告国内政治形势说"目前事情极为繁多"，希望马克思尽快离开巴黎回到德国。4月5日，马克思、恩格斯、沃尔弗和德朗克一起前往德国，并且在途中开始恢复和整顿同盟地方组织的工作。

4月7日，马克思途经美因茨，在那里停留两天，同当地的同盟组织商量如何加强革命力量的团结。在马克思到达以前同盟美因茨支部曾经开展了一些工作，已经把当地的先进工人组织起来成立一个工人教育协会。根据马克思的意见，同盟美因茨支部应当以工人教育协会的名义向全体德国工人发出一个呼吁书，号召德国工人弟兄团结起来，组织起来，在城乡普遍建立工人联合会，并建议将美因茨工人教育协会作为所有工人联合会的临时中心。美因茨支部高兴地接受了马克思的建议，草拟了呼吁书。4月8日，《德意志人民报》刊登了这个呼吁书。

4月11日，马克思、恩格斯到达莱茵地区的大工业城市科隆。科隆市政委员会在革命形势的逼迫下，不得不同意马克思在这个城市居住，但却故意拖延批准恢复马克思普鲁士公民权利的申请。随同马克思、恩格斯到达科隆的有沃尔弗和德朗克。接着莫尔和沙佩尔也先后来到科隆。于是科隆成为共产主义者同盟的新的活动中心。当时摆在同盟面前有两项紧迫的任务：一是创办一份大型日报，以便及时指导分散各地的盟员开展革命斗争；二是恢复同盟各地的组织，并在这个基础上建立起一个全德工人党。为了进行第二项工作，同盟曾经先后派出德朗克、沃尔弗、沙佩尔等人以特使身份分赴德国各地恢复和组织同盟支部。马克思、恩格斯也曾经亲自参加过这项工作。

4月中旬,恩格斯到巴门、爱北斐特和莱茵省其他城市了解盟员和同盟组织的活动情况。5月初,马克思和维尔特为了同恩格斯商量同盟开展活动问题去到爱北斐特,并同维尔特一起进行恢复当地同盟组织的工作。4月下旬,沙佩尔在德国西部的一些地区巡回。4月20日,他出席了同盟美因茨支部会议,然后经过自己的故乡黑森–拿骚到威斯巴登。在那里,他从4月21日待到26日,经过努力建立了一个新支部,并且组织了一个有上百人参加的工人联合会。德朗克被派往科布伦茨、法兰克福、哈洛等地。从德朗克所到地区的情况来看,人民群众,包括工人在内,对议会存在着幻想,资产阶级和小资产阶级思想有着相当大的影响。《共产党在德国的要求》在工人中间尚未得到理解,甚至还有人由于受到政府宣传机构的欺骗,对共产主义怀着敌视情绪。德朗克在他的信中曾经这样写道:"如果你承认自己是个共产党人,看样子人们就会用石头揍你。"工人们都主张"在所有的城市为宪章派式的请愿书征集签名,以便把它提交给所谓议会"。就是在同盟组织内部也发现了"已经开始出现的彻底无政府状态"。但是,由于德朗克的不懈努力,终于在科布伦茨建立了一个由五人组成的支部。此外,他还在法兰克福吸收了两名盟员。

沃尔弗被委派出使西里西亚地区。由于他对那里的劳动者的情况、阶级力量的对比、政治形势都非常熟悉,而且同工人、农民和知识分子建立了广泛的联系,在他们当中享有相当的声望,所以他的出使获得了较大的成果。他的目的地是布雷斯劳,途中经过美因茨、科布伦茨、科隆、汉诺威、柏林等地。他在经过美因茨的时候得到了由当地盟员瓦劳和克洛斯所签署的《告全体德国工人书》,并沿途宣传散发。沃尔弗在科布伦茨参加了那里的工人集会和民众大会。他还在科隆和汉诺威同当地工人联合会负责人商谈工人联合会的统一问题。4月13日,沃尔弗到达布雷斯劳,并于第二天参加了筹建工人联合会的工作。4月18日,沃尔弗把他这次巡视的详细情况写信寄给同盟中央委员美因茨工人教育协会主席瓦劳。在这次出使过程中，沃尔弗看到了革命爆发后各地同盟组织的混乱情形，同时也看到了恢复同盟活动的积极因素。他写道："……在工人中间就有很多适当的人，应当对之进行宣传教育并把他们吸收到组织中来。"

沃尔弗非常注意发展当地的民主力量，在到达布雷斯劳的不久就加入了刚刚建立起来的拥有约一百八十人的民主俱乐部。

5月初，民主阵营和反动势力围绕法兰克福国民议会选举展开了激烈的斗争。为了支持民主力量和工人代表在这次选举中取得胜利，沃尔弗和他的拥护者在工人和农民中间进行了大量的宣传工作，得到了他们的支持。沃尔弗本人在西里西亚的一个乡村选区被提名为法兰克福议会的候选人。尽管资产阶级自由派和贵族地主竭力阻挠沃尔弗和工人、农民候选人当选，但是沃尔弗还是被选为议员自由主义历史学家施腾策尔的候补人。排字工人布里尔、爱德华·赖辛巴赫、摩里茨·厄斯纳、尤利乌斯·施泰因、涅斯·冯·厄岭贝克等人也当选为普鲁士国民议会的议员。

在布雷斯劳，沃尔弗还主编过《布雷斯劳日报》的副刊《西里西亚记事报》。在他担任主编时期，该报发表了许多激进主张：要求限制大地产，并指出农业无产者不仅同封建主而且同农村资产阶级互相对立的关系；反对资产阶级的妥协政策，要求建立民主共和国。

莫尔的活动地区是科隆。他在4月上旬到达科隆后就参加了工人联合会的活动。4月24日，在联合会举行第二次全体会议的时候，他作为钟表匠的代表被选进联合会委员会。莫尔认真遵循马克思、恩格斯所制定的策略路线，得到了科隆工人联合会会员的衷心拥护。

虽然同盟的许多活动家在恢复和发展同盟德国各地方组织方面做了巨大努力，并且取得了一些成果。但从总体情况来看，同盟内部的混乱状态仍然存在，恢复工作进行得很缓慢。同盟特使的报告充分说明了这个情况。沃尔弗4月18日给马克思的信里有这样一段话："我好容易才找到同盟的踪影……在科隆，同盟于完全无为中消磨岁月，柏林亦复如此。我找到了黑特采尔，他告诉我，同盟在柏林只是名义上存在。长期的隔离造成了混乱。从第一次代表大会以来，他们没有从伦敦得到任何东西。勉强有二十个人，但都是同床异梦。"德朗克在他5月5日寄给同盟中央委员会的信中也汇报了一些地方同盟组织的混乱情况。他写道："在美因茨，我发现同盟里完全是混乱的。瓦劳在威斯巴登、奈伊贝克在约定开会的时候待在多来诺咖啡馆里，能够做许多事的梅特涅对这些事漠不关心。"当时待在柏林的盟员斯蒂凡·波尔恩5月11日的报告进一步证实了这个情况。他说："关于同盟，就是这样，它在这里存在着，我没有什么可写的。可是谁也没有时间按原样子巩固地组织它。"

尤其严重的是：科隆和柏林两大城市工人团体的负责人盟员安得列阿斯·哥特沙克（1815—1849）、斯蒂凡·波尔恩（1824—1898）在同盟处于困难时，背离了马克思、恩格斯和同盟中央的立场，加剧了同盟内部的混乱，给革命运动造成了巨大的困难。马克思、恩格斯和同盟其他活动家不得不耗费大量宝贵时间和精力来开展对他们的批判，肃清他们在工人中间的影响。

哥特沙克是科隆工人联合会的创始人。哥特沙克从对形势的错误分析出发，不承认马克思、恩格斯在《共产党宣言》和《共产党在德国的要求》中关于德国革命性质和任务的科学论述。他不顾德国的具体条件，武断地认为工人阶级在这次革命中的任务是直接实现社会主义，建立不允许不劳而食的"工人共和国"。错误的理论当然只会导致错误的策略和行动。哥特沙克完全看不到无产阶级在资产阶级民主革命中联合小资产阶级民主派、联合农民的必要性。他反对这种联合，甚至抵制某些民主改革措施。如果按照他的主张搞下去，结果只会把无产阶级推向孤军作战的困境。哥特沙克的主张和词句都很左，但是所采取的斗争方法却很右。他只赞成诸如向政府递交请愿书一类的"合法"斗争手段。哥特沙克不仅是盟员而且还是科隆工人联合会的创始人和领导人，他的思想和行动直接影响到科隆的工人群众。因此，同盟科隆支部在5月11日会议上尖锐地批评了哥特沙克的错误，希望他能够及时改正。但是，哥特沙克拒绝支部的批评，公然在这次会议上傲慢地说，鉴于共产主义者同盟的章程"威胁着他个人的自由"，他宣布退出同盟。

哥特沙克退出同盟以后，同盟对工人联合会的影响主要是通过盟员莫尔和沙佩尔来实现的。莫尔把向会员灌输正确思想，使他们从哥特沙克的影响下解脱出来作为自己的首要任务。他支持在工人联合会下面设立分部的建议，以便组织更多的报告和讨论会来宣传和学习科学共产主义的基本观点，从而不断提高会员的思想水平。他在联合会委员会上积极主张"培养工人阶级，使他们能以适应他们在最近的未来所将占据的地位"。会议同意他的意见，并决定选出一个三人委员会来进行这项工作。莫尔被选入了委员会。

沙佩尔在科隆期间也积极参加了工人联合会的工作。在他和莫尔两人的共同努力下，受哥特沙克影响颇深的科隆工人联合会，逐渐转向马克思、恩格斯一边。从1848年秋天起，科隆工人联合会逐渐摒弃了哥特沙克的错误立场，在工人和农民中展开了积极的宣传鼓动工作。一些工人联合会和民主团体相继在科隆郊区建立起来。

但是，哥特沙克及其同伙并不甘心失败，不断在科隆工人联合会内部制造分裂。1849年1月14日，他们出版了自己的刊物《自由、劳动》，并妄图把它变成工人联合会的机关报，他们在这个报纸上发表文章恶毒地诽谤、诬蔑马克思，攻击马克思支持民主派拉沃和施奈德尔二世参加法兰克福选举的正确策略。为了打退哥特沙克一伙的进攻，彻底清除他们的影响，马克思、恩格斯和工人联合会的其他领导人于1849年1月到2月内对该会进行了改组。1月29日，联合会委员会正式决定，拒绝承认《自由、劳动》为联合会的机关报，并宣布联合会原来的机关报《自由、博爱、劳动》复刊。2月25日，联合会又通过了新会章，把提高工人阶级的觉悟作为自己的主要任务。联合会委员会还对哥特沙克的分裂活动和个人野心进行了揭露和谴责，指出，他"对许多工人联合会会员谈到改组工人联合会的计划，以及他为了这个目的想把他本人（作为主席）和由他选定的另外五人（作为委员会委员）置于联合会领导地位的意图，这证明有专制独裁的趋势并违反最基本的民主原则"。

科隆工人联合会第一分会还通过决议,驳斥了哥特沙克等人对马克思的无耻攻击,并且重申:"目前的任务主要还是反对君主专制",因此无产阶级和小资产阶级民主派必须联合起来进行斗争。决议表示不赞成哥特沙克在恢复自由以后所采取的行动,斥责他"背弃了真正无产者的政党而投入了小资产者的怀抱"。恩格斯尖锐地斥责哥特沙克说,他是"奉承那些刚刚觉醒的群众,纵容他们的种种传统偏见"的"煽动家",是"以先知自居"而又"头脑十分空虚的人",而他那种企图越过资产阶级民主革命,直接实现共产主义的梦想是"令人完全难以置信的计划","根据那些计划,一夜之间就应当出现奇迹"。[①]当然,奇迹是不可能在一夜之间出现的,哥特沙克的梦想也是根本不可能实现的。

斯蒂凡·波尔恩(1824—1898)是成分复杂、思想混乱的柏林"工人兄弟会"的领导人,1848年秋天又被选进柏林工人中央委员会。波尔恩也是错误地估计了形势,但他得出了同哥特沙克截然相反的结论,走向了另一个极端。他完全不理解无产阶级在资产阶级民主革命中的作用和任务,简单地认为资产阶级革命是资产阶级的事情,无产阶级应当拒绝参加为了实现这个革命任务所进行的一切政治斗争。他要求工人阶级放弃"奢望",脱离政治运动,只去注意自己的狭隘利益,争取满足一些"讲求实际"的微不足道的经济要求。斯蒂凡·波尔恩公开号召说:"奢望容易获得难,德国的工人们!愿你们以讲求实际的精神去对待你们的事业吧。"按照波尔恩的主张去办,等于取消了工人阶级的政治斗争,也即是取消了实现工人阶级各种经济要求的保证。正如恩格斯尖锐指出的,斯蒂凡·波尔恩及其同伙的错误就在于"他们特别致力于组织罢工,组织工会和生产合作社,却忘记了首要任务是通过政治上的胜利先取得一个唯一能够牢固地、可靠地实现这些东西的活动场所"。因此,波尔恩所领导的工人兄弟会"对无产阶级的伟大政治运动采取袖手旁观的态度,成为一个孤独自在的团体,在很大程度上只是在纸上存在,它的作用小到

---

①《马克思恩格斯全集》第37卷,人民出版社,1971年,第292页。

极点"①。

在理论上,波尔恩在他所写的《怎样帮助》和《团体的价值》两篇文章中所阐述的东西,以及"他那个兄弟会所发表的正式文件往往混乱不堪,竟把《共产党宣言》的观点同行会习气和行会愿望、同路易·勃朗和蒲鲁东的观点的残屑碎片、同拥护保护关税政策的立场,等等混杂在一起"②。

在实践上,波尔恩反对无产阶级采取暴力行动和进行罢工斗争。他公开宣称自己的使命就是要尽力使无产阶级不起来"骚动"。在工人们起来夺取柏林军械库的时候,他竟然利用自己的影响从中阻挠破坏,劝诱他们交出已经夺取在手的武器。

波尔恩还是一个野心家,公开声称自己不愿做"党的政策的奴隶",自封为非凡的政治活动家。他为了在自己周围纠合一群人,搞宗派势力和向党闹对立,竟和各色各样的坏家伙"称兄道弟"。结果把一些落后群众聚集在他的团体里。马克思、恩格斯都曾严厉地批判过他的错误。波尔恩及其同伙所拼凑的宗派团体是经不起考验的。正如恩格斯所说的那样,在形势紧张,"感到必须直接参加革命斗争的时候,原先集合在他们周围的落后群众就自然而然地离开了他们"③。最后,波尔恩本人也退出了历史舞台,堕落为瑞士的一个小小的资产阶级教授。

反对哥特沙克和波尔恩的斗争是同盟在非常时期所采取的必要措施。它对于巩固科隆和柏林的工人组织,澄清同盟内部的思想混乱都起到了积极的作用。

《新莱茵报》——同盟在德国活动的指导中心

马克思、恩格斯,以及莫尔、沙佩尔等同盟活动家根据他们所了解的同盟在各地的真实情况判定,恢复昔日同盟的组织既不可能而且也没有

---

①②③《马克思恩格斯选集》第四卷,人民出版社,1972年,第200页。

必要。恩格斯曾经这样总结道:"当时很容易预见到,在正在高涨的人民群众的运动面前,同盟是个极其软弱的工具。"①恩格斯还认为,既然当时德国存在公开活动的条件,秘密同盟需要存在的原因就消失了,如像共产主义者同盟这样的秘密同盟本身就失去了意义。同盟完全可以采取另一种形式进行活动,即通过一个公开的大型日报,宣传自己的观点,指导和动员革命力量在全国范围内开展运动。《新莱茵报》恰好起到了这样的作用,成为同盟在德国的活动中心。恩格斯说:"在有《新莱茵报》作为坚强中心的莱茵河一带,在拿骚,在莱茵豪森,等等地方,到处都是由同盟盟员领导极端民主运动。"②正是从这个意义上说,同盟才是一个极好的革命活动学校。

马克思、恩格斯和同盟中央委员会的其他成员到达德国以后,始终没有在德国重建同盟的新的中央委员会。在相当一段时间里同盟只有一个驻在伦敦的残缺不全的中央委员会。这个中央委员会同德国的同盟组织极少联系,对德国革命运动的影响是微不足道的。直到1848年下半年莫尔离开《新莱茵报》到达伦敦以后才同鲍威尔、埃卡留斯共同组织了新的中央委员会,开始恢复和加强同德国同盟组织的联系。但是德国各地的同盟组织和盟员仍然是在《新莱茵报》编辑部的指导下进行活动的。与此同时,《新莱茵报》编辑部不是一般的编辑部,而是由共产主义者同盟的著名活动家组成的编辑部,其中有一些人还是原中央委员会的委员。马克思是报纸的总编辑,恩格斯是他的助手。威廉·沃尔弗、德朗克、菲迪南·沃尔弗、毕尔格尔斯,著名诗人格奥尔格·维尔特和弗莱里格拉特都是编辑。卡尔·沙佩尔负责校对工作。

由于上述原因,有的史学家把《新莱茵报》编辑部作为同盟的中央委员会。这种说法虽然不无道理,但缺乏证据,是不能成立的。如果说《新莱茵报》编辑部实际上起到了同盟中央委员会的作用,那是符合实际的、

---

① 《马克思恩格斯选集》第四卷,人民出版社,1972年,第199页。

② 《马克思恩格斯选集》第四卷,人民出版社,1972年,第200页。

可取的。因为无论就《新莱茵报》编辑部的组成情况，或者就它所起的作用，以及就它所执行的方针政策都可以说明这一点。可以毫不夸大地说，《新莱茵报》在1848年共产主义者同盟的革命活动中占有极其重要的地位。

马克思、恩格斯还在3月上半月就曾经考虑在德国科隆筹办一份大型日报来推动革命运动，同时向分散在全国各地尚然存在的同盟支部和单独活动的盟员传达同盟在革命各阶段的政策、策略和具体指示，并在组织上使它成为联络中心。马克思、恩格斯选择科隆作为办报的地址不是偶然的。科隆是先进的、深受法国革命影响的莱茵省的中心，并且拥有规模较大的工业，在各方面都是当时德国最先进的地区。在这里办报和开展工作对整个德国都可以产生比较直接的影响。盟员维尔特根据马克思、恩格斯的委托于3月中旬就开始在科隆为创办《新莱茵报》而积极活动。他曾经在民主派在居尔岑尼希大厅召开的民众大会上同大家一起讨论了出版大型革命日报的问题。

然而，《新莱茵报》的大量筹备工作主要还是由马克思、恩格斯亲自进行的。他们草拟并公布了报纸的大纲，同进步作家建立了广泛的联系，从盟员中挑选了最适宜的办报人才，选定了报纸的通讯员。

筹办报纸遇到的最大困难是筹集资金。估计约需三万塔勒的流动资本。同盟派到各地去的特使都附带承担了募集资金的任务，但是没有取得什么成果。恩格斯在巴门的活动也落了空。他在4月25日写信告诉马克思说："很遗憾，认股的事，在这里很少希望……问题的实质是，在这里甚至连激进的资产者都把我们看成是他们的未来的主要敌人，不愿意把武器交到我们手里，因为我们很快会把它掉转过来反对他们自己。从我的老头那里根本什么也弄不到。在他看来，《科隆日报》已经是叛逆的顶峰了，所以他宁愿叫我们吃一千颗子弹，也不会送给我们一千塔勒。"①

---

① 《马克思恩格斯全集》第27卷，人民出版社，1972年，第141—142页。

经过多方面的努力，只筹到股金一千三百塔勒。最后，马克思从他父亲的遗产中拿出一笔很大的款子才算解决了报纸的出版问题。

报纸的名字叫作《新莱茵报·民主派机关报》（以下简称《新莱茵报》）。德国无产阶级在这次革命中是作为最极端的民主派参加运动的，因而报纸的旗帜只能是民主派的旗帜。但是，《新莱茵报》的旗帜绝不是一面普通的民主主义的旗帜，而是到处在各个具体场合都强调了自己的特殊的无产阶级性质。恩格斯曾经强调这样做的必要性。他认为，如果不这样做，不愿意站在已经存在的、最先进的、实际上是无产阶级的那一端去参加运动并推动运动前进，那么共产党人就会成为沙漠中的布道者，只好在某一个偏僻地方的小报上宣传共产主义，只好创立一个小小的宗派而不是创立一个巨大的行动党了。所以《新莱茵报》虽然以民主派机关报的面目出现，但它仍然是最坚强的、最富于远见的无产阶级的战斗司令部。列宁曾经说，《新莱茵报》是"革命无产阶级最好的机关报"[①]。5月31日，《新莱茵报》出版了创刊号，6月1日正式发行。马克思、恩格斯为《新莱茵报》制定了政治纲领。纲领的内容可以简单归纳为如下两点：建立统一的、不可分割的德意志共和国，即在普鲁士国家消灭、奥地利国家崩溃的基础上使德国真正统一成为共和国；赞助一切革命民族，号召革命的欧洲反对欧洲反动势力的强大支柱——俄国，进行一场普遍的，包括恢复波兰的战争。

《新莱茵报》的政治纲领同《共产党宣言》《共产党在德国的要求》两个同盟文件中所表述的关于无产阶级在资产阶级民主革命中的策略思想是完全一致的。可以说《新莱茵报》的各项方针政策都是上述两个文件的基本精神同德国革命实际相结合的产物。因此无论从理论上还是从实践上说，《新莱茵报》在革命各个阶段所采取的立场，都可以看成是共产主义者同盟所应采取的立场。在同盟中央委员会暂时失去作用的情况下，《新莱茵报》是唯一能够指导盟员活动的战斗集体。

---

① 《列宁全集》第21卷，人民出版社，1959年，第60页。

马克思掌握报纸的政治方向,具体拟定报纸每一期的编排计划。主要问题都由他做决定。正如恩格斯所说,马克思的任何决定"对我们来说是理所当然和毋庸置疑的,所以我们大家都乐于接受它。首先是有赖于马克思的洞察力和坚定立场,这家日报成了革命年代德国最著名的报纸"[1]。恩格斯同马克思配合默契,《新莱茵报》的许多社论和重要文章都是出自他的手笔。盟员沃尔弗工作勤勉,全神贯注地研究德国各地送来的琐碎乏味的材料,从中找到有用的东西,并为《新莱茵报》开辟了国内情况栏。由于沃尔弗的努力和他对德意志各小邦政治形势的描述十分生动,国内情况栏刊登的材料在当时的德国是极受欢迎的。盟员维尔特负责《新莱茵报》的小品文栏。他以诗人特有的丰富想象力和犀利的文笔揭露和嘲笑容克地主阶级和一切反动派,使《新莱茵报》从内容到形式都更加活泼多彩。诗人弗莱里格拉特是在1848年10月初参加《新莱茵报》编辑部的,差不多在同一个时候加入了共产主义者同盟。他和维尔特一起在《新莱茵报》小品文栏发表了许多非常富于战斗性的诗歌。弗莱里格拉特非常积极认真地对待编辑工作。他在给瑞士出版人沙贝利茨的信中写道:"自从去年10月我被宣告无罪以来,我就住在科隆这里,几乎把全部时间都用在编辑工作上……"编辑部其他成员也都自觉地把编辑工作作为一项特殊的战斗任务来对待,做出了最大的努力。正因为这样,《新莱茵报》才能够始终发挥着重大的、独特的革命影响,而远远超出于其他民主派报纸之上。

《新莱茵报》不仅对德国革命,而且对欧洲其他国家的阶级斗争、各个政党的动向、议会机关和群众组织的活动都进行了深刻的分析和评论,规定了无产阶级应当采取的立场和策略。它对每一个重大事变的发展进程都做出了科学的判断,并且及时向各国无产阶级和革命群众发出警告。它成了国际无产阶级的喉舌和指引革命航向的旗帜。

当人民群众在柏林三月革命胜利后一片欢腾,放松了警惕性的时

---

[1]《马克思恩格斯全集》第21卷,人民出版社,1965年,第21页。

候,《新莱茵报》就及时分析了普鲁士资产阶级的软弱性,指出它随时都可能同封建势力达成妥协,掉过头来镇压人民。马克思、恩格斯连续在《新莱茵报》上发表文章尖锐地指出:"人民让大资产阶级的代表去组阁,可是这些大资产阶级的代表却建议和旧普鲁士的贵族、官僚结成同盟。"①其结果必然会使街垒中牺牲的战士的鲜血白白流去而不能换来任何结果,他们的冰冷尸体就会成为"通向3月29日内阁的道路上的路标和指南"②。恩格斯在《柏林关于革命的辩论》一文中进一步揭露了资产阶级自由派内阁的背叛行为,指出:它正在千方百计地诽谤街垒战士,妄图取消人民在革命中取得的一切权利;它决定召开革命前国王就已宣布准备召开的联合议会,实现反动的普鲁士式的君主立宪制,并且炮制了妥协论来为自己倒向国王辩护。

诗人维尔特批判德国反革命大资产阶级的小册子也于1848年6月至7月陆续在《新莱茵报》上发表。他辛辣地嘲讽了德国大资产阶级的软弱性并痛斥其代表人物的背叛行为。维尔特对大资产阶级代表人物冯·德尔·文德弥尔做过如下描写:"没有牙齿,没有头发,没有肉,没有血,没有声音,没有头脑,无所事事,无所爱好,没有意志,没有热情——这是个废物。"

《新莱茵报》还揭露了三月革命后召开的柏林议会和全德法兰克福议会的欺骗性。马克思、恩格斯在《新莱茵报》上所发表的文章中指出,两个议会都以它们自己的软弱无力和对君主们卑躬屈膝的行动证明自己是有名无实,形同虚设的机构,是喋喋不休的"清谈馆"和吵吵闹闹,毫无结果的"老太婆会议"。其所以如此,根本问题在于它们不代表人民的利益,"因为在议会的生活中找不出人民生活的反映",所以"国民议会连革命运动的回声也够不上,更不用说是革命运动的中央机关了"。③

---

①《马克思恩格斯全集》第5卷,人民出版社,1958年,第73页。

②《马克思恩格斯全集》第5卷,人民出版社,1958年,第28页。

③《马克思恩格斯全集》第5卷,人民出版社,1958年,第46页。

马克思、恩格斯反复教育群众不要迷信议会。他们强调说："我们的基础不是法制的基础，而是革命的基础。"①因为在当时情况下，国民议会不可能建立任何中央政权，稍微有一点革命风浪就会彻底瓦解。即使它能从自己内部选出中央政权，建立临时政府，但是以它现有的成员而论，再加上坐失良机，也很难期待这样的临时政府会做出什么令人满意的事情。因此，马克思、恩格斯指出，在德国当时的条件下，应该为建立一个能够代表人民的意志，得到人民支持的真正的人民代议机关而斗争。议员应该向人民报告自己的活动和实现人民的要求。同时，必须清洗一切旧的国家机构。只有这样，人民才有可能取得胜利。恩格斯还特别针对普鲁士的具体情况强调说："在普鲁士，主要的敌人（这个敌人在3月19日已经败北）正是官僚制度。因此，普鲁士比其他任何地方都更需要彻底更换文武官员。"②

德朗克也在《新莱茵报》上发表揭露法兰克福议会的文章，指出这个议会不过是正在同德意志各邦政府寻求妥协的德国资产阶级政策的工具，而其中的资产阶级和小资产阶级的议员们就是"忽然像菌子一样到处钻出了一些从来无人知晓的人民之友；他们侈谈德意志民族的伟大，向人民解释说，他们现在必须在'合法的'道路上建立自己的主权和国家……的统一，而人民也就把这些参与在他们之中的好心肠的朋友们送到法兰克福"。

《新莱茵报》在具体论述实现统一德国这一资产阶级民主革命任务时，坚决反对通过普鲁士或奥地利从上而下地统一德国的资产阶级计划。它指出，普鲁士国家及其整个制度、传统和王朝，同民主制度是格格不入的，这个国家制度对于邻近民族的安全和独立，乃是经常的危险根源，对于德国人民也是最危险的敌人。普鲁士是德国反动势力的主要支柱。

---

① 《马克思恩格斯全集》第6卷，人民出版社，1961年，第118页。
② 《马克思恩格斯全集》第5卷，人民出版社，1958年，第222页。

《新莱茵报》同时也反对那种主张建立联邦制保持德国分裂状态的计划。它强调指出："在德国,中央集权制和联邦制的斗争就是近代文明和封建主义的斗争。"①如果在德国实行联邦制,德国的政治、经济发展都要遇到严重阻碍。"即使从纯资产阶级的观点看来,德国牢不可破的统一也是摆脱它目前的贫困和创造国家财富的首要条件。"②《新莱茵报》所宣传的统一德国的道路是:由德国人民自下而上地,通过革命斗争彻底消除德国在经济上、政治上的分散状态,扫清一切封建垃圾,建立一个中央集权的真正统一和真正民主的共和国。而这个任务,只有在全欧洲革命力量联合起来对欧洲反动势力的主要支柱沙皇俄国进行战争的情况下,才能实现。

　　马克思、恩格斯非常重视农民在一八四八年革命中的巨大作用,认为德国农民是德国资产阶级民主革命中的主要动力之一。在清除德国封建势力的斗争进程中,彻底地、无偿地废除德国农民的一切封建义务是一个极其重要的任务。马克思、恩格斯认为,这个任务只有通过革命途径才能实现。他们强调指出:"农村中的革命就是在实际上废除了一切封建义务。"③马克思、恩格斯还揭露了普鲁士资产阶级背叛农民的政策,指出它只废除一连串仅仅在某些地方实行的微不足道的封建义务,而却把主要的封建义务徭役恢复起来。这样,普鲁士资产阶级就背叛了自己的天然同盟者,并削弱了自己抗拒封建贵族的力量。马克思尖锐地指出:"1848年的德国资产阶级毫无良心地出卖这些农民,出卖自己的天然的同盟者……没有农民,它就无力反对贵族。"④

　　《新莱茵报》对巴黎六月起义表示了热烈支持,并郑重声明,从第一声枪响起便坚决地站在起义者方面。

　　马克思、恩格斯还通过《新莱茵报》规定了无产阶级对待民族问题的

---

①②《马克思恩格斯全集》第5卷,人民出版社,1958年,第48页。

③《马克思恩格斯全集》第5卷,人民出版社,1958年,第327页。

④《马克思恩格斯全集》第5卷,人民出版社,1958年,第331页。

正确政策。马克思充分肯定了民族问题在整个欧洲革命运动中所占的重要地位,但并不把民族运动看作具有绝对意义的东西。他清楚地表明,只有工人阶级的胜利才能使一切民族得到完全的解放。因此,马克思、恩格斯绝不是无条件地支持一切民族运动,而是从整个无产阶级革命运动的利益出发,根据每个民族运动为谁的利益服务,及其在客观上所起的作用来判定它是革命的还是反革命的。他们以深切的同情支持被压迫民族争取自由独立的解放斗争,并高度评价了这种斗争对于欧洲革命运动的巨大作用。他们对于波兰人民、意大利人民和匈牙利人民的民族解放事业给予了巨大的关注。另一方面,他们也指出了当时受奥地利哈布斯堡王朝、沙皇俄国利用、参与了镇压德国和匈牙利革命的某些民族运动所起的反革命作用,而对于反动的泛日耳曼主义和泛斯拉夫主义则进行了无情的揭露和严厉的批判。列宁曾经指出,马克思、恩格斯在一八四八年革命中对待民族问题的观点是当时"完全正确的、唯一彻底的民主主义的和无产阶级的观点"[①]。

总之,《新莱茵报》在一切重大问题上所采取的路线和政策是共产主义者同盟和整个无产阶级在资产阶级民主革命中所能够采取的唯一正确的路线和政策。马克思、恩格斯和共产主义者同盟的许多著名活动家为了贯彻《新莱茵报》的路线和政策进行了大量的宣传工作和组织工作。这样就使得许多分布在德国各地的盟员和革命者能够及时得到正确的指导,处处站在运动的前列,充分发挥自己的先进作用。

盟员魏德迈为了贯彻《新莱茵报》的路线在威斯特伐利亚积极开展工作。他在给马克思《关于自由贸易的演说》德文版所写的序言中指出了德国工人阶级在争取民主的斗争中所面临的任务,强调当时德国最迫切的问题就是建立一个统一的不可分割的民主共和国。魏德迈在他担任法兰克福议会民主派机关报副主编的时期里,力求按照《新莱茵报》的精神制定编辑计划。他不断邀请德朗克、施拉姆等同盟活动家为该报撰

---

①《列宁选集》第二卷,人民出版社,1972年,第544页。

稿,并经常转载《新莱茵报》的材料。在魏德迈的影响下,《新德意志报》及时报道了1848年所发生的重大革命事件。它以同情的语调报道巴黎六月起义说:"现在人们想从巴黎清除掉革命分子,但是在我们的社会每日都在制造革命分子的时候,这难道会有什么用处吗? 没有革命分子的巴黎是根本不可想象的。"它还直截了当地把布拉格起义说成是"民主主义和专制制度之间的斗争"。《新德意志报》还支持《新莱茵报》关于武装援助维也纳起义的号召,向自己的读者进行了有效的宣传工作。

位于北海沿岸的最大港口什列斯维希的主要城市基尔,盟员施拉姆创办的《基尔民主周刊》完全按照《新莱茵报》的方针开展宣传活动。有些文章和材料是直接从《新莱茵报》转载的。例如,弗莱里格拉特的诗《文迪施格雷茨致恺撒》和柏林广泛流传的嘲讽反动的勃兰登堡–曼托伊费尔政府的政治字谜都是在《新莱茵报》发表后几天就在《基尔民主周刊》上转载的。《基尔民主周刊》同《新莱茵报》一样对法兰克福议会进行了揭露和批评,指出这个议会出卖人民利益、日趋反动的倾向。《基尔民主周刊》还正确地评论了什列斯维希和霍尔斯坦两地的归属问题,指出在丹麦统治下两地人民的主要敌人不是丹麦人民而是丹麦国王及其官吏。他们应当通过自由选择来决定自己的归属问题。施拉姆曾经这样写道:"如果把争议的问题交由各族人民自己去决定,那么事情就会不流一滴血地得到解决。"

《新莱茵报》不仅是一个革命的宣传中心,而且在组织盟员和革命力量方面,起到了极其重要的作用。《新莱茵报》创刊后不过两个星期,6月14日愤怒的柏林工人和手工业者为了回答普鲁士国民议会大多数议员对3月18日起义的背叛和诽谤,攻占了军械库,用军火武装人民。《新莱茵报》立即站在起义者一边,满怀热情地加以赞扬,并且对资产者的攻击进行了驳斥,它指出:"武器的确是属于人民的,这首先是因为,它是全民的财产。其次,它是人民所争得的有保证的武装权利的不可分割的部分。"①用夺取的武器武装自己"这个事实证明柏林人民在6月14日表现了完全正确的革命机智"②。《新莱茵报》还希望这次革命事件能够成为新的革命高潮的序幕,并预言说:"6月14日的事件不过是第二次革命的第一道闪电。"《新莱茵报》对6月14日事件的立场,使柏林和其他城市的工人受到了很大的鼓舞。在德国三月革命后几个月内,柏林、维也纳、汉堡、美因茨、科布伦茨、汉姆、杜塞尔多夫、爱北斐特、巴门等城市的工人组织,逐步在《新莱茵报》的旗帜下团结起来。

为了加强《新莱茵报》同各地的工人组织和民主组织的联系,并制定正确的共同的行动计划,马克思、恩格斯亲自参加了科隆工人联合会和各民主组织的活动,并且号召他们的支持者和盟员,不但要积极参加各地的工人联合会,而且要在民主协会中大力开展工作。在马克思、恩格斯的正确指导下,各地民主协会都出现了加强联系、统一行动的要求,纷纷举行各种联合会议。6月下旬,科隆各民主组织举行代表会议,商讨莱茵省和威斯特伐利亚各民主协会的合并问题。马克思以科隆民主协会代表的身份出席了这次会议。6月24日,科隆三个民主团体(民主协会、工人联合会、工人业主联合会)代表所组成的委员会会议通过了建立各民主团体的中央委员会的决议,并责成这个委员会负责加强各组织之间的经常联系,立即着手在科隆召开莱茵省民主主义者第一届代表大会的筹备工作。马克思不仅出席了这次会议,而且代表科隆民主协会参加了三个民主团体的中央委员会。

8月中旬,莱茵省民主主义者第一次代表大会的筹备工作基本完成,8月13日—14日大会在科隆召开,马克思、恩格斯参加了大会。出席大会的有十七个民主团体的四十名代表。共产主义者同盟的著名活动家莫尔和沙佩尔是作为工人联合会的代表出席这次大会的。大会决定将科隆三个民主团体中央委员会作为莱茵省民主主义者区域委员会,并

---

① 《马克思恩格斯全集》第5卷,人民出版社,1958年,第102页。

② 《马克思恩格斯全集》第5卷,人民出版社,1958年,第103页。

批准了委员会的成员。大会还通过了必须在工厂和农村开展工作,建立组织的决议。

大会后,许多组织的代表,特别是共产主义者同盟盟员积极传达贯彻大会所通过的正确决议,进一步掀起民主运动的高潮。9月3日,科隆工人联合会的负责人暨共产主义者同盟盟员莫尔,及时在工人联合会的全体会议上做了关于大会的详细报告,号召大家都来支持《新莱茵报》和一切民主报刊,贯彻大会的决议,要求“联合会必须担负起这样一个任务:到郊区去对农民和手工工场工人发生影响,帮助他们在农村里建立联合会,并和他们保持经常的联系”。

为了扩大《新莱茵报》的影响,进一步加强它同各地民主团体和工人组织的联系,进一步开展反对奥地利和普鲁士反革命势力的斗争,马克思于8月下旬至9月上旬先后到柏林和维也纳去开展工作。在维也纳期间,马克思出席了维也纳民主联合会和工人联合会会议,并分别在两个会议上发表了演说。马克思的名著《雇佣劳动与资本》就是在维也纳第一个工人联合会会议上所做的长篇报告。

由于普鲁士的政治局势急剧恶化,马克思于9月10日左右提前返回科隆。他针对当时的形势,以“危机和反革命”为标题,非常及时地连续在《新莱茵报》上发表四篇短文,号召同盟盟员、革命人民和民主党派行动起来,同普鲁士政府企图解散议会、取消革命成果的反革命阴谋进行斗争。马克思揭露说,普鲁士统治阶级“渴望和人民发生冲突,渴望巴黎的六月事件在柏林的街头重演”①。他们正在进行战斗准备,伺机公开发动进攻。普鲁士的国王和他的仆从们正在策划组织一个在普鲁士军队刺刀保护下的新的反动亲王内阁,并且准备解散三月革命后建立起来的议会来实现这个计划。马克思尖锐地指出:“解散议会就意味着政变。”②他号召人们,一旦国王胆敢解散议会,就用1830年7月29日和

①《马克思恩格斯全集》第5卷,人民出版社,1958年,第469页。

②《马克思恩格斯全集》第5卷,人民出版社,1958年,第472页。

1848年2月24日那样的武装起义作为回答，那时候整个事变的进程"将取决于人民的行动，尤其是取决于民主党派的行动"①。

为了回应普鲁士反动势力的进攻，《新莱茵报》编辑部、科隆工人联合会和民主协会联合起来在佛兰肯广场组织了一次民主大会，到会人数达到六千人。大会通过了恩格斯起草的致普鲁士国民议会的呼吁书，要求国民议会的议员不要理睬政府的武力威胁，敢于坚持自己的革命立场，把反对政府解散国民议会罪恶企图的斗争进行到底。大会选出了由马克思、恩格斯、沃尔弗、莫尔、沙佩尔等三十人组成的安全委员会。9月17日，《新莱茵报》编辑部和科隆工人联合会的领导人又在沃林根召集了一次约有八千人参加的工农群众大会。同盟的著名活动家沙佩尔担任这次大会的主席。大会承认科隆安全委员会，赞成建立社会民主的红色共和国，呼吁法兰克福国民议会竭尽全力争取实现德国的统一。在这次大会上，另一位同盟活动家德朗克还提出了一个号召法兰克福议会不要在刺刀面前让步的决议案。

在佛兰肯广场和沃林根两次大会上，与会盟员都散发了共产主义者同盟的重要文件《共产党在德国的要求》，进一步武装革命群众的思想。

科隆人民革命运动的蓬勃发展，在整个莱茵省引起了巨大的反响。惊慌失措的普鲁士政府企图逮捕工人领袖，扑灭这次革命运动。他们有意激怒科隆人民，诱使他们在毫无准备的情况下举行武装起义，以便把革命力量一网打尽。但是，马克思、恩格斯和在他们影响下的科隆工人联合会的领导人识破了政府的阴谋诡计，及时向革命群众分析了当时的形势，说服他们不要过早行动，及时防止了一次尚未成熟的起义的爆发，使科隆人民避免了一次大屠杀，从而保存了革命力量。后来，尽管普鲁士政府当局仍然以莫须有的罪名逮捕了一些民主派人士和工人运动的活动家，但是企图彻底破坏运动的阴谋被粉碎了。而他们逮捕革命人士的暴行也往往因为群众出面干涉而遭到失败。例如，一队警察在逮捕

① 《马克思恩格斯全集》第5卷，人民出版社，1958年，第473页。

"工人联合会最受爱戴的领袖之一"莫尔的时候,由于遇到集会在莫尔住宅周围的民众而狼狈逃窜了。科隆工人联合会的另一位领导人沙佩尔虽然被捕,但在人民群众的严正抗议下,被政府拘押一个半月后就获释了。

9月19日,德国人民为了保护自己的胜利果实发动了法兰克福起义。《新莱茵报》立即就这一事件发表了恩格斯的文章《法兰克福起义》。文章对起义者进行鼓励和支持,号召他们坚持战斗,不断扩大革命影响;要求奥顿瓦尔德、拿骚和库尔黑森等地的农民用自己的实际行动牵制当地的驻军,使之不能开到法兰克福去镇压起义;要求莱茵河畔的农民起来阻止政府从水路调动军队。9月20日,《新莱茵报》编辑部、科隆安全委员会和民主团体在埃塞尔大厅联合召开声援起义的群众集会。恩格斯在会上报道了法兰克福起义的经过。大会最后通过了声援法兰克福起义者的决议。科隆人民纷纷响应《新莱茵报》和大会的号召,捐款支援起义者和他们的家属。农民群众也积极支援起义。一支农民队伍在开赴法兰克福途中曾经处死了一名探查农民行踪、破坏起义的法兰克福右翼议员、普鲁士容克地主费里克斯·利希诺夫斯基。

恩格斯在起义开始的时候就分析了这次起义的客观形势。他认为,法兰克福这个城市太小,反动军队过于强大,而且法兰克福的资产阶级又对反革命势力表示明显的同情,因此对这些勇敢的起义者的胜利没有抱多大的希望。恩格斯同时又指出,尽管起义会遭受失败,但是欧洲解放的号角一定会吹响,宣布报仇的时刻一定会到来。9月20日,在起义者被反动军队击退的时候,《新莱茵报》号召农民继续战斗。它满怀信心地指出:"即使在法兰克福的斗争已经停止,这也并不意味着起义已被镇压下去了。怒不可遏的农民绝不会轻易放下武器。即使他们不能驱散国民议会,他们也可以清除自己家乡的许多需要清除的东西。农民在猛攻圣保罗教堂未遂后,会转而袭击六至八座小官邸和成百块贵族的领地;从今年春天开始的农民战争,在没有达到自己的目的(使农民摆脱封建制度的束缚)以前,是不会结束的。"①

普鲁士政府当局为了制止革命运动的发展,指使科隆检察查机关出面对恩格斯、沃尔弗等人提出诉讼,并控告《新莱茵报》和安全委员会。接着科隆政府当局于9月26日宣布全城戒严,颁布了逮捕恩格斯的命令。科隆警备司令部还命令《新莱茵报》和其他一切民主派报纸停刊。《新莱茵报》的编辑人员都遭受到法律上的查究。恩格斯和盟员德朗克由于随时有被捕的危险被迫离开科隆。由于普鲁士政府对革命运动领导人的疯狂迫害,原定于9月下旬召开的莱茵省和威斯特伐利亚第二届民主主义者代表大会未能举行。

马克思和盟员维尔特留在科隆,为使《新莱茵报》早日复刊,进行了顽强的斗争。报纸被迫停刊以后,在经济上和组织上都产生了巨大困难。马克思拿出了自己所有的现款来偿付债务和维持报纸的开支。他还邀请著名诗人、盟员斐迪南·弗莱里格拉特参加编辑部的工作。在马克思的不断努力下,10月12日《新莱茵报》终于出版了复刊后的第一号报纸。这时的形势已经发生了很大的变化。从整个德国来看,革命运动虽然还在继续,但反动势力日益猖獗,形势对革命极为不利。

10月5日—6日,维也纳革命群众为了阻止奥地利军队开赴匈牙利,粉碎帝国镇压革命运动的阴谋,发动了武装起义。起义坚持了二十五天。由于领导运动的小资产阶级民主派优柔寡断和资产阶级的叛卖,起义失败了。维也纳被文迪施格雷茨率领的配有二百门大炮的七万反革命军队所攻陷,资产阶级的帝国议会也被驱散,奥地利又恢复了封建反动统治。

马克思对这次起义非常重视,认为"维也纳革命对匈牙利、意大利和德国的影响,打乱了反革命进攻的全盘计划"②。马克思曾经通过《新莱茵报》号召德国人民用革命行动来支持这次起义,希望他们从睡梦中苏

---

① 《马克思恩格斯全集》第5卷,人民出版社,1958年,第487—488页。
② 《马克思恩格斯全集》第5卷,人民出版社,1958年,第494页。

醒过来,动员起来战胜自己国家的反革命,"给予维也纳以他们在目前能力所及的唯一帮助"①。起义失败后,马克思又在《新莱茵报》上提出了一个十分重要的结论,给共产主义者同盟盟员和革命群众指出了进一步开展斗争的方向。马克思总结说:这次起义的失败使人们确信,同资产阶级不可能有任何和平,"只有一个方法可以缩短、减少和限制旧社会的凶猛的垂死挣扎和新社会诞生的流血痛苦,这个方法就是实行革命的恐怖"②。

在这个特别需要对革命运动加强领导的时刻,科隆工人联合会的主要领导人恰恰由于种种不同原因离开了联合会。沙佩尔仍在拘禁中,莫尔被迫流亡英国。为了加强共产主义者同盟对联合会的影响,充分发挥这个在群众中很有声誉的工人组织的作用,马克思不顾繁重的工作和危险的处境,毅然应联合会的邀请,同意担任该会主席的职务,并在10月16日联合会会员大会上宣布了自己的决定。马克思还在大会上向出席大会的会员说明了德国的形势和德国的独立工人运动的意义,并建议大会向维也纳起义者发出致敬信。

奥地利反动军队镇压维也纳起义得逞以后,整个德国的反革命势力在1848年底到1849年初加紧了活动,气焰十分嚣张。德国各邦政府纷纷向革命力量展开新的进攻。德国无产阶级和革命民主力量的指挥部《新莱茵报》首当其冲,受到了极其蛮横的迫害。普鲁士政府对《新莱茵报》的总编辑马克思提出控告,妄图把"叛国罪"、破坏出版法、号召武装反抗政府等罪名强加在他头上。马克思曾经两次出席法庭,义正词严地驳斥了这种毫无根据的诬陷。最后法庭由于找不到任何证据,不得不宣告马克思无罪。

1849年5月,反动势力更加嚣张。普鲁士政府悍然强迫《新莱茵报》停刊,硬把马克思说成是"外国人",强令出境,编辑部的许多工作人员也

---

① 《马克思恩格斯全集》第5卷,人民出版社,1958年,第530页。

② 《马克思恩格斯全集》第5卷,人民出版社,1958年,第543页。

受到法庭迫害,革命力量不得不暂时退却。但是,这次退却是井然有序的。5月19日,《新莱茵报》用红字排印出最后一期报纸,上面讲了这样一段话:"《新莱茵报》的编辑们在向你们告别的时候,对你们给予他们的同情表示衷心的感谢。无论何时何地,他们的最后一句话始终将是:工人阶级的解放!"①

《新莱茵报》虽然停刊了,但是它在德国工人运动史和国际共产主义运动史上占有显著的地位。它的全部活动构成了共产主义者同盟在德国革命运动中一个非常重要的历史阶段。

恢复同盟的努力

1848年9月底10月初,莫尔被迫离开《新莱茵报》编辑部,从科隆逃往英国,在伦敦同鲍威尔、埃卡留斯组织了同盟的新的中央委员会。他们在1849年春天又提出恢复同盟组织的问题。对于这个问题有两种不同意见。新的伦敦中央委员会希望按照原来的秘密组织形式,恢复同盟各地的支部。这样做无疑会使同盟又回到过去那种半密谋半宣传团体的状况,因而将会在革命运动中失去广泛的群众基础。马克思、恩格斯是不赞成这种做法的。他们认为,共产主义者同盟的原有组织形式已经不能适应新的革命形势的需要。分散在德国各地的盟员应该积极参加当地工人联合会和民主团体,成为革命运动的核心力量,并在未来建立德国无产阶级统一政党的活动中起积极作用。

新中央委员会对1847年12月8日同盟第二次代表大会上通过的章程做了修改,修改后的章程叫作《革命政党章程》。无论从名称还是从内容来看,新章程都比原来的章程倒退了一步。新章程也是共产主义者同盟的章程,但却用革命政党几个字来代替共产主义者同盟,使原来有确切含义的共产党人的章程变成一般革命者的章程。原来的章程明确地

---

① 《马克思恩格斯全集》第6卷,人民出版社,1961年,第619页。

表述了共产党人的目的和任务,毫不含糊地指出:"同盟的目的:推翻资产阶级政权,建立无产阶级统治,消灭旧的以阶级对立为基础的资产阶级社会和建立没有阶级、没有私有制的新社会。"①而新章程却把同盟的目的仅仅归结为"建立统一的不可分割的社会共和国"。新章程还忽略了要求同盟盟员承认共产主义的条文。如果说新中央委员会考虑到德国面临着资产阶级民主革命,因而突出当时的眼前任务,那是可以理解的,但问题在于新章程完全忽略了同盟实行共产主义的长远目的。马克思、恩格斯对新章程持否定态度。他们认为:"在最后的伦敦盟章中,原则性的条款软弱无力。"②而且把"统一的和不可分割的社会共和国"宣布为斗争的目的是同共产主义的长远目标相违背的,因此无产阶级不能接受这个盟章。

1849年春天,沙佩尔首先作为同盟特使到德国进行恢复同盟组织的工作。他背着马克思、恩格斯和《新莱茵报》编辑部的其他盟员独自同科隆的盟员建立联系,并且告诉他们,伦敦中央委员会和沙佩尔本人认为恢复无产阶级秘密组织的时刻已经来到,并准备不征求马克思和恩格斯的意见就着手建立同盟的科隆支部。但是,科隆的盟员对沙佩尔的行动表示怀疑,反应十分冷淡,并且声明要在看到新盟章以后才能做出决定。

继沙佩尔之后,大约在1849年2月,莫尔带着同盟的新章程到德国进行改组同盟的工作。他和沙佩尔的做法不同,到达科隆后立即拜访了马克思、恩格斯、沃尔弗和同盟的其他活动家,同他们讨论了在德国恢复同盟组织和开展活动的问题。莫尔曾经在《新莱茵报》编辑部办公室举行了一次秘密讨论会,出席会议的有马克思、恩格斯、沙佩尔、诺特荣克、弥勒、赖夫、贝多尔弗、豪德、埃塞尔、勒泽尔和他本人。由于当时还有一定的言论和出版自由,同盟在各地的组织和盟员已经深深卷入了民主运动,旧日的联系早已中断,同时,以各地工人联合会为中心的民主团体已

---

①《马克思恩格斯全集》第4卷,人民出版社,1958年,第572页。

②《马克思恩格斯全集》第8卷,人民出版社,1961年,第636页。

经在《新莱茵报》的旗帜下有效地开展着活动,所以恢复同盟的组织实际上是不可能的也是不可取的。马克思、恩格斯不赞成在当时条件下进行这项工作,并认为这是不适宜的,不会收到预期效果。

在会议上,围绕改组同盟的问题展开了激烈的争论。最后与会者投票表决。只有沙佩尔、莫尔、弥勒、豪德、埃塞尔赞成,其余的人都同意马克思、恩格斯的意见。

这次会议以后,莫尔向伦敦中央委员会报告了讨论的情况,并动身到比勒费尔德、什未林和柏林等地进行恢复和改组同盟地方组织的尝试。沙佩尔也做了很大努力。但是,不出马克思、恩格斯所料,他们都没有收到明显的成果。马克思、恩格斯认为这次改组同盟工作失败的原因有两点:第一,德国工人当时还没有足够的经验;第二,五月起义中断了这次改组工作。

马克思、恩格斯根据德国的具体条件,没有直接进行恢复和改组同盟的工作,而是利用工人联合会这种形式,充分发挥同盟盟员的积极作用,为建立无产阶级政党做了大量准备工作,使共产主义者同盟在更为广阔的范围内发生影响。科隆工人联合会是曾经先后在马克思、恩格斯和盟员莫尔、沙佩尔直接领导下的工人组织,许多盟员都参加了这个工人联合会。因此马克思、恩格斯特别重视这个具有一定影响的工人联合会,希望以它为基础在整个莱茵省建立起无产阶级的联合组织。马克思,恩格斯经常参加联合会的会议,并用科学革命理论武装会员,不断在发言中向工人群众说明他们所面临的斗争任务和最终目的。科隆工人联合会也把学习马克思的著作作为自己的重要任务。4月,科隆工人联合会通过决议,要求各分会讨论工资问题,并指定将马克思在《新莱茵报》上发表的《雇佣劳动与资本》作为学习文件。

1848年下半年和1849年初,小资产阶级民主派在反动势力加紧进攻的形势下,越来越多地表现了动摇性。许多民主团体的成分也变得越来越复杂。1849年4月,民主主义者莱茵区域委员会内部的资产阶级民主分子公开叛变了革命。同时,德国各地的工人组织已经有了发展,工人队伍的觉悟也有了提高。在这种情况下,需要使无产阶级从小资产阶级的民主运动中分离出来,建立自己的独立的政党。4月14日,马克思和沙佩尔、沃尔弗、安内克一起退出莱茵省各民主团体区域委员会,并于15日在《新莱茵报》上正式发表声明。马克思虽然同小资声阶级民主派断绝了组织上的联系,但并不排斥在反对反动派进攻的斗争中共同作战。马克思和他的拥护者正式提出了联合各个工人联合会,并在这个基础上建立群众性无产阶级政党的任务。如果这个任务能够实现,那么共产主义者同盟的改组和恢复工作也就自然完成了。因为在各地的工人联合会中,盟员都起着极其重要的作用,不言而喻,在未来的无产阶级政党中共产主义者同盟将是核心的组成部分。

在马克思和同盟其他活动家的影响下,科隆工人联合会于4月16日断然退出了德国各民主团体的联合组织,并决定于5月的第一个星期日在科隆召开莱茵省和威斯特伐利亚各工人联合会的代表大会。为了执行这个决议,如期召开代表大会,科隆工人联合会委员会委派马克思、沃尔弗、沙佩尔、安内克、埃塞尔和奥托六人组成莱茵省和威斯特伐利亚的临时委员会,进行大会的筹备工作,并要求他们向各有关的工人联合会发出适当说明开会理由的邀请书。4月20日,临时委员会向各工人联合会发出了《关于召开工人联合会代表大会的通知》。《关于召开工人联合会代表大会的通知》正式规定5月6日为代表大会开幕日期,并在议事日程上提出了组织莱茵省和威斯特伐利亚工人联合会,选举出席将于6月间在莱比锡举行的全德工人联合会代表大会的代表问题。但是,由于莱茵省和德国西南部人民起义的失败,以及普鲁士反革命势力的进攻,这个建党计划未能实现。不久以后,马克思、恩格斯和《新莱茵报》的同盟活动家相继离开科隆,投入了其他地区的革命斗争。

五月起义

1849年3月28日,法兰克福国民议会经过长时间争吵以后,通过了一个帝国宪法。这个宪法是小资产阶级民主派、资产阶级自由派和封建势力之间相互妥协的产物。根据帝国宪法规定，德国应该成为一个统一的君主专制国家，而不是一个共和国。这是一个非常保守、非常温和的要求。但是，竟连这样一部宪法也被德国各邦君主蛮横地拒绝了。德国人民认为帝国宪法是革命遗留下来的成果，不允许封建君主肆意践踏它。他们于5月初，先后在德国南部和西部的各小邦掀起了维护帝国宪法的武装起义来回应封建君主的进攻。

首先投入革命运动的是广大工人和农民，共产主义者同盟盟员到处都是最积极的参加者。小资产阶级民主派虽然掌握着各地起义队伍的领导权，但他们是在工人和农民的推动下才参加起义的，在整个起义过程中始终动摇不定。马克思、恩格斯一如既往，对1848年至1849年革命中的每一次革命发动都采取积极支持和热情帮助的态度。尽管这次起义的目的仅仅是为了维护保守色彩很浓的帝国宪法，有很大的局限性，但是这个运动仍然具有一定的群众性和进步意义，因为"每向统一德国迈进一步，哪怕是很小的一步，在人民看来，都是朝着消灭小邦割据局面和免除不堪忍受的苛捐杂税迈进一步"[①]。所以马克思、恩格斯和同盟的活动家不仅积极支持，而且亲自投入了这场斗争，努力使这次运动成为全民斗争的起点。

革命导师恩格斯亲身参加了起义者的一系列军事活动，展露了卓越的军事天才。5月10日，恩格斯离开科隆前往爱北斐特，途经索林根，并从那里带去一支工人队伍和两箱子弹支援爱北斐特的起义。爱北斐特起义是在5月9日爆发的。起义工人曾在街垒中浴血战斗，夺取了该城的监狱。但是，由小资产阶级领导人组成的安全委员会被群众革命斗争的风暴所吓倒，迫不及待地把工人排除出领导地位，恢复了由大资产阶级代表人物组成的市议会，并且从议员中吸收五名代表参加安全委员会。胆战心惊的小资产阶级领导人力图把运动引上合法的轨道，既不发

---

①《马克思恩格斯全集》第6卷，人民出版社，1961年，第550页。

给起义者枪支,又不同其他起义地区取得联系,也不采取任何有效措施来保卫城市,使得爱北斐特的起义处于软弱无力岌岌可危的状况。

5月11日,恩格斯到达爱北斐特,当天就给安全委员会做了关于科隆局势的报告,并接受安全委员会的委托,领导修筑防御工事的工作和部署火炮。恩格斯立即组织了工兵连,并率领他们在爱北斐特的几处出口修筑了街垒,加固和改建了原有的防御工事。恩格斯的果敢行动赢得了贝尔格和马尔克的武装工人,以及志愿部队的敬佩,他们把恩格斯当成自己亲密无间的领导人,对他寄予了无限信任和希望。

恩格斯非常注意爱北斐特小资产阶级民主派领导人的动向,因为这次运动是在维护帝国宪法的旗帜下发动起来的,需要把一切反对封建分裂的力量团结起来,形成最广泛的统一战线。当小资产阶级民主派还可能参加革命的时候,就要把他们联合起来,同工人、农民一道共同反对封建势力的进攻。为了不致引起爱北斐特小资产阶级民主派产生种种猜疑,恩格斯向安全委员会说明了来意,表示愿意作为起义的一名成员参加战斗。他说,这次来到爱北斐特,首先是因为受到科隆方面的派遣;其次是因为考虑到也许他对军事方面会有所帮助;最后是因为他本人是贝尔格区人,因此认为能够亲身参加该区人民举行的第一次武装起义是自己的光荣。

尽管恩格斯对自己参加起义的目的做了详细的说明,但安全委员会的小资产阶级民主派的领导人和资产者仍然担心恩格斯可能利用自己在工人起义队伍中的巨大影响,使起义超出他们所限定的合法斗争的道路。14日早晨,一名安全委员会的成员对恩格斯说,虽然恩格斯在爱北斐特的一举一动都无可非议,但当地的资产者对他的到来仍然感到万分惊恐,他们时刻担心他会宣布成立红色共和国,所以一致希望他离开这里。第二天恩格斯就接到了要他离开爱北斐特的正式命令,气氛十分紧张。后来恩格斯回忆当时的情况说,要是没有工人们的坚毅发动,委员会里的资产者就会把他关进监狱,而且很可能把他作为向普鲁士老爷赎罪的牺牲品。

爱北斐特安全委员会的倒行逆施激起了起义工人的无比愤怒。他们要求自己的领导人恩格斯留在爱北斐特,并发誓要用自己的生命来保障恩格斯的安全。为了避免爱北斐特起义队伍的分裂和自相残杀,恩格斯向工人们解释说,在当时的形势下,要避免同掌握爱北斐特政权的小资产阶级民主派发生冲突。工人起义队伍可以开到德国西南部去,在那里取得胜利的机会可能更多。最后,恩格斯再一次视察了郊区的防务,然后把职务移交给自己的副官,随即离开了爱北斐特。

　　马克思在获悉爱北斐特事件的经过情形后,立即在《新莱茵报》上就爱北斐特所发生的一切发表声明说:"让那些对我们的编辑表示如此深厚的情谊和如此依恋不舍之情的贝尔格和马尔克的工人记住,现在这个运动只是另一个更重要千百倍的运动的序幕,在那个运动中涉及的将是他们工人切身的利益。这一新的革命运动将是现在这个运动的结果,而只要这个新的运动一开始,恩格斯便会——这一点工人们可以相信!——像《新莱茵报》的所有其他编辑一样,立刻出现在战斗岗位上,那时世界上再也没有任何力量能使他离开这个岗位了。"①

　　马克思、恩格斯对于德国的五月起义有一个全盘的考虑。他们希望法兰克福议会的左派议员能够挺身出来担任对整个德国起义的领导,把巴登和普法尔茨的革命军召引到法兰克福来,使全德国民议会处于起义人民和起义军队的直接影响下。为此他们进行了一系列努力。

　　大约在5月19日—20日,马克思和恩格斯亲自来到美因河畔法兰克福。他们试图说服法兰克福全德国民议会的左派议员采取坚决行动。但是,这些人缺乏勇气、毅力和起义领导人应有的雄才大略,对于马克思和恩格斯的号召采取敷衍和拖延的态度,贻误了时机。于是马克思、恩格斯离开法兰克福前往巴登。他们在路经曼海姆、路易港和卡尔斯鲁厄等地的时候,曾经劝说各地起义的领导人把军队开到法兰

----

①《马克思恩格斯全集》第6卷,人民出版社,1961年,第598—599页。

116

克福去,使分散的起义变成全德性质的统一的武装斗争。但是德国南部革命运动的领导人同样目光短浅,懦弱无能。他们所考虑的不是革命的前途,而是自己的出路,随时都在寻找机会向普鲁士政府妥协投降,因此竭力不让自己领导的运动超越"合法鼓动"的范围。他们也没有听取马克思、恩格斯的劝告,结果使运动日益削弱,最后变成了巴登-普法尔茨的地方起义。

5月下旬,马克思、恩格斯来到起义的中心地区普法尔茨,以便直接了解起义的情况和给予必要的援助。但是,由于这次起义也是以保护帝国宪法为战斗口号,而且也是在优柔寡断的小资产阶级民主派领袖的领导下进行的,所以马克思、恩格斯拒绝以任何形式参加起义的领导。马克思、恩格斯从巴登-普法尔茨起义军领导人的行动已经判定起义不可避免地要遭到失败。6月初,马克思离开德国前往巴黎,准备在那里迎接新的革命高潮。恩格斯继续留在德国同起义队伍并肩战斗。他同马克思分手后到达普法尔茨临时政府的驻地凯撒尔斯劳滕。他在那里拒绝了临时政府邀请担任的军事的和民政的职务,准备在斗争爆发的时候,立即"在这个运动中走上只有《新莱茵报》才能走上的岗位,即士兵的岗位"。后来,恩格斯在奥芬巴赫参加了巴登-普法尔茨起义军队。他担任一支志愿军队伍的参谋,参加了作战计划的制定,并经历了四次战斗。起义失败后,恩格斯随着一支战斗队伍撤入瑞士境内。

根据马克思、恩格斯的指示,共产主义者同盟的活动家和盟员在五月起义中,积极投入战斗,处处站在运动的最前列。有的盟员光荣地牺牲了自己的宝贵生命,为统一德国的革命斗争做出了重大贡献。他们不愧为马克思、恩格斯的好学生,不愧为第一个国际无产阶级组织的成员。正如恩格斯所指出的,"最坚定的共产主义者也是最勇敢的兵士"[1]。

---

[1]《马克思恩格斯全集》第7卷,人民出版社,1959年,第219页。

共产主义者同盟的优秀领导人约瑟夫·莫尔在起义爆发后,曾经两次到普鲁士军队中为起义军寻找炮手。6月26日,他又加入了盟员维利希领导下的一支志愿队的贝桑松工人连,当一名普通战士。6月29日,他由于在牟尔克河谷的战斗中过分深入敌军的腹地而陷入了敌人的火力网,不幸在罗腾菲尔斯桥头,遭到敌人交叉火力的射击,身负重伤,被敌人俘虏后死去。对于莫尔的壮烈牺牲,恩格斯是十分悲痛的,他写道:"我失去一位老朋友,党则少了一个最不知疲倦的、无所畏惧的和可靠的先进战士。"①

　　另一个同盟的优秀战士威廉·沃尔弗,在不同的岗位上展开了积极的革命活动。他在人民群众中间享有极高的声誉,在资产阶级自由派施腾策尔退出法兰克福国民议会之后,成为议会议员。沃尔弗利用议会的讲坛,痛斥那些胆小怕事、惊慌失措的议员们,要求议会支持起义。5月26日,在国民议会讨论《告德国人民书》的时候,沃尔弗要求国民议会宣布背叛人民的罪魁祸首摄政约翰大公和他的大臣们不受法律保护。沃尔弗的发言像一声晴天霹雳震惊了整个惴惴不安的国民议会,引起了资产阶级议员的疯狂反对,然而却得到了聚集在议会厅外走廊上的人民群众的热烈拥护和支持。但是,由于法兰克福国民议会的绝大多数议员屈从于各邦反动政府的压力,满足于苟延残喘的境况,法兰克福议会终于在6月18日,在被迫迁移到斯图加特后,被符腾堡政府的军队蛮横无理地驱散了。

　　沃尔弗离开法兰克福国民议会后立即赶到当时起义中心巴登去。但是巴登起义也接着遭到失败,于是他又到了瑞士。

　　共产主义者同盟的又一个领导人沙佩尔,在《新莱茵报》被迫停刊后于5月25日离开科隆,前往自己的故乡拿骚、威斯巴登。在那里他立即投入了维护帝国宪法的运动。6月9日,他以威斯巴登"民权保障协会"代表的身份出席了在伊特斯坦举行的关于召开支持帝国宪法的省的会

---

　　①《马克思恩格斯全集》第7卷,人民出版社,1959年,第219页。

议的筹备会。沙佩尔在会上发言说："国王是不需要的；应当坚决果敢地行动起来，如果国王不肯让步，那就不得不使用暴力并拿起武器；要知道武器是足够的，即使流血也不是坏事。"

6月10日，有拿骚公国各区代表参加的省代表大会在伊特斯坦举行。参加大会的约有三百人。根据沙佩尔的提议，大会选出了由七人组成的省委员会来开展日常工作。拿骚当局对沙佩尔等人的活动深感不安，迫不及待地于6月13日逮捕了他们。沙佩尔被关进刑事犯监狱达八个月之久。直到1850年2月8日，威斯巴登陪审法庭才开庭审讯这个案件。沙佩尔被控告的罪名是：他反对公国的国家制度，并用暴力反对公国政府；在伊特斯坦大会上进行叛国活动；号召驱逐德意志的国王们。对于这些指控沙佩尔义正词严地进行了辩护。他的辩护词表现了充沛的革命热情和对革命事业的坚定信心，是对反动政府的严厉斥责。沙佩尔正义凛然地说："我们虽然被强权战胜了，但公理却在我们这一边。"他表示，如果他本人没有被捕，就会到巴登去拿起武器参加起义。他还说："不管你们做出什么判决，有一点是没有疑问的：为祖国受苦和牺牲，这就是一个人所能承受的最美好的命运。"最后，法庭在缺乏罪证的情况下，不得不宣判沙佩尔和同案的被告无罪。

居住在法兰克福的魏德迈在马克思路经该地的时候，同他商谈了无产阶级政党今后的策略路线问题，并接受了推销最后一期《新莱茵报》的艰巨任务。

施拉姆在五月起义爆发后，准备同布隆一起到巴登参加护宪运动，但在准备离开汉诺威的时候遭到普鲁士警察的逮捕，并被监禁在莱茵省于利希城的堡垒里。9月8日，施拉姆勇敢机智地越狱成功，经比利时去伦敦，开始了新的革命活动。

留在科隆的同盟盟员列斯纳等人，遵照马克思、恩格斯的嘱托，在农村中广泛开展维护帝国宪法的宣传工作，并为巴登-普法尔茨的起义军队运送弹药，用自己的实际行动积极地支持了五月起义。

五月起义由于自己的分散性和软弱性不可避免地走向失败，到7月中旬全部被反动军队镇压下去。随着五月起义的失败和沙皇俄国政府对匈牙利革命的镇压,欧洲一八四八年革命宣告结束。但是反动派的胜利绝不是最后的胜利,革命不过暂时处于低潮,斗争还在进行。

五、共产主义者同盟的改组

《新莱茵报·政治经济评论》

　　1849年,五月起义失败后,白色恐怖笼罩了德国各邦。参加起义的街垒战士到处受到搜捕和屠杀。在革命中曾经起过重要作用的各地工人组织——工人联合会,被反动政府看成是"工人红色共和国的最高学府"而加以查封。德国的大邦普鲁士的国王于1869年6月29日命令所有的工人联合会向警察局登记。在德国建立无产阶级政党的基础遭到了破坏,丧失了建立公开的无产阶级政党和组织的任何可能性。作为工人联合会核心力量的共产主义者同盟盟员,有的在革命中牺牲了,有的被捕受到各邦法庭的审讯,大多数人零落失散。同盟过去在各地的许多支部也大都停止了活动,名存实亡,甚至完全消失了。只有少数支部同伦敦的中央委员会还保持着微弱的联系。

　　在欧洲其他国家,同盟组织的情况也是不能令人鼓舞的。只有法国和比利时还有少数支部在进行活动。同盟中央委员会的工作在1849年底以前的一段时间里也一直陷于停顿状态。

　　在各地开展独立活动的支部和盟员迫切需要对一八四八年革命失败后的形势做出正确的估计,了解同盟所面临的新任务,并在同盟新中央委员会的领导下,进行革命工作。1849年11月5日,列斯纳曾经给伦敦的亨利希·鲍威尔写信,向他了解同盟中央的情况。他写道:"我是根据这里支部的委托给你写信的。我们问您,同盟是否还存在? 它是否还要改组? 请尽快写信通知我们,好让我们知道我们的处境如何,以及我们应当做什么。我们还在定期聚会,我们是按照在我们看来最适合于当前情况的做法而行动的。此外,每周我们都召开十人到十二人的小组会,我们把在同盟中工作最努力的、最优秀的盟员派去参加。当同盟重新巩固起来的时候,我们很快就会找到所有我们需要的人。不过,我们认为,您那里或许有了一个新的组织,或者这个组织正在建立中,这样,我们很快地便会得到详细地说明了。"列斯纳的这封信反映了当时大多数盟员的希望和心情。

在上述情况下,加强同盟中央的领导,恢复和改组同盟工作自然而然地提到了首要地位。然而欧洲反动势力的疯狂迫害和同盟本身所遭到的严重破坏使这项工作遇到极大的困难。马克思、恩格斯认为,当时唯一可行的办法是把同盟所面临的任务告诉大家,首先在思想上取得一致认识。然后同盟才可能上下一心、团结一致地进行恢复和改组各级组织的工作。概括起来说,当时同盟所面临的任务就是:从理论上总结欧洲一八四八年革命的经验教训;揭露小资产阶级的不彻底性,为建立一个不受小资产阶级思想影响的独立的无产阶级政党创造条件;共产党人必须参加一切群众性工人组织,为增强无产阶级团结而努力。这样繁重而又艰巨的任务绝不是发几个传单就可以完成的。因此,马克思、恩格斯和同盟的其他领导人很早就在考虑恢复《新莱茵报》的工作。

还在1849年8月,马克思就开始筹划这项工作。由于经济上的困难,马克思准备保留《新莱茵报》的名称,但把原来的大型日报改为较小规模的政治经济评论月刊出版,在条件许可的时候再逐步改变为双周刊和周刊,而如果能够回到德国就立刻把周刊改为日报。虽然在形式上《新莱茵报》没有能够完全恢复,但筹办中的杂志所遵循的仍然是《新莱茵报》的方针政策,所以这份杂志实际上是《新莱茵报》的继续。1850年1月1日以施拉姆的名义公布的《新莱茵报·政治经济评论》招股启事特别强调了这一点。

筹办新杂志的消息鼓舞了分散在各国各地的同盟盟员。他们对筹办工作十分关心,并且给予了热情的支持。丹尼尔斯在科隆为新杂志寻找书商和征求订户。列斯纳从《西德意志报》获知筹办新杂志的消息以后,在致鲍威尔的信中请求他一俟杂志出版立即寄去一份。沃尔弗在瑞士抱病为杂志撰写政论性文章,并积极做好在当地推销杂志的准备工作。魏德迈在《新德意志报》为杂志刊登出版启事。弗莱里格拉特则为杂志募集出版资金。

由于杂志担负的任务十分重要,马克思一开始就非常注意它的政治方向。他曾经写信告诉恩格斯说:"我已经开始商谈在柏林出版一种定期的政治经济杂志(月刊),写稿的主要应该是我们两人。"①当时马克思住在巴黎,生活极不稳定,随时都可能被法国政府驱赶出境。筹办杂志的工作无法进行。1849年8月23日,马克思被法国政府赶出巴黎,前往伦敦,处境十分困难,然而他首先考虑的不是个人的安危,而是到达伦敦后能不能完成杂志的筹备工作。马克思发现伦敦的形势比欧洲大陆好一些,就在这一天他满怀希望地写信告诉恩格斯说,在伦敦办杂志有肯定的希望,并邀请恩格斯尽快到伦敦共同开展工作。

但是,在伦敦还有更为重要、更为紧迫的工作等待着马克思。8月下旬到9月初,幸免于难的原同盟中央委员相继到达伦敦。只有莫尔在革命中壮烈牺牲,沙佩尔在威斯巴登服刑。马克思和原同盟中央委员,以及伦敦中央委员会成员组成了新的中央委员会。10月,盟员维利希到达伦敦并被吸收为中央委员会成员。11月,恩格斯离开瑞士抵达伦敦。伦敦又成为共产主义者同盟的活动中心。

马克思担任同盟的领导工作,十分繁忙,因此中央委员会决定委派盟员木匠康拉德·施拉姆担任杂志的经理,处理筹备出版的一切日常工作。如同过去一样,最大的困难是筹措经费和寻找敢于冒政治风险的书商和印刷所。在这方面,同盟中央和马克思、恩格斯对施拉姆的工作给予了极大的关怀和支持。马克思通过共产主义者同盟盟员泰奥多尔·哈根在德国汉堡为杂志找到了印刷所和承担发行的大书店舒伯特公司。

①《马克思恩格斯全集》第27卷,人民出版社,1972年,第157页。

施拉姆和这两家老板建立了直接联系,经过大约一个半月的谈判才同印刷商人克勒尔签订了印刷杂志的合同,并于1849年12月19日同舒伯特公司谈妥了销售条件,由该公司包销二千份杂志,提取百分之二十五的佣金。另外,杂志编辑部决定多印五百份到一千份,由盟员负责推销。

12月15日,马克思、恩格斯合写了一个预告《新莱茵报·政治经济评论》(以下简称《评论》)出版的启事,由施拉姆签名发给瑞士和德国的许多报纸。施拉姆还根据马克思、恩格斯的意见,并在他们的直接参加下写了《评论》的征股启事。启事强调了《新莱茵报》曾经取得的成就和享有的声望,指出它非常成功地代表了最彻底的德国民主主义的方向,而新的杂志应该继续发展《新莱茵报》的事业,"经常而深刻地影响舆论"①。马克思、恩格斯还草拟了出版启事,出版启事规定杂志的任务是:"剖析前一革命时期,说明正在进行斗争的各政党的性质,以及决定这些政党生存和斗争的社会关系"②,并在估计这些结果的基础上,科学地阐明革命的前景,拟定无产阶级政党的战略和策略,运用正确的理论指导同盟的活动。

为了充实《评论》的经费,并创造条件使它将来能够逐步成为一份像《新莱茵报》那样的大型日报,以便广泛地向盟员和革命者宣传同盟的方针、政策,扩大同盟的影响,加速同盟的改组工作,马克思和同盟中央决定派遣施拉姆到美国筹集经费,并宣传同盟的理论和策略。但是,当时同盟中央拿不出施拉姆赴美的旅费,而施拉姆本人靠新闻记者的微薄收入只能勉强糊口,不可能自己筹措这笔费用。马克思、恩格斯和同盟其他领导成员也都囊空如洗,无力资助。马克思乃不得不于1850年1月10日写信向居住科隆的盟员弗莱里格拉特求助,请他代为筹集施拉姆赴美旅费,并向他说明此行的重要使命。马克思写道:"为了我们的《评论》,为了把它逐渐改变为双周刊和周刊,然后根据情况重新把它变为日

① 《马克思恩格斯全集》第7卷,人民出版社,1959年,第600页。
② 《马克思恩格斯全集》第7卷,人民出版社,1959年,第3页。

报——也为了我们其他的宣传目的——我们需要钱。钱只有在美国才能弄到","因此,我们决定,立即把康·施拉姆作为特使派往美国。我们所设想的这样长时间的旅行,至少需要一百五十塔勒。我们请你尽快地为此筹集款项"。①马克思对施拉姆的旅行寄予了很大希望,在信的末尾还特别强调说:"这是涉及整个同盟的事情。"②

但是,筹集旅费的工作遇到了困难,未能及时完成,施拉姆去美国的旅行没有实现。最后,还是经过马克思、恩格斯和施拉姆等盟员的共同努力,才基本上解决了《评论》的经费问题。

《评论》预定于1850年1月出版第一期。在第一期里准备刊登马克思写的前言,恩格斯论维护帝国宪法运动的文章,马克思、恩格斯写的时事评述,以及一些其他作者的文章。但是,由于马克思把很大精力投入了救济流亡者的工作,又因劳累过度感染疾病无法按时完成撰写工作,同时编辑部掌握的经费又极为不足,《评论》第一期不得不延期出版。经过施拉姆等人的不断努力,在克服了重重困难以后,直到1850年3月初,《评论》第一期才终于问世了。《评论》一共出了六期,陆续发表了马克思的《法兰西阶级斗争》、恩格斯的《德国维护帝国宪法的运动》和《德国农民战争》等重要著作。这些著作深刻地总结了欧洲一八四八年革命的经验教训,丰富了马克思主义的理论宝库,进一步规定了革命的无产阶级政党的具体政策和策略。11月,《评论》由于德国警察的迫害和缺乏资金被迫停刊。

《评论》虽然存在的时间短暂,但是它在宣传革命理论,统一同盟内部的思想和聚集革命力量方面起到了极其重要的作用。

马克思、恩格斯在《评论》上所发表的文章中充分肯定了革命群众运动在历史上的巨大作用,热情洋溢地颂扬了欧洲一八四八年革命运动。马克思曾经提出了"革命是历史的火车头"③的论断。他还具体论证说,法国七月王朝的反动统治被二月革命的风暴摧毁了,普鲁士王朝的基础

①②《马克思恩格斯全集》第27卷,人民出版社,1972年,第545页。

③《马克思恩格斯选集》第一卷,人民出版社,1972年,第474页。

被柏林的三月革命所震动,而巴黎工人六月起义的英勇行动揭开了无产阶级同资产阶级伟大搏斗的序幕。

恩格斯还在自己的著作中对小资产阶级害怕群众运动、摇摆不定的立场进行了尖锐的批评和无情的揭露,以便使德国无产阶级能够从小资产阶级思想影响下彻底解放出来。他指出:"这个阶级在它还没有觉察出任何危险的时候,总是吹牛,爱讲漂亮话,有时甚至在口头上坚持最极端的立场;可是一旦面临小小的危险,它便胆小如鼠、谨小慎微、躲躲闪闪;一旦其他的阶级郑重其事地响应和参加由它所发起的运动,它就显得惊恐万状、顾虑重重、摇摆不定;一旦事情发展到手执武器进行斗争的地步,它为了保存自己的小资产阶级的生存条件,就预备出卖整个运动;最后,由于它的不坚决,一旦反动派取得胜利,它总是特别受欺骗和受凌辱。"①

马克思在总结一八四八年革命经验中发展了无产阶级专政思想。马克思、恩格斯在《共产党宣言》里,对国家问题只提出了"最一般的概念","做了一般的历史总结"。②而在总结一八四八年革命的一系列著作中,做出了必须用暴力打碎旧的国家机器、建立无产阶级专政这个极其重要的结论。这个结论标志着马克思主义的无产阶级专政学说得到了进一步丰富和发展。马克思还在《1848年至1850年的法兰西阶级斗争》中第一次明确使用了无产阶级专政这个术语,提出了"推翻资产阶级! 工人阶级专政!"的战斗口号。

马克思在《1848年至1850年的法兰西阶级斗争》和其他著作中,还提出了工农联盟的思想,指出了工人阶级同农民的根本利益的一致性。马克思写道:"剥削者是同一个:资本。一个个的资本家通过抵押和高利贷来剥削一个个的农民;资本家阶级通过国家赋税来剥削农民阶

---

① 《马克思恩格斯全集》第7卷,人民出版社,1959年,第130页。

② 《列宁选集》第三卷,人民出版社,1972年,第194页。

级。"①无产阶级革命只有在把站在无产阶级与资产阶级之间的农民和小生产者发动起来反对资本的时候，才能取得胜利的结局。马克思说过："德国的全部问题将取决于是否有可能由某种再版的农民战争来支持无产阶级革命。如果那样就太好了。"②

马克思、恩格斯进一步阐述了不断革命的思想。在一八四八年革命以前，马克思、恩格斯已经号召无产阶级参加资产阶级民主革命，并把革命进行到底，进而创造条件推翻资产阶级的统治。1848年的法国革命和德国革命都在实践上提供了这方面的经验和教训。马克思在分析法国革命的进程时指出：二月革命"意味着推翻一种国家形式"，六月革命则"意味着推翻资产阶级社会"。③六月革命实际上是从资产阶级革命转变为无产阶级革命的尝试。而在德国，由于无产阶级不够壮大，领导运动的小资产阶级又很软弱，没有发生这个过程。马克思、恩格斯所阐述的不断革命思想就是要创造条件实现这种转变。无产阶级不能满足于资产阶级民主革命所取得的成就，"他们的战斗口号应该是：'不断革命'"④。无产阶级的革命任务是要建立"无产阶级的阶级专政，这种专政是达到消灭一切阶级差别，达到消灭这些差别所由产生的一切生产关系，达到消灭和这些生产关系相适应的一切社会关系，达到改变由这些社会关系产生出来的一切观念的必然的过渡阶段"⑤。"直到人类社会制度的最后形式——共产主义得到实现为止。"⑥

马克思、恩格斯对一八四八年革命的总结，从理论上武装了盟员和广大无产阶级，对于改组和整顿共产主义者同盟具有极其重要的意义。

---

① 《马克思恩格斯选集》第一卷，人民出版社，1972年，第474页。

② 《马克思恩格斯选集》第四卷，人民出版社，1972年，第334页。

③ 《马克思恩格斯选集》第一卷，人民出版社，1972年，第419页。

④ 《马克思恩格斯选集》第一卷，人民出版社，1972年，第392页。

⑤ 《马克思恩格斯选集》第一卷，人民出版社，1972年，第479—480页。

⑥ 《马克思恩格斯全集》第7卷，人民出版社，1959年，第605页。

恢复和改组同盟工作的进展情况

在进行思想整顿的同时,同盟的恢复和改组工作也在顺利进行。马克思曾经怀着迫切的心情期待着革命运动将在不久的将来重新在欧洲大陆兴起。他在《1848年至1850年的法兰西阶级斗争》中热情洋溢地写道:"革命是历史的火车头"[1],"革命死了,革命万岁"[2]!马克思认为,在未来的革命中无产阶级必须有自己的不受小资产阶级支配和影响的政党,因此对恢复和改组同盟的工作给予了极大的注意。

与此同时,留在欧洲大陆,特别是留在德国境内坚持革命活动的盟员,保存和恢复了一些同盟的地方组织,为恢复和改组同盟做出了贡献。盟员魏德迈在极其困难的条件下,为恢复同盟支部和合法的工人联合会的活动付出了巨大努力,并取得了初步的成果。他在1850年1月16日给马克思的信中写道:"我所恢复的工人联合会规模不大,只有皮鞋匠和裁缝工人参加。"盟员维尔特从1849年7月到1850年3月在游历伦敦、鹿特丹、巴黎和汉堡等地的路途中同分散在这些地区的盟员取得了联系。盟员弗莱里格拉特,根据马克思的委托,在科隆进行大量营救流亡者和掩护革命力量的工作。他和科隆的援助流亡者委员会建立了联系,并且使同盟盟员和革命者从这个委员会得到援助。流亡在瑞士的盟员威廉·沃尔弗就是在得到该委员会的一笔数量可观的款项以后才摆脱了不名一文的困境,又能够进行革命工作的。弗莱里格拉特还担负了照管被捕盟员沙佩尔家属的责任。1849年9月,在沙佩尔的妻子死去后,弗莱里格拉特挺身出来负责照料他的一个小女孩,并把其他孩子安置妥当。

1850年3月,共产主义者同盟中央委员会认为改组同盟的时机已经成熟,乃委托马克思、恩格斯起草一份《中央委员会告共产主义者同盟

---

① 《马克思恩格斯全集》第7卷,人民出版社,1959年,第99页。

② 《马克思恩格斯全集》第7卷,人民出版社,1959年,第38页。

书》(以下简称《告同盟书》),向存留下来的各地组织和盟员说明中央委员会对一八四八年革命的看法及应当汲取的基本经验教训。《告同盟书》首先回顾了1848年和1849年这两个革命年头的光辉历史,指出共产主义者同盟在两方面经受了考验。"第一,它的成员到处都积极地参加了运动,不论在报纸上、街垒中,以及战场上,都是站在唯一坚决革命的阶级即无产阶级的最前列。其次,1847年各次代表大会和中央委员会的通告,以及《共产党宣言》中阐述的关于运动的观点都已证明是唯一正确的观点。"[1]《告同盟书》同时也谈到了同盟组织内部存在的问题,指出同盟从前的坚强的组织现在却大大地削弱了。大部分盲目参加过革命运动的成员,都认为秘密结社的时代已经过去,现在单单进行公开活动就够了。个别的区部和支部开始放松了自己跟中央委员会的联系,最后甚至渐渐地完全断绝了这种联系。结果,当德国民主派即小资产阶级的党派日益组织起来的时候,工人的政党却丧失了自己唯一的巩固的支柱,至多也只是在个别地方为了本地的目的还保存着组织的形式,因此在一般的运动中落到了完全受小资产阶级民主派支配和领导的地位。鉴于这种情况,《告同盟书》特别强调无产阶级在未来的革命运动中,保持独立政治地位的极端重要性,要求无产阶级认真汲取这个严重教训,不要再受资产阶级和小资产阶级的利用,做他们的尾巴。

《告同盟书》详细分析了小资产阶级在未来革命中的地位和政治态度,规定了无产阶级应该对它采取的政策。《告同盟书》指出,民主的小资产阶级将要扮演一八四八年革命中自由资产阶级所扮演过的背叛人民的角色,而且具有更大的危险性。革命的工人政党应该同小资产阶级民主派一起去反对工人政党所要推翻的派别,但在他们想要巩固本身地位来谋取私利的时候,就要加以反对。因为小资产阶级的革命性是有一定限度的,他们根本不愿意为无产阶级的利益而变革整个社会,他们所要求的社会制度的变革,只不过使现存社会尽可能使他们感到满意而舒

---

①《马克思恩格斯选集》第一卷,人民出版社,1972年,第381页。

适。他们至多也不过希望实行一些不触动资本主义社会根本利益的改革便赶快结束革命。而无产阶级的利益和任务"却是要不间断地进行革命,直到把一切大大小小的有产阶级的统治都消灭掉,直到无产阶级夺得国家政权,直到无产者的联合不仅在一个国家内而且在世界一切占统治地位的国家内都发展到使这些国家的无产者间的竞争停止,至少是直到那些有决定意义的生产力集中到了无产者手里的时候为止"[①]。

《告同盟书》还具体指出,当小资产阶级民主派要求同无产阶级携手合作建立一个联合的反对派政党的时候,无产阶级应该采取极坚决的态度加以拒绝,以免丧失自己辛辛苦苦争得的独立地位,而又重新降为小资产阶级民主派的附庸。马克思、恩格斯曾经预料,在未来的革命中小资产阶级民主派将取得政权,为了使革命高潮不致被他们打下去,无产阶级必须在斗争中始终保持自己的独立地位。因此,《告同盟书》规定了同盟的主要任务是建立一个以公开的工人联合会为基础的秘密的工人政党组织。在这样的工人联合会中,无产阶级的立场和利益问题应该进行独立讨论而不受资产阶级的影响。

《告同盟书》要求无产阶级在每一场合都应当提出他们本身的要求,要迫使小资产阶级民主派给予工人以各种保证。一旦小资产阶级民主派取得政权,无产阶级就应当对新政府公开表示不信任,并立即成立自己的革命工人政府,工人俱乐部或工人委员会同正式的新政府相对抗,把斗争的矛头指向自己从前的同盟者,即指向那个想利用共同胜利来专门图谋私利的小资产阶级民主派。为了实现这个要求,无产阶级应该武装起来和组织起来,组成由他们自己选出的指挥官和参谋部来指挥的无产阶级近卫军,对于任何解除工人武装的企图,必要时都应予以武装回击。

《告同盟书》还号召无产阶级在斗争中与农村无产者联合起来,加紧实现从资产阶级民主革命到社会主义革命的转变。《告同盟书》最后提出

---

① 《马克思恩格斯选集》第一卷,人民出版社,1972年,第385页。

"不断革命",作为无产阶级的战斗口号。

《告同盟书》正确地分析了形势和明确了任务,为同盟规定了具体的正确的革命策略,对于从思想上和组织上巩固同盟,对于促进同盟开展活动都是具有重要意义的。为了使改组和重建同盟的工作能够迅速而顺利地进行,同盟中央委员会于1850年3月派遣特使鲍威尔携带《告同盟书》前往德国。鲍威尔这次出使获得了完全的成功。他不仅把一部分已离开工作的和一部分独立进行工作的盟员重新聚集在一个积极的组织内,而且把当时"工人兄弟会"的领袖们也吸收进来了。结果在科隆、美因茨、哈瑙、威斯巴登、汉堡、施韦林、柏林、哈廷根、雷希尼茨、格洛高、莱比锡、纽伦堡、慕尼黑、班堡、维尔茨堡、斯图加特、巴登等地重建了同盟的组织,而且成立了一些新支部。

后来,同盟中央委员会根据德国各地组织恢复和发展情况,确定下列地区的组织为总区部:汉堡为什列斯维希-霍尔斯坦的总区部;息韦林为梅克伦堡的总区部;布雷斯劳为西里西亚的总区部;莱比锡为萨克森和柏林的总区部;纽伦堡为巴伐利亚的总区部;科隆为莱茵省和威斯特伐利亚的总区部。而格丁根、斯图加特支部则由于影响不够,暂时不成立总区部而直接同中央委员会联系。

德国各支部的一些盟员还在农民和雇农协会中开展工作,使什列斯维希-霍尔斯坦、梅克伦堡、萨克森、弗朗克尼亚、黑森等地的农民协会接受同盟的领导。同盟盟员在一些工人兄弟会中也拥有相当大的影响。中央委员会肯定了这种工作方法,并且希望所有支部和盟员都了解到,同盟这样影响工人组织、农民组织、雇农组织,以及其他组织,是有重大意义的,并要求尽力做到这一点。

盟员雅可比领导的波恩体操联盟同共产主义者同盟有直接联系,而且本身的成分也不断发生变化,工人成员越来越多。雅可比是同盟的一位年轻的积极活动家,后来是科隆审判案的一名被告。关于他的生平人们很少知道,只是从一些间接材料大体上判定他同共产主义者同盟中央委员会的联系非常密切,曾经为恢复和创立同盟地方组织做过大量工作。

共产主义者同盟在德国的活动中心科隆支部也根据同盟中央的指示，派出特使在莱茵省建立了九个新的同盟支部。

盟员魏德迈在法兰克福重建同盟的活动取得了显著的成效。他一方面加强法兰克福工人联合会的工作；一方面改组和扩大当地的同盟支部。经过他的不断努力，法兰克福、威斯巴登、达姆施塔特、哈瑙、赫希斯特、纽伦堡和美因茨等地的支部，联合起来组成同盟法兰克福区部。魏德迈当选为区部委员会主席。黑森和拿骚的工人和雇农联合会的大部分组织也划归法兰克福区部领导。在魏德迈的领导下，法兰克福区部坚决贯彻《告同盟书》的精神和中央委员会的各项指示，曾经把违背《告同盟书》精神，企图使无产阶级运动同小资产阶级运动合流，从而使无产阶级丧失独立政治地位的煽动者布龙开除出同盟。这项果断的组织措施保证了法兰克福同盟组织的活动沿着中央指示的正确轨道进行。由于魏德迈和当地盟员的不懈努力，法兰克福区部成了同盟最活跃的区部之一。1850年夏天，魏德迈在德国的西部和南部又建立了一些新的同盟支部，并在法兰克福召开了有黑森、美因茨、曼海姆、哈瑙和德国西部一些地方同盟组织代表参加的代表大会。

同盟中央还于1850年4月向瑞士派出特使德朗克，进行对当地同盟组织的整顿和改组工作。7月初，德朗克到达瑞士。然而那里的情况非常复杂，给德朗克的工作造成了很大的困难。

在瑞士这个国家，小资产阶级思想本来就比较严重。德国护宪运动失败后，又有一万一千多名政治流亡者来到瑞士。这些人成分复杂，思想混乱。他们的到来使瑞士的革命运动在更大程度上受到资产阶级和小资产阶级的思想影响。这里曾经出现过各种规模不大的小资产阶级组织。其中影响最大的是1850年2月在苏黎世建立的小资产阶级流亡者的政治团体"革命集中"。它的中央委员会就设在苏黎世，在日内瓦和伯尔尼两地还设立了分部。"革命集中"中央委员会的主席是一八四八年革命中的议会活动家契尔奈尔律师。瑞士的一些同盟的老盟员和他们的拥护者，由于完全不知道同盟的中央委员会已经恢复活动，并且在进行改组同盟的工作,就加入了"革命集中",甚至连威廉·沃尔弗这样的著名活动家也加入了"革命集中"的中央委员会。不过,沃尔弗对"革命集中"是保持着警惕的。他在中央委员会工作的时候,对这个组织的真正目的、组织状况和活动情况进行了系统的调查和分析,并得出了否定的结论。5月9日,沃尔弗给恩格斯写信,向他做了详细报告,指出"革命集中"的领导人企图用这个组织来代替共产主义者同盟,切不可同这个组织结成联盟。

"革命集中"不仅在瑞士流亡者中扩展自己的势力,并且企图在德国、比利时和法国建立自己的组织。为了达到这个目的,它先后派遣了两个特使布龙和柏尔茨出使这些国家。布龙在一八四八年革命前就加入了同盟,他利用自己的老盟员身份,把"革命集中"冒充为重建起来的同盟,诱骗一些盟员和支部参加这个组织。但是,这个骗局很快就被揭穿了,布龙也被法兰克福支部开除出同盟,失去了老盟员的身份。"革命集中"的另一个特使柏尔茨在布鲁塞尔和巴黎流亡者当中的宣传鼓动也没有取得进展。但在瑞士,"革命集中"还是具有一定的影响,是德朗克开展工作的一个严重障碍。

在瑞士,同盟的主要后备军是德国的流亡工人。但在德朗克到达瑞士以前,曾经发生了一次对恢复同盟组织非常不利的事变。当时一部分流亡工人已经在瑞士一些城市建立了分散活动的规模不大的工人联合会。据报道,伯尔尼的工人联合会发展到六十名会员,洛桑的工人联合会约有四十名会员,拉绍德封的工人联合会有六十名会员。威廉·李卜克内西所领导的日内瓦工人联合会是最大的一个。日内瓦工人联合会根据李卜克内西的提议,于1850年初向瑞士各地的二十四个工人联合会发出邀请,共同在穆尔顿聚会,商谈建立共同的组织和机关报问题。正好在以李卜克内西为首的二百九十六名德国流亡工人代表在穆尔顿开会的时候,遭到瑞士政府逮捕,并被驱逐出境。瑞士各地的德国工人联合会突然失去了自己的领导人和大批骨干力量,受到了严重的削弱。这使得在瑞士重建同盟的工作丧失了可靠的基础。

这就是德朗克到达瑞士后所面临的困难处境。7月3日,德朗克向同盟中央委员会寄出了关于瑞士同盟状况的第一份报告。德朗克在苏黎世同沃尔弗取得了联系,并同"革命集中"的领导人发生了接触。"革命集中"中央委员会主席契尔奈尔表示,希望同共产主义者同盟合作,共同开展革命活动,并且提出了一个双方的协议草案。草案内容如下:

鉴于有必要把所有真正革命的人士联合起来,同时,尽管不是革命中央委员会的全体委员都能无条件地同意伦敦提出的纲领(1848年的"宣言"),但全都承认下一次革命是无产阶级性质的革命,因此,在共产主义者同盟和"革命集中"之间达成如下协议:

1. 双方同意今后共同进行工作,"革命集中"通过联合一切革命人士来为下一次革命做准备,伦敦协会通过组织主要是无产阶级分子来为无产阶级统治做准备;

2. "革命集中"指示它的代表和特使,要他们在德国成立支部时,使他们认为适合加入共产主义者同盟的那些成员注意到有一个主要是为了无产阶级利益而建立的组织;

3. 和 4. 至于瑞士,其领导权则只应交给"革命中央委员会"中真正拥护伦敦宣言的人。双方相互交换报告。①

德朗克把这份协议草案寄给了马克思和同盟中央委员会,等候他们对两个组织的合作问题做出决定。马克思和同盟中央委员会仔细研究了德朗克的报告和协议草案,并做出了回答。为了不让在瑞士的德国流亡者中间的无产阶级分子受到小资产阶级思想的直接影响,马克思和同盟中央委员会不同意同"革命集中"建立协作关系。德朗克遵照这个意见拒绝了契尔奈尔的要求,单独开展恢复同盟组织的活动。不久,盟员沃尔弗和德斯特尔在苏黎世组织了独立的共产主义者同盟总区部,并把"革命集中"内部倾向于同盟的一些积极分子吸引到自己方面来。在这以后德朗克离开苏黎世,经过十二天的徒步旅行到达日内瓦,途中同伯

---

① 参见《马克思恩格斯全集》第14卷,人民出版社,1964年,第482页。

尔尼、沙泰尔等地的老盟员建立了联系,并在日内瓦建立了同盟的支部。同盟在拉绍德封的支部比较活跃,德朗克曾把该支部的情况向恩格斯汇报。

从以上情况可以看出在瑞士进行恢复同盟的工作是非常困难的。经过德朗克和沃尔弗,以及当地一些老盟员的共同努力,总算取得了一定的成果。但是,重建起来的为数不多的支部的思想状况仍然极不稳定。后来在同盟内部发生分裂的时候,大部分支部都站到错误立场上去了。

同盟的伦敦区部在政治流亡者当中和各个工人组织中做了大量工作,为同盟的发展创造了极其有利的条件。其中伦敦区部领导下的德国流亡者救济委员会的工作和缔结建立世界革命共产主义者协会的协定具有特别重要的意义。

还在1849年9月18日,根据马克思的倡议,德意志教育协会全体会议决定建立德国流亡者救济委员会。马克思当选为委员会主席,盟员鲍威尔和普芬德都参加了委员会。马克思非常重视这项工作,他的主席职务一直担任到1850年9月17日委员会解散为止。

德国流亡者救济委员会的工作实际上是处理一八四八年革命善后事宜的工作,是对于流亡异乡的一八四八年革命战士的宝贵援助和支持,也是同各国反动政府斗争的继续。9月20日,委员会的第一个文件《救济德国政治流亡者呼吁书》(以下简称《呼吁书》)在《西德意志报》《民主报》等德国报纸上发表。这个《呼吁书》绝不是一般呼吁救济的请求,而是一个声讨反动政府的战斗檄文。它充分表现了委员会的革命气魄。《呼吁书》尖锐地指出:"目前,德国在进行军事镇压得极为混乱的情况下出现了'秩序和宁静';在死神的隆隆炮火下变成烟雾弥漫的城市废墟上恢复了'财产和人身的不可侵犯性';军事法庭来不及把一个又一个的'叛乱者'的头颅送入坟墓;监狱已经容纳不了所有的'叛国犯',而唯一还存在的法律就是战地军事法庭的法律,在这样的时候,成千上万的德国人无家可归，流落国外。"①《呼吁书》最后号召说："朋友们和兄弟们，我们请求你们尽力而为。如果你们希望那化为灰烬的和被束缚的自由重新得到恢复，如果你们同情你们的先进的优秀战士所受的苦难，那么用不着我们特别劝说，你们就会响应我们的号召。"②

共产主义者同盟是一个秘密组织，它不可能公开出面领导德国流亡者救济委员会的工作，但它可以通过自己的领袖马克思和参加委员会的许多盟员，使委员会的工作能够同自己协调一致，并且取得重大的成果。委员会不仅为许多流亡者解决了生活问题和就业问题，而且吸引其中的优秀分子参加同盟组织的各种活动，在流亡者中间享有崇高的声誉。马克思、恩格斯把救济流亡者的工作作为发展同盟组织的一种重要手段，在委员会里同小资产阶级展开了争夺群众的激烈斗争。恩格斯曾经说过："……继续救济我们的流亡者，不让新来的优秀分子落到这些蠢驴的手里，对我们来说是一件有关声誉的事情。"③

但是，正当委员会的工作紧张进行的时候，8月底，共产主义者同盟内部出现了维利希的分裂活动。维利希的分裂活动使委员会的工作受到了严重的挫折。德意志教育协会在8月29日会议上采取了支持维利希的错误立场，给委员会的工作带来了更大的困难。鉴于这种情况，9月，马克思和他的拥护者声明退出教育协会和救济流亡者委员会。共产主义者同盟在委员会中的活动就此停止，委员会的工作也随即宣告结束。

马克思和其他盟员在救济流亡者委员会中进行工作的时候，曾经遭受到小资产阶级流亡者和敌视同盟的人们的种种非难和诬蔑。有人甚至造谣中伤，诬蔑委员会占用了救济款。这种诬蔑是完全违背事实和别有用心的。当时马克思和参加救济工作的盟员本身也都遇到了巨大的

---

①《马克思恩格斯全集》第7卷，人民出版社，1959年，第595页。

②《马克思恩格斯全集》第7卷，人民出版社，1959年，第596页。

③《马克思恩格斯全集》第27卷，人民出版社，1972年，第554页。

物质困难,但他们把捐款的每一个便士都用在急需救济的流亡者身上,而宁愿让自己忍受着贫困的折磨。马克思家里的困难情况简直达到了令人难以想象的程度。我们从马克思夫人燕妮于1850年3月底给魏德迈的信里可以清楚地看到这一点。她写道:"因为这里奶妈工钱非常高,尽管我的胸和背都经常痛得很厉害,我还是决定自己给孩子喂奶。但是这个可怜的孩子从我身上吸去了那么多的痛苦和内心的忧伤,所以他总是体弱多病,日日夜夜忍受着剧烈的痛苦。他从出生以来,没有一个晚上是睡到两三个小时以上的。最近又加上了剧烈的抽风,所以孩子终日在生死线上挣扎……有一天我正抱着他这样坐着,突然我们的女房东来了……要我们付给她5英镑的欠款,由于我们手头没有钱(瑙特的信来得太晚了),于是来了两个法警,将我不多的全部家当……都查封了。他们威胁说两个钟头以后要把全部家当拿走。那时忍受着乳房疼痛的我就只有同冻得发抖的孩子们睡光地板了。"①这些情况维利希等人是不会不知道的,只要他们还稍微有点尊重事实的愿望和良心就不会加入反对救济流亡者委员会的大合唱,然而他们已经陷入了分裂的泥潭不能自拔,不择手段地同那些卑鄙的小丑混在一起拼命从内部攻击和分裂救济流亡者委员会,扮演了极不光彩的角色。

马克思、恩格斯所进行的另一项重大工作是筹备建立一个以共产主义者同盟为核心的无产阶级国际组织的联合机构,进一步壮大共产主义者的阵营。根据马克思和恩格斯的设想,共产主义者同盟是当时唯一接受了科学共产主义原则的国际无产阶级组织,它的纲领和组织原则、策略原则能够成为建立新的联合的无产阶级国际组织的坚实基础。如果能够在这个基础上把宪章派和布朗基主义者团结进来就可以在比当时更为广阔得多的范围内形成新的共产主义者的国际组织。

在马克思、恩格斯的不懈努力下,1850年4月,共产主义者同盟、宪章运动左翼和革命的法国流亡者组织三方面的代表通过谈判,缔结了建

---

① 《马克思恩格斯全集》第27卷,人民出版社,1972年,第631页。

立世界革命共产主义者协会的协定。协定是一个带有纲领性质的文件，它清楚地表明了世界革命共产主义者协会的性质。协定第一条规定："协会的宗旨是推翻一切特权阶级，使这些阶级受无产阶级专政的统治，为此采取的方法是支持不断的革命，直到人类社会制度的最后形式——共产主义得到实现为止。"①协定是第一个使用无产阶级专政这个术语和明确支持不断革命思想的国际共产主义运动的正式文件。在这个文件上签名的有马克思、恩格斯，布朗基派流亡者代表亚当和维迪尔，宪章派左翼领袖哈尼。协定对布朗基主义者没有起到预期的促进作用，但对宪章派左翼的成长，以及左翼和右翼的分裂却是一个很大的推动。由于几个组织间存在着的思想上、认识上的分歧未能及时克服，建立世界革命共产主义者协会的计划没有实现。

在马克思、恩格斯的直接关注下，经过上述一系列活动以后，改组同盟的工作取得了显著的成果。同盟在各国工人群众中的影响迅速增长。1850年6月，同盟中央发出了第二个《中央委员会告共产主义者同盟书》，详细地报道了同盟组织的发展状况和所取得的成就，并且提出了进一步发展同盟组织的要求，要"把那些适当的和忠实于革命的，但还不了解目前运动的共产主义结果的人组织起来，成立第二种更为广泛的盟员组织"②。这样就可以使更多的革命者能够在同盟各级组织的领导下开展活动。中央委员会要求各级组织注意这项工作，并且"希望所有支部和盟员都了解到，同盟这样影响工人组织、体操团体、农民组织、雇农组织，以及其他组织，是有重大意义的，因此各地都应当尽力做到这一点。中央委员会建议各总区部和跟它们保持直接联系的支部在其最近的来函中报告在这一方面的活动情况"③。中央委员会的这一措施扩大了同盟的群众基础，使它能够在更广阔的范围内加强自己的影响。

1850年上半年，改组同盟的工作基本上告一段落。同盟的活动大

---

① 《马克思恩格斯全集》第7卷，人民出版社，1959年，第605页。

②③ 《马克思恩格斯全集》第7卷，人民出版社，1959年，第364页。

为加强,同盟在德国,又成了最有影响的无产阶级革命组织。它在各个工人团体、农民团体和体育、文艺团体中所起的作用比一八四八年革命以前还要大。同盟在德国的一些重要城市:科隆、美因河畔的法兰克福、哈瑙、美因茨、威斯巴登、汉堡、息韦林、柏林等地都形成了自己的活动中心。其中以法兰克福区部的工作最为突出,它对法兰克福周围、拿骚地区的工人联合会和其他民主联合会产生了很大的影响。

反对维利希-沙佩尔分裂集团的斗争

维利希-沙佩尔分裂集团的出现是同盟在恢复和改组过程中所遇到的一个严重问题。这个分裂集团的出现绝不是偶然的,是同盟内部小资产阶级思想在新形势下的反映。分裂集团的头目维利希在一八四八年革命中参加过许多革命活动和武装斗争,并且表现了出色的指挥才能,在许多场合还支持过马克思、恩格斯反对小资产阶级流亡者的斗争。直到1850年7月30日,他还同马克思、恩格斯共同签署了最后一个文件《伦敦社会民主主义流亡者委员会1850年5、6、7月的报告》。然而,维利希最多只不过是马克思、恩格斯的同路人,他的思想始终是小资产阶级的思想,没有得到认真改造。他曾经是"真正的社会主义"思想的信徒,加入共产主义者同盟以后又在思想上同哥特沙克发生共鸣,赞赏他的轻率的冒险主义观点,而在一八四八年革命失败后的新形势下,仍然坚持轻率的冒险主义的策略。在马克思、恩格斯认为新的革命即将来临,没有对形势做出新的估计和分析以前,维利希同马克思、恩格斯的分歧暂时没有公开化。

分裂集团的另一名主要人物沙佩尔是在1850年7月初到达伦敦的。他当时已经发现马克思、恩格斯同维利希之间的原则分歧。但是,由于他自己思想上还存在空想社会主义观点的残余和对密谋斗争方法的留恋,这位久经考验的无产阶级革命家竟然心甘情愿地做了维利希那种浮夸的革命词句的俘虏,站到了马克思、恩格斯的对立面一边。

马克思、恩格斯对一八四八年革命失败后形势的认识也有一个转变过程。固然,他们在对革命时间的估计上曾经犯过错误,但是这种错误在某种意义上说是不可避免的。马克思、恩格斯是伟大的唯物主义者,他们的任何结论都不是凭空的臆断,而是从研究实际中得出的。由于不可能在事变同时得到能够反映当时细微经济变化的广泛材料,又由于紧张的革命活动占去了几乎全部时间,马克思、恩格斯都没有机会在德国和到达伦敦后的一段时间内细致地研究欧洲大陆的经济问题。恩格斯曾经回忆说:"不言而喻,这种对经济状况(所研究的一切过程的真正基础)中同时发生的种种变化的不可避免的忽略,一定要成为产生错误的源泉。"①

除此以外,产生估计错误的还有另外的原因,那就是受到过去历史经验,特别是法国经验的影响,而出现这种情况也是很自然的。恩格斯在指出产生错误的另一个原因时说:"须知正是法国在1789年以来的全部欧洲历史中起了主要的作用,正是它现在重又发出了普遍变革的信号。因此,我们关于1848年2月在巴黎所宣布的'社会'革命即无产阶级革命的性质和进程的观念,带有回忆1789年至1830年榜样的浓厚色彩,这是很自然和不可避免的。而当巴黎起义在维也纳、米兰和柏林的胜利起义中获得响应时;当整个欧洲直至俄国边境都被卷入运动时;当后来6月间在巴黎发生无产阶级与资产阶级彼此争夺统治的第一次伟大搏斗时;当甚至资产阶级的胜利也如此震撼各国资产阶级,致使它又重新投入刚被推翻的君主封建反动势力的怀抱时——在当时的情势下,我们不可能有丝毫怀疑:伟大的决战已经开始,这个决战定将在一个很长的和充满变迁的革命时期中进行到底,然而结局只能是无产阶级获得最终胜利。"②

从产生估计错误的原因来看,马克思、恩格斯同维利希、沙佩尔那种

---

① 《马克思恩格斯全集》第22卷,人民出版社,1965年,第592页。
② 《马克思恩格斯全集》第22卷,人民出版社,1965年,第594—595页。

玩弄革命的态度是根本不同的,因而他们的错误也是容易纠正的。1850年夏天以前,马克思、恩格斯一直认为,欧洲一八四八年革命虽然失败了,但是资产阶级民主革命的任务并没有完成,还存在着爆发革命的土壤,并且相信新的危机和新的革命将会迅速到来。1850年4月,他们在给第二篇述评所写的补充中,指出美国市场的收缩状态是促使危机逼近的有决定意义的因素。他们认为:"美国卷入生产过剩所引起的倒退运动以后,可以预料,在最近一个月当中,危机将开始发展得比以前更快。大陆上的政治事件也日益不可遏止地要爆发,本刊不止一次指出的那种商业危机和革命一并产生的现象也愈来愈不可避免。"①马克思、恩格斯为共产主义者同盟制定的策略就是从这种预测出发的。直到1850年6月,马克思、恩格斯还在第二篇《中央委员会告共产主义者同盟书》中,号召盟员加紧准备,迎接即将到来的革命高潮。到了秋天,马克思进一步深入研究了经济史和当时的实际状况以后,才得出了完全不同的结论。他认为,由于欧洲经济发展中的繁荣时代已经到来,革命不可能迅速发生。他指出:"在这种普遍繁荣的情况下,即在资产阶级社会的生产力正以在资产阶级关系范围内一般可能的速度蓬勃发展的时候,还谈不到什么真正的革命。只有在现代生产力和资本主义产方式这两个要素互相发生矛盾的时候,这种革命才有可能。""但是新的革命的来临像新的危机的来临一样是不可避免的。"②

马克思一得出这个科学的结论,就同恩格斯一起果断地做出改变革命策略的决定,要求同盟采取由直接准备起义的策略转变为长期积蓄力量等待时机的策略。这个新的策略得到了大多数盟员的拥护和支持,但却遭到了空喊革命、充满狂热情绪的小资产阶级流亡者的首脑们的疯狂反对。这些根本不研究当时的经济材料和政治形势的空头革命家完全从主观臆断出发,要求发行革命公债,为即将开始的欧洲革命筹集经费,

①《马克思恩格斯全集》第7卷,人民出版社,1959年,第346页。

②《马克思恩格斯全集》第7卷,人民出版社,1959年,第513—514页。

并且预先确定了临时政府的人选。似乎革命已经迫在眉睫。这种小资产阶级的狂热情绪也反映到同盟内部来，在围绕策略问题的争论中，形成了维利希-沙佩尔分裂集团。这个集团深深卷入了小资产阶级分子哥特弗里德·金克尔提出的"德意志国家公债计划"，甘心同小资产阶级分子同流合污。从思想体系上看，维利希-沙佩尔分裂集团是哥特沙克集团继承者，是小资产阶级流亡者的同盟军。他们同马克思、恩格斯的分歧是小资产阶级思想和无产阶级思想的分歧，因而这场争论是不可避免的。

然而，维利希始终否认分裂是由于无产阶级思想和资产阶级思想的原则冲突引起的，企图把这场分裂说成是他同马克思、恩格斯的个人冲突。这样就抹杀了这场斗争的实质和原则性，同时也歪曲了马克思、恩格斯的形象。事实上，马克思、恩格斯从来就不同维利希、沙佩尔计较个人关系和私人恩怨，何况沙佩尔在许多场合下都是马克思、恩格斯的得力助手，私人交往相当密切和融洽。如果说有个人成分的话，那也只是反映在维利希单方面。贝桑松的一位流亡者曾经对维利希评价说："……他自以为是智慧和ultima ratio（最高理智）的化身，他把每个即使在小事情上同他对立的人，都当作蠢材或者叛徒。总之，维利希除了自己的意见以外，不承认任何别的意见。他在精神上是一个贵族，也是一个暴君，如果他想干什么，那他是不择手段的。毋庸置疑，维利希个人的粗暴专横的性格会影响到分裂的深度和时间，但绝不可能成为造成分裂的主要原因。对政治形势的不同估计和由此产生的策略上的分歧才是造成分裂的真正原因。马克思在《福格特先生》一书中明确指出，维利希不正确地估计了政治形势，错误地认为奥地利同普鲁士的争执，以及因此引起的严重冲突将给无产阶级政党造成积极行动的机会。列宁也曾经说过："当1848—1849年革命时代已经结束时，马克思便反对任何玩弄革命的儿戏（反对沙佩尔和维利希一流人物），要人们善于在似乎是'和平地'准备着新革命的那个新阶段进行工作。"①

　　1850年7月,维利希开始公开反对马克思所领导的共产主义者反对伦敦流亡者中的小资产阶级派别的斗争。他要求完全抹杀共产主义者同小资产阶级流亡者的区别,同他们采取一致行动,实际上是让同盟放弃马克思、恩格斯的正确的无产阶级策略,向小资产阶级投降,是从实际出发倒退到凭主观臆想"制造"革命。1850年8月,维利希在共产主义者同盟中央委员会的一次会议上重复了自己的无理要求,强迫同盟中央同小资产阶级派别合作,主张接受小资产阶级派别的邀请,出席他们举办的一次集会。但是,他的错误主张遭到了马克思的驳斥和同盟中央委员会大多数人的反对,小资产阶级派别的邀请被拒绝了。然而,维利希并没有认真考虑同盟中央的正确意见,从失败中清醒过来,而却在分裂的道路上越滑越远,并且断言,在德国民主主义流亡者的队伍中再也没有统一了。可见同盟的分裂是维利希蓄意造成的。

　　维利希同马克思、恩格斯的第二次冲突发生在1850年8月底,大概在27日或28日。在一次社会民主主义流亡者委员会会议上,维利希和马克思领导下的多数派发生激烈争执,维利希宣布退出委员会。第二天,马克思、恩格斯在德意志工人教育协会大会上严厉地批评了维利希的行为。

　　第三次冲突是在9月初的一次同盟中央委员会会议上发生的。这次冲突十分激烈,最后发展为康拉德、施拉姆和维利希的决斗。在这次会上,中央委员会的大多数委员都同意马克思、恩格斯的观点,驳斥和谴责了维利希-沙佩尔集团的冒险主义策略和玩弄漂亮的革命词句的行径。维利希态度蛮横,并对马克思进行了毫无根据的攻击,因而激起了几乎所有与会者的愤怒。施拉姆在怒不可遏的情况下提出要同维利希决斗。恩格斯曾经回忆当时的情景说:"那天晚上施拉姆和我是轮流做记录的。施拉姆仅仅是被维利希的蛮横行为所激怒,他提出同维利希决

---

① 《列宁全集》第21卷,人民出版社,1959年,第57页。

斗，使我们都大吃一惊。在几分钟之前，大概施拉姆本人也不会料到事情有如此的变化……维利希要求中央委员会赶走施拉姆。中央委员会则认为没有必要满足他的要求。施拉姆只是应马克思的个人请求才离开的，因为马克思希望不要再继续胡闹。"①马克思、恩格斯曾经竭力设法阻止这次决斗，但未能成功。决斗终于在9月11日举行，结果施拉姆头部负轻伤。

这几次争论和冲突的情况表明，维利希－沙佩尔集团在分裂的道路上已经走得很远，继续留在同盟内部完全不可能了。公开的分裂终于发生在9月15日同盟中央委员会的非常会议上。出席这次会议的有马克思、恩格斯、施拉姆、普芬德、鲍威尔、埃卡留斯、沙佩尔、维利希和列曼。马克思在会上深刻分析了同盟中央委员会内部两派分歧的实质，揭穿了维利希等人坚持分裂的原因。马克思说："他们提出唯心主义观点代替宣言的唯物主义观点。他们不是把现实关系，而是把意志描绘成革命中的主要东西。我们对工人们说：为了改变现存条件和使自己有进行统治的能力，你们或许不得不再经历十五年、二十年、五十年的内战。而他们却相反地对工人们说：我们必须马上夺取政权，要不然我们就躺下睡大觉。他们现在使用的'无产阶级'这个词正像民主派使用的'人民'这个词一样是一句空话。为了实现这句话，他们不得不把一切小资产阶级说成是无产者，这就是说，他们defacto（实际上）是代表小资产者，而不是无产者。他们不得不用革命的空话代替实际的革命发展。这次辩论最后说明，私人决裂的内幕是一些什么样的原则性分歧，而现在已经到了采取措施的时候了。正是这些对立的见解成了两派各自的战斗口号……"②

马克思、恩格斯尽了最大努力来防止同盟发生分裂，争取维利希、沙佩尔继续留在同盟内部，期待他们能够逐渐认识和改正自己的错误，成为真正的无产阶级革命家。马克思、恩格斯并不因为他们在革命策略问

---

① 《马克思恩格斯全集》第9卷，人民出版社，1961年，第552—553页。

② 《马克思恩格斯全集》第8卷，人民出版社，1961年，第636—637页。

题上陷入了小资产阶级泥潭而完全否定他们,从而把他们推向小资产阶级一边去。马克思、恩格斯当时仍然把他们看成是共产主义者。马克思曾经解释说,本来中央委员会多数派有权解散支持维利希、沙佩尔的伦敦区部,并把他们一伙开除出同盟,但是他没有发表这样的意见,"因为尽管这些人目前所发表的观点是反共产主义的,至多不过是社会民主主义的,但就其信仰来说他们还是共产主义者"①。因此,马克思建议将中央委员会从伦敦迁往科隆,并把中央委员会的职权从这次会议结束后立即移交给科隆的区部委员会。这样就可以保持一个两派都承认并能够服从的统一的中央委员会,从而避免同盟的分裂。鉴于伦敦区部的分裂已成事实,两派已经不可能同时留在一个区部里面,马克思又建议在现有的伦敦区部外再设立一个完全独立的区部,两个区部只共同服从一个统一的中央,彼此不发生关系。实际上这是当时能使两派既可分道扬镳又不致引起同盟分裂的唯一途径。

但是,分裂集团的成员对小资产阶级的狂热的冒险策略迷恋过深,甚至连沙佩尔这样曾经长期追随马克思、恩格斯的老盟员也一下子弄不清事情的真相。他们根本不愿意继续同马克思、恩格斯和大多数老盟员留在一个组织内部,因此在这次会议上,沙佩尔公开反对马克思的建议,辜负了马克思的一片苦心,终于把同盟引向分裂。他说:"问题在于,是我们自己动手去砍掉别人的脑袋,还是让人家来砍掉我们的脑袋。在法国快要轮到工人的头上了,因而在德国也快要轮到我们的头上了……我是这种见解的狂热拥护者。而中央委员会却喜欢相反的见解。但是,如果你们不想再跟我们打交道,好吧——我们就分道扬镳……在伦敦这里有两个区部,两个协会,两个流亡者委员会,那还不如组织两个同盟,完全决裂。"②

这次中央委员会非常会议除了讨论同盟的分裂问题外,还通过了委

---

①《马克思恩格斯全集》第8卷,人民出版社,1961年,第637页。

②《马克思恩格斯全集》第8卷,人民出版社,1961年,第638—639页。

托新的中央委员会草拟新章程的决议。这次会议以后，维利希、沙佩尔反对马克思、恩格斯和同盟中央的活动变本加厉。他们操纵伦敦区部会议通过决议，宣布解除前中央委员会委员的职务。将马克思、恩格斯和他们的拥护者施拉姆、沃尔弗、普芬德、鲍威尔等人开除出同盟。在10月20日举行代表大会整顿同盟事务之前，由维利希、沙佩尔等人负责同盟的工作。这样，在同盟中央之外又另立了一个中央。同盟的正式分裂已经由维利希-沙佩尔集团一手造成了。鉴于这种情况，马克思、恩格斯和他们的拥护者于1850年9月17日，退出了处于维利希-沙佩尔集团影响下的德意志教育协会，随后又退出了德国流亡者救济委员会，断绝了同维利希-沙佩尔集团的各种联系渠道。

9月15日中央委员会的决议，由特使威廉·豪普特于9月下旬带交同盟科隆区部，并向他们说明了同盟中央分裂的真正原因和情况。10月22日，科隆区部举行会议，研究和讨论了这个问题。会议对9月15日同盟中央委员会非常会议的决议表示赞同，并做出决定：科隆区部将根据伦敦中央委员会的委托立即组成新的中央委员会，实行一切有利于同盟的措施；撤销伦敦区部关于取消中央委员会委员的职务、开除马克思、恩格斯及其拥护者出同盟，以及在10月20日举行代表大会前把同盟的最高领导权交给维利希、沙佩尔的决议。科隆中央委员会还通过决议：取消在1850年10月20日召开同盟代表大会的决定，将会议日期不定期推迟；解散伦敦区部，委托埃卡留斯为一方，沙佩尔为另一方各成立一个新的直接隶属于科隆中央委员会的区部。

可是，维利希-沙佩尔分裂集团拒绝承认新的科隆中央委员会，并且向科隆派出豪德作为特使，软硬兼施，向科隆中央委员会施加压力。豪德首先使用甜言蜜语，劝说科隆中央委员会投降，而在遭到严正拒绝后就宣布把它开除出同盟。派遣豪德出使德国，是维利希-沙佩尔分裂集团的中央委员会经过密谋策划，在9月17日会议上决定的。豪德的任务除去抗拒科隆中央委员会以外，还要欺骗拉拢德国各地的同盟支部加入自己的分裂组织。但是，他们过高地估计了自己的影响，几乎所有德国的同盟支部都不赞成他们的行动,而对马克思、恩格斯的立场表示支持。因此,豪德出使的目的未能达到。法兰克福区部的负责人魏德迈在1850年10月13日致马克思的信中曾经提到这个情况。他写道:"同盟的分裂无论如何有害,还达不到恩格斯所似乎为之担心的程度;迁移中央委员会是你们能够做出的最好决议,在这里得到一致的赞同。"魏德迈还指出,沙佩尔对他的影响无疑是估计过高了。"他很快就会从到处都不接待他的使者而川资耗尽中知道这一点。维利希的影响更有限,实际上等于零。"

就在豪德宣布开除科隆中央委员会的时候,科隆中央委员会接到了埃卡留斯关于组织新的同盟伦敦区部的报告和新伦敦区部关于开除维利希-沙佩尔集团全体成员的建议。科隆中央委员会接受了这个建议,果断地把维利希-沙佩尔集团从同盟开除出去,并把这项决定通知同盟的各个支部,以及分裂集团本身。

科隆中央委员会由丹尼尔斯、贝克尔、勒泽尔和毕尔格尔斯组成,它在约瑟夫、魏德迈的协助下积极地展开工作,严肃地揭露和批判了维利希-沙佩尔分裂集团的错误立场。1850年12月1日,中央委员会就当时同盟的分裂向各支部发布了告同盟书。告同盟书正确地指出,维利希-沙佩尔集团的错误行动实际上是使无产阶级运动倒退到为小资产阶级利益而斗争的地步。告同盟书说:"这些人看来好像唯有他们才代表'纯粹的无产阶级'的利益,而在他们以民主社会主义委员会的名义与法国人、波兰人和匈牙利人共同发布的最后宣言中大吹大擂的不过是革命词句,他们自命为小资产阶级社会民主共和国的先锋战士。他们就用这个办法使无产阶级甚至在运动时期倒退到旧的非政治的立场;再叫它为别的阶级利益而斗争,以便骗取它的胜利果实。"告同盟书郑重声明,只有马克思、恩格斯草拟的《1850年3月中央委员会告同盟书》才能作为指导同盟今后工作的依据。告同盟书说:"我们再说一遍,我们要奉行的政策是确定了的,它包含在今年伦敦中央委员会第一次告同盟书中。"科隆中央委员会还要求各同盟支部认真讨论这个重要文件,凡是有工人联合会的地方，也都要在联合会内讨论这个文件有关无产阶级政策的部分。

告同盟书批判了维利希－沙佩尔集团"抛弃一切理论工作"的错误观点，并且认为，由于这个原因，维利希－沙佩尔集团已经清楚表明，它绝对不可能引导工人阶级走向胜利，恰恰相反，如果继续沿着这条道路走下去，必将导致对工人阶级的背叛。

告同盟书还表明了科隆中央委员会在这次同盟分裂中坚定地站在以马克思、恩格斯为代表的多数派一边。告同盟书说："因为，我们认为，必须首先保卫同盟的原则、政策和存在，那么，除了承认中央委员会多数派的决议是明智的，并遵照执行他们的符合情况的办法，我们就没有别的什么办法。"

但是，从告同盟书所采取的语调来看，科隆中央委员会对维利希－沙佩尔集团分裂活动的危害性的认识是不够的，揭露和批判未能击中要害。不过，从当时科隆中央委员会成员的实际水平出发，能够写出这样的文件已经是难能可贵的了。马克思、恩格斯对此也是满意的。1850年12月19日，燕妮·马克思在给恩格斯的信中表达了这种心情，她写道："科隆的人们驱逐维利希及其同伙的宣言，连同新章程和传单等件，昨天公布出来了。科隆人这一次分外地坚强、活跃，并且完全坚决地对抗这一群卑鄙的人。"①

在12月1日告同盟书后面还附有科隆中央委员会草拟的新章程。新章程第一条规定："共产主义者同盟的目的是以宣传和政治斗争的一切手段达到破坏旧社会——推翻资产阶级，在精神上、政治上和经济上解放无产阶级和实现共产主义革命。在无产阶级的斗争必须经过的各个发展阶段上，同盟始终是整个运动的利益的代表者，同样，它始终力求把无产阶级的一切革命力量团结在自己的周围并把它们组织起来；它是一个秘密的组织，这个组织在无产阶级革命未达到最终目的前不得解散。"新章程规定，同盟的基层组织是支部，支部上面设区部，最高执行机

---

① 《马克思恩格斯通信集》第1卷，生活·读书·新知三联书店，1957年，第144页。

关是中央委员会。中央委员会由同盟代表大会选出,代表大会是同盟的最高权力机构。

同莫尔和沙佩尔所拟定的同盟章程相比较,新章程显然是进了一步,但仍然没有达到1847年的同盟章程的水平。它所表述的基本思想没有那样确切和简练。

为了把同盟中央所发生的事件、中央委员会改组的情况和原因及时地、原原本本地告诉德国的各个支部和盟员,科隆中央委员会先后派遣魏德迈、奥托等四名特使出使各地。

魏德迈曾经出使南德,经过布雷斯劳、息韦林和纽伦堡。但是,他发现原来同盟在当地的区部已经同中央委员会中断了联系,基本上停止了活动。于是他经过很大努力以后,在纽伦堡建立了一个由六人组成的新支部。不过,这个新支部的工作始终没有开展起来,同同盟中央也没有建立直接的联系。根据这个情况,科隆中央委员会决定将南德各个支部交给法兰克福区部就近领导。这一切表明同盟在南德的立脚地还不稳固。

奥托出使莱比锡,但没有取得任何成果。后来中央委员会又派诺特荣克出使这个地区。诺特荣克不仅完成了自己的使命,把中央发生的情况告诉当地同盟组织,并且能够摆脱警察的监视潜入柏林,在那里的工人中间开展宣传工作。

出使莱茵省的特使姓名不详。人们只知道他很顺利地完成了自己的任务。那里的情况很好,科隆区部和法兰克福区部都是同盟工作的"模范和榜样"。

科隆中央委员会还积极筹划出版机关刊物和召开第三次代表大会。在筹办同盟机关刊物的过程中,科隆中央委员会得到了盟员魏德迈的积极支持。1851年二三月间,魏德迈曾经几次到科隆同中央委员会成员商讨开展同盟的宣传组织工作问题。中央委员会在魏德迈的协助下在《西德意志报》社内商讨了出版新杂志的筹划工作。4月5日,贝克尔向马克思汇报了这个情况,并得到了马克思、恩格斯的赞同。恩格斯曾经满意地写信告诉马克思说:"……我们很快又要有刊物了(根据我们的需要),我们可以在这个刊物上反击一切进攻,而不直接以我们的名义出面。"①

同盟第三次代表大会的筹备工作也在积极进行。1851年5月中旬,诗人弗莱里格拉特到伦敦向马克思报告了德国同盟组织的活动情况。马克思在1851年5月21日致恩格斯的信中说:"弗莱里格拉特已来这里并向你问候……他从德国带来了非常好的消息。科隆人很活跃。从9月以来,他们的使者就到各地去。他们在柏林有两个很好的代表……科隆人过几星期将召开一个共产主义会议。"②这里,马克思所提到的两个代表可能是诺特荣克和雅可比。诺特荣克受科隆中央委员会的委托,于1850年11月抵达柏林,准备在那里建立共产主义者同盟的新支部。雅可比则是根据丹尼尔斯的推荐,于1851年4月底5月初,由中央委员会派往柏林协助诺特荣克开展工作的。

从总体来说,尽管同盟发生了分裂,科隆中央委员面对严峻的形势,但是它在经过不懈的努力以后,终于克服了重重困难,使同盟的活动日益走上正轨。

维利希-沙佩尔分裂集团却是另外一番情景。在分裂后的最初一段时间里由于小资产阶级狂热分子的涌入,这个集团曾经取得了虚假的表面的成就。伦敦的新盟员大部分都是它的追随者,在巴黎一下子就建立了三个新的分裂派支部。分裂集团的头目被这种表面的"胜利"冲昏了头脑,得意扬扬地自夸是不同于"文人"和"只会写文章"的盟员的"行动者",并且嘲笑"毫无组织能力,不能做任何实际工作的马克思-恩格斯集团"。维利希为了拉拢力量竟不惜同资产阶级民主派混在一起,他放弃原则,不顾金克尔曾经在拉施塔德军事法庭表现软弱的可耻行为,加入了金克尔发起的把德国革命建立在股票基础上的愚蠢活动。金克尔在美国招摇过市,兜售自己的征服计划,但没有达到目的,只带回了一

---

① 《马克思恩格斯全集》第27卷,人民出版社,1972年,第271页。

② 《马克思恩格斯全集》第27卷,人民出版社,1972年,第280页。

千五百英镑,他个人的旅费和其他费用就用去了这笔款子的三分之一。剩下的微不足道的数目被当作第一届临时政府的经费存入了一家英国银行。于是这出闹剧也就草草收场。金克尔活动的破产也是维利希靠拢资产阶级民主派策略的失败。

事实上,分裂集团所取得的表面成就是很成问题的,用革命游戏招引进去的人极不可靠,他们中的大部分人是头脑膨胀的空想家和狡猾的密探。由于他们的加入,分裂出去的那部分同盟组织已经完全变质,根本不是一个共产主义者的组织。单从这个意义上说,分裂集团已经葬送了许多支部和一时迷误的盟员。

更为严重的是:分裂集团所采取的冒险的、幼稚的斗争策略不仅会使它自身蒙受损失,而且也给同盟的秘密活动造成巨大的困难。1851年1月,维利希曾经写信给科隆的贝克尔,要求他去鼓动科隆驻军,使这支队伍起来革命,而且向贝克尔表示自己准备在科隆革命完成后担负下一步行动的领导责任。贝克尔拒绝了他的建议,同时写信告诉马克思说:"维利希的这种愚蠢行为将使许许多多的人倒霉。因为光是这样一封信就足以保证成百个审判'煽动者'的法官拿到三年的薪金。"事实确实如此。维利希秘密寄给普鲁士军官的革命号召,不出三天就刊载在《十字报》上了。贝克尔还把维利希的荒唐绝顶的信作为笑料送给威·施特芬阅读解闷。后来施特芬又把这些信的内容转告马克思,施特芬在信里这样写道:"有一天晚上,贝克尔笑逐颜开地递给我两封信,并且建议我在情绪不佳的时候阅读,他说它们的内容定会使我解闷","我反复阅读了奥古斯特·维利希写给贝克尔的这些信,果然找到了非常滑稽可笑的庄严命令(用相称的普鲁士王国的术语来说),在这些命令中大元帅和社会的救世主从英国发出指示:占领科隆,没收私有财产,建立巧妙地组织起来的军事独裁,实施军事社会法典,除一种每日公布应当怎样思想和怎样做事的命令的报纸之外,其他报纸一律禁止,还有许多其他的细节。维利希非常体谅下情,竟答应,如果在科隆和普鲁士莱茵省完成了这部分工作,他一定亲自莅临,以便区分母羊和公羊,审判活人和死人"。①维利希甚至疯狂到要"命令卡尔·马克思公民在四十八小时内赶到科隆,在格贝尔特公民的监督和支配之下领导财政事务和社会改革。如不服从此项命令,如有任何违抗或非议,以及无礼的嘲笑,当处以死刑"②。

分裂集团的这种忘乎所以,轻率而又可笑的冒险计划除了把自己暴露给反动政府以外,当然不可能收到任何积极的效果。

德国各邦政府通过它们的鹰犬轻而易举地掌握了分裂集团的内部情况,但是它们并不把这些玩弄革命儿戏的人看成重要危险。对它们来说,马克思、恩格斯和不见踪影的共产主义者同盟才是现存社会最危险的隐患。以普鲁士警察当局为核心的庞大的搜查队伍早已在德国各地展开了紧张的寻查工作。由于同盟采取了正确的策略,各项活动都在严守秘密的情况下进行,致使警察的搜查毫无成果。因此,各邦政府迫不及待地试图从维利希-沙佩尔分裂集团那里获取有关共产主义者同盟的行踪。这样,分裂集团就成了各邦政府用来破坏共产主义者同盟的一种工具。但是,由于它已经与同盟断绝了一切联系,不可能向各邦政府提供准确的情况。只是一次偶然的机会,才使德国各邦反动政府发现了同盟的踪迹,逮捕了同盟的特使诺特荣克。它们抓住这个求之不得的机会制造了轰动一时的共产党人审判案,在德国掀起了一场轩然大波。

同盟特使诺特荣克是在5月10日完成了出使任务以后在莱比锡车站检查证件时,由于没有护照而被捕的。在他身上搜出了一张同盟中央委派他出使北德意志的介绍信,《共产党宣言》,共产主义者同盟章程,中央委员会告同盟书,毕尔格尔斯、贝克尔给诺特荣克的信件和一些盟员及与同盟有关的人的通信地址。同盟中央的介绍信内容如下:

中央委员会派公民诺特荣克出使北德意志,研究同盟的工作情

①《马克思恩格斯全集》第9卷,人民出版社,1961年,第566页。
②《马克思恩格斯全集》第27卷,人民出版社,1972年,第240页。

况,并可在他认为必要时向各处发出命令,他应就这些命令随时向
中央委员会做报告。

勒泽尔、毕尔格尔斯。1850年11月4日于科隆。

这次搜查使各邦反动政府得到了同盟中央委员和许多盟员的姓名
和住址,引起了一次空前规模的对盟员的大逮捕。

5月中旬,同盟中央委员毕尔格尔斯准备在汉诺威参加一次民主派
的代表大会时,在德累斯顿突然被捕。在他身上搜出了马克思、恩格斯
起草的中央委员会告同盟书和1850年12月1日科隆中央委员会告同盟
书。同盟中央委员会的其他成员和一些盟员也相继被捕。

尽管同盟中央委员会遭到了彻底破坏,但是德国的共产主义运动并
未停止。同盟法兰克福区部的负责人魏德迈在得到逮捕的消息以后,立
即化名到科隆了解情况。随后,他便把家属安顿在乡下,自己独自一人
隐蔽在豪森的一家僻静旅馆里,继续领导着法兰克福区部的工作,并且
冒着极大的危险访问了南德意志的一些同盟支部。最后由于警察的搜
捕日益加紧,魏德迈不得不流亡瑞士。他在离开德国后于7月5日和8
月30日,把法兰克福区部的情况写信告诉马克思。他说:"法兰克福区
部有了保障",在"法兰克福大家都很团结",南德意志维尔腾堡各支部因
为"开除了共和派资产阶级分子"而获得了巩固。

魏德迈离开德国使德国同盟组织失去了一位经验丰富的领导人和
组织者。继续留在德国的盟员不得不在更为艰苦和困难的条件下,坚持
革命工作。盟员法兰克福工人联合会主席施尔巴哈曾经准备在即将于
1851年9月14日至16日在奥拉年施泰因举行的教堂落成周年纪念会上
组织一次盛大的民众集会,以便联合拿骚和普鲁士莱茵省的民主力量。
但是,这个计划由于拿骚公爵害怕民主力量集会,预先在1851年9月10
日下令禁止而未能实现。

在"工人兄弟会"中最有影响的盟员俾斯基等人一直在继续坚持
战斗。

在工人联合会中的盟员也在进行活动。盟员细木工斯特山一直负责雪茄烟工人同盟杂志《康科迪亚》的编辑工作。

但是,从总体形势来看,同盟一些地方组织和盟员的活动由于失去了中央委员会的领导和互相支持,只能是分散的、软弱无力的,对于运动的全局已经不可能产生重大影响了。

六、科隆审判案

警察阴谋

科隆审判案完全是普鲁士的警察机构根据普鲁士国王弗里德里希·威廉的旨意一手炮制的,是对德国共产主义运动的最无耻、最野蛮的破坏和镇压。

1850年11月11日,国王威廉给他的首相奥托·冯·曼托伊费尔写了一封信,把自己准备寻找借口制造事端、镇压共产主义运动的阴谋告诉他。由于这个阴谋过于卑鄙,国王威廉对自己信中所流露的想法也感到做贼心虚,要求他的首相阅后将信烧毁。但是,这封信并没有烧毁,却被曼托伊费尔保存在自己的私人档案中而流传下来。这封信的内容如下:

> 亲爱的曼托伊费尔! 我已读完金克尔潜逃的情报。这件事使我产生一个不便大声明言的念头。这就是能够创造一个解放阴谋,并使普鲁士公众看一出理当渴望已久的戏,即一个阴谋被破获并且(首先)受到惩办,施梯伯难道不是一个宝贵人才吗? 因此,请您赶快任命施梯伯,并让他能够完成自己的试验。

普鲁士的内政部和警察当局根据普鲁士国王的密旨,把特设警务顾问施梯伯放在显要地位,并立即采取行动,监视和迫害共产主义者,捏造共产主义阴谋。他们把马克思、恩格斯和他们所领导的共产主义者同盟作为这次阴谋活动的主要打击目标。他们通过普鲁士驻英使馆和驻伦敦的密探密切监视马克思、恩格斯的活动,并非法检查同德国盟员、工人活动家的信件。他们对《新莱茵报·政治经济评论》的出版和传播尤其感到惊恐。当这个刊物还在筹备出版的时候,普鲁士警方就开始注意它的进展情况,并准备采取对策。1850年2月17日,普鲁士警察总局在送给曼托伊费尔的备忘录中特别提到这个情况。备忘录指出:"这对警察说来是重要的,因为,同普鲁士革命措施有联系的马克思会利用报纸的事务同汉堡进行文字联系和文学通信以从事破坏工作。所以,最好对汉堡舒贝特出版社实行监视,以便经常知悉有关普鲁士同马克思和海因岑的书信往还所追求的目标的事态。"

普鲁士警察当局还通过偷拆私人信件的卑鄙手段获得了德国工人运动的一些情况。它在马克思致科隆盟员贝克尔的信中发现了共产主义者同盟同工人联合会的关系,但对同盟本身的活动情况仍然搞不清楚。警察当局对这个情况非常重视,当作自己的一大发现。它在1850年8月13日的报告中专门提到这个发现,着重指出:"卡尔·马克思博士和他的战友恩格斯把工人联合会看作是秘密协会的真正支柱和革命的工具。从马克思博士给科隆的贝克尔博士的一封信中,查明了德国的工人联合会的频繁活动。工人联合会采用的是并无恶意的名称:读书联合会、教育协会等。一些工人没有成立秘密协会,但是通过委员会按照它的指示进行活动。这些委员会同伦敦的中央委员会有联系,主要的学说是共产主义。"

1850年9月,共产主义者同盟发生分裂以后,维利希-沙佩尔集团的活动很快就暴露了。但是,警探们并未重视这个集团,而是集中力量来对付所谓"马克思恩格斯的共产主义者联合会"或者又叫作"马克思恩格斯的共产党"的同盟组织。后来在1852年4月6日的普鲁士警察内部刊物《柏林周报》上,专门说明了为什么要这样做。《柏林周报》说:"沙佩尔和维利希用种种办法为他们的集团收罗信徒……不过沙佩尔-维利希这个集团的团结一致从来不是特别好的;在他们的会议上常常发生激烈的冲突;他们互相怀疑,这个集团的主要成员的狂妄行动、他们的计划和活动的过火已使他们自己在共产主义信徒中逐渐失去威信,所以近来在同盟中追随共产主义者同盟从前的领袖马克思和恩格斯的人又开始多起来了,马克思和恩格斯奠定了同盟原来的基础,他们是有学问的人……直到现在他们的活动主要不是通过宣言和声明表现出来,或许在短期内表现得更要突出。衡量一个政治党派的力量的尺度是看它拥有多少坚定的,即坚持这个党的方向的人;因为在谈不到彻底理解革命运动的地方,鼓动的力量由于它的颠倒是非即使不完全破产,那么至少几乎等于零,这是显而易见的。现在已有理由可以这样说,马克思恩格斯的党,它比一切流亡者、鼓动家和中央委员会高明得多,因为它无可辩驳地掌握了较大的知识和精神力量。马克思本人是著名的人物,大家知道,他脚趾尖里的精神财富比其余整个社团的其余的人脑壳里的精神财富还要多。""马克思的党由于它的危险性,大陆上应予以极大的注意,并且必须进行不断的严密的监视,正因为如此,此间对它已予以更大的注意。"

从这个认识出发,普鲁士警察当局对来往伦敦的人们,特别是工人们和帮工们非常担心,唯恐他们在那里同马克思、恩格斯所领导的同盟发生密切联系,沾染上革命情绪。因此,1851年在伦敦举行的工业展览会竟然引起了普鲁士政府的极大惊恐。它如临大敌一般,动员了各级政府的力量来监视前往伦敦旅行的人们。1851年1月6日,普鲁士内政大臣发布命令,要求各省省长、各行政专员注意和监视工人前往伦敦的情况。4月18日,内政大臣又下令要求各行政专员按周向内政大臣报告关于前往伦敦人员的名单和情况,并由有关单位对他们的行李实行严格的检查。

从1851年4月起,根据柏林警察总监冯·辛凯尔迪的建议,德国各邦警察官长的联席会议定期举行。这样就使得搜查和迫害同盟的工作在全德各邦同时开展起来。1851年5月10日,同盟的特使诺特荣克在莱比锡车站被捕使普鲁士警察当局欣喜若狂。这个偶然的机会使他们得到了费尽心机、长久未能搜寻到的东西。普鲁士和其他一些邦的警察当局勾结起来，按照从诺特荣克身上搜出的线索，对同盟盟员进行了一次大搜捕，并在这以后准备对共产党人进行一次大规模审讯，从而掀起一个扑灭共产主义运动和消除马克思、恩格斯学说影响的狂潮。

普鲁士政府和警察当局把这个案件当成有关国家安全的重大事件来处理。1851年5月20日，柏林警察总监辛凯尔迪把关于逮捕诺特荣克的情形专门向普鲁士内务大臣做了报告。普鲁士内阁还在6月3日的一次特别会议上，讨论了逮捕同盟盟员的问题。司法大臣西蒙斯亲自出马。他于1851年6月4日向科隆检察长发布命令，要求他"采用所拥有的一切手段"，"迅速地大力地"进行"搜查、没收和暂时扣押"共产党人，并告诫说，共产主义者同盟"不仅致力于改变现存的政体，而且致力于推翻目前的社会制度"，"面临这种阴谋的巨大危险，政府期待它的一切机关在一致合作中发挥最大的力量和提高警惕，以便发觉和确定罪案，并给犯罪分子以法律制裁"。

根据普鲁士政府当局的授意，柏林警察总监辛凯尔迪在施梯伯的协助下，精心炮制了一个侦察、发现"革命阴谋"，彻底破坏共产主义运动的庞大计划。

他们为了大张声势，便于栽赃陷害被捕的盟员，力图把审讯工作集中在科隆进行，从而直接控制整个案件的进程。他们甚至违背了资产阶级的政治原则，竟然让科隆警察厅长舒尔茨具体执行他们早已安排好的审讯计划，使他成为普鲁士政府的审判台柱，而把法庭和监察官排挤到一边，并使之听从自己的调遣。辛凯尔迪还曾请求内政大臣授予舒尔茨特殊权力，使他凌驾于科隆检察长之上，而且帮助他取得邦外警官汉诺威警察厅长维尔穆特和汉堡刑事警官霍曼的协助。

辛凯尔迪有一个野心勃勃的计划，妄图把共产主义者同盟在德国的盟员一网打尽。他同德国各邦的警察机关狼狈为奸，互相交换情报，大肆查究工人联合会和搜捕盟员。他把供普鲁士国内警察机构使用的《国内周报》和供邦外警察机构使用的《邦外周报》按期分发给有关单位，并同汉诺威、萨克森和维也纳的警察、保安机构建立了"维持社会安宁和秩序的保安官员联合会"。辛凯尔迪还得到了德意志联邦议会的支持,不仅在普鲁士,而且能够在德意志其他邦进行搜捕盟员的活动。

普鲁士的警探们对于在伦敦的盟员也不肯轻易放过。辛凯尔迪的助手施梯伯从1851年到1852年一直负责领导组织德国警探在伦敦进行间谍活动:监视马克思和恩格斯,盗窃和伪造同盟的文件,派遣警探打入同盟内部。

普鲁士政府甚至通过外交途径同奥地利、沙皇俄国、意大利、英国等欧洲国家联系,要求它们采取措施把一切政治流亡者驱逐出境,妄图趁此机会建立一个新的反对共产主义者的神圣同盟。

预 审

1851年5月19日,普鲁士国家检察机关对被捕的盟员进行预审。但是预审推事根本找不到足以证明被捕盟员"因阴谋推翻政府"而必须判罪的必要材料。事态的进展使科隆的司法和检查机构左右为难,陷于窘境。科隆检察长泽肯多尔夫束手无策,不得不于6月21日向普鲁士司法大臣报告这个情况。他为了替自己辩护,把预审不能取得预期结果的原因归结为审讯的分散性和警察机构的干预。由于一八四八年革命后德国各邦未能统一,各行其是,盟员被捕的地点不同:毕尔格尔斯同诺特荣克分别在德累斯顿、莱比锡被捕,雅科比在柏林,豪普特在汉堡,其余人在科隆被捕。在当时条件下,预审是不可能集中进行的。泽肯多尔夫抓住这一点在报告中说:"审讯的分散性是从一开始就自然而然地形成的,尽可能置于统一领导之下,我认为这是有关政府和司法机关的首要任务之一。"他还要求不要让警察肆无忌惮地干预审讯工作,以免妨碍工作的进行。他说:"必须提出,今后警察当局不事先通知本地法院审讯机关而广泛参加审讯,特别是搜查,最好是限于一迟延就有危险或发现有现行活动的时候。"从这里可以看到普鲁士警察当局是多么蛮横地干预了预审,甚至连普鲁士政府的司法机关也表示强烈不满。其实审讯无法进行的真正原因在于这次耸人听闻的"革命阴谋",不是别人,正是以普鲁士国王为首的政府当局一手制造的。普鲁士政府当局很清楚,若不借助于警察的干预和伪造罪证,这桩莫须有的审判案就会成为一个政治笑柄,就会使政府声誉扫地而受到公众舆论的谴责。

当然,对于泽肯多尔夫的要求,普鲁士政府是不能完全接受的。不过,关于把审讯集中在科隆进行的建议却是正中警察当局的下怀,很快就被采纳。

普鲁士司法部不仅没有限制警察的干预,而且依据辛凯尔迪的提议,授予辛凯尔迪、施梯伯、舒尔茨和维尔穆特特殊权力,使法庭审讯机关完全变成了警察的附庸。普鲁士司法大臣还专门告诫不能很好领会政府意图的科隆检察长。他于1851年7月14日指示科隆检察长说,应该对科隆警察厅长舒尔茨"表示公务上的服从,因为这件事的重要性以及他的使命的目的需要这样做"。公开命令司法、检查官员服从警察来处理审讯工作,在资产阶级的历史上也是一桩粗暴践踏法治的丑闻。马克思一针见血地指出:"除了平常的起诉人以外,政府还得挑选一个不平常的起诉人;除了检察机关以外,还得叫警察出面;除了泽特和泽肯多尔夫以外,还得派出施梯伯和他的维尔穆特、他的鸟儿格莱夫和他的小玩意儿戈德海姆。为了用特效的警察手段不断向法律上的原告方面提供该方面所白费力气、捕风捉影地寻找的种种事实,第三种国家力量对法庭的干涉就成为不可避免的了。法庭很了解这种情况,所以庭长、法官和检察官一个个都毕恭毕敬地把自己所扮演的角色让给警务顾问兼证人施梯伯,并经常躲在他的背后。"[①]

普鲁士政府同警察当局为了把主要"罪犯"集中在科隆,进行了紧张的活动。舒尔茨亲自出马,几次到德累斯顿交涉引渡毕尔格尔斯。8月初,他终于就引渡问题同萨克森政府达成协议,毕尔格尔斯被带到科隆。8月25日,舒尔茨还专程到美因茨,对禁闭在那里的盟员列斯纳私下进

---

①《马克思恩格斯全集》第8卷,人民出版社,1961年,第463—464页。

行审问,并采取软硬兼施的手段来获取希望得到的口供。列斯纳在自己的日记中,对舒尔茨的这番丑恶表演有一段描述,他写道:舒尔茨"只有一个衷心的愿望,那就是要我把我所知道的有关共产主义者同盟的一切全部告诉他。当他明白了他的一切努力都是徒劳而从我这里什么都不可能得到的时候,他是多么失望啊。最后,当他看到这一点的时候,他就立刻收起了他那虚假的客套而变成一个严刑拷问的法官"。美因茨的监狱官吏也出来为舒尔茨助阵,对列斯纳进行威胁利诱,但都遭到列斯纳的严正拒绝。他们的目的没有达到。

辛凯尔迪对引渡能够成功表示满意,并在8月8日给内政大臣的信中专门提到了这一点。接着辛凯尔迪就指使他的部下从两个方面获取能够作为起诉依据的"罪证":第一,立即清查同盟在北德新成立的"工人兄弟会"及中德、南德的工人联合会之间的联系;第二,清查同盟同伦敦工人联合会的联系。为了迅速实现这个计划,一方面辛凯尔迪命令他派往伦敦的以施梯伯为首的警探行动小组尽可能多地提供材料,另一方面由舒尔茨亲自到北德、中德和南德视察当地工人组织的活动情况,并搜集有关的材料。这样,由舒尔茨和施梯伯共同具体负责的"侦察"工作,就同时在德国国内和伦敦紧张地进行着。但是,直到1851年10月,漫长的预审过程应当结束时,仍然没有搜寻到可供起诉的"罪证"。科隆法院检察院审理了警察为这个案件所提供的一切材料,认为仍然缺乏可靠的"罪证",并决定把案件退回警察当局再进行审查。这样,案件的预审过程又被延长了。

警察当局为了弄到起诉所需的"罪证",不择手段。他们把撬门盗锁、制造耸人听闻的"德法密谋"和直接伪造文件、栽赃陷害等卑鄙伎俩都施展出来了。

普鲁士警探采取的第一步就是撬门盗锁、偷窃文件,他们派遣间谍罗伊特同维利希-沙佩尔集团的秘书迪茨混在一起,并趁机撬锁,偷走了迪茨所保存的文件。文件中包括有七十一页厚的维利希-沙佩尔集团的通告和马克思、恩格斯及同盟中央委员会多数派退出工人教育协会的声明。前一个文件同马克思、恩格斯和他们所领导的同盟完全没有关系,后一个文件曾经在1850年9月公开在德国报纸上发表过。所以这批偷来的文件根本不能作为起诉的"罪证"。

警察当局接着就采取了第二步措施,"追查"由他们的警探自己制造的"德法密谋",并把这个密谋同马克思、恩格斯和共产主义者同盟联系起来。还在诺特荣克被捕前,警察当局就利用维利希-沙佩尔集团推行冒险策略的机会,派遣密探打进他们的组织。普鲁士暗探舍尔瓦尔(原名克列美尔)轻而易举地混入了维利希-沙佩尔集团在巴黎的一个支部。他在那里危言耸听,大发关于未来革命的空洞议论,同维利希-沙佩尔集团的论调一拍即合,所以很快就得到了信任,被选为该支部的主席,后来甚至混进了这个集团的巴黎区部的"三人委员会"。

普鲁士警察当局派出的另一名暗探吉佩利希在斯特拉斯堡钻进了维利希-沙佩尔集团的支部,并且用同样的方法,窃取了支部主席的职务。这两个人作为两颗暗藏的钉子在维利希-沙佩尔集团内部埋藏下来。不久以后就轮到两名暗探出来为警察当局效劳了。"德法密谋"的主要角色就由他们两人扮演。

吉佩利希在斯特拉斯堡空喊革命口号,进行恐怖宣传,在社会上制造武装暴动就要发生的恐怖情绪,故意损害共产主义者同盟的声誉,并在同舍尔瓦尔的通信中,策划"革命密谋",提出一些极端的主张。在舍尔瓦尔1851年2月18日给吉佩利希的信中有这样一段话:"我在读你的《一切僧侣杀无赦》一书时,得到了莫大的愉快。我想像到一些(十五个一起)拴在一根绳子上的肮脏的牲畜临死前的情景……"这封别有用心的挑拨信件故意把共产主义者歪曲为一些恐怖主义分子,然后把危害现存社会的罪名加到他们头上。

舍尔瓦尔还在另外一些信件里捏造说,在法国的斯特拉斯堡已经成立了一个十分强大的革命组织,它正在组织革命义勇军。这支军队一旦行动起来,不到一个小时就可以越过边境进入德国。他还故作神秘地预告说,在"这个五月,将爆发革命或者至少将选举国民会议,四分之三的议员将是红色共和分子,而总统将是真正的民主派"。

不言而喻,舍尔瓦尔同吉佩利希的全部通信毫无例外地都落到了施梯伯手里,成了普鲁士警探用来诬陷被捕盟员的材料。但是,这些空洞的废话,除了表现了"在下流的叫嚣、臆想的密谋和毫无结果的表面的联系掩盖下的那种无所作为"以外,仍然不能成为有力的"罪证",而且施梯伯还没有办法把这些可怜的材料同马克思、恩格斯所领导的共产主义者同盟联系起来。因此,要使这场闹剧能够继续表演下去,施梯伯就必须付出更大的努力和玩弄更狡猾的手法。

1851年9月,经过一番精心策划以后,施梯伯到达巴黎,同巴黎警察局进行交涉,要求把"德法密谋案"的主谋、"德国共产主义者"舍尔瓦尔引渡回国,以便让他出庭受审。巴黎警察局长卡尔利埃不仅同意将舍尔瓦尔引渡回德国,而且出面对巴黎的流亡者进行了一次搜捕。在这次搜查中,马克思、恩格斯的拥护者,盟员康拉德、施拉姆被捕,并被投入巴黎的马扎斯监狱。一个衣冠楚楚的普鲁士警探马上抓住这个机会,跟踪而来,企图让施拉姆在监狱里说出在德国的共产主义者同盟盟员的姓名。但是,他遭到了施拉姆的断然拒绝,结果只好悄悄地溜走了。施拉姆在法国警察当局面前也坚决否认他和"德法阴谋"有任何联系。巴黎警察局也侦察不出这方面的材料,只好在1851年10月底把他释放出狱,赶出法国。

一回到德国,警探舍尔瓦尔就以"德法密谋"主角的面貌出现,到处造谣说,1848年,他就在科隆认识了马克思,并被马克思接受为共产主义者同盟盟员。马克思、恩格斯从这出喧嚣一时的"德法密谋"的闹剧中,已经看穿了这场不同寻常的"革命儿戏"的可耻的政治目的,针锋相对地指出这是普鲁士警察炮制的反对共产主义者同盟的一个阴谋。恩格斯在1852年7月6日给马克思的信中说:"看来,巴黎密谋——根据事实判断——很可能是我们的直率的和绷着脸到处惹事的巴特尔米等人干的;在制造火炮的冒险勾当中,人们在二十英里以外就可以闻到维利希的气味。卢格等人很可能也卷进去了。而这些蒙着帆布的用煤气管子制成的火炮是霍亨索伦王朝时代的东西。"①

"德法密谋"案件确实把维利希-沙佩尔集团两个支部的一些人卷进去了,使他们也遭到逮捕。但是,从他们那里不用说找不到马克思、恩格斯的任何信件,就是马克思、恩格斯朋友的信件也很难找到。搜集"罪证"的工作还需要通过其他渠道继续进行。

普鲁士警察当局所采取的第三个步骤就是加强在伦敦的间谍活动。1851年11月,汉堡警察局把警探威廉·希尔施派往伦敦,让他混进伦敦的同盟组织。1851年12月初,他以共产主义流亡者的身份参加了"马克思的协会",并且故意找机会同维利希发生争吵以后去访问马克思,以便骗取同盟组织对他的信任。但是,汉堡的共产主义者很快就给伦敦来信,揭露了希尔施的间谍身份。1852年3月3日,马克思写信告诉恩格斯说:"汉堡的希尔施,是密探,我们已于两星期前将他逐出同盟。他是在德国加入的,我从来没有完全相信他,在他面前也从来没有发表过丝毫可供指摘的议论。"希尔施被揭露以后,从1852年7月15日起就不得不停止在流亡者中间进行公开的活动,只好把他了解到的关于马克思没有组织新的中央委员会和没有参与反政府阴谋的情况向普鲁士警察局驻伦敦的暗探格莱夫中尉报告,并商量对策。格莱夫立即示意他最后的办法就是伪造文件。格莱夫告诉他说:"部方有时需要某种东西,主要是文件,如果弄不到,那就应当想办法来弥补这种不幸!"于是希尔施就同另一个普鲁士间谍弗略里躲在伦敦的郊区伪造文件。其中包括《马克思党秘密会议原本记录》和《红色问答书》。普鲁士警察当局还模仿马克思的笔迹,伪造了一个《红色问答书》的附函。这封附函用革命委员会的名义号召人们准备迎接即将到来的革命。上面说:

公民!

因为我们完全信任您,所以我们现在把五十本"红色问答书"寄

---

① 《马克思恩格斯全集》第28卷,人民出版社,1973年,第81页。

给您,您务必在6月5日星期六晚上十一点钟把它们悄悄地塞进被公认为有革命信念的公民们、最好是工人们的家门里去。我们满怀信心地指望您的那种公民的英勇行为,因此我们等待您完成这一指示。革命比某些人所想像的更迫近了。革命万岁!

致以。

敬礼和兄弟般的情谊。

革命委员会
1852年5月于柏林①

除此以外,《柏林周报》还刊登了一份据说是1852年2月14日,马克思自伦敦发出的以"疏散你们的队伍!"为标题的通告。1852年3月20日《柏林国外周报》也刊登了一份传单,标题是"致平原、乡村和田野的人们》"。传单号召人们:"注意!请准备随时执行我们给你们的指示!——行动的时刻已指日可待!现在我们发出通知!不久我们将带来刀剑做补充!"

普鲁士警探们捏造的通知、传单、文件的内容都是十分荒唐可笑的,一望而知是打上警察烙印的拙劣作品。马克思曾经揭露说:希尔施"每周都要编造一些关于普鲁士警察当局根本无法破获的那个阴谋家组织的虚构中央委员会的虚构会议的虚构报告。这些报告的内容是最荒唐不过的。没有一个名字是确实的,没有一个姓是真有的,强加在这个或那个人身上的话,没有一句是多少有点像这个人可能说出的话"②。

这些拙劣的伪造的文件,就是普鲁士当局煞费心机炮制出来的。它企图把用恐怖手段推翻现存政府的罪名强加到马克思、恩格斯和共产主义者同盟身上,企图把这些文件作为判决被捕人员罪行的起诉证据。

---

① 《马克思恩格斯全集》第8卷,人民出版社,1961年,第518页。

② 《马克思恩格斯全集》第8卷,人民出版社,1961年,第453页。

对被捕盟员的折磨和拷问

普鲁士和德国各邦反动政府把共产主义视为洪水猛兽,对共产主义者同盟必欲置之死地而后快。它们的警察机构和监狱的官吏对被捕盟员进行了肉体上和精神上的疯狂摧残,企图从他们口中套取所谓的"罪证"。但是严刑和折磨吓不倒共产党人。马克思的忠实拥护者,第一批无产阶级革命家列斯纳和丹尼尔斯都英勇地经受了这次严峻考验,使普鲁士警察当局的一切阴谋诡计遭到了失败。

列斯纳从1851年6月18日在美因茨自己的作坊里被捕起,就开始受到接连不断的折磨和迫害。他的住宅被搜查,藏书被全部抢走。列斯纳在拘留所里被整整禁锢一天以后,才又戴上手铐,关进了美因茨一间阴暗肮脏的牢房。美因茨法庭在完全没有证据的情况下,把散发"攻击宗教和有关财产的法律制度的、教唆叛国的作品"的罪名强加在列斯纳头上,还找出同列斯纳素不相识的士兵和一位可疑的姑娘出庭作证,说他们曾经接受过列斯纳的传单。但是,这些罪名是不值一驳的。列斯纳回忆当时的情况说:"一切都是枉费心机的。这些证人从来没有见过我,也不能提出任何令人信服的东西来反对我。"结果法庭所加给列斯纳的上述罪名由于缺乏证据而不能成立。于是法庭又指控列斯纳在1848年至1850年曾经在科隆参加工人运动和参加共产主义者同盟的活动,给他加上反普鲁士国家阴谋的同盟者的罪名,把他关进了单人牢房。牢房低矮窄小,阴暗潮湿,只有九英尺长,四英尺宽,一个一英尺见方的小窗口。关在小屋里的犯人从来不放风,除了一小块天空之外什么也看不见。列斯纳在这间单人牢房里被关押了将近十个月,身体健康受到很大的摧残。

1852年5月14日,区法庭开庭审判列斯纳案件。由于警察当局所提出的种种罪名都不能成立,法庭只好利用列斯纳曾经使用"弗里德里希·卡斯腾斯"这个假名,判处他一个月监禁。

但是,科隆警察局长舒尔茨不肯轻易放过列斯纳,他企图从列斯纳身上得到共产主义者同盟的情况。他曾经威胁列斯纳说:"虽然美因茨当局不能援引任何供词来反对你,但是在另一个地方却可能做到这一点。"果然,在6月27日,即列斯纳服刑期满即将获释的前一天早上五点钟,突然发来一道命令,要列斯纳立即启程前往科隆。他甚至连衣服都来不及穿好就被押解上路了。从美因茨到科隆要步行九天,途中经过宾根和波恩等城市。警察把列斯纳作为最危险的犯人看待,白天让他戴着手铐同二三十个囚犯一起走,晚上单独看管。押解列斯纳的宪兵故意把手铐上得很紧,使他的双手都磨出了血。当列斯纳反抗这种暴行的时候,往往遭到一顿毒打。列斯纳曾经愤怒地回忆说:"市长和宪兵就想用对我的这种残酷待遇来证明他们对国王和国家的忠诚。"到达科隆之后,列斯纳又经受了肮脏、饥饿的监狱生活的折磨。尽管这样,警察当局从列斯纳身上还是什么也没有得到。

　　医生罗兰特·丹尼尔斯也在一年半的长期监狱生活中,受尽了折磨。至少有四个月时间,他被禁止同自己的妻子会见,而且长期剥夺了他看书的权利,甚至连医学书籍都不能送进监狱。他被关押在一间墙壁发霉、阴暗潮湿的单人牢房里。恶劣的生活条件夺去了丹尼尔斯的健康,使他的肺结核病迅速恶化,发展到病入膏肓、不能医治的程度,完全丧失了恢复健康的希望。所以在法庭开庭以前,普鲁士的监狱就判处了他慢性死刑。在科隆审判案结束时,丹尼尔斯被宣判无罪获释,但是他一直面临着死神的威胁,在他生命的最后三年里,不得不同病魔做痛苦的斗争。1855年8月29日早晨6时,这位第一代无产阶级革命家停止了呼吸。马克思对丹尼尔斯的逝世是非常惋惜和悲痛的。他给恩格斯写信说:"你也许已经从《科隆日报》上知道了我们的朋友丹尼尔斯去世的消息。他完全是作为普鲁士警察的卑鄙龌龊行为的牺牲品而死去的。你我都应该给他的妻子写信表示哀悼……"

马克思、恩格斯为援救被捕盟员而斗争

马克思、恩格斯对被捕的盟员非常关注。5月底，他们刚得悉诺特荣克、贝克尔和勒泽尔被捕的消息，立即写信要求魏德迈去科隆了解搜捕的情况和警察当局在搜捕中可能掌握的材料。当时魏德迈也是被搜捕的主要对象之一。他冒着极大危险于6月初离开法兰克福去科隆，为了避开警探的追捕，只在那里（停留）一天。6月10日，魏德迈把他所搜集到的情况写信告诉马克思。马克思从他那里得知，从诺特荣克身上搜出了一些中央委员会的通告，这些文件暴露了勒泽尔、毕尔格尔斯和贝克尔中央委员的身份，致使三人被捕。警察当局还在威斯特伐利亚进行搜捕。

马克思对这次搜捕的原因进行了分析。他根据维利希-沙佩尔集团所发出的"行动起来！"的叫嚷和种种"革命"喧嚣，判定这个分裂集团的活动是造成这次逮捕的一个因素。马克思在5月28日致恩格斯的信中写道："警察对特使等采取这些措施，我们认为完全是由于伦敦的蠢驴们的哀叫所造成的。这些风箱们知道，他们既没有阴谋造反，也没有追求任何现实的目标，在德国也没有一个组织支持自己。他们只愿作出危险的样子，给报纸的磨车供料。因此，这些无赖是在阻碍和危害现实的运动，并使警察找到踪迹。什么时候有过这样一种供认自己的目标纯粹是吹牛的党呢？"[①]马克思、恩格斯也估计到警察当局单靠搜获的同盟文件和材料是不足以构成提出刑事诉讼的理由的。而如果真正把这些东西公布出来，那只会使警察当局搬起石头砸自己的脚，处于被动的局面。

但是，愚蠢的警察当局为了制造对"红色幽灵"的恐怖气氛，竟然让《科隆日报》发表了1850年12月1日科隆中央委员的通告。然而，这个通告的发表不仅没有提供什么反对共产主义者同盟的炮弹，反而使整个欧洲都知道了维利希-沙佩尔集团从同盟分裂出去的情况，使得警探们在这

---

① 《马克思恩格斯全集》第27卷，人民出版社，1972年，第288页。

个分裂集团的两个支部内制造的"德法阴谋"案件完全不可能同马克思、恩格斯所领导的同盟联系起来了。唯一对被捕人不利的地方就是科隆中央委员会所草拟的新章程第一条中"革命活动的一切手段"那句话。它可能被警察当局利用来使案情从普通秘密结社的范围转化为"叛国"问题的范围。接着《科隆日报》又以"共产主义者同盟"为标题,发表了马克思、恩格斯草拟的1850年3月《中央委员会告共产主义者同盟书》。马克思曾经对公布这个文件的后果做了分析,他认为:这个文件"实际上不是别的,而是对民主派的作战计划。一方面,发表这个文件是好的,可以与毕尔格尔斯的形式上多少有些荒唐和内容上不大令人愉快的文件相抗衡。另一方面,这个文件的某些地方会使被捕者的处境更为困难"①。

1850年3月《中央委员会告共产主义者同盟书》在报纸上公开发表出来,使马克思、恩格斯为盟员判定的策略原则得到了一次广泛的、公开的传播,产生了出乎警察当局预料的效果。恩格斯在1851年7月17日致马克思的信中高兴地指出:"……这一文件公布出来并转载于一切报纸,这在其他一切方面都有极大的好处。完全不为人所知、但是从过去的经验看来必定散布于德国各地的、由新进的共产主义者组成的单个的秘密小组,将由此获得一个很好的支柱,就是从《奥格斯堡报》的文章中也可以看出,这个文件,同最初的发现比起来,对它起了完全不同的作用。"②恩格斯在1851年7月20日左右致马克思的信中再一次谈到发表这个文件所造成的积极影响。他写道:"……如我所预见的,到处都有共产主义小组在《宣言》的基础上建立起来,这是使我非常高兴的。这正是我们在迄今的总参谋部软弱的情况下所缺乏的东西。"③

自从7月间魏德迈离开德国流亡瑞士开始,马克思、恩格斯几乎完全失去了关于被捕盟员情况的消息来源。他们只能主要依靠报刊上所

---

①《马克思恩格斯全集》第27卷,人民出版社,1972年,第296页。

②《马克思恩格斯全集》第27卷,人民出版社,1972年,第302—303页。

③《马克思恩格斯全集》第27卷,人民出版社,1972年,第307页。

透露的极其有限的和远非真实可靠的消息来考虑和确定援助被捕盟员的计划和措施。一直到1851年8月18日，一个逃脱警察搜捕的、从未同马克思见过面的盟员贝尔姆巴赫开始给马克思写信报告预审进行的情况。他的报告为马克思、恩格斯提供了非常及时和宝贵的资料，对于援救被捕人员的斗争起到了很好的作用。马克思揭露科隆审判案的文章主要是根据他提供的材料写成的。

马克思、恩格斯考虑到德国境内同盟组织遭到破坏、盟员活动十分困难的情况，决定利用各国报刊，揭露和谴责普鲁士警察当局践踏法律，侵犯人权的暴行，以便使它在各国社会舆论的压力下，被迫缩短侦讯过程，从而减轻被捕人员所受的折磨。1851年底，马克思、恩格斯运用自己的影响，争取同时在法国、美国、英国和瑞士的报刊上发表揭露审判案的声明和文章，造成反对迫害被捕盟员的强大舆论。为此，马克思把一些抨击普鲁士司法部门的信件寄往巴黎，恩格斯也给《泰晤士报》寄发了稿件。沃尔弗则为美国和瑞士的报刊撰写文章。但不幸的是，这些报纸和刊物的老板不愿意触怒普鲁士政府，也不愿意帮助共产主义者，因而拒绝发表这些文章和声明。马克思、恩格斯的计划当然也就无法实现。然而，马克思、恩格斯并未因此放松努力。他们仍然倾注了巨大精力，继续组织和撰写许多揭露和批判文章。尽管这些文章在科隆审判案正式开庭以前都未能在报刊上公开发表，但却为被捕盟员整理和积累了大量辩护材料，也为马克思后来撰写《揭露科隆共产党人案件》一书做好了准备。

科隆审判

1852年9月20日，《科隆日报》登载了如下消息："科隆。9月20日。对在德国广设分支机构的共产主义者的阴谋的大政治审判案，定于10月4日开庭。贝克尔和另外九个被告的案件，将由科隆陪审法庭审理……证人中有记者施特列福斯和一个前军官，以及几个手工业者和警官。代替去世的警察局长舒尔茨出庭的将是警务顾问施梯伯。"经过普鲁士警察当局精心策划的对共产主义者的诬告陷害,变成了一个轰动一时的大案件。马克思、恩格斯能够收到的关于开庭审判的最早消息就是《科隆日报》的这条新闻。不久,贝尔姆巴赫也向马克思报告了即将进行审讯的消息,并且分析了普鲁士警察当局的企图。他写道:"就我所知,为对付一些被告,已经提出来了新罪状,以致无论如何,甚至在宣判无罪的情况下,他们也不会得到自由。尤其是对贝克尔和雅可比提出了新罪状。后者的罪名是他在1848年给朋友的一封信里侮辱过国王陛下。由此可以看出,为了无论如何要实现自己的意图,侦察深入得多么远。"贝尔姆巴赫还告诉马克思说,在起诉书中多次提到了他的名字,显然普鲁士警方把马克思也作为一个最重要的被告。

审讯从10月4日开始到11月12日结束。在审讯过程中,警察成群结队,高踞法庭的证人席上。他们带着伪造的证据,肆意卑鄙无耻地诬陷被捕的盟员。马克思曾经尖锐地揭露说:"在法庭辩论时,到场的有两个警察厅长——一个活的,一个死的①;一个警务顾问——而这就是施梯伯;两个警监,其中一个经常从伦敦跑科隆,另一个则经常从科隆跑伦敦;许许多多警探和下级警探,他们有时用真名,有时又匿名,有时用五花八门的名字,有时又用化名,带尾巴的和不带尾巴的;另外还有一个警察局督察员。"②

警察当局在法庭上所能拿出来的材料包括两部分。一部分是搜捕时发现的文件,这些文件只能证明被捕者是共产主义者同盟的领导人和成员,却不能证明他们犯有任何"革命密谋"的罪行。另一部分是警察当局在一年半预审期中伪造的各种假材料,其中主要是"德法阴谋"材料、《原本记录》《红色问答书》及其附函。不过这些材料漏洞百出,经不起反驳。

为了替被捕盟员进行辩护,马克思曾经对警察当局的控告写了一份

---

① 舒尔茨于1852年夏天死去,但他所搜罗的"罪证"却被带到法庭上来了。——作者注
② 《马克思恩格斯全集》第8卷,人民出版社,1961年,第519页。

详细批判材料,并于10月14日寄给科隆商人科斯特,由他经贝尔姆巴赫转交辩护律师施奈德尔二世。但这封信件被警察当局截获,使施奈德尔二世失去了一次痛斥警察当局卑鄙行径的机会。

开庭以后,施梯伯在法庭上抛出的第一批材料,就是所谓的"舍尔瓦尔密谋案",也即是"德法阴谋"案件。10月18日,施梯伯在法庭上宣称,"德法阴谋"同马克思和科隆中央委员会有关系。两天后,马克思得知这个情况,立即向几家报纸送去了揭露施梯伯假证词的文章,并把对这个事件的详细说明寄给了施奈德尔二世。施奈德尔二世根据这些材料揭穿了施梯伯的骗局,指出"德法阴谋"纯属警察当局自己一手制造的闹剧。

施梯伯抛出的第二个材料《原本记录》也是站不住脚的。马克思揭露说:"原本记录并不是一个孤立的情节;它是政府活动的种种线索,即来自大使馆和警察当局、内阁和各地方当局、检察机关和邮政局、伦敦、柏林和科隆,等等方面的种种线索的集结点。原本记录对案件具有如此重大的意义,以致把它发明出来,完全是为了制造案件。派信使、发快信、扣留信件、逮捕、违背誓言,无非都是为了使原本纪录保持有效,falsa〔伪造〕,无非是为了制造原本记录;企图收买,无非是为了证明原始记录是真的。"①马克思把揭露警察当局伪造《原本记录》的材料通过非常曲折的途径寄到被告辩护人手中,使施梯伯抛出的这个"罪证"又破产了。

要把科隆审判案这个大骗局揭穿,并且针锋相对地及时地把警察当局提出的经过精心炮制的假材料一一驳倒,是一项非常复杂而又艰巨的工作。为此,马克思和他的拥护者在伦敦夜以继日地展开了紧张的工作。马克思夫人燕妮·马克思曾经在她给克路斯的信中谈到当时的情况说:"我们这里现在有了整套办事机构。两三个人写东西,另一些人跑腿,还有一些人筹集便士,以便使写东西的人能够生活下去,并能把前所

---

①《马克思恩格斯全集》第8卷,人民出版社,1961年,第532页。

未闻的丑行的证据端到旧的官方世界的面前。"①马克思本人经常工作到深夜,把写好的材料誊写六至八份,通过不同途径经法兰克福、巴黎等地寄到科隆去。这样才可能冲破警察的封锁,使材料至少有一份能够寄到辩护人手中。也正因为被捕盟员的辩护人手中掌握有从伦敦寄来的无可辩驳的材料,施梯伯所抛出的《原本记录》才可能在23日开庭时被完全驳倒。马克思对这一胜利做了充分的估计,他认为:"原本记录的秘密被揭穿就等于巨大案件的秘密被揭穿。"②燕妮·马克思也认为:"10月23日的开庭,使整个案件发生了惹人注目的、有利于被告的大转变。"③

现在,在施梯伯手里还剩下的假材料只有所谓的《红色问答书》和它的附函了。10月27日,克雷弗尔得警察局的督察员荣克尔曼出庭作证说,他曾经没收了一个小包裹,里面装有五十本《红色问答书》和一封据说是马克思写的附函。马克思在得悉这个消息后,立刻发表正式声明:

1. 他未曾写过上述的附函;

2. 他只是从《科隆日报》上才知道有这封附函;

3. 他从未见过所谓的《红色问答书》;

4. 他从未以任何方式帮助散发过这种《红色问答书》。④

马克思把这个声明寄给了科隆的辩护人,同时在英国的报纸上登载出来,使法庭不得不承认《红色问答书》和附函同科隆审判案完全无关。

这样,施梯伯所抛出的三种假"罪证"就都被一一戳穿了,警察阴谋遭到彻底破产。普鲁士反动政府也陷入了进退维谷的困境,它只好采取运用所控制的各种舆论工具来攻击被捕者所遵循的学说,把马克思、恩格斯和盟员描写为"对近四年来欧洲的整个历史,以及1848年和1849年所有革命震荡要负完全责任的危险的阴谋家"。但是,这种攻击和诬蔑

①《马克思恩格斯全集》第28卷,人民出版社,1973年,第650页。

②《马克思恩格斯全集》第8卷,人民出版社,1961年,第532页。

③《马克思恩格斯全集》第28卷,人民出版社,1973年,第648页。

④《马克思恩格斯全集》第8卷,人民出版社,1961年,第519页。

并不能帮助普鲁士政府和警察当局摆脱困境。正如马克思所说的："随着记录本的真相大白，案件已进入了一个新的阶段。现在陪审员们已无法承认被告有罪还是无罪了；现在他们必须承认的是：被告有罪，还是政府有罪。宣判被告无罪就等于判决政府有罪。"①

在这种情况下，普鲁士政府就采取了最后的手段，撕去维护法律的外衣，露出本来的狰狞面目，把莫须有的罪名强加到被捕盟员头上。1852年11月12日，法庭正式宣判：勒泽尔、毕尔格尔斯和诺特荣克被判处六年徒刑；赖夫、奥托和贝克尔被判五年徒刑；列斯纳被判三年徒刑；丹尼尔斯、克莱因、雅科比和埃尔哈特被宣判无罪。

然而，科隆审判案并没有使共产主义者在世界舆论面前声誉扫地，恰恰相反，它使普鲁士政府的反动面貌和它的一切卑鄙伎俩完全暴露在光天化日之下而受到人们的谴责。

在整个科隆审判案中，维利希-沙佩尔分裂集团扮演了极不光彩的角色。正是他们给警察当局提供了反对共产主义者同盟的大批材料和借口：他们空喊革命，常常把一些文理不通，自以为"革命"的文件寄到德国，落入警察手中，他们的档案文件由于管理不严被警探偷去当作攻击被捕盟员的炮弹；他们还纵容警探在自己的组织中进行煽动，策划所谓"德法阴谋"。而在开庭审判的过程中，这个集团的成员亨策、黑特采尔和斯泰因根斯竟坐在王室证人的席位上，提供一些假情况来诬陷被告。在希尔施伪造《原本记录》的行为被揭穿后，知道他的行踪的维利希不仅没有通知英国政府把这个现行的刑事犯拘捕归案，而且还送他上船逃往德国，使同盟失去了揭露普鲁士政府、帮助被告澄清问题的一个大好机会。维利希对另一个伪造"罪证"的普鲁士警探弗略里也同样采取了包庇的态度。

马克思对维利希-沙佩尔集团的十分可疑的表现，曾经进行过批评和揭露。他于1851年6月间写信告诉魏德迈说："我现在从可靠方面获

---

①《马克思恩格斯全集》第8卷，人民出版社，1961年，第530页。

悉，我们的朋友们被捕是因为出现了叛变和告密。我从心眼里确信，维利希先生和沙佩尔先生，以及他们那帮下贱的坏蛋直接参与了这一卑鄙勾当。"①从背叛马克思、恩格斯的学说，分裂同盟这个意义上说，维利希和沙佩尔无疑是进行了背叛活动。而且他们玩弄革命儿戏所造成的严重后果，已经使同盟的事业蒙受了巨大损失。马克思完全正确地指出："在危急关头，轻举妄动会成为一种要求公开赎罪的反党罪行。"②不过，科隆中央委员会被破坏，事实上不是由于维利希、沙佩尔的出卖造成的。在经过一段时间事情完全澄清以后，马克思在1860年3月3日致斐拉萨尔的信中收回了对维利希和沙佩尔在这个问题上的谴责。马克思坦率地承认，在《揭露科隆共产党人案件》中，有些人，特别是沙佩尔、奥·迪茨受到了不公正的攻击。1875年，马克思在为《揭露科隆共产党人案件》所写的第二版跋中进一步说明了维利希、沙佩尔犯错误的原因并重新对他们做出评价。他指出，两人在经受暴力镇压以后受到了极大的震动，因而在较长时期内失去了自制力，看不清历史的进程，不了解运动的形式已经改变，醉心于玩弄秘密阴谋和革命儿戏。这就使他们自己和他们为之服务的事业都同样声誉扫地。不过，后来维利希在北美内战中证明，他比一个纯粹的幻想家要好一些，而毕生都是工人运动的先锋战士的沙佩尔，在科隆案件结束后不久，就懂得并且承认了自己的一时迷误。

的确，经过马克思、恩格斯长期培养的沙佩尔是和维利希不同的。他认识错误比较快，而且采取实事求是、知过必改的态度，表现了无产阶级革命家所应有的风格。早在1852年7月3日，沙佩尔就曾经通过伊曼特向马克思表示愿意悔过。马克思要求沙佩尔首先必须同维利希公开决裂，因为当时维利希还同金克尔混在一起，而且"就是用一百匹马力也不能使维利希同钱柜分离"。由于沙佩尔还没有下决心立即同维利希决裂，马克思采取了耐心等待和细心观察的态度，并同沙佩尔保持了私人接触

①《马克思恩格斯全集》第27卷，人民出版社，1972年，第580页。
②《马克思恩格斯全集》第18卷，人民出版社，1964年，第625页。

以便把他争取到自己一边。1856年4月，马克思对恩格斯说："我又和朋友沙佩尔见了几次面，我发现他是一个正在痛心忏悔的罪人。他近两年来所过的闭门幽居生活，看来对他的智力有相当大的磨炼。你知道，有这个人在手边无论如何是好事情，尤其是把他从维利希手里争取过来。"①

沙佩尔承认错误的诚恳态度受到马克思的注意。后来马克思曾经提到这件事情。他说："沙佩尔本人……承认：我反对他们在原则上是正确的，他们干了许多蠢事，如果他们不被怀疑，那倒是怪事；那时维利希发疯了，准备不惜采取任何措施来反对我，而且实际上也对我和我的朋友采取了一系列卑鄙的行动。"②1859年，马克思通过普芬德介绍沙佩尔参加伦敦工人教育协会。从此，沙佩尔又重新回到第一批无产阶级革命家的战斗行列里来，成为马克思、恩格斯的得力助手。

为了驳斥资产阶级就同盟分裂问题对马克思的诽谤，沙佩尔于1860年5月11日写信给马克思，并附有说明事实真相的声明，请马克思酌情处理。信里这样写道："亲爱的马克思！由于近来又有人写作和发表了不少有关我们过去的分裂的诽言谤语，所以我认为有必要为了党的利益做如下的简短声明，并把它交给你，由你看情况处理。"沙佩尔在声明中指出，他和维利希同马克思、恩格斯的分歧的"原因是观点的不同，但这种不同不是由私人的关系而引起的。问题在于，维利希是同伦敦的流亡者集团有联系的，他打算把这些集团联合到一起，马克思和恩格斯则坚决表示，在当前情况下，这种联合不会有任何好处，而只会有害于有自己组织和自己宗旨的共产党，因此他们表示，维利希应当和上述集团断绝关系或是离开党……这种观点上的分歧，而且只有这种分歧才是我们当时的分裂和后来决裂的原因……决裂之后的一切调和的做法都遭到了可耻的失败。这一点最显明地证明，当马克思和恩格斯宣称宁肯分裂也不愿进行这样的调和时，他们是完全正确的"。

---

① 《马克思恩格斯全集》第29卷，人民出版社，1972年，第47页。
② 《马克思恩格斯全集》第30卷，人民出版社，1975年，第492—493页。

这个声明无可辩驳地纠正了沙佩尔和维利希过去曾经宣扬过的关于同盟分裂是由马克思、恩格斯同他们之间的个人恩怨造成的错误说法。沙佩尔在纠正错误以后非常注意自己的晚节,他兢兢业业地对待每一项具体革命工作,为伟大的共产主义事业献出了自己的全部精力。1865年,他被选为第一国际总委员会委员,并成为第一国际内部马克思的热烈拥护者,直到1870年4月病危的时候还同疾病做顽强的斗争,并对马克思说:"请告诉我们所有的人,我是忠于我们的原则的。我不是理论家。在反动年代里,为了养家糊口,我不得不拼命干。我生是一个普通的劳动者,死是一个无产者。"马克思深为沙佩尔的这种精神所感动,曾感慨地说:"他性格里的那种真正刚毅勇敢的气概,现在又清楚而鲜明地表露出来。"[1]

科隆审判案表明反动势力的加强,结束了国际共产主义运动和德国工人运动的第一个时期。共产主义者同盟已经光辉地完成了自己的历史使命。同时,这一时期的历史表明,在未来欧洲和美洲无产阶级国际运动不断壮大的时期,秘密同盟这种狭窄的组织形式必将成为继续发展的桎梏了。1852年11月17日,根据马克思的提议,共产主义者同盟宣布解散。此后开始了国际共产主义运动更为壮大、更为成熟的时期。

---

[1]《马克思恩格斯全集》第32卷,人民出版社,1974年,第472页。

七、革命无产阶级的机关报——《新莱茵报》

在国际共产主义运动史上,《新莱茵报》占据着非常重要的地位。它是马克思、恩格斯和共产主义者同盟的一些著名活动家在欧洲一八四八年革命中的主要活动阵地和宣传阵地。这份报纸从 1848 年 6 月 1 日创刊到 1849 年 5 月 19 日被勒令停刊,历时约一年,发行了 301 期。马克思、恩格斯所制定的关于无产阶级在这次革命中的方针、政策和策略都是通过《新莱茵报》来宣传贯彻的。特别是在共产主义者同盟中央委员会已经不能采取通常办法来保持和分散各地盟员的联系的情况下,《新莱茵报》实际上起了一八四八年革命运动宣传鼓动者与组织者的作用。虽然由于客观形势的限制,《新莱茵报》的旗帜只能是革命民主派的旗帜,但是它到处都显露出自己的无产阶级性质,是"革命无产阶级最好的机关报"①。

《新莱茵报》的纲领是无产阶级
在德国资产阶级革命中唯一正确的纲领

一八四八年革命前夕,在政治上德国还是一个封建专制统治和四分五裂的国家。全国分为三十五个邦国和四个自由市:一个帝国(奥地利),五个王国(普鲁士、巴伐利亚、萨克森、汉诺威、符腾堡)和几十个公国、侯国。这种情况严重地阻碍着德国资本主义的发展,使得它在经济

---

① 《列宁全集》第 21 卷,人民出版社,1959 年,第 60 页。

上落后于英法而居于第三位。因此，结束封建分裂局面，建立统一的民主共和国是当时德国革命的中心任务。这次革命就其性质来说是一次资产阶级民主革命。

英国资产阶级在17世纪英国革命中、法国资产阶级在18世纪法国革命中都曾经扮演过主要角色，而德国资产阶级则由于自己的软弱和德国无产阶级力量的成长，在德国一八四八年革命中已失去了争取一个民主德国的勇气和信念。因而也就不可能提出一个比较彻底的资产阶级革命纲领，甚至连平等、自由、民主这些本来是资产阶级在革命中应当争得的权利，都不敢提出，此时此刻它所念念不忘的是如何实现在宰割工农群众基础上的与封建势力的共同统治。德国是一个最缺乏民主、自由的国家，这对于德国无产阶级的成长起着严重的阻碍作用。在德国对书报实行严厉的检查，政府可以随意查封报纸，驱赶和惩罚持有不同政见的人们。例如，1842年底，资产阶级进步派的报纸《莱比锡总汇报》遭到查封。马克思主持编辑工作时期的《莱茵报》也被迫停刊。后来马克思本人也由于参加革命运动而被驱赶出德国国境。德国工人阶级的活动只能在极端秘密的条件下进行，所以，"当时德国工人应当首先争得那些为独立地组成阶级政党所必需的权利：出版、结社和集会的自由"[1]。

在德国一八四八年革命中，马克思、恩格斯为《新莱茵报》制定政治纲领的要点是，"建立统一的、不可分割的、民主的德意志共和国和对俄国进行一场包括恢复波兰的战争"[2]。这个纲领的核心就是尽量争取最大限度的民主，反对封建专制势力及其支柱沙皇俄国。只有实现了这些要求，才能为未来的无产阶级革命创造必要的条件。如果德国无产阶级脱离当时的客观实际，不站在彻底的民主派的立场，那它就会丧失群众，成为沙漠中的布道者。所以说《新莱茵报》的政治纲领是无产阶级在德国资产阶级革命中唯一正确的纲领。

---

① 《马克思恩格斯选集》第四卷，人民出版社，1972年，第178页。

② 《马克思恩格斯选集》第四卷，人民出版社，1972年，第180页。

《新莱茵报》的编辑部是团结、教育无产阶级的核心

一八四八年革命爆发后,在正在高涨的人民群众运动洪流中,过去主要依靠秘密活动在德国开展工作的共产主义者同盟中央委员会和各区部、支部的日常联系渠道被打乱,盟员流动很大,致使联系大为削弱,对它们已经不可能个别地、具体地加以指导,而只能发出最一般的指示。像这样的指示,在三月革命后,德国人民已经取得一定自由的情况下,由一份大型日报来传播是要好得多的。所以马克思在1848年4月初进入德国以后,没有立即恢复共产主义者同盟中央委员会,而是在当时德国最先进的地区——莱茵省的中心科隆筹建了《新莱茵报》。马克思担任报纸的总编辑,恩格斯担任总编辑的助手。共产主义者同盟的著名活动家威廉·沃尔弗、乔治·维尔特、恩斯特·德朗克、斐迪南·弗莱里格拉特等人参加编辑部的工作。《新莱茵报》实际上起到了共产主义者同盟中央委员会的作用,成为一八四八年革命中团结、教育无产阶级的核心。

在马克思、恩格斯的领导下,《新莱茵报》编辑部不仅对于德国,而且对于欧洲其他国家的阶级斗争,各个政党的动向、议会机关和群众组织的活动都及时进行了深入的分析和评论,规定了无产阶级应当采取的立场和策略,对他们的每一个成就给予热情的鼓励和支持。例如,柏林三月革命的硝烟还未散尽,大资本家康普豪森等人投靠国王,组成资产阶级自由派的新政府,保留了封建国家机器,留用了全部旧官吏,公开声言他们是"王朝的挡箭牌",他们甚至请求国王向柏林调集军队,准备镇压革命人民。针对这个情况,《新莱茵报》连续刊载文章,揭露和痛斥资产阶级自由派的阴谋,指出:"在街垒战中牺牲的战士们的冰冷尸体成了通向3月29日内阁的道路上的路标和指南。"[①]"人民让大资产阶级的代表去组阁,可是这些大资产阶级的代表却建议和旧普鲁士的贵族、官僚结

---

① 《马克思恩格斯全集》第5卷,人民出版社,1958年,第28页。

成同盟。"①《新莱茵报》同时号召、鼓励和推动工人阶级和一切民主分子,继续把民主革命进行到底。例如,马克思、恩格斯通过《新莱茵报》高度赞扬了6月14日愤怒的柏林工人和手工业者为了回答普鲁士国民议会对三月革命的背叛,攻占了军械库,用军火武装人民的革命行动。《新莱茵报》的文章指出:"6月14日的事件不过是第二次革命的第一道闪电"②,"柏林人民在6月14日表现了完全正确的革命机智"③。

《新莱茵报》编辑部还按照马克思、恩格斯的意图,把当时由于革命形势的发展而出现的各种民主团体和工人联合会团结在自己周围,竭力促进全国各地民主力量的联合,使革命队伍不断壮大。《新莱茵报》编辑部同柏林、维也纳、汉堡、美因茨、科布林兹、汉姆、杜塞尔多夫、爱北斐特、巴门等城市的工人组织取得了联系。马克思、恩格斯还参加了科隆工人联合会和各民主组织的活动,并且号召他们的支持者,不但要参加各地的工人联合会,而且要在民主协会中积极开展工作。在马克思、恩格斯和《新莱茵报》编辑部其他成员的努力下,1848年8月13日—14日,莱茵省民主主义者第一次代表大会得以在科隆召开。马克思、恩格斯参加了大会。出席大会的共有十七个民主团体的四十名代表。大会通过了必须在工厂和农村开展工作和建立组织的正确决议。

马克思、恩格斯领导下的《新莱茵报》编辑部在组织群众和宣传群众方面取得了巨大成就,自然而然地成为各个工人联合会和民主团体的核心。1848年秋天,它已经能够在革命的紧要关头,动员成千上万的群众参加反对政府反动阴谋的斗争。1848年9月中旬,当普鲁士国王及其仆从们企图全面发动反革命政变,解散资产阶级议会,策划成立在军队刺刀保护下的反动亲王内阁的时候,《新莱茵报》编辑部立即在报纸上刊登了马克思的文章,号召人们做好准备,一旦国王胆敢采取行动,就用

①《马克思恩格斯全集》第5卷,人民出版社,1958年,第73页。

②《马克思恩格斯全集》第5卷,人民出版社,1958年,第92页。

③《马克思恩格斯全集》第5卷,人民出版社,1958年,第103页。

1830年7月29日和1848年2月24日那样的起义作为回答,并且指出事变的进程,"将取决于人民的行动,尤其是取决于民主党派的行动"①。为了打击普鲁士政府的反动气焰,《新莱茵报》编辑部联合科隆工人联合会和民主协会在佛兰肯广场举行一次六千人的大会,通过了恩格斯起草的致普鲁士国民议会的呼吁书,要求国民议会议员不要在武力威胁面前退却,敢于起来反对政府解散国民议会的罪恶企图。大会选出了马克思、恩格斯、《新莱茵报》编辑沃尔弗等三十人组成的安全委员会来领导这场斗争。9月17日,《新莱茵报》编辑部和科隆工人联合会的领导人又在沃林根召集了一次约有八千人参加的工农群众大会。这两次大会充分显示了《新莱茵报》编辑部的战斗力,使普鲁士政府大为吃惊。

《新莱茵报》编辑部本身也是一个坚强的战斗队,"编辑室内的八支步枪和二百五十发子弹,以及排字工人头上戴着的红色雅各宾帽",使得它在普鲁士"军官们的眼中也成了一个不能用简单的奇袭来夺取的堡垒"②,以致科隆的八千驻军和岗哨在长达一年之久的时间内不敢轻易触犯《新莱茵报》。最后,只是在反革命势力开始全面进攻,政府以整个军团作为后盾,蛮横地下令报纸停刊的情况下,《新莱茵报》编辑们才携带着自己的枪支和行装,奏着军乐,高举着印成红色的最后一号报纸,从容不迫地退却了。《新莱茵报》编辑部临危不惧,不愧是无产阶级的革命战斗堡垒。

《新莱茵报》在各个具体场合都强调了自己的无产阶级性质

《共产党宣言》明确规定了共产党人在德国的任务:"在德国,只要资产阶级采取革命的行动,共产党就同它一起去反对君主专制、封建土地所有制和小市民的反动性。"

---

① 《马克思恩格斯全集》第5卷,人民出版社,1958年,第473页,
② 《马克思恩格斯全集》第4卷,人民出版社,1958年,第184页。

"但是，共产党一分钟也不忽略教育工人尽可能明确地意识到资产阶级和无产阶级的敌对的对立，以便德国工人能够立刻利用资产阶级统治所必然带来的社会的和政治的条件作为反对资产阶级的武器，以便在推翻德国的反动阶级之后立刻开始反对资产阶级本身的斗争。"①《新莱茵报》自始至终为贯彻这个精神而斗争，在各个具体场合都强调了特殊的无产阶级性质。在德国建立什么形式的国家最符合无产阶级利益这个根本问题上，《新莱茵报》采取了同资产阶级、小资产阶级完全不同的立场。《新莱茵报》抨击了自由资产阶级关于以普鲁士王国或奥地利帝国为中心来实现德国统一的反动计划，同时也反对小资产阶级民主派的错误主张。当时小资产阶级的北德意志派希望建立一个以普鲁士为中心的统一的、民主的君主立宪帝国，小资产阶级的南德意志派则希望把德国变为瑞士式的联邦共和国。《新莱茵报》提出，只有在彻底消灭普鲁士、奥地利和其他各邦的封建专制制度基础上建立起来的统一的民主共和国才符合德国无产阶级的利益。恩格斯说："不论是把德国普鲁士化，或者是把德国的小邦割据情况永远保存下去，都是同无产阶级利益相抵触的。无产阶级的利益迫切要求德国彻底统一成一个民族，只有这样才能把过去遗留下来的一切琐碎障碍除掉而扫清无产阶级同资产阶级较量的战场。"②

　　《新莱茵报》特别注意无产阶级在同小资产阶级进行共同斗争中划清界限，同他们进行必要的斗争，在斗争中求得团结。恩格斯曾经指出："凡是民主派小资产阶级想用它惯用的词句——我们大家希望的东西都是一样的，一切分歧只是出于误会——来抹杀它与无产阶级的阶级对立的场合，我们也反对了民主派小资产阶级。而我们越是不让小资产阶级对我们无产阶级民主派发生误解，它对我们就越顺从，越好说话。"③《新

---

① 《马克思恩格斯选集》第一卷，人民出版社，1956年，第285页。

② 《马克思恩格斯选集》第四卷，人民出版社，1958年，第180页。

③ 《马克思恩格斯选集》第四卷，人民出版社，1958年，第181—182页。

莱茵报》首先批评了小资产阶级的动摇性和幻想,指出柏林三月革命"是一个不彻底的革命,只是长期的革命运动的开端"①,而不是革命的结束。小资产阶级的民主派所宣扬的革命已经成功的思想是一种愚蠢而有害的思想。

1849年春天,当德国工人阶级的觉悟已经显著提高,小资产阶级民主派的软弱性和动摇性日益明显的时候,马克思、恩格斯就通过《新莱茵报》教导工人应当同小资产阶级从组织上划清界限,准备建立无产阶级自己的独立组织。1849年4月14日,马克思、恩格斯和他们的拥护者退出了民主主义者莱茵区域委员会。随后他们所领导的科隆工人联合会也通过了退出莱茵省各民主团体联合会的决议。1849年4月26日和29日,《新莱茵报》第282号和285号增刊登载了《关于召开工人联合会代表大会的通知》,明确地提出了建立独立工人组织的任务。

当1848年6月巴黎工人起义失败的时候,各国资产阶级和小市民恶毒诽谤和咒骂起义者。在德国,甚至几乎是在全欧洲,只有《新莱茵报》"是高高举着被击溃了的无产阶级的旗帜的唯一报纸"②。恩格斯说:"从第一声枪响,我们便坚决站到起义者方面。"③《新莱茵报》连续刊登了马克思、恩格斯撰写的一系列文章,热烈地赞扬和支持起义者,及时报道了起义的经过,无情地揭露了资产阶级的血腥罪行。《新莱茵报》指出,六月起义"具有明确的无产阶级性质"④,《新莱茵报》还深刻地、科学地分析了六月起义失败的原因和意义,用巴黎工人阶级的血的经验教育德国和欧洲其他国家的无产阶级。

《新莱茵报》高度评价六月起义的伟大意义,指出历史上只有古罗马的奴隶战争和1834年的里昂起义可以和这次起义相比拟。六月起义的伟大意义就在于它"侵害了"资产阶级的秩序,并且表明:"资产阶

---

①《马克思恩格斯全集》第5卷,人民出版社,1958年,第73页。

②③《马克思恩格斯选集》第四卷,人民出版社,1958年,第183页。

④《马克思恩格斯全集》第5卷,人民出版社,1958年,第131页。

级社会条件本身所产生的冲突,必须在斗争中加以解决,靠空想是消灭不了的。"①

《新莱茵报》关于六月起义的一系列文章,旗帜鲜明、义正词严,对于德国和整个欧洲的无产阶级都是一次极为深刻的教育,在他们中间引起了强烈而广泛的反响。德国的无产阶级革命家,共产主义者同盟盟员弗里德里希·勒斯纳回忆说:"正当我们准备启程的时候,传来了巴黎工人六月起义惨遭失败的噩耗。这一消息对我们所起的影响很难以笔墨形容。我记得很清楚,当时我把《新莱茵报》上马克思所写关于这一事件的文章读了二十来遍,因为这篇文章恰好表达了我们的感情。"②

1849年4月,恰好在三月革命发生一年后,德国的阶级斗争日趋尖锐,匈牙利正在进行革命战争,整个欧洲的形势都很紧张。《新莱茵报》接连发表文章,号召德国人民,特别是工人群众准备用武装起义来保卫三月革命的成果,越来越明显地表明了它的无产阶级性质。4月5日到8日和11日,《新莱茵报》还以社论的形式发表了马克思的著作《雇佣劳动与资本》的一部分内容,从理论上武装工人阶级。马克思的这些文章着重阐述了构成现代阶级斗争的物质基础的经济关系,并根据一八四八年革命中集中表现了欧洲资产阶级和工人阶级之间的阶级斗争的主要事件所提供的经验证明:"任何一次革命起义,不论它的目的仿佛距离阶级斗争多么远,在革命的工人阶级没有获得胜利以前,都是不免要失败的,任何一种社会改革,在无产阶级革命和封建反革命没有在世界战争中较量一下以前,都是要成为空想的。"③《新莱茵报》发表马克思的这些文章以后,科隆工人联合会委员会曾将它们推荐给科隆和德国其他一些城市的工人联合会学习讨论。

1849年5月19日,《新莱茵报》在第301号,即最后一期报纸上刊载

①《马克思恩格斯全集》第5卷,人民出版社,1958年,第157页。

②《回忆马克思恩格斯》,人民出版社,1973年,第110页。

③《马克思恩格斯全集》第6卷,人民出版社,1961年,第474页。

了《致科隆工人》,上面写道:"《新莱茵报》的编辑们在向你们告别的时候,对你们给予他们的同情表示衷心的感谢。无论何时何地,他们的最后一句话始终将是:工人阶级的解放!"①马克思在《〈新莱茵报〉被勒令停刊》一文中对《新莱茵报》的无产阶级性质做出明确结论说:"难道六月革命的灵魂不就是我们报纸的灵魂吗?"②

　　《新莱茵报》开展活动的时间虽然不长,但是它影响深远,它的革命旗帜和战斗精神将同马克思、恩格斯的名字一起永垂不朽!

原载《历史教学》1979年第3期

---

①《马克思恩格斯全集》第6卷,人民出版社,1961年,第610页。
②《马克思恩格斯全集》第6卷,人民出版社,1961年,第602页。

八、大事年表

18世纪60年代	英国工业革命开始工人阶级第一次反抗资产阶级的斗争卢德运动
1818年5月5日	卡尔·马克思诞生于普鲁士莱茵省特利尔城
1820年11月28日	弗里德里希·恩格斯诞生于巴门市
1831年11月	法国里昂工人第一次起义
1832年	人民同盟在巴黎成立
1834年	流亡者同盟成立
1834年4月	法国里昂工人第二次起义
1836年	正义者同盟成立 宪章运动开始
1839年5月12日	四季社起义
1839年	正义者同盟活动中心从巴黎转向伦敦
1840年2月7日	伦敦德意志工人教育协会成立
1842年	马克思在《莱茵报》担任编辑 恩格斯移居英国
1842年11月	马克思和恩格斯在科隆《莱茵报》编辑部第一次会见
1844年	"真正的社会主义"开始在德国流行
1844年2月	马克思著《〈黑格尔法哲学批判〉导言》发表
1844年6月	西里西亚织工起义
1844年8月	马克思恩格斯在巴黎会见
1845年	马克思、恩格斯在布鲁塞尔建立共产主义通讯小组
1845年2月	马克思、恩格斯合著《神圣家族》单行本在美因河

畔法兰克福出版

1845年5月	恩格斯著《英国工人阶级状况》在莱比锡出版
1845年8月20日	马克思在伦敦参加正义者同盟、宪章派领导人革命民主主义运动活动家的集会
1845年9月—1846年	马克思、恩格斯合著《德意志意识形态》
1845年9月22日	民主派兄弟协会在伦敦成立
1846年1月	布鲁塞尔共产主义通讯委员会成立
1846年3月30日	马克思和魏特林在布鲁塞尔共产主义通讯委员会上第一次公开争论
1846年4月底	威廉·沃尔弗加入布鲁塞尔共产主义通讯委员会
1846年5月5日	马克思写信给蒲鲁东建议他担任布鲁塞尔共产主义通讯委员会驻法通讯员
1846年5月11日	布鲁塞尔共产主义通讯委员会通过马克思草拟的《反克利盖的通告》
1846年8月15日	恩格斯受布鲁塞尔共产主义通讯委员会委托去巴黎,在正义者同盟各支部成员中宣传共产主义,组织通讯委员会并进行反对魏特林主义、蒲鲁东主义和"真正的社会主义"的斗争
1846年10月	恩格斯在巴黎德国工人的三次集会上痛斥了蒲鲁东的小资产阶级空想和"真正的社会主义者"的庸俗思想
1846年10月20日左右	布鲁塞尔共产主义通讯委员会草拟了第二个反对克利盖的通告,该通告由马克思签署。原件未保存下来
1846年10月28日	马克思写信给俄国作家巴·瓦·安年柯夫,批评蒲鲁东的《经济矛盾的体系,或贫困的哲

学》一书

1847年1月—4月	恩格斯著《真正的社会主义者》,作为《德意志意识形态》第二卷的补充
1847年1月—6月15日	马克思著《哲学的贫困》,答蒲鲁东的《贫困的哲学》一书,该书于7月初出版
1847年1月20日	正义者同盟伦敦委员会派代表约·莫尔到布鲁塞尔、巴黎,邀请马克思和恩格斯加入同盟,马克思、恩格斯表示同意
1847年2月	正义者同盟人民院征得马克思、恩格斯同意,发出关于召开共产主义者代表大会的通告
1847年6月2日—9日	共产主义者同盟第一次代表大会在伦敦召开
1847年7月27日左右	恩格斯从巴黎到布鲁塞尔和马克思商议共产主义者同盟的建设问题
1847年8月5日	在马克思的领导下,布鲁塞尔共产主义者同盟支部和区部宣告成立,马克思当选为支部主席和区部委员
1847年8月底	马克思组织布鲁塞尔德意志工人协会并在协会中宣传科学共产主义思想
1847年9月12日	《德意志-布鲁塞尔报》刊载了马克思的论文《莱茵观察家的共产主义》和恩格斯的文艺批评《诗歌和散文中的德国社会主义》的开头一部分
1847年9月14日	共产主义者同盟中央委员会发布告同盟书
1847年10月3日、7日	《德意志-布鲁塞尔报》刊载了恩格斯的两篇论战文章,总标题为"共产主义者和卡尔·海因岑"
1847年10月中旬	恩格斯自布鲁塞尔返回巴黎,着手建立和巩固共产主义者同盟的地方组织,并受委托负

责同盟区部委员会的通讯工作

1847年10月18日	共产主义者同盟中央建议布鲁塞尔区部派代表出席同盟的第二次代表大会并希望马克思出席
1847年10月底	马克思撰写《道德化的批评和批评化的道德:论德意志文化的历史,驳卡尔·海因岑》
1847年11月14日	恩格斯当选为同盟巴黎区部出席第二次代表大会代表
1847年11月15日	马克思当选为布鲁塞尔民主协会副主席
1847年11月23日、24日	恩格斯写信给马克思,建议以宣言形式拟定共产主义者同盟纲领并定名为《共产党宣言》
1847年11月27日	马克思、恩格斯在赴伦敦参加第二次代表大会途中,在奥斯坦德会面,共同讨论了同盟的纲领问题
1848年2月	马克思、恩格斯合著的《共产党宣言》发表 法国发生二月革命 法兰西第二共和国建立
1848年2月27日左右	共产主义者同盟伦敦中央委员会将中央委员会职权转交马克思领导的布鲁塞尔区部委员会
1848年3月初	布鲁塞尔区部委员会接受中央委员会委托改组为中央委员会,并授权马克思在巴黎另行组织新的中央委员会
1848年3月5日	马克思到达巴黎
1848年3月6日	马克思在德国侨民区集会上发表演说批评海尔维格、伯恩施太德的冒险计划
1848年3月9日	马克思起草的德国工人俱乐部章程获得通过
1848年3月11日	共产主义者同盟新中央委员会在巴黎成立
1848年3月18日	柏林三月起义

1848年3月	马克思反对海尔维格、伯恩施太德的冒险计划
1848年3月21日左右	恩格斯由布鲁塞尔到巴黎参加中央委员会工作
1848年3月21日—29日	马克思、恩格斯草拟《共产党在德国的要求》
1848年3月下旬—4月初	三四百名同盟盟员和德国革命工人分散返回德国投入革命运动
1848年4月5日	马克思、恩格斯、沃尔弗、德朗克返回德国
1848年4月8日	马克思、恩格斯在美因茨了解同盟支部的工作,并讨论组织工人联合会的问题
1848年4月上半月	马克思代表中央委员会派出德朗克、沃尔弗、沙佩尔分赴德国各城市组织新的同盟支部和公开的工人联合会
1848年5月11日	马克思以同盟主席身份参加科隆支部会议,讨论哥特沙克对同盟的态度问题
1848年6月1日	《新莱茵报》创刊
1848年6月14日	柏林工人和手工业者起义
1848年6月22日—26日	巴黎工人六月起义
1848年8月13日—14日	莱茵省民主主义者第一次代表大会在科隆举行
1848年9月13日	《新莱茵报》编辑部、科隆工人联合会、民主协会在弗兰肯广场召开了六千人大会
1848年9月17日	科隆民主团体在沃林根召开八千人大会
1848年9月26日	科隆实行戒严 《新莱茵报》和其他的民主派报纸被勒令停刊
1848年9月底10月初	莫尔在伦敦同鲍威尔、埃卡留斯组成同盟新的中央委员会
1848年10月	维也纳起义爆发 科隆戒严令解除《新莱茵报》复刊

1848年10月16日	马克思担任科隆联合会主席
1849年春	沙佩尔作为同盟特使到德国进行恢复同盟组织的工作
1849年3月28日	法兰克福议会通过帝国宪法
1849年4月14日	马克思、沙佩尔、沃尔弗、安内克退出莱茵省各民主团体区域委员会
1849年4月16日后	马克思、沃尔弗、沙佩尔、安内克、埃塞尔、奥托六人受科隆工人联合会委托组成莱茵省和威斯特伐利亚临时委员会,筹备召开该地区的各工人联合会的代表大会
1849年5月	五月起义 马克思、恩格斯和同盟的活动家在各地参加维护帝国宪法运动 莫尔在战斗中献出了生命
1849年5月19日	《新莱茵报》停刊
1849年8月底9月初	马克思和原同盟中央委员相继到达伦敦
1849年11月	恩格斯到达伦敦
1850年1月—11月	马克思著《1848年至1850年的法兰西阶级斗争》
1850年3月初	《新莱茵报·政治经济评论》创刊
1850年3月	马克思、恩格斯合著《中央委员会告共产主义者同盟书》
1850年4月	共产主义者同盟、宪章运动左翼、革命的法国流亡者组织三方代表签订了建立世界革命共产主义者协会的协定
1850年上半年	恢复同盟组织工作在德国、瑞士和其他国家取得程度不同的进展
1850年6月	《中央委员会告共产主义者同盟书》
1850年9月15日	维利希-沙佩尔集团公开分裂同盟

1850年10月22日	科隆区部委员会决定接受伦敦中央委员会的委托组成新的中央委员会　新中央委员会通过决议将1850年10月20日召开同盟代表大会的日期不定期推迟
1850年12月1日	科隆中央委员会就同盟分裂问题发布告同盟书
1850年底	普鲁士政府开始策划反对共产主义者同盟的阴谋
1851年4月	德国各邦警察官长联席会开始定期举行
1851年5月10日	共产主义者同盟特使诺特荣克在莱比锡车站被捕
1851年5月中旬	毕尔格尔斯在德累斯顿被捕 科隆中央委员会其他成员也先后被捕
1851年5月中旬及其后	辛凯尔迪、舒尔茨、施梯伯等人制造伪证陷害被捕盟员　马克思、恩格斯不断进行揭穿警察阴谋、营救被捕盟员的努力
1851年6月3日—4日	普鲁士内阁特别会议讨论逮捕盟员问题 司法大臣西蒙斯命令科隆检察长搜查共产主义者
1851年8月—1852年9月	恩格斯写《德国的革命和反革命》
1851年12月—1852年3月	马克思写《路易·波拿巴的雾月十八日》
1852年10月4日—11月12日	科隆审判会
1852年11月17日	根据马克思提议共产主义者同盟宣告解散

第二编

共产主义者同盟

共产党人不屑于隐瞒自己的观点和意图。他们公开宣布：他们的目的只有用暴力推翻全部现存的社会制度才能达到。让统治阶级在共产主义革命面前发抖吧。无产者在这个革命中失去的只是锁链。他们获得的将是整个世界。

全世界无产者，联合起来！①

我们读过这段话以后，都会为它那鲜明、彻底的无产阶级立场和百般坚定的信心所感染，为它那战斗的号召所鼓舞。

这段话出自《共产党宣言》。《共产党宣言》是马克思主义的最伟大的纲领性文献，是马克思和恩格斯为共产主义者同盟共同起草的纲领，是国际共产主义运动史上的第一个党纲。

共产主义者同盟是怎样的一个政治组织？是在什么样的历史条件下产生的？马克思和恩格斯为创立和发展共产主义者同盟进行了哪些艰巨的工作？共产主义者同盟在斗争中怎样传播马克思主义？怎样团结、教育了欧洲各国工人运动和社会主义运动的骨干，并为后来的国际工人运动撒下了革命的种子？本章就是要向读者介绍这些问题的历史情况。

---

① 《共产党宣言》，人民出版社，1964年，第56页。

一、共产主义者同盟是如何建立的

共产主义者同盟创立于1847年6月,是第一个国际无产阶级组织。在叙述同盟的历史以前,让我们先来简单回顾一下近代产业无产阶级成长的过程。

18世纪60年代,由于大机器工业的出现,机器代替了手工工具,工厂代替了作坊,从而把从前的大商人变成了厂主,把破产的手工业劳动者变成了无产者。被剥夺了土地的农民也不得不进入工厂出卖自己的劳动力。整个社会便日益分裂为两大相互直接对立的阶级:资产阶级和无产阶级。

无产阶级从它存在的第一天,就展开了反对资产阶级的斗争。这个斗争又不断向前推进。

18世纪晚期,西欧工业革命刚刚从英国开始。当时,大多数工人还是手工工人,他们分散在规模很小的手工工厂里做工。工厂工人很少,而且不久前都是小生产者,觉悟程度不高。他们还处在破坏机器和自发斗争时期。工厂工人和手工工人受到沉重的剥削,过着十分困苦的生活,但是却不知道造成贫困的真正原因是什么。有些工人以为是机器给他们带来了灾难,曾经起来砸碎机器、捣毁厂房。他们还没有认清自己的真正敌人,找到正确的解放自己的道路。

到了19世纪上半期,随着工业革命的发展,英、法、德等一些国家建立起大批使用机器生产的工厂,产业工人的队伍迅速扩大和集中起来。工业革命最重要的社会后果之一是产业无产阶级的形成。在资本主义制度下,大工业越发展,资本家的剥削就越残酷,工人阶级也就越来越贫困化。这一切,迫使工人起来进行革命斗争。随着欧洲资产阶级革命的胜利进展,工人队伍日益强大,这就使他们一天天更加意识到自己的阶级力量,更加迫切要求反抗自己被奴役的地位。所以,这一时期工人运动的规模和组织性都远远超过了从前的水平。尤其重要的是,工人们已经提出了自己的要求,开始作为独立的政治力量登上历史舞台,把斗争锋芒直接指向资产阶级:法国里昂工人曾举行两次起义;德国西里西亚工人起来反抗资本家的压迫,并且和军警发生武装冲突;英国工人发动著名的宪章运动,为争取政治平等和经济权利而斗争。当时,英、法、德等国家的先进工人虽然曾经建立过一些组织,但是由于缺乏革命理论的指导,不可能领导无产阶级去实现伟大的历史任务。因此,用科学的革命理论武装各国的工人阶级,建立革命的无产阶级政党,领导工人阶级进行革命斗争,已经成为国际工人运动的迫切需要。

伟大的无产阶级革命导师马克思和恩格斯适应时代斗争的需要,创立了科学的革命理论——马克思主义。他们又为建立革命的无产阶级政党,进行了长期的艰苦的工作。他们改造了国际革命团体正义者同盟,建立了共产主义者同盟。

正义者同盟成立于1836年,最初只是侨居巴黎的德国工人的秘密团体,成员大多是手工业者。正义者同盟曾经参加过法国革命家布朗基发动的密谋起义,起义失败后,它的中心被迫从巴黎转移到伦敦。此后,正义者同盟的活动范围逐渐扩大,在英国、法国、德国、瑞士相继建立支部,成为当时国际性的工人组织。这是其他工人组织所不具备的重要条件。

但是,正义者同盟也有其严重的缺点。首先,同盟当时在思想上是很混乱的。最初占统治地位的是魏特林派,1844年之后,又有小资产阶级的"真正社会主义"传入,蒲鲁东的阶级调和思想也有相当的影响。

其次,由于正义者同盟成立在巴黎,受布朗基主义的影响,是一个半宣传性半密谋性的秘密组织。狭隘的宗派主义情绪对正义者同盟的组织原则有很大影响,使它染上浓厚的神秘色彩,而且缺乏民主精神。正义者同盟接受新盟员只根据老盟员的介绍,而不是在斗争中发现和培养发展对象,这种吸收盟员的办法把大多数工人群众排斥在正义者同盟之外。正义者同盟内部只有集中,没有民主。各级组织的领导人不通过选举产生,而由上级组织指定。盟员的活动一般只局限在支部内部,和上级领导及同地区其他支部的成员根本不通声息。这种组织原则严重地妨碍着正义者同盟在工人群众中开展工作,使它长期不能成为群众性的革命组织。

马克思和恩格斯没有参加正义者同盟,可是他们不断对盟员给予思想上理论上的影响,并且跟同盟的领导人保持经常的通讯联系。

马克思和恩格斯看到,必须对正义者同盟进行根本的改造,才能适应当时革命形势的需要。首先必须同五花八门的社会主义流派的错误思想进行斗争,才能把同盟引上科学社会主义的道路。马克思、恩格斯在创立科学革命理论的同时,对那些错误的思想展开了坚决的斗争,并且在斗争的过程中,组织了共产主义通讯委员会。

还在1845年,马克思和恩格斯已经在比利时的首都布鲁塞尔建立起一个共产主义小组。小组成员有政论家威廉·沃尔弗、魏德迈尔、文艺家斐迪南·沃尔弗、比利时社会主义者吉戈等人。其中和马克思、恩格斯最接近的是威廉·沃尔弗。他后来成为一个杰出的革命活动家,成为马克思、恩格斯的得力助手。共产主义小组不断扩大,1846年选出马克思、恩格斯和吉戈等人组成布鲁塞尔共产主义通讯委员会。不久,这个委员会和各国社会主义小组建立了联系,并且得到日益众多的先进工人和正义者同盟领导人的支持。随后,在法国、英国、德国、瑞士也陆续建立起这样的组织。布鲁塞尔共产主义通讯委员会在宣传马克思主义和建立共产主义者同盟方面起了极为重要的作用。

在反对各种社会主义流派的斗争中，马克思和恩格斯首先对魏特林派展开了批判。魏特林是德国马格德堡人，1808年生于一个贫苦家庭，学过裁缝。1837年，他在法国加入正义者同盟。他曾经写了几本书说明自己对共产主义的看法。①魏特林抨击资本主义制度，而且承认使用革命暴力的必要性。在这一点上，他比英国和法国的空想社会主义者进步。但是，他仍然是一个空想家，他并不懂得共产主义是人类社会发展的必然结果，却把它和基督教的福音混同起来。他认为自由相爱的公社是共产主义社会的基础，这种组织一旦设想出来，就能建成共产主义。可见魏特林把共产主义只不过看成是聪明人的发明，在任何历史时期，任何国家都可以实现。魏特林既然这样来理解共产主义，所以他选择的通向共产主义的具体途径也必然是错误的。一方面，他虽然认识到共产主义必须通过革命去争取，但他却认为革命是自发的，主张由最不幸的人——乞丐、罪犯、强盗去摧毁旧社会。另一方面，他进行各种小型试验，到处组织集体餐厅和福利机构来改善工人的生活状况，对于工人阶级的政治斗争和经济斗争反倒没有兴趣。马克思和恩格斯曾耐心争取他，帮助他改正错误，指出如果按他这样办事，只能把工人运动引向毁灭的道路。但是，他拒绝了他们的好意，而和"真正社会主义者"勾结起来，企图霸占正义者同盟的领导，处处同马克思、恩格斯为敌，终于走上了背弃革命、追求改良的道路。1846年3月30日，魏特林在布鲁塞尔共产主义通讯委员会会议上，挑起原则性的争论。他强行散布自己的观点，坚持自己的错误路线。马克思和恩格斯对他的空想共产主义进行了揭露和严厉的批判，并着重驳斥他的宗派思想和密谋活动，指出广泛组织工人阶级进行政治斗争是唯一正确的斗争方法。在这场争论中，魏特林遭遇了彻底失败。但是，他不但没有接受教训，而且进一步和共产主义通讯委员会对立起来。由于魏特林的敌对行动，马克思、恩格斯不得不公

① 魏特林的主要著作《和谐与自由的保证》（1842年出版），在我国有商务印书馆1960年出版的译本。

开声明同他决裂,并向各地通讯委员会指出同魏特林派斗争的必要性。伦敦、巴黎等许多地区支部的领导人都写信支持布鲁塞尔共产主义通讯委员会所采取的正确立场。魏特林的思想影响逐渐在正义者同盟和其他工人组织中消失。马克思、恩格斯对魏特林斗争的胜利意味着马克思主义在思想上,特别是在组织路线上的重要胜利。

马克思主义的另外一个敌人,是反映小资产阶级思想的蒲鲁东主义。这个流派的创始者蒲鲁东是法国人,他在1846年出版了一本书,叫作《贫困的哲学》,系统地阐述了他的观点。蒲鲁东反对大资本对小生产者的剥削,要求改变这种状况。但是,他空想不触动资本主义制度,实行社会改良,主张把小生产者联合起来,为他们组织生产、销售、信贷合作机构,似乎这样就可以限制大资本,保证小生产者的利益。在实践上,蒲鲁东竭力反对革命,否定政治斗争和经济斗争的必要。蒲鲁东还坚持小资产者的绝对自由思想,反对一切政治组织、政权机构,主张建立没有政权的社会。所以,人们又称蒲鲁东是无政府主义的鼻祖。这种思想是和无产阶级革命和无产阶级专政学说根本对立的。蒲鲁东主义严重地阻碍着马克思主义的传播,直接影响到建党工作的开展。为了彻底批判蒲鲁东主义,1847年马克思撰写《哲学的贫困》一书,来回答蒲鲁东的《贫困的哲学》。同时进一步阐述了历史唯物主义的基本原理。在这本书里,马克思阐述了生产力决定生产关系的原理,从而驳斥了企图在大工业生产时期保存小生产的反动立场;指出应该利用大生产造成的有利条件,组织工人群众进行政治斗争和经济斗争,为推翻资本主义制度准备条件,而不是妄想用改良主义的办法去"限制"资本主义发展。

蒲鲁东幻想无产阶级拿出自己的储蓄,集中成资本来开办作坊和工厂,并通过让他们放弃利润和利息的办法积累新资本,然后再开办新的作坊和工厂,如此继续下去,直到所有的无产者都有工作做。恩格斯在侨居巴黎的德国工人集会上,谴责了蒲鲁东的这种错误观点。他指出,这只不过是蒲鲁东的梦话,因为无产者连维持家庭的最低生活都非常困难,哪里谈得上储蓄呢? 恩格斯曾用讽刺的口吻说道,只有用银白色月光铸造一个个的五法郎硬币才能实现蒲鲁东的梦想。一部分先进工人和正义者同盟的领导人开始认识到蒲鲁东的真面目,大家都转到马克思和恩格斯这一边来。

马克思和恩格斯还用了很大精力批判危害很大的"真正社会主义"。"真正社会主义者"抹杀阶级矛盾,取消阶级斗争,用超阶级的"博爱"和"人道"来代替阶级斗争,鼓吹阶级和平,醉心于慈善事业和社会改良,这种阶级调和论对唤醒工人的阶级觉悟极为有害。"真正社会主义者"的代表人物克利盖在美国试图实现他们的"理想"。他组织了一个社会改良协会,这个协会的主要工作是祈求社会各阶层、特别是上层的资助,然后用这些钱购置土地,再把土地划成小块分给工人和其他劳动者。克利盖把这一套计划吹嘘为建立共产主义社会的途径,并且规定为当时工人运动的迫切任务。针对这种情况,布鲁塞尔共产主义通讯委员会立即发表一个宣言,叫作《反克利盖的通告》①,马克思和恩格斯指出,克利盖妄图把无产阶级用革命方式改造社会的学说改变为关于"爱"的胡言乱语。这种胡说"如果被工人接受,就会使他们的意志颓废"②。马克思和恩格斯指出,希望实现克利盖的梦呓的,只是那些希望在美国碰上好运的小资产者,绝不是共产主义的工人!

"真正社会主义者"在巴黎的首脑格律恩也受到恩格斯的批判。格律恩在巴黎正义者同盟支部中有一批信徒。恩格斯同他们展开了异常激烈的辩论,有一次一连争论了三个晚上。格律恩的信徒要求恩格斯给共产主义下一个定义。恩格斯严肃指出:"我把共产主义者的宗旨规定如下:1.维护同资产者利益相反的无产者的利益;2.用消灭私有制而代之以财产公有的手段来实现这一点;3.除了进行暴力的民主的革命以外,不承认有实现这些目的的其他手段。"③这样一来,恩格斯就撇开了

---

① 《马克思恩格斯全集》第4卷,人民出版社,1958年,第3—20页。

② 《马克思恩格斯全集》第4卷,人民出版社,1958年,第3页。

③ 《马克思恩格斯选集》第四卷,人民出版社,1972年,第319页。

琐碎细节,把争论问题提到了原则的高度。在原则性的争论中,"真正社会主义者"的观点都站不住脚了,所以在辩论将近结束的时候,参加会议的十五人中,只有两人还支持格律恩,其余的人都赞成恩格斯的观点。

在反对"真正社会主义"的斗争中,马克思和恩格斯写的《德意志意识形态》一书起了巨大的作用。在这本书中,马克思和恩格斯不仅批判了"真正社会主义"的反动谬论,而且批判了这种谬论的哲学基础,即费尔巴哈的唯心的社会发展观,指出费尔巴哈不懂社会发展规律,把抽象的"爱"看成社会的基础。书中广泛地阐述了历史唯物主义的基本原理,论证了资本主义社会灭亡的必然趋势。指出无产阶级革命的不可避免,为了推翻资本主义,无产阶级首先必须夺取政权。

由于马克思和恩格斯的积极活动,宣传马克思主义和反对各种社会主义流派的斗争取得了重大成果。正义者同盟的主要领导人和大部分盟员开始倾向马克思主义,并且接受了马克思和恩格斯提出的建党主张。1846年11月,正义者同盟中央发出一个通告,提到建立共产党的必要性,还斥责了非马克思主义的各种共产主义的"发明家"。早在1843年沙佩尔就曾经邀请恩格斯加入同盟,但因为当时条件不成熟,恩格斯拒绝了这个建议。1847年初,正义者同盟委派全权代表约瑟夫·莫尔再次邀请马克思和恩格斯加入正义者同盟,并且表示:盟员相信马克思和恩格斯的观点是正确的,愿意按照他们的意见改组正义者同盟,使它摆脱旧的半密谋性的传统。马克思和恩格斯考虑了同盟领导人观点上的变化和他们改组同盟的决心,因而这一次就同意在一定的条件下加入同盟,并为正义者同盟的改组进行了充分的准备工作。

1847年6月初,在伦敦召开正义者同盟第一次代表大会,大会根据马克思和恩格斯的提议,决定把正义者同盟改名为共产主义者同盟。共产主义者同盟开始作为无产阶级的国际组织出现在历史舞台上。

马克思因经济困难,没能参加大会。恩格斯和威廉·沃尔弗按照预先和他商量好的计划,在大会上指导了改组正义者同盟的工作。

大会的中心议程是通过新章程。章程的所有重要条款几乎都由恩格斯和威廉·沃尔弗共同拟定。新章程的提出是共产主义者同盟正式接受马克思主义的开始。章程第一条规定:"同盟的目的推翻资产阶级政权,建立无产阶级统治,消灭旧的以阶级对抗为基础的资产阶级社会和建立没有阶级、没有私有制的新社会。"①这条规定反映出明确的阶级观点,去掉了旧章程中的含混词句,抛弃了资产阶级骗人的"博爱"之类的字眼。新章程用民主集中制原则代替了宗派主义的密谋统治;明文规定盟员选举和撤换干部的权利,确定同盟的最高机构是代表大会,一切重大事件都要经过代表大会最后决定。这次大会为了使盟员能够对新章程充分发表意见,决定把它交给全盟讨论,然后在下一次代表大会上表决。

代表大会接受了马克思和恩格斯的建议,用"全世界无产者,联合起来!"的伟大号召代替"人人皆兄弟"的有害口号。"人人皆兄弟"是正义者同盟在受到"博爱"思想影响的时候提出来的。旧口号随着正义者同盟的旧传统被抛弃,这标志着工人运动的重大转变。

代表大会接受了马克思主义的理论作为新组织的纲领,谴责了魏特林的观点,并通过决议把他的拥护者开除出盟。

共产主义者同盟第一次代表大会表明:马克思、恩格斯提出的思想原则和组织原则取得了巨大的胜利。马克思、恩格斯团结了第一批无产阶级革命家,其中不仅有德国人,而且还有法国、英国、比利时、瑞士、波兰和其他国家共产主义者的代表,从而开始了国际共产主义运动的战斗历程。

第一次代表大会来不及讨论所有的重要问题,因此在大会结束后,同盟中央还需要做大量工作,准备召开第二次代表大会来解决遗留的问题。第二次代表大会的主要任务是通过新章程和制定新纲领。1847年9月,中央委员会用问答形式写成纲领草案——《共产主义信条的象征》,把它分发给全盟讨论。它在批判"真正社会主义"、指责魏特林的活动、反对密谋等方面,倾向于马克思和恩格斯的立场。但是《共产主义信

---

① 《马克思恩格斯全集》第4卷,人民出版社,1958年。

条的象征》包含有空想的成分,例如不认为共产主义是人类社会发展的最高阶段,却把它看成是思想家的发现。因此,恩格斯另外草拟了一个纲领,叫作《共产主义原理》。①

1847年11月29日,第二次代表大会在伦敦举行。这次大会是在马克思和恩格斯主持下进行的。大会比较顺利地通过了新章程,但在讨论纲领的时候,代表们展开了激烈争论。最终,大会同意马克思和恩格斯的观点,并且委托他们起草新纲领。

马克思和恩格斯吸收了《共产主义原理》的基本论点,写成了《共产党宣言》。1848年2月,《共产党宣言》正式在伦敦发表。《共产党宣言》总结了前一时期工人运动的丰富经验和理论成就,完整地概括了马克思主义的基本原理。伟大导师列宁说:"宣言"是马克思学说的"完整的、系统的、至今仍然是最好的阐述"②。斯大林说:"马克思和恩格斯以自己的'宣言'创造了一个时代。"③无产阶级第一次用巨大的声音,向全世界宣布自己的奋斗目标。《共产党宣言》一开头就深刻地阐明了马克思主义的阶级斗争学说,指出阶级出现以来的历史都是阶级斗争的历史。《共产党宣言》揭露出资本主义的根本矛盾,并科学地断言:"资产阶级的灭亡和无产阶级的胜利是同样不可避免的。"④《共产党宣言》接着说明共产党人的当前任务是:"使无产阶级形成为阶级,推翻资产阶级的统治,由无产阶级夺取政权。"⑤《共产党宣言》还指出,在这样一场严重的阶级斗争中,非科学的社会主义思想,特别是改良主义、阶级调和的观点对无产阶级事业非常有害,并且对各种流派进行了分析批判。《共产党宣言》指出,共产党人的"目的只有用暴力推翻全部现存的社会制度才能达到"⑥。

① 参见《马克思恩格斯全集》第4卷,人民出版社,1958年。

② 《列宁全集》第18卷,人民出版社,1959年,第581页。

③ 《斯大林全集》第1卷,人民出版社,1953年,第322页。

④ 《共产党宣言》,人民出版社,1964年,第35页。

⑤ 《共产党宣言》,人民出版社,1964年,第37页。

⑥ 《共产党宣言》,人民出版社,1964年,第56页。

《共产党宣言》的最后一句话是:"全世界无产者,联合起来!"坚持无产阶级革命立场和国际主义精神是贯穿整个文件的一条红线。《共产党宣言》不仅是共产主义者同盟的纲领,而且成为全世界无产者的行动指南。

　　共产主义者同盟的纲领和章程,表明共产主义者同盟是第一个国际无产阶级组织,是历史上第一个以科学社会主义理论为指导的无产阶级政党。恩格斯曾说过:同盟是"一个极好的革命活动学校"①。共产主义者同盟的成立是国际工人运动的重大成就。《共产党宣言》的原则永远是世界无产阶级革命的共同纲领,是无产阶级国际团结的基础。

---

　　①《马克思恩格斯全集》第21卷,人民出版社,1965年,第255页。

二、共产主义者同盟在革命风暴中

共产主义者同盟成立不久,欧洲许多国家都发生了革命。欧洲一八四八年革命,是资产阶级民主革命。当时在欧洲大部分国家里,封建专制仍然占统治地位,摆在欧洲各国人民面前的是资产阶级民主革命的任务。在这场革命中,无产阶级拿起武器,用革命的暴力摧毁了旧的反动的统治。1848年2月,巴黎工人起义;3月维也纳和柏林工人也先后起义。接着,中欧和南欧各被压迫民族的解放斗争也汹涌澎湃,形成了欧洲的革命风暴。历史上称之为欧洲一八四八年革命。

共产主义者同盟在马克思和恩格斯的领导下,英勇地参加了这次革命,接受了这次革命的考验。当时同盟约有三百个成员,他们分散在欧洲各国。革命爆发以后,驻伦敦的中央委员会决定把自己的职权转交布鲁塞尔总区委员会,以便就近指导盟员参加欧洲大陆的革命斗争。但是,当通知于2月27日送到布鲁塞尔时,那里已经宣布戒严,许多盟员已遭到拘捕。同盟很难在这里开展工作,于是布鲁塞尔组织以中央委员会的名义,授权马克思在处于革命高涨中的巴黎建立新中央委员会。3月5日,马克思到达巴黎。同盟的其他领导人沙佩尔、鲍威尔、莫尔等人也随后到达了。马克思考察了巴黎的情况,认为有必要成立一个秘密的中央委员会和一个受它领导的公开的群众组织。马克思到达巴黎后的第三天召开了同盟紧急支部联合会议。会议认为革命形势发展非常迅速,应该马上建立公开的群众组织——德国工人俱乐部,并且决定由鲍威尔等人出面担任领导职务。会后,马克思、恩格斯、莫尔、沙佩尔等人组成了以马克思为首的秘密的新中央委员会领导欧洲的革命斗争。

差不多在这同时,革命在德国各地相继爆发。历史上把这次革命叫作三月革命。新中央委员会立即把握住革命时机,由马克思和恩格斯制定了无产阶级在革命中的行动纲领——《共产党在德国的要求》[①],具体指导共产党人在革命中的活动。

马克思和恩格斯在《共产党宣言》中就已指出,德国已经处在资产阶级民主革命的前夕。《共产党宣言》声明,只要德国资产阶级还革命,共产党就同它一起反对君主专制,反对封建。它又明确指出,在推翻德国反动阶级以后,应立即开始反对资产阶级的斗争,使资产阶级革命变成无产阶级革命的序幕。《共产党在德国的要求》进一步发挥了这些思想,把《共产党宣言》中规定的原则性的策略路线具体化了,一方面明确要求德国成为一个统一的、不可分割的共和国。这个要求是在充分研究德国的具体条件后提出的。因为当时的德国还处在四分五裂状态,它包括三十四个封建君主国家和四个自由市。封建阶级在政治上和经济上有很大势力。这种状况严重地阻碍着资本主义的发展,也影响着无产阶级队伍的壮大和团结。在没有清除封建割据局面之前,直接进行无产阶级革命只能是轻举妄动。另一方面无产阶级绝不能把革命停顿在资产阶级民主革命的范畴内,而应该处处为未来的无产阶级革命着想,为无产阶级社会主义革命创造必要的条件。《共产党在德国的要求》强调指出,应该确保无产阶级在这次革命中的独立地位,号召小资产阶级、农民和无产阶级一起,从下而上地武装全体人民,用革命的方式统一德国。提出必须取消封建土地所有制和一切封建义务,由国家没收封建王公、地主的领地。还提出把矿山、交通企业、银行、邮局收归国有,由国家保障工人的工作和生活。它也提到一系列使政治制度民主化的措施:如普选制、议会代表薪给制度、免费教育、全民武装等,这些将异常有利于工人运动的开展。《共产党在德国的要求》所规定的原则实际上就是无产阶级在资产阶级革命中的策略原则。它对于资产阶级革命尚未完成的国家的无产阶级革命运动,具有重大的现实意义。

[①]《马克思恩格斯全集》第5卷,人民出版社,1958年,第3—5页。

德国三月革命爆发后,在巴黎的德国工人怀着满腔热情,准备回国参加革命。德国侨民在巴黎建立的民主协会主张把他们编成德国军团回去支援革命。这个主张得到为资产阶级所控制的法国临时政府的"支持"。这个政府对德国侨民中的革命分子心存戒惧,甚至不怀好意,它对组织远征军团这件事情采取一箭双雕的手段,想借此使德国革命分子离开法国,又博得"支持"革命的名声。但是,军团的遣送工作缺乏起码的准备,没有任何组织纪律,没有武器。军团一进入德国国境,就会马上遇到危险。马克思和恩格斯及时地指出民主协会的错误,说明这是玩弄革命的做法,只会葬送革命力量。

马克思和恩格斯采取了唯一正确的办法,即组织德籍盟员和非盟员革命者秘密地、分散地回到国内,从事艰巨的组织和宣传工作,发动人民投入革命。先后有四百人成功地越过国境,散布到德国各地,成为革命力量的骨干。马克思和中央委员会的成员也于4月初到达德国大城市科隆,从那里指导德国革命。因为科隆是除柏林以外的最大的工业和文化中心,又是具有革命传统的地方。中央委员会首先派遣沙佩尔、沃尔弗、德朗克等到各地恢复革命爆发后中断了的联系,同时要求巴黎和柏林支部的领导人汇报情况。联系结果表明,共产主义者同盟在各地的组织都遭到不同程度的破坏,不少盟员下落不明,有的被逮捕了,有的英勇地参加革命斗争,有的转移到其他地方独自进行宣传工作。用通常的方法已经不可能恢复同盟的旧日联系,必须采取新的措施使同盟成为革命群众的一面旗帜。

同时,如何贯彻执行《共产党宣言》和《共产党在德国的要求》所规定的策略路线是德国革命中的重要问题。因此马克思和恩格斯还在巴黎的时候,就考虑创办一份大型日报,在回到德国后,立即着手创办《新莱茵报》,通过《新莱茵报》宣传和指导革命。这样的全德范围的大型日报还可以组织和引导分散的盟员投入革命斗争。不过,报纸的开办费是相当可观的,筹集起来非常困难。中央委员会派出自己的代表到各城市,一面征集股金,一面建立和恢复同盟的地方组织,并使盟员参加到工人团体和民主组织中去,以扩大自己的影响。马克思、恩格斯和同盟的其他领导人尽了最大努力,于5月31日出版了《新莱茵报》的创刊号,从6月1日起开始正式发行。马克思担任报纸的总编辑,恩格斯、德朗克、毕尔格尔斯、沃尔弗等人都参加了《新莱茵报》编辑部的工作。

《新莱茵报》进一步发展了《共产党宣言》和《共产党在德国的要求》的策略思想。它坚定不移地指导群众用从下而上的革命手段去摧毁封建残余,彻底实现资产阶级民主革命,为快要到来的无产阶级革命创造最有利的条件。《新莱茵报》特别注意教导德国工人阶级随时站在运动的左翼,保持自己的独立地位。《新莱茵报》在革命的每一个阶段和每一个重大问题上,都做出具体指示。在革命开始时,德国大资产阶级就和封建地主妥协,成立了联合政府。新政府口头上许下了进行改革的诺言,暗地里却在准备镇压人民。有些群众为这种表面上的胜利所迷惑,滋生着麻痹情绪。《新莱茵报》立即敲起警钟,向人们说明:革命只是刚刚开始,远没有获得真正的胜利;如果稍微放松注意,就会遭到失败;人民群众必须提高警惕,继续努力,把革命进行到底。

德国各邦君主为了欺骗人民,标榜民主,容许一批资产阶级和小资产阶级的代表在美因河畔的法兰克福城召集联邦议会,在那里草拟联邦宪法。有些人,特别是小资产阶级革命家对法兰克福议会抱有很大幻想,他们相信,议会能够实现德国的统一。《新莱茵报》针对这种幻想指出法兰克福议会是"清谈馆",是"老太婆议会"。马克思主义者从来就认为,单凭议会斗争是不能取得任何革命成果的。马克思、恩格斯号召人民起来斗争,尖锐地批判了小资产阶级民主派的议会狂。事实正是这样,在革命高涨的时候,议员们袖手旁观,在那里喋喋不休地高谈阔论,通过这样的或是那样的决议。但是,后来各邦君主抛弃了民主自由的幌子,法兰克福议会便被蛮横地驱散了。议会所制定的宪法和一切决议到头来都成了一纸空文。《新莱茵报》着重指出,只有革命人民所采取的"革命恐怖",才是改造旧制度的最有效的方法,这样才能镇压反革命,才能实现广泛的民主改造。在阐述这个观点的时候,提出建立人民革命专政的思想。总体来看,《新莱茵报》所规定的策略原则乃是无产阶级在资产阶级革命中唯一正确的策略原则。后来,马克思主义关于从资产阶级革命转变到社会主义革命的理论就是根据这个思想发展起来的。

《新莱茵报》对一切革命运动都表示了热烈支持。马克思和恩格斯在1848年6月巴黎工人举行起义的时候,从第一声枪响起,便坚决地站在起义者方面。马克思还写了一篇论文悼念牺牲了的起义者。马克思和恩格斯对意大利的革命也很关心,经常在《新莱茵报》上撰文告诫意大利革命领导人,应该掌握革命形势,大力发动群众。《新莱茵报》还教导每一个革命者应该同情和支持意大利人、匈牙利人、波兰人、波希米亚的捷克人,以及一切被压迫民族的解放斗争。

但是,《新莱茵报》的策略原则并不是所有盟员都能理解和遵循的。盟员哥特沙克和斯蒂凡·波伦提出左的和右的机会主义路线,马克思、恩格斯与他们做了坚决的斗争。左倾路线以科隆工人联合会的领导人哥特沙克为代表,他不顾具体条件,拒绝执行资产阶级民主革命的任务,提出工人阶级在革命中的任务是直接实现社会主义,建立不允许不劳而食的"工人共和国"。他还反对无产阶级和民主力量联合,甚至反对和农民结成革命的联盟。但是,在斗争方法上,哥特沙克却是右倾的,他只赞成使用"合法手段"。哥特沙克的路线只能使工人阶级在政治上陷于孤立,在思想上解除武装,在行动上轻率冒险,其结果必然使革命遭到失败,这只能对统治阶级有利。右倾机会主义以柏林工人中央委员会和工人友谊社的领导人斯蒂凡·波伦为代表,他公开宣扬改良主义,把无产阶级置于无所作为的地位,认为资产阶级革命是资产阶级的事,想引导工人脱离政治运动,只去注意经济斗争,注意日常的经济要求。他们在柏林工人中央委员会1848年5月12日宣言中说:"奢望容易获得难。德国的工人们!愿你们以讲求实际的精神去对待你们的事业吧。"斯蒂凡·波伦还直接反对革命斗争,认为工人在国家赞助下,可以建立生产和信贷合作团体,工人也可以和资产阶级谈判,并达成协议,似乎剥削制度因而就会自行消灭。斯蒂凡·波伦的观点是公开的投降主义。

马克思和恩格斯对这两种机会主义路线进行了坚决斗争。他们通过《新莱茵报》向各地盟员、先进工人宣传同盟中央的正确路线,指出了资产阶级民主革命对于无产阶级解放运动的意义,阐明了无产阶级要为资产阶级革命转变为社会主义革命创造条件,捍卫了无产阶级的革命路线。因此,绝大多数人都表示坚决站在同盟中央方面。到6月底,科隆工人联合会也逐渐转变过来。1848年秋,马克思曾亲自到维也纳、柏林等地指导当地的革命活动。正因为如此,《新莱茵报》的影响日益扩大,群众基础也愈加广泛,成为德国工人和革命力量的指挥部。到9月,《新莱茵报》编辑部已经有可能召开上千人参加的各种群众集会了。在这些集会上,《共产党在德国的要求》都是最受会议参加者欢迎的文件。会后,他们还把文件的精神传播到群众中去,进一步扩大它的影响。

1848年下半年,德国各邦的反动势力开始向革命进攻:德意志联邦军队镇压了法兰克福的人民起义;奥地利反动政府在维也纳进攻得手;普鲁士政府发动了柏林政变。在这种形势下,德国的反动力量开始公开迫害《新莱茵报》。他们竭力限制该报的革命活动,从9月底到10月中旬,竟迫使它停刊十多天,后来还非法审讯马克思和恩格斯。但是,马克思和恩格斯把法庭变成揭露反动政府和捍卫革命的讲台。在人民的逼迫下,理屈词穷的反动当局不得不宣布马克思和恩格斯无罪。

1849年5月,反动势力更加嚣张,悍然强迫《新莱茵报》停刊,马克思被当作"外国人"勒令出境。编辑部的许多工作人员也受到法庭迫害。革命力量不得不暂时退却。但是,这次退却是井然有序的。5月19日,《新莱茵报》用红字排印出最后一期报纸,上面刊登的给当地人民的告别书这样写道:"《新莱茵报》的编辑们在向你们告别的时候,对你们给予他们的同情表示衷心的感谢。无论何时何地,他们的最后一句话始终将是:工人阶级的解放!"①《新莱茵报》虽然停刊了,但是它对革命,对教育工人阶级,对建立无产阶级政党所做的贡献是不可泯灭的。

----

① 《马克思恩格斯全集》第6卷,人民出版社,1961年,第619页。

《新莱茵报》在它存在的最后几个月，集中报道了各地工人运动的情况，鼓励工人阶级转到独立斗争的道路上去，直接向他们提出建立自己的独立的阶级组织的任务。这是因为德国的小资产阶级和资产阶级已经离开革命，同时无产阶级也逐渐成熟。

鉴于以上情形，4月15日，马克思、恩格斯和其他盟员一起，宣布退出民主协会。同盟中央派出全权代表到德国北部和威斯特伐利亚一带，进行建立工人组织的工作，并且预定在5月召开北莱茵-威斯特伐利亚工人协会，6月举行各地工人协会的全德代表大会。后来因为《新莱茵报》遭到停刊和编辑部人员受到迫害，这个计划没有实现。不过，《新莱茵报》毕竟把建立自己阶级组织的任务提到德国工人阶级面前了。

《新莱茵报》是马克思、恩格斯的无产阶级革命路线的体现。它在各个具体场合，都表现了无产阶级的革命的彻底性，它发表的文章，都像榴弹一样打击敌人，鼓舞群众去进行斗争。

还在《新莱茵报》遭到停刊以前，在德国南部展开了一场保护帝国宪法的斗争。帝国宪法是法兰克福议会的全部工作成果。这部宪法是很不彻底的：一方面，宪法规定德国仍是一个帝国，国家元首是从德意志各邦君主中选出的世袭皇帝，农民的封建义务必须在获得地主同意并缴纳赎金之后才能废除；另一方面，宪法规定德国是一个统一国家，并提出统一关税、贸易、币制和度量衡，保证人身、信仰、言论、集会结社自由等进步措施。这个帝国宪法和保存各邦的封建割据局面比较起来，总算是一个进步。但是，各邦君主都加以粗暴的拒绝。他们反对革命的决心和蛮横态度引起人民的愤恨。很多地区发动了武装起义，成立起安全委员会。在普法尔茨和巴登等地区，还建立了以小资产阶级民主派为首的临时政府。

在这种形势下，马克思和恩格斯离开《新莱茵报》编辑部到达美因河畔的法兰克福城，力图争取法兰克福议会的左翼议员加入革命运动。他们曾经提出一个革命的行动计划，主张把巴登变为革命中心，利用它的军队支持南部的革命运动，打击反革命的武装力量，并且在已经占领的地区,无偿地废除一切封建义务,以便进一步发动农民起来保卫革命果实。但是,法兰克福议会代表们没有勇气接受马克思和恩格斯的计划。于是马克思和恩格斯离开法兰克福来到巴登,劝说临时政府领导人用军队迫使法兰克福议会站到起义者方面来。但是,临时政府害怕人民革命运动的继续高涨,尽力使运动"合法化",满足于取得反动政府的承认。在普法尔茨的情况也是如此。

马克思和恩格斯发现争取小资产阶级领导的临时政府继续革命已经成为不可能,于是他们立即着手新的工作。6月1日,马克思离开德国前往巴黎,8月到伦敦,在那里重新组织同盟的领导机构。恩格斯和盟员维利希留在德国领导一支武装队伍,抵抗反动军队的进攻。他们英勇地战斗到7月,最后离开德国,撤入瑞士境内。11月,恩格斯到达伦敦和马克思会晤。在科隆和其他地区的盟员都在人民群众中积极开展革命鼓动工作,组织他们参加武装斗争。不少盟员在战斗中表现出英勇气概,同盟的领导人、马克思和恩格斯的战友约瑟夫·莫尔在革命中献出了自己的生命。大部分同盟的领导人和《新莱茵报》的工作人员在革命失败后相继到达伦敦,在这里又形成了同盟的活动中心。同盟中央和盟员经过革命锻炼之后,变得更加成熟、更加坚强。他们满怀坚定的信心,开始了新的革命活动。

三、重新积聚力量，准备斗争

　　一八四八年革命失败后，欧洲大陆各国政府加紧对革命组织进行迫害。共产主义者同盟在大陆的各个支部很难开展活动。一些盟员在革命中牺牲了，一些盟员分散在各地，和同盟断了联系。同盟又一次面临着组织瘫痪的危机。1849年秋天，同盟中央委员会的成员和《新莱茵报》的编辑差不多都到达了伦敦，他们在马克思和恩格斯的领导下，着手积聚分散的革命力量和恢复同盟组织的工作。

　　德国是同盟支部最多、工作最活跃的地方，同盟中央把恢复这个地区的组织作为首要任务。由于1848年至1849年革命失败后的德国已经成为欧洲大陆最缺乏民主的一个国家，当时唯一可能的、收效比较大的方式是创办一个公开刊物，通过它逐渐恢复和德国盟员的联系。从《新莱茵报》被迫停刊以来，马克思一直在筹划重新出版无产阶级自己的机关刊物，他曾经写信和恩格斯商量，希望恩格斯到伦敦来共同创办。马克思向中央委员会提出这个建议，立刻得到同意。盟员、木匠康拉德·施拉姆被任命为杂志经理，负责杂志的筹备工作。杂志为月刊，定名《新莱茵报·政治经济评论》，1850年5月，在德国汉堡出版了第一期。

　　革命失败后，人们迫切需要了解它的失败原因和发展前途。同时，在一次革命风暴以后，许多经验教训需要提到辩证唯物主义和历史唯物主义的高度加以总结，把实践和理论结合起来。《新莱茵报·政治经济评论》的主要任务就是科学地总结前一时期的革命经验，制定同盟下一步的路线、方针、政策和策略。《新莱茵报·政治经济评论》连续发表马克思的著作《1848年至1850年的法兰西阶级斗争》。马克思在这本书里总结了二月革命和六月起义的经验教训，指出无产阶级要在资产阶级共和国范围内改善自己的处境只是一个幻想。马克思写道:"社会主义就是宣布不间断革命,就是实现无产阶级的阶级专政。"①他提出"推翻资产阶级!工人阶级专政!"②的战斗口号,并且揭穿了"自由、平等、博爱"口号的虚伪性。马克思预言,随着经济的发展,阶级斗争必然加剧,无产阶级革命的到来是不可避免的。当前的重要问题在于培养坚定的革命领导干部和组织强大的阶级队伍,来迎接革命时机的到来。

马克思和恩格斯合写的《中央委员会告共产主义者同盟书》是另外一个重要文件。在这个重要文件中,马克思、恩格斯写道:"在1848—1849年这两个革命的年头中,共产主义者同盟在两方面受过了考验:首先,它的成员到处都积极地参加了运动……都是站在唯一坚决革命的阶级即无产阶级的最前列。其次,共产主义者同盟受过的考验是1847年各次代表大会和中央委员会的通告,以及《共产党宣言》中阐述的关于运动的观点都已证明是唯一正确的观点,在这些文件中的各种预见都已完全被证实……"③马克思和恩格斯总结一八四八年革命的经验,分析了社会各阶级的面目:大资产阶级参加革命并不要求彻底消灭封建制度,他们的目的不超出立宪君主制的范围,而他们的目的一旦达到,便立即利用自己获得的政权迫使工人回到他们从前的被压迫地位,永远做资产阶级的奴隶。小资产阶级力求消灭农村封建制度,进行大规模的资产阶级民主改造,建立资产阶级民主共和国。但是小资产阶级在实现了上述要求后,也希望赶快结束革命。马克思、恩格斯对无产阶级说:"而我们的利益和我们的任务却是要不间断地进行革命,直到把一切大大小小的有产阶级的统治都消灭掉,直到无产阶级夺得国家政权,直到无产者的联合不仅在一个国家内,而且在世界一切占统治地位的国家内都发展到使这些国家的无产者间的竞争停止,至少是直到那些有决定意义的生产

---

① 《马克思恩格斯全集》第7卷,人民出版社,1959年,第104页。

② 《马克思恩格斯全集》第7卷,人民出版社,1959年,第37页。

③ 《马克思恩格斯全集》第7卷,人民出版社,1959年,第288页。

力集中到了无产者手里的时候为止。"①这个文件说明,下一步的革命的性质,仍然是资产阶级革命,无产阶级在革命中和资产阶级民主派建立暂时的同盟还是必要的。但是必须保持自己政治上组织上的独立性。无产阶级应该运用一切手段,包括武装斗争在内,以巩固自己的政治地位,同时加紧进行无产阶级革命的准备工作。文件最后做出结论:"他们应该认清自己的阶级利益,尽快地采取自己独立政党的立场,一时一刻也不要由于受到民主主义的小资产者花言巧语的诱惑而离开无产阶级政党保持独立组织的道路。他们的战斗口号应该是:'不断革命'。"②《中央委员会告共产主义者同盟书》,是马克思主义文献中第一次明确提出"不断革命"号召的文件。

正确的思想指导是恢复同盟组织的先决条件,在马克思、恩格斯的思想影响下,同盟的活动逐渐恢复。同盟的中央委员、鞋匠亨利希·鲍威尔在各地传达《中央委员会告共产主义者同盟书》的精神,得到各地旧盟员的支持。科隆组织的负责人、雪茄烟工人勒泽尔帮助他和一部分已离开工作或单独进行工作的旧盟员恢复了联系。不少工人兄弟会的领导人也参加同盟的活动。同盟在德国的组织逐渐恢复和发展起来。并且在工农团体中起着比1848年还要大得多的作用。同盟甚至在什列斯维希-霍尔斯坦跟军队接上了关系。同盟中央委员会通过威廉·沃尔弗和指派特使派恩·德朗克到瑞士开展工作,他们在那里和密谋组织"革命集中"瓦解当地同盟组织的阴谋进行斗争,并且教育和争取"革命集中"组织的成员。他们的工作进行得很顺利,在瑞士普遍地建立了同盟组织。此外,中央委员会还和法国、匈牙利最革命的政党建立了联盟。差不多在同一个时期,马克思和恩格斯与英国宪章派左翼领袖朱利安·哈尼和法国的布朗基主义者达成协议,共同开展群众工作。同盟在各国工人团体、群众组织中的影响大大增长。

①《马克思恩格斯全集》第7卷,人民出版社,1959年,第292页。
②《马克思恩格斯全集》第7卷,人民出版社,1959年,第299页。

但是，就在这个关键时刻，伦敦的中央委员会发生了分裂。分歧的焦点集中在对形势的估计和无产阶级政党的路线、方针、政策上。还在1850年8月，马克思和恩格斯科学地分析了当时的形势，指出：1847年的经济危机已经过去，在经济开始普遍繁荣的情况下，在最近一段时期，新的革命高涨不会到来，因此无产阶级政党的首要任务是加紧宣传科学社会主义，清除资产阶级和小资产阶级的影响，做艰苦细致的工作，积聚力量，以便迎接下一次革命的到来。但是，维利希、沙佩尔纠合了一些不坚定的盟员形成一个集团。他们害怕进行艰苦的积聚革命力量的工作，不顾革命暂时低落的事实，用"革命"的词句代替对客观现实的唯物主义分析，企图采用冒险主义的策略，联合小资产阶级民主派，在德国举行新的起义。他们说："我们必须马上夺取政权，要不然我们就躺下睡大觉。"后来列宁批评这种行为是玩弄革命的儿戏。维利希、沙佩尔的错误观点和分裂活动对革命事业极为有害。马克思和恩格斯既严肃尖锐地和他们展开了原则性争论，又耐心批评帮助，争取他们回头。但是，维利希-沙佩尔集团已经深深陷入错误的泥潭，终于在1850年9月分裂出去。这个集团利用他们在法国、英国、瑞士的一些支部中的影响，建立起自己的组织系统，名义上仍然叫作"共产主义者同盟"，但实际上和马克思、恩格斯所领导的同盟没有任何联系。维利希和沙佩尔还利用其在伦敦区部的影响，拉拢这个区部的盟员和伦敦德意志工人教育协会的多数成员站在分裂派一边。马克思和恩格斯为了从组织上、思想上彻底清除分裂主义者的影响，于1850年9月17日发表了《退出伦敦德意志工人教育协会的声明》。

在德国的同盟组织是整个同盟的基干力量，他们受维利希和沙佩尔的影响最小，因此伦敦中央委员会于9月15日，通过一项决议，提出：

1. 中央委员会由伦敦迁到科隆，委托科隆区部建立新的中央委员会。

2. 共产主义者同盟章程宣告无效，委托新的中央委员会草拟新章程。

9月24日,马克思通过中央委员会特使毫普特把共产主义者同盟中央委员会发生分裂的情况告诉科隆的勒泽尔。四天以后,科隆区委员会回信表示赞成马克思和恩格斯的意见,愿意承担中央委员会的职责。

　　马克思和恩格斯就这次分裂问题,向各地盟员,特别是领导骨干进行了一次广泛的宣传教育,从9月底到10月初给威廉·沃尔弗、约·魏德迈尔等人写了一系列信件,介绍同盟发生分歧的情况。11月11日,以马克思、恩格斯为首的同盟伦敦区部向科隆中央委员会提议,把维利希、沙佩尔等分裂分子开除出盟,并将此事向全盟发出通报。

　　中央委员会迁到德国是正确的,因为这里没有维利希–沙佩尔集团的分裂活动。统一的科隆新中央委员会很快就组成了。医生丹尼尔斯、雪茄烟工人勒泽尔、《新莱茵报》编辑毕尔格尔斯等人任中央委员。中央委员会首先发表了《中央委员会告共产主义者同盟书》,谴责维利希–沙佩尔集团的分裂行为和错误观点,不久又通过了新章程,并且先后派遣四个特使视察同盟地区组织的工作。同盟的工作又活跃起来。德国政府对此感到不安,于是在1850年12月迫使《新莱茵报·政治经济评论》停刊,并且着手组织专门机构搜捕同盟的地下组织。

四、反动政府的阴谋和科隆审判案

德国各邦政府把同盟看成是可怕的共产主义"幽灵",动员一切力量来反对它。柏林警察总监辛凯尔迪说过,马克思和恩格斯所领导的同盟是最危险的革命组织,政府当局已经密切注意它的活动。

1851年春,德国政府以柏林警察总监辛凯尔迪为首组成一个包括行政、外交、警察部门在内的庞大机构,专门调查共产主义者同盟的活动。由于马克思和恩格斯都住在伦敦,所以普鲁士^①驻英大使馆成为调查同盟活动的中心之一。大使馆秘书阿尔伯茨直接领导一个密探小组,搜集同盟在伦敦的活动情况,监视马克思和恩格斯的行动。同时在国内,加紧侦查同盟的组织。虽然德国政府用尽一切手段来制造反共的政治阴谋,但是它长期未能发现同盟的踪迹。

1851年5月10日,同盟密使诺特荣克在莱比锡车站受到检查,在他身上发现了《共产党宣言》《中央委员会告共产主义者同盟书》《共产党在德国的要求》《共产主义者同盟章程》、科隆中央委员会介绍信和一些盟员的通信地址。普鲁士政府抓住这个机会,要把事情扩大,借此打击甚至扑灭德国的共产主义运动。它蛮横地拘禁了诺特荣克,并且根据搜获文件中的线索进行大规模逮捕,勒泽尔、雅可比、丹尼尔斯、埃尔哈特等人相继被捕,科隆中央委员会遭到全部破坏。不过,德国警探在搜捕当中,没有搜到任何罪证。警察机构不得不用一年多的时间在国内外搜集和伪造文件,作为起诉根据。

1851年秋天,普鲁士王室警务顾问施蒂伯奉命到巴黎和法国警察

---

① 德国当时的一个最大的邦国。

当局谈判,要求它协助德国方面迫害侨居法国的盟员。德国警探还利用维利希-沙佩尔集团和同盟中央对立的机会,派遣警探打入他们在法国的组织,妄想从这里得到同盟中央在德国活动的情况。维利希-沙佩尔集团竟接受警探舍尔瓦尔加入巴黎支部,不久又把他选入领导机构"三人委员会",警探基柏里赫甚至篡夺了斯特拉斯堡支部的领导权,担任该支部的主席,这给警探的活动提供了非常方便的条件。但是,由于维利希-沙佩尔集团同科隆中央委员会早已断绝联系,他们在这个集团里没有找到直接有关的材料,一切阴谋活动都是徒劳的。于是警探们又使出更卑鄙的伎俩,设法利用"盟员"身份,制造一些"革命阴谋"的伪证件,然后把这些证件交到警察当局手中,必要时,他们自己就来扮演"革命阴谋"的主角,把一切虚构的罪行横加到科隆中央委员会身上。他们曾经谎称,似乎同盟在法国的斯特拉斯堡成立了革命军团,随时准备潜入德国,推翻政府。警探舍尔瓦尔还把自己扮演成这次事件的首脑人物,并且声称,他和马克思、恩格斯,以及科隆中央委员会有直接联系。德国警察当局妄图借此为日后的审判伪造根据。

与此同时,德国警探在伦敦也开展了阴谋活动。警探希尔施混入了同盟内部,但是,同盟的伦敦组织很快就查出他的本来面目,把他赶了出去。希尔施随即潜伏在伦敦,大量伪造同盟的会议记录和宣传品,仿佛同盟又在组织一次革命暴动。伪造文件中有一份通告盗用马克思的名义,以"疏散你们的队伍"为题报上刊登出来。警察当局为了从被捕盟员身上得到材料,就对他们进行百般摧残,对他们实行单独监禁,甚至不许会见亲友。丹尼尔斯在监狱中染上了肺病,但得不到治疗;雷斯涅尔在被解往科隆的路途上,戴着手铐步行十天,一路上双手流着鲜血;勒泽尔受的折磨更多,以至于在审讯时站立不住。但是警察当局的各种迫害并不能损害盟员的革命志气。除个别叛徒以外,绝大多数人都英勇地捍卫了共产主义者的荣誉。他们认为,共产党人绝不隐瞒自己的观点,勒泽尔在预审会上宣称:"我不否认曾利用工人教育协会,以便在其中灌输共产主义思想。"其余受审的盟员承认抱有同盟文件中阐述的观点,但坚决驳斥参加"阴谋活动"的诬告,政府在预审中没有获得任何材料。

马克思和恩格斯对被捕人员表示深切的关怀,竭力设法营救他们。马克思在事情刚发生不久,就委托他的好友、盟员魏德迈尔前往科隆了解事情的详细经过,以便采取适当的对策。在科隆审判案开庭之初,马克思和恩格斯又通过盟员贝尔姆巴赫得到关于审讯的详细情报。他们根据这些资料对政府的阴谋一一加以揭露和驳斥,结果使得审判案件的法庭成为揭露反动政府罪行的场所。

1852年10月,科隆审判案正式开庭审讯,警探伪造的"革命阴谋"由施蒂伯出来做证,但是,因为他们并不了解科隆中央委员会的真正活动,捏造的情节又矛盾百出,这场骗局很快就被揭穿了。他们起诉的全部证据是:一批搜获的文件、偷来的档案、伪造的会议"原本记录""红色问答书"和一些伪造的马克思的亲笔信件。马克思仔细研究了这些情况,在伦敦报纸上发表声明,说明他从来没有写过这些信件和"红色问答书",揭露了警察当局的阴谋。马克思把声明设法送到被告手中,作为他们申辩的材料。马克思还通过各种方式向群众说明,"原本记录"等文件是德国政府的各部门一同捏造的,伪造出这些文件无非是要陷害革命力量。马克思的揭发把敌人的卑劣手法暴露在人民面前。科隆审判案表明,真正的罪犯不是科隆的共产主义者,而是那个伪造罪证、迫害人民的反动政府。

科隆审判案的真相大白,政府当局感到惊慌失措,法庭不得不急忙宣判被告犯了侵害资产阶级社会的罪行,所谓的"主谋分子"勒泽尔、诺特荣克等三人被判处六年徒刑,有四人被宣判无罪,其余的人被判处三年到五年的徒刑。

维利希-沙佩尔集团在科隆审判案中扮演了可耻的角色。他们对舍尔瓦尔这个奸细了解得最清楚,但是不肯站出来揭露施蒂伯的伪证;他们的成员莫泽斯·赫斯是《红色问答书》的作者,也不肯承认这件事。在审讯期间,他们还和普鲁士警察当局互相勾结,恬不知耻地以"王室证人"的身份出现在法庭上。所有这些表明维利希-沙佩尔集团已经完全站在反动统治阶级一边,成了他们的可耻帮凶。

科隆审判案表明反动迫害的加强。在这种形势下,需要建立一个更坚强、更成熟的无产阶级组织来领导受到暂时挫折的工人运动。共产主义者同盟已经完成了自己的历史任务。1852年11月17日,同盟按照马克思的提议宣告解散。

共产主义者同盟是在国际工人运动初期建立起来的国际无产阶级组织,在许多方面还是不成熟的。同盟的成员很少,而且大部分是手工工人,同工人群众的联系也不够密切和广泛,群众基础还很薄弱。在1848年革命风暴时期,同盟还没有成为领导整个革命运动的坚强核心。尽管同盟有这些历史局限性,但是,它在马克思和恩格斯的英明指导下,对革命事业做出了重大的贡献。同盟出色地进行了传播马克思主义的工作。《共产党宣言》《共产党在德国的要求》《中央委员会告共产主义者同盟书》等重要著作都是作为同盟的纲领性文件而公之于世的,是马克思主义的光辉文献。用国际无产阶级组织的名义向全世界宣传马克思主义,在历史上从共产主义者同盟开始。同盟培养了一批工人运动的骨干力量,他们后来在国际工人协会(即第一国际)中担任领导职务。同盟英勇地经受了革命战火的考验,表现出了旺盛的革命意志和精力。同盟在短暂的五年里,击退了来自左的和右的机会主义的两次攻击,坚持了革命原则。"无产阶级不但要解放自己,而且要解放全人类。如果不能解放全人类,无产阶级自己就不能最后得到解放。"共产主义者同盟为实现这个伟大的目标迈出了极其重要的第一步,给以后的世界无产阶级革命提供了宝贵的经验。

共产主义者同盟虽然解散了,但是国际工人运动却波澜壮阔地发展起来。同盟的纲领——《共产党宣言》的革命原则和"全世界无产者,联合起来!"的伟大号召,已经永远成为国际工人运动的伟大旗帜。

五、重新评价共产主义者同盟 在欧洲一八四八年革命中的作用

共产主义者同盟是马克思、恩格斯奠定科学社会主义的基本理论以后创建的第一个国际无产阶级组织,是科学社会主义理论和革命实践相结合的第一个里程碑。马克思关于无产阶级革命和无产阶级政党的思想通过同盟的创立和活动受到一次检验。在马克思主义发展史中,共产主义者同盟占有特殊的地位,历来是国内外史学工作者十分关注的问题。但是,过去在同盟史研究中存在两个较大的问题:一是资料残缺不全,留下不少空白点,不得不采用推断和想象来填补;二是对同盟本身和同盟的活动缺乏全面的具体的分析,往往做出武断的、片面的结论。

半个世纪以来,对同盟的研究逐步取得进展,许多重要的历史资料不断发现和整理,空白点有所缩小,一些疑难问题也得到解决。20世纪五六十年代,同盟史研究中出现了第一批引人瞩目的成果:德国学者卡尔·欧伯曼的《共产主义者同盟史》、苏联学者康捷尔的《马克思恩格斯是共产主义者同盟的组织者》、米·伊·米哈伊洛夫的《共产主义者同盟》。这些著作尽管存在种种缺陷,但对同盟和有关的理论问题做了全面、系统的介绍和论述,具有重要的参考价值。1964年,苏共中央马列主义研究院集体编辑出版了第一个有关同盟的文件集——《第一国际的先驱共产主义者同盟》,为同盟史的研究提供了方便。但这并不是一个完整的文件集。当时有些重要文件还没有发现,就是已有的文件也远远没有全部收入。

1968年,在德意志联邦共和国汉堡国家与大学图书馆手稿部的图

书档案中,发现了共产主义者同盟汉堡支部负责人马尔腾斯保存下来的五个珍贵文献:《1847年6月9日代表大会致汉堡同盟书》《共产主义者同盟章程》《共产主义信条草案》《1847年6月24日同盟中央委员会致汉堡同盟组织的信》《1847年9月14日中央委员会告同盟书》。这是同盟史研究中的一个重大突破,使第一次代表大会和两次代表大会间一些悬而未决的问题迎刃而解。1983年,苏共中央马列主义研究院、德国统一社会党中央马列主义研究院合编的三卷本《共产主义者同盟文献资料汇编》问世,共收入八百多个文件,是迄今为止关于共产主义者同盟的最完备的文件集。毫无疑问,这对于共产主义者同盟的研究是一个很大的推动。可以预见,随着研究的深入,很多疑难问题将逐步得到澄清。对一些重大历史事件的评价也将得到重新考察和纠正。

在诸多疑难问题中最重要的、最有争议和最令人不解的就是同盟在欧洲一八四八年革命中的作用。因为一八四八年革命是对同盟最有意义的、最严峻的一次检验。无情的现实、险恶的环境使同盟受到一次很有意义的革命洗礼,同时也暴露了同盟的弱点和存在的问题。这样一个十分敏感、十分重要的问题自然而然成为不同立场、不同观点的史学家议论的中心。在众多的说法中,有两种值得注意的倾向。一种倾向认为,同盟在革命中始终是一个有组织的行动党,同盟的中央委员会一直在科隆活动,并不断发挥作用。这个估计显然是太高了。另一种倾向认为,马克思、恩格斯在革命中对组织无产阶级政党不感兴趣,并且仅仅根据列泽尔的供词断言马克思于1848年6月解散了同盟,这就贬低了同盟的作用。本部分仅就这个问题谈谈初步看法。

(一)

作为一个政党,一个革命组织,共产主义者同盟是十分软弱和幼稚的,在一八四八年革命中几乎没有起到什么显著的作用。根据现有材料来看,同盟的活动若有若无,只留下一些蛛丝马迹。首先,同盟的领导机构和指挥中心——中央委员会是否一直存在,并留在德国开展工作,就是一个很大的疑问。同盟中央委员会在德国三月革命爆发前的行动是清楚的,迁入德国以后逐渐沉寂。马克思根据原同盟中央委员会的委托于3月11日在巴黎建立的新中央委员会活动的时间不长。当时的成员是:主席马克思,书记沙佩尔,委员瓦劳、莫尔、恩格斯、威廉·沃尔弗、亨利希·鲍威尔,[1]他们在三月革命爆发后陆续离开巴黎进入德国境内。瓦劳离开法国最早,大致在3月底到达美因茨。4月8日,马克思、恩格斯和恩斯特·德朗克相继到达。他们立即同停留在美因茨的中央委员讨论了在科隆建立新中央委员会的问题,并且决定在此以前由美因茨的同盟支部暂时行使中央委员会的职权。[2]科隆中央委员会大约于1848年4月15日,在马克思、恩格斯、莫尔、沙佩尔、德朗克到达科隆以后成立。从此美因茨支部代替中央委员会行使的职权转到新中央委员会手中。各地寄给中央委员会的报告和信件都从美因茨转到科隆。《1848年4月21日F.A.巴格曼致共产主义者同盟中央委员会的信》《1848年4月23日美因茨支部致共产主义者同盟科隆中央委员会的信》都可以证明此事。[3]

从已经发现的文件中还可以看到,同盟中央委员会曾经于四五月间进行努力恢复同盟各地组织的活动,重新建立与各支部的联系,并在可能的条件下建立新支部。为此,科隆中央委员会先后委派沙佩尔、沃尔弗、德朗克作为特使到威斯巴登、法兰克福、哈洛和西里西亚等地开展工作。但在此以后,科隆中央委员会突然销声匿迹,几乎没有留下什么可供研究的材料。我们只能根据间接的文件来判断科隆中央委员会的行踪。巴黎同盟支部的领导人艾韦贝克在柏林第二届民主主义者大会上

---

① 参见《马克思恩格斯全集》第27卷,人民出版社,1972年,第135页。

② Von O.Autor, *Der Bund der Kimmunisten:Dokumente und Materialien*, Berlin:Dietz Vertag, 1970, Bund 1, p.1114.

③ Von O.Autor, *Der Bund der Kimmunisten:Dokumente und Materialien*, Berlin:Dietz Vertag, 1970, Bund 1, pp.763—769.

发言,以及11月1日的信中曾经提到,伦敦和巴黎方面试图改组共产主义者同盟的领导机构。艾韦贝克本人则打算把共产主义者同盟中央委员会迁往柏林。不过,这个计划未能实现。①从艾韦贝克提供的信息来看,同盟中央委员会至少在10月以前还留在科隆。伦敦新中央委员会的组成应当在10月以后,或者更晚一些。根据布龙12月2日的信,奥古斯特·海策尔预审期的材料和勒泽尔1853年至1854年间的供词,伦敦中央委员会组成的时间是1848年秋天,同我们估计的时间大体吻合。②

此外,科隆中央委员会的活动虽已停止,但未发现任何材料可以证明它已经解散,或者授权任何人在伦敦组织新的中央委员会。不过,马克思、恩格斯和其他中央委员并未对伦敦中央委员会的存在提出异议,只是对新制定章程表示不满。马克思曾经指出:"1847年代表大会通过的盟章,曾于1848年由伦敦中央委员会做了修改。现在情况又有所变化。在最后的伦敦盟章中,原则性的条款软弱无力。"③

伦敦中央委员会对德国的情况也是十分重视的,于1848年底至1849年初派约瑟夫·莫尔和沙佩尔以特使身份到德国进行同盟的改组工作。其目的在于恢复和巩固同盟的组织,加强它在工人联合会中的地位。根据布龙在12月2日信中提供的情况,莫尔大致在11月20日从伦敦到达汉堡,然后去德国东北部地区开展工作,中间曾在科隆停留一段时间。在科隆期间,莫尔在《新莱茵报》编辑部同马克思、恩格斯,以及当地的其他同盟活动家讨论了同盟的改组问题。马克思、恩格斯都不赞成在当时的条件下进行这项工作。因为当时的形势异常紧张,不存在恢复秘密工作的条件。同时,由于同盟在各地的组织和盟员都已深深卷入民主运动,旧日的联系几乎完全中断,而以工人联合会为中心的民主团体则正

---

① Von O.Autor, *Der Bund der Kimmunisten:Dokumente und Materialien*, Berlin:Dietz Vertag, 1970, Bund 1, p.1135.

② Von O.Autor, *Der Bund der Kimmunisten:Dokumente und Materialien*, Berlin:Dietz Vertag, 1970, Bund 1, pp.881、1138.

③《马克思恩格斯全集》第8卷,人民出版社,1961年,第636页。

团结在《新莱茵报》的旗帜下开展有效的活动,恢复同盟组织实际上是不可能的。事实证明,尽管莫尔和沙佩尔在比勒费尔德、什未林和柏林等地进行过改组同盟的努力,但收效甚微,最后不得不放弃这项工作。在这以后,同盟中央委员会在德国革命时期的活动就完全停止了。总体来看,同盟中央委员会在德国革命中所起的作用是极其有限的,1848年5月以后几乎完全失去了自己的影响。

(二)

共产主义者同盟作为一个秘密组织,在德国革命中究竟存在不存在? 回答应当是这样的:从整体上看,同盟确实已经瘫痪了,或者说自行中断了活动。马克思曾经指出:"在德国革命时期,同盟的活动自行中断了,因为已有了更有效的途径来实现它的目的。"①尽管马克思、恩格斯在到达德国后曾经采取一系列恢复同盟组织的措施,但从特使寄回的报告和书信中得到的只是令人沮丧的消息。例如,威廉·沃尔弗在4月18日给马克思的信中指出,柏林和科隆的同盟组织只是"名义上存在","于完全无为中消磨岁月"。②从科布伦茨、法兰克福等地传来的消息也大体相似。③

出现这种情况是不足为奇的。因为共产主义者同盟毕竟太幼小了,缺乏组织准备,不能适应突然的变化,在革命风暴中完全失去了活动的能力。当出现公开的合法活动条件的时候,由于同盟不能把合法斗争和秘密活动结合起来,就显得是多余的组织了。恩格斯指出:"当时很容易预见到,在正在高涨的人民群众的运动面前,同盟是个极其软弱的工具。

---

①《马克思恩格斯全集》第14卷,人民出版社,1964年,第465页。

② Von O. Autor, *Der Bund der Kimmunisten : Dokumente und Materialien*, Berlin: Dietz Vertag, 1970, Bund 1, p.760.

③ Von O. Autor, *Der Bund der Kimmunisten : Dokumente und Materialien*, Berlin: Dietz Vertag, 1970, Bund 1, pp.776—780.

过去在国外侨居的同盟盟员,有四分之三回国后就改变了自己的住址。他们以前的支部因此大部分都解散了,他们和同盟的联系完全断绝。他们中间有一部分比较爱出风头的人,甚至不想恢复这种联系,而是各人自行其是,在自己所在的地方开始开展小小的分散的运动。各小邦、各省份、各城市的条件是非常不同的,以致最后同盟要发指示也只能发出极为一般的指示,而这种指示通过报刊来传播是要好得多的。一句话,自从使秘密同盟需要存在的原因消失时起,这样的秘密同盟本身也就失去了意义。"①

马克思、恩格斯的这种看法大体上是在1848年5月形成的。他们是在经过恢复同盟联系的努力以后才得出这样的结论。科隆中央委员会曾经就这个问题进行激烈的争论。关于讨论的情况没有留下任何可靠的材料,只有勒泽尔于1853年12月30日在牟比特监狱中所做的供词可资参考。根据他的供述,我们知道,这次会议在"罗马"旅社举行,参加会议的有卡尔·马克思、弗里德里希·恩格斯、医生安得列阿斯·哥特沙克·严森、理发师贝多尔弗、卡尔·沙佩尔、约瑟夫·莫尔、鞋匠弥勒、裁缝帮工蒙德。最终,"马克思运用自己的非常权力,解散了同盟"。其理由是,"马克思认为同盟继续存在是多余的,因为同盟不是密谋组织,而是宣传组织,在现在条件下能够进行公开宣传,由于有了出版自由和集会的权利,因而不需要秘密存在"②。

关于马克思解散同盟的说法没有其他可靠的证据,很难成立,我们姑且撇开不论。但是从5月以后,马克思、恩格斯确已把主要精力集中在利用合法条件开展宣传活动方面,改组和恢复同盟的工作在他们的日程中不再占重要地位。从整体上说,同盟的组织一直没有恢复。不过,分散在各地的支部并未完全解散。有的支部在革命中一直存在,并且发

---

① 《马克思恩格斯选集》第四卷,人民出版社,1972年,第199页。
② [苏联]米·伊·米哈伊洛夫:《共产主义者同盟》,生活·读书·新知三联书店,1976年,第71页。

挥了很好的作用。根据巴登一位同盟盟员致共产主义者同盟中央委员会的信可以断定,在巴登,很可能在曼海姆或卡尔斯鲁厄有一个共产主义者同盟支部。那里的盟员不仅参加了巴登的革命事件,而且成为"曼海姆农民军""曼海姆工人营"的骨干力量。[1]汉堡和附近的阿尔托纳以及其他地区也有同盟组织在进行频繁的活动。那里的同盟盟员弗坦克德里希·马尔腾斯、雅科布·奥尔多夫、卡尔·毕林、威廉·列默等人在筹备德国工人代表大会过程中起过非常重要的作用。汉堡同盟的活动家卡尔·毕林不仅努力使当地组织继续存在和发挥作用,而且同兄弟会的领导机关,以及莱比锡"德意志工人中央委员会"建立了密切联系,扩大了同盟的影响。在约瑟夫·莫尔访问汉堡以后,汉堡区部的活动更为频繁。1849年2月,毕林当选汉堡区部的第二主席。

当然,保存下来的地方组织绝不止这几个。所有这些组织后来都成了伦敦中央委员会恢复和改组同盟的基础。在1850年3月中央委员会特使鲍威尔出使德国的时候,科隆、美因茨、哈瑙、威斯巴登、汉堡、息韦林、柏林、哈廷根、雷希尼茨、格洛高、莱比锡、纽伦堡、慕尼黑、纽伦堡、维尔茨堡、斯图加特、巴登等地的同盟组织都恢复了活动。

对于在革命中是否应当恢复同盟组织的问题,马克思、恩格斯在大多数情况下都认为没有可能和必要,但在1850年3月《中央委员会告共产主义者同盟书》中却提出了不同的看法。他们总结说:"当德国民主派即小资产阶级的党派日益组织起来的时候,工人的政党却丧失了自己唯一的巩固的支柱,至多也只是在个别地方为了本地的目的还保存着组织的形式,因此在一般的运动中就落到了完全受小资产阶级民主派支配和领导的地位。这种状况必须结束,工人的独立应当恢复起来。"[2]

从上面这段话可以看出,无论同盟的地方组织是否在进行活动或者

---

① Von O. Autor, *Der Bund der Kimmunisten：Dokumente und Materialien*, Berlin：Dietz Vertag, 1970, Bund 1, pp.746、1106—1107.

②《马克思恩格斯选集》第一卷,人民出版社,1972年,第381—382页。

取得显著的成绩,从整体上说,同盟的组织作用是极其微弱的,任何过分的估计都是不恰当的。

(三)

由于共产主义者同盟中央委员会和整个组织在革命中自行中断活动,全面评价同盟在革命中所起的作用不可避免地遇到了困难。西方史学家因此完全或者说基本上否定了同盟的作用,并且企图证明马克思、恩格斯对于建立无产阶级政党抱"无所谓"的态度。对于这种说法我们当然是不能同意的。无论如何不能无视同盟对一八四八年革命所制定的正确的纲领、方针、政策,以及同盟盟员的个人作用。马克思、恩格斯在3月《中央委员会告共产主义者同盟书》中总结了同盟在革命中所经受的两方面的考验。"第一,它的成员到处都积极地参加了运动,不论在报纸上,街垒中和战场上,都是站在唯一坚决革命的阶级即无产阶级的最前列。第二,1847年各次代表大会和中央委员会的通告,以及《共产党宣言》中阐述的关于运动的观点都已证明是唯一正确的观点。"[①]这个估计是客观的、切合实际的。

从同盟的纲领性文献《共产党宣言》到1850年3月《中央委员会告共产主义者同盟书》,对于一八四八年革命的性质都有明确的论述,没有直接提出无产阶级革命的要求,同盟的一切方针、政策都是根据这个基本估计来制定的。在革命过程中,具体体现和宣传同盟的方针政策的是《新莱茵报》。马克思、恩格斯在分析德国革命形势的时候认为,既然当时德国存在公开活动的条件,同盟就不应当墨守成规,完全可以采取新的公开的方式进行活动,而最有效、最恰当的方式就是创办一个大型日报。同盟可以通过报纸,公开地、及时地指导运动。《新莱茵报》就是在这种历史条件下,由马克思、恩格斯亲手创办起来的。

---

①《马克思恩格斯选集》第一卷,人民出版社,1972年,第381页。

《新莱茵报》是一份十分坚强、水平很高的报纸。创办报纸和坚持日常工作的人员几乎都是共产主义者同盟的中央委员和著名活动家。马克思负责《新莱茵报》编辑部的工作。恩格斯、威廉·沃尔弗、亨利希·毕尔格尔斯、恩斯特·德朗克、格奥尔格·维尔特、斐迪南·沃尔弗、斐迪南·弗莱里格拉特都是编辑委员会委员,连《新莱茵报》的校对员也由同盟著名的活动家卡尔·沙佩尔担任。

《新莱茵报》对革命的贡献是巨大的,它在每一个关键时刻都提出了切合实际的方针、政策和具体意见,成为全国各地的盟员和革命者自觉遵循的指南。它的读者遍天下,很快就成为一家受人拥戴的大报纸,发行量达到五千份。在查封复刊后,发行量曾增加到六千份。正如恩格斯所说:"没有一家德国报纸——无论在以前和以后——像《新莱茵报》这样有威力有影响,这样善于鼓舞无产阶级群众。"①尽管《新莱茵报》以民主派机关报的面目出现,但它仍然是最坚强的,最富于远见的无产阶级的战斗司令部,不愧为"革命无产阶级最好的机关报"②。总之,《新莱茵报》所取得的一切成就都应当归功于同盟关于运动的正确观点。

我们同样不应当忘记同盟盟员对革命所做的重大贡献。大多数同盟盟员从革命伊始就积极投身运动,并选择德国作为活动场所。大约有三百多名侨居国外的德国盟员陆续回到德国,分散到各个地方进行活动,并且起到了中坚骨干作用。

他们的重要贡献之一是建立公开活动的工人组织。德国三月革命爆发后不久,柏林盟员奥古斯特·海策尔、约翰·克里斯蒂安·吕霍夫和海尔曼·弥勒立刻开始筹建新的合法工人组织。4月5日,在《柏林阅览室》第81号上发表了一篇由恩尔哈特、费罗姆、吕霍夫、弥勒和米夏埃利斯签署的呼吁书,要求柏林各个分散的工人团体通过共同协商的办法,联合为统一的工人组织。这个建议很快得到响应,4月11日,经过选举产生了二十

---

① 《马克思恩格斯选集》第四卷,人民出版社,1972年,第185页。
② 《列宁全集》第21卷,人民出版社,1959年,第60页。

八人委员会,该委员会立即以"工人中央委员会"的名义在柏林开展活动。

1848年4月13日,紧接柏林工人中央委员会之后,科隆工人联合会宣告成立。联合会的筹建人差不多也都是同盟的盟员,其中有:安德烈阿斯·哥特沙克、弗里德里希·安内克、贝多尔夫、莫泽斯·赫斯、约翰·杨森和彼得·诺特荣克。这个联合会是工人和手工业者的组织,其规模和影响超过了其他地区的工人联合会,成立伊始就拥有三百名成员,到5月初发展到五千人。科隆工人联合会曾受哥特沙克的操纵,1848年6月以后才转向马克思、恩格斯一边,成为运动的重要支柱。

盟员的重要贡献之二是积极投身革命,在各地领导极端民主运动,使同盟的影响无所不在。同盟盟员差不多都是各地民主协会的参加者和领导者,在重大的活动中总是站在前列,发挥重要的作用。例如,1848年6月第一届民主主义者代表大会就是在著名的同盟活动家的推动下召开的。①

盟员在第二届民主主义者代表大会上的作用更为突出。这次大会于1848年10月26日至30日在柏林召开,出席大会的有来自一百四十个城市的二百二十名代表。②代表成分复杂、思想混乱。大会在一些重大问题上动摇不定,甚至有人在会上公开反对建立共和国的纲领。大会发表的《告人民书》就表现了含混不清、模棱两可的态度。后来,《新莱茵报》连续在第130、131、133号上载文批判了这种立场,严肃指出:"这个告人民书缺乏革命的毅力,而充满了抱怨派说教的热情,这种热情后面所隐藏的显然是贫乏的思想和感情。"③

---

① Von O.Autor, *Der Bund der Kimmunisten : Dokumente und Materialien*, Berlin : Dietz Vertag, 1970, Bund 1, p.1114. 这次大会于1848年6月14日到16日在美因河畔法兰克福举行。参加会议的盟员有阿道夫·克路斯、斐迪南·弗莱里格拉特、恩斯特·德朗克、约瑟夫·莫尔、卡尔·沙佩尔、约瑟夫·魏德迈、亨利希·毕尔格尔斯、弗里德里希·安内克、奥斯沃德、获茨、奥古斯特·谢奈特尔等人。

② Von O.Autor, *Der Bund der Kimmunisten : Dokumente und Materialien*, Berlin : Dietz Vertag, 1970, Bund 1, p.1132.

③《马克思恩格斯全集》第5卷,人民出版社,1958年,第528页。

出席大会的盟员为了结束这种混乱现象,同革命民主主义者联合起来,组成了一个极左翼的小组,并积极开展活动。这个情况在《新莱茵报》的报道里有所反映。"第二天,会议的一方就试图结束这种客套,他们成立了一个派别,表示要拥护'红色共和国',并定期私下集会。"①小组成员有拜尔霍赞尔、博伊斯特、布劳泽维特、克吕格尔、德斯特尔、艾韦贝克、格律恩、哈根、海恩、海尔堡、海泽等人。由于小组成员的努力,大会逐渐摆脱了温和派的纠缠,终于选出了一个左翼的中央委员会。成员有民主主义者卡尔·赫克扎梅尔、爱德华·赖辛巴赫和同盟盟员卡尔·德斯特尔。

大会还决定把博伊斯特代表社会问题委员会向会议提出的报告作为大会文件的基础公开发表,并寄给各个联合会讨论。这个文件比《告人民书》进了一大步。它既反映了小资产阶级民主主义观点,也反映了共产主义观点。文件的第二部分提到了无产阶级进行阶级斗争的意义,第三部分列入了《共产党在德国的要求》的部分条文,但只表示拥护建立共和国,而没有指出建立共和国所必须遵循的统一的、不可分割的原则。

盟员艾韦贝克曾对这次大会做了一个评价,他认为:"10月底,柏林民主主义者代表大会发表的宣言……是各地出现的最进步的宣言,现在人们看到,社会主义在普鲁士和整个德国具有多么大的威力。这个宣言的基础完全是共产主义的,而其中提出的要求必然成为共产主义的开端。"②当然,这个估计是言过其实的,片面地夸大了代表大会的意义,不过也在一定程度上反映了大会在盟员的努力下所取得的成就。

盟员的重要贡献之三是宣传科学社会主义。盟员在德国传播最多的是《共产党在德国的要求》。这个文件是1848年3月底马克思、恩格斯

---

① Von O.Autor, *Der Bund der Kimmunisten: Dokumente und Materialien*, Berlin: Dietz Vertag, 1970, Bund 1, p.1133.

② Von O.Autor, *Der Bund der Kimmunisten: Dokumente und Materialien*, Berlin: Dietz Vertag, 1970, Bund 1, p.1134.

共同起草的,经同盟中央委员会讨论通过,上面有巴黎中央委员会全体委员的签名。它不同于一般的共产主义文件,它所阐述的不是一般的共产主义原理和要求,而是共产党人在资产阶级革命中应当采取的立场,同当时德国革命实际密切吻合,能够为更广泛的革命群众所接受。

在《共产党在德国的要求》传入德国后,当时最大的工人组织科隆工人联合会在盟员的倡导下曾经系统地、逐条地讨论过。在1848年夏天的讨论中,大多数会员已经初步领会了"要求"的精神,开始自觉地把"要求"的条文作为自己在辩论中的重要论据。[①]在美因茨,盟员哥特弗里德·施士姆普弗利用7月1日中为民主协会做报告的机会,讲解了"要求"的原则。其他地区的盟员也进行了各种形式的宣传。

由于盟员的努力宣传,《共产党在德国的要求》逐渐成为人们渴望一读的文件。在巴黎至少印刷了三次,出了两个不同的版本,都是铅印的两页传单。在德国出的版本更多,流传颇广,但仍然不能满足人们的需要。于是,《杜塞尔多夫日报》、《柏林阅览室》、《特利尔日报》、《曼海姆日报》、《德意志总汇报》(莱比锡)、《德意志人民报》(不伦瑞克)等报刊相继刊载了"要求"的全文,以飨读者。

另外一个流传极广的同盟的刊物要算是《新莱茵报》了。盟员在宣传和传播《新莱茵报》方面也起过重要的作用。同盟的活动家约瑟夫·魏德迈在威斯特伐利亚做过大量工作。他在担任法兰克福议会民主派机关报副主编时期,不断邀请盟员德朗克、施拉姆撰稿,经常转载《新莱茵报》的文章和材料。由于魏德迈的努力和影响,《新莱茵报》得到《新德意志报》的全力支持。该报曾以同情的语调报道了巴黎六月起义,并对《新莱茵报》关于武装援助维也纳起义的号召表示支持。

在什列斯维希,盟员施拉姆利用自己创办的《基尔民主周刊》宣传《新莱茵报》的方针,转载《新莱茵报》的重要文章。

---

① Von O.Autor, *Der Bund der Kimmunisten : Dokumente und Materialien*, Berlin: Dietz Vertag, 1970, Bund 1, p.1131.

由于盟员的积极活动，柏林、汉堡、美因茨、科布伦茨、科隆、杜塞尔多夫、巴门等城市的工人组织逐步联合起来，为建立统一的、不可分割的民主共和国而斗争。

此外，在德国各地的起义中，不少盟员拿起武器，身先士卒战斗在最前列，为民主统一德国的事业做出了贡献。盟员维利希、恩格斯曾经带领一支起义队伍同政府军作战。约瑟夫·莫尔不顾个人安危两次到普鲁士军队中为起义军寻找炮手，最后在牟尔克河谷战斗中献出了自己的宝贵生命。盟员所做的这一切都可以载入革命史册而彪炳千古。

（四）

在评价同盟作用的时候，绝不能忽略各地的工人联合会和各种民主组织。因为这些组织同《新莱茵报》、盟员个人，以及马克思、恩格斯都有不同程度的联系。其中一些组织就是盟员创建和领导的。马克思、恩格斯非常重视工人联合会和民主团体。1848年4月初，马克思、恩格斯和其他中央委员进入德国后，首先试图通过美因茨的工人组织，把各地的工人联合会联合起来，成立全国性的公开的统一的工人组织，但没有成功。后来，马克思、恩格斯就通过《新莱茵报》号召盟员和同盟的支持者积极参加各地工人联合会的活动。马克思、恩格斯本人也加入了科隆工人联合会，经常出席联合会的会议。马克思还于8月下旬到9月上旬到柏林、维也纳等地开展工作，参加当地工人联合会的活动。马克思的著作《雇佣劳动与资本》就是在维也纳第一工人联合会会议上所做的长篇报告。

事实证明，工人联合会在同盟和广大人民群众之间起到了非常重要的桥梁作用。《新莱茵报》的观点和立场往往通过联合会同更多的群众见面。在各个工人联合会中，科隆工人联合会的影响最大，同《新莱茵报》的关系最密切，它的创建人和历届主席都是盟员。在哥特沙克去职之后，科隆工人联合会成了《新莱茵报》的可靠支柱。当《新莱茵报》发表了恩格斯反击《科隆日报》诽谤巴黎六月起义的文章——《〈科隆日报〉论六月革命》以后,《科隆工人联合会报》立即刊载了一篇内容十分相似的社论——《巴黎工人革命和〈科隆日报〉》。这篇社论警告法国的资产阶级:"请不要沾沾自喜地向你们的恩人谎报你们的胜利。巴黎工人遭到失败,是因为他们没有像你们的卡芬雅克那样杀人放火,下一次他们在胜利面前将毫不宽容。"①

科隆工人联合会还积极响应《新莱茵报》关于在农民中开展运动的号召,深入农村扩大自己的影响。8月24日科隆工人联合会委员会的记录提到沙佩尔曾在会议上提出意见,要求在组织工作中同时考虑城市无产阶级和农村无产阶级。②工人联合会很快就照办了。《科隆工人联合会报》为此专门写了一则报道:"上上个星期日,即8月26日,这里工人联合会的一些会员前往离此三小时路程的沃林根,他们在那里同农民讨论了当前的政治和社会关系。沃林根人的问答清楚地表明,农民十分明白他们的苦难所在,他们也有足够的勇气和力量来改善自己的处境。当会员们谈到科隆工人联合会所做的努力并希望沃林根也组织一个类似的联合会时,农民们便高兴地接受了这个建议。联合会很快建立起来,并且不久便有四十多人参加了联合会。"③

除工人联合会外,民主团体也是传播同盟观点的极好帮手。民主团体的活动,以及它和工人联合会、《新莱茵报》的关系构成了1848年革命中人民运动的一个重要内容。从某种意义上说,民主团体比工人联合会接触的群众更广泛,往往能够把一批很有活动能力的民主派领袖人物团结到运动中来,使他们在一定程度上接受和支持同盟的政治路线,为建立统一的不可分割的共和国而斗争。例如,1848年建立的德意志协会中就有不少这样的人物。他们同盟员并肩战斗,发挥了很好的作用。

---

① Von O.Autor, *Der Bund der Kimmunisten:Dokumente und Materialien*, Berlin:Dietz Vertag, 1970, Bund 1, p.1116.

②③ Von O.Autor, *Der Bund der Kimmunisten:Dokumente und Materialien*, Berlin:Dietz Vertag, 1970, Bund 1, p.1127.

民主运动的中心也是科隆,那里同盟的影响最大,力量最集中,而且受到马克思、恩格斯、《新莱茵报》的直接影响。当时在科隆有两个民主团体:科隆民主协会和工人业主联合会。科隆民主协会是一个很有影响的组织,是于1848年3月20日在科隆施托尔维克举行的两次民主集会上产生的,又名"施托尔维克协会",但那时还不是一个稳定的组织。由于盟员卡尔·德斯特尔的努力,又经过4月普鲁士议会和国民议会的竞选,民主协会逐步稳定下来,并于4月25日民众大会上正式宣告成立。5月12日,民主协会举行了第一次全体大会,5月底,马克思、恩格斯、威廉·沃尔弗和其他一些盟员参加了这个组织。

工人和业主联合会是一个人数很少、影响不大的民主团体,其主要成员多半来自落后的手工业者阶层,活动范围有限。

经过马克思、恩格斯的努力和指引,科隆的民主团体和工人联合会提出了互相加强联系、统一行动的要求。经协商决定,科隆工人联合会、民主协会、工人和业主联合会三方仍然在组织上保持独立,但各自派出代表组成中央委员会协调三方的行动。工人联合会的代表是约瑟夫·莫尔、卡尔·沙佩尔;民主协会的代表是卡尔·马克思和卡尔·施奈德尔二世;工人和业主联合会的代表是海尔曼·贝克尔和鞋匠许岭多夫。中央委员会成立于6月24日,其主要任务是加强各组织之间的经常联系,并立即着手准备将在科隆召开的莱茵省民主主义者第一届代表大会的筹备工作。筹备工作进行顺利,8月13日至14日大会在科隆召开,来自十七个民主团体的四十名代表出席了大会。马克思、恩格斯、莫尔、沙佩尔均为大会的代表。大会决定将三个民主团体中央委员会作为莱茵省民主主义者区域委员会。大会还通过了必须在工厂和农村开展工作、建立组织的决议。

正是由于工人联合会和各民主团体的联合行动,《新莱茵报》才有可能组织一系列的群众集会和各方面的革命力量同反动势力对抗。例如,1848年9月上旬,为了回答普鲁士反动势力的进攻,《新莱茵报》编辑部、科隆工人联合会、科隆民主协会联合在佛兰肯广场组织了一次六千人大会。大会通过了恩格斯起草的致普鲁士国民议会的呼吁书，要求国民议会议员坚持自己的正确立场，不要理睬政府的威胁。大会为了抵制政府的暴力行动，决定成立安全委员会，并选出马克思、恩格斯、沃尔弗、莫尔、沙佩尔等三十人担任委员。9月17日，《新莱茵报》编辑部又同科隆工人联合会的领导人在沃林根召集了一次约有八千人参加的工农群众大会，同盟的活动家沙佩尔担任这次大会主席。大会承认科隆安全委员会为民主运动的临时领导机构，呼吁法兰克福国民议会议员竭尽全力争取实现德国的统一。

也正是由于人民群众的支持，盟员中的活动分子才能够避开反动政府的迫害。例如，一队警察在逮捕"工人联合会最受爱戴的领袖之一"莫尔的时候，遇到了在莫尔住宅周围集会的群众而不得不狼狈逃窜。科隆工人联合会的另一位领导人沙佩尔被捕后，在人民群众的声援下，很快就获释了。莱茵省的民主力量甚至能够组织一支农民队伍支援法兰克福的起义。

总而言之，在评价共产主义者同盟在一八四八年革命中作用的时候，不能孤立地只看同盟本身的活动，应当同整个民主运动结合起来考察。梅林曾在《揭露科隆共产党人案件》一书序言中指出："什么地方都没有它的组织，但它的宣传遍于已经有无产阶级争取解放斗争的实现前提的一切地方。"

对于一八四八年革命的经验总结，国内出版的教科书和专著中已经根据马克思、恩格斯的论述进行了详细的阐发，基本上形成了固定的传统的看法。这种看法是否应当进行再研究，不属于本部分的考察范围，但根据共产主义者同盟在革命中的处境来看，至少有一条极为重要的经验被长期忽略了。那就是，任何革命运动，哪怕是十分正确的革命运动，超越了人民群众的思想水平和所能达到的接受能力，都会成为沙漠中的布道而遭到失败。

共产主义者同盟之所以能够在一八四八年革命中起到一定作用，在某些地区甚至产生过相当大的影响，关键就在于它到处都高举民主派的旗帜，以人民群众最迫切的要求——建立统一的民主共和国为自己的奋斗目标。这样，它就能够同广大群众找到共同语言，便于把运动引上正确的轨道。关于这一点，恩格斯说得十分透彻："如果我们当时不愿意这样做，不愿意站在已经存在的、最先进的，实际上是无产阶级的那一端去参加运动并推动运动前进，那我们就会只好在某一偏僻地方的小报上宣传共产主义，只好创立一个小小的宗派而不是创立一个巨大的行动党了。"①尽管在革命中同盟的组织确已涣散，但同盟关于革命的基本观点、同盟的方针政策、盟员的积极活动始终推动着运动的发展，其影响无处不在。

原载《河北师院学报》1989年第1期

---

① 《马克思恩格斯选集》第四卷，人民出版社，1972年，第178页。

六、共产主义者同盟的历史地位

共产主义者同盟是革命导师马克思、恩格斯亲手缔造的第一个国际无产阶级革命组织。《共产党宣言》就是作为同盟的纲领而公之于世的。共产主义者同盟的建立标志着马克思主义在同工人运动相结合的过程中，取得了一次伟大的胜利，使西欧国家早期工人运动的面貌焕然一新，这在国际工人运动史上是一桩极为重要的事件。同盟是在最初出现的、最激进的、最具有无产阶级性质的工人组织——正义者同盟的基础上，经过革命改造而后建立起来的。这个革命改造过程集中反映了当时的工人运动逐步从自发走向自觉，从分散走向团结的过程。因此，恩格斯在概述共产主义者同盟的历史的时候，总是从它的前身正义者同盟开始，并且把1836年正义者同盟的建立到共产主义者同盟宣告解散这一段时间作为德国工人运动的第一时期和第一次国际工人运动。恩格斯还满意地回顾说，这是国际工人运动的光辉青春时期。由此可见，共产主义者同盟在早期国际工人运动中占有何等重要的地位！毫无疑问，正确了解这个问题，对于研究国际工人运动的历史发展具有非常重要的意义。

建立无产阶级政党的重大步骤

马克思主义是指导无产阶级进行革命斗争的科学理论，它只有通过由无产阶级先进分子组成的独立的革命政党才能变成千百万革命群众的思想武器，从而产生出能够改造整个社会的巨大的物质力量。马克思、恩格斯从来就把无产阶级政党的建设作为国际工人运动的首要任务,并为之奋斗终生。恩格斯曾经说过:"要使无产阶级在决定性关头强大到足以取得胜利,无产阶级必须(马克思和我从1847年以来就坚持这种立场)组成一个不同于其他所有政党并与它们对立的特殊政党,一个自觉的阶级政党。"①

建立无产阶级政党是一个长期而又艰巨的任务。无产阶级从刚刚开始觉醒成长到能够组成自己的政党需要走过相当长的路程。共产主义者同盟就是马克思、恩格斯建立无产阶级政党的最初尝试,同时也是在整个建党过程中所采取的一个关键步骤。

共产主义者同盟是不是具备了一个共产党的基本条件呢? 马克思说得好:"制定一个原则性纲领……这就是在全世界面前树立起一些可供人们用以判定党的运动水平的界碑。"②共产主义者同盟不但有一个马克思、恩格斯亲笔起草的科学共产主义的纲领——《共产党宣言》(以下简称《宣言》),而且有一个建立在民主集中制基础上的新章程。这两个历史文献明确地规定了共产党人的长远奋斗目标和眼前的具体任务、方针、政策和策略。章程第一条规定:"同盟的目的:推翻资产阶级政权,建立无产阶级统治,消灭旧的以阶级对抗为基础的资产阶级社会和建立没有阶级、没有私有制的新社会。"③《宣言》根据欧洲几个国家的不同情况,为各国共产党人规定了不同的具体任务,并且号召他们应当把自己的主要注意力集中在德国,因为德国正处在资产阶级革命的前夜。《宣言》同时又教导共产党人"一分钟也不忽略教育工人尽可能明确地意识到资产阶级和无产阶级的敌对的对立"④,以便在推翻德国的反动统治之后立即开始反对资产阶级本身的斗争。《宣言》在规定这一具体任务所贯彻的思想带有普遍的意义,在今天仍然是完全适用的。这就是《宣言》

①《马克思恩格斯选集》第四卷,人民出版社,1972年,第469页。

②《马克思恩格斯选集》第三卷,人民出版社,1972年,第3—4页。

③《马克思恩格斯全集》第4卷,人民出版社,1972年,第572页。

④《马克思恩格斯全集》第1卷,人民出版社,1972年,第285页。

所指出的："共产党人为工人阶级的最近的目的和利益而斗争,但是他们在当前的运动中同时代表运动的未来。"①

《宣言》还论述了共产党人和无产阶级群众及当时西欧一些国家的工人政党和政治组织的关系。《宣言》指出:共产党人没有任何同整个无产阶级利益不同的利益,也不是同其他工人政党相对立的特殊政党。共产党是无产阶级的阶级组织,是最坚决的、始终推动运动前进的那一部分人组成的。在理论上,它能够了解无产阶级运动的条件、进程和一般结果。共产党人和其他工人政党和组织成员不同的地方只是在于:"一方面,在各国无产者的斗争中,共产党人强调和坚持整个无产阶级的不分民族的共同利益;另一方面,在无产阶级和资产阶级的斗争所经历的各个发展阶段上,共产党人始终代表整个运动的利益。"②

章程第二条还规定了吸收盟员的具体条件,从而使盟员的政治素质、思想水平和同盟组织上的纯洁性能够得到保证。盟员的条件:1.生活方式和活动必须符合同盟的目的;2.具有革命毅力并努力进行宣传工作;3.承认共产主义;4.不得参加任何反共产主义的(政治的或民族的)团体并且必须把参加某团体的情况报告有关的领导机关;5.服从同盟的一切决议;6.保守同盟的一切机密;7.必须获得一致通过,才能被接收入某一支部。③

就共产主义者同盟的纲领和章程所反映的运动水平来看,同盟完全可以当得上共产党这个光荣的称号。从这个意义上说,一些专著和文章使用共产党这个名称,无疑是正确的。马克思、恩格斯、列宁也曾经这样说过。例如,列宁就曾经肯定地说,同盟"虽然很小但却是真正的无产阶级政党……"④

---

①《马克思恩格斯选集》第一卷,人民出版社,1972年,第284页。

②《马克思恩格斯选集》第一卷,人民出版社,1972年,第264页。

③ 参见《马克思恩格斯全集》第4卷,人民出版社,1972年,第572页。

④《列宁全集》第19卷,人民出版社,1959年,第292页。

但是,当时存在两个具体情况,使得共产主义者同盟的思想建设和组织建设工作遇到严重的障碍。第一,同盟成立后仅仅几个月就面临着欧洲一八四八年革命的考验。它没有得到足够的时间来整顿所辖的各个区部和支部,并加强中央委员会同基层组织的联系,使同盟成为一个思想统一、步调一致、行动协调的坚强的战斗集体。第二,同盟的成员大多是侨居的手工工人。他们为了谋求生计,寻找职业,不得不经常变换自己的居住地区,有很大的流动性,这就使得同盟各支部的人员极不固定,因而削弱了同盟基层组织的活动能力。由于上述原因,共产主义者同盟在它存在的五年当中基本上是一个人数不过三四百人的、以宣传为目的的、秘密的无产阶级组织,还不是一个成熟的无产阶级政党。因此有人把同盟叫作无产阶级革命政党的胚胎,这也是可以的。

上述两种说法侧重面不同,没有本质上的区别,都可以采用。如果把建立无产阶级政党当作一个发展过程来看,那么共产主义者同盟的建立就是建立无产阶级政党的一个重大步骤,在无产阶级政党的历史上占有重要的地位。

一个极好的革命活动学校

共产主义者同盟的纲领——《共产党宣言》刚刚发表,声势浩大的欧洲一八四八年革命就爆发了。这次革命对于每个共产党人都是一次严峻的考验,对于同盟尤其是这样。因为欧洲一八四八年革命不是一次普通的资产阶级革命,而是一次带有深刻的无产阶级烙印的资产阶级革命。正如恩格斯所说的,"这次革命到处都是工人阶级干的:构筑街垒和流血牺牲的都是工人阶级"[1]。这就对同盟提出了更高的要求。但是当时同盟还是幼小的,组织比较松散,不可能作为一个成熟的无产阶级政党在整个革命运动中充分发挥组织领导作用。就德国的情况来看,过

---

[1]《马克思恩格斯选集》第一卷,人民出版社,1972年,第248页。

去在国外侨居的盟员,有四分之三回国后就改变了自己的住址。他们以前的支部因此大部分解散了,他们和同盟的联系完全断绝,只是在各自所在的地方开展小小的分散的运动。同时,在正在高涨的人民群众运动面前,同盟的秘密组织形式也显得不能适应了。尽管这样,同盟仍然是"一个极好的革命活动学校"①。它在两个方面经受了革命的考验:首先,同盟盟员到处都积极地参加了革命运动,不论在报纸上、街垒中,还是在战场上,都是站在唯一坚决革命的阶级即无产阶级的最前列。其次,1847年各次代表大会和中央委员会的通告,以及《共产党宣言》中阐述的关于运动的观点都已证明是唯一正确的观点,这些文件中的种种预见也已完全得到证实,同盟关于现代社会状况的见解在群众中引起了广泛的反响。

同盟之所以能够取得这些成就完全应该归功于马克思和恩格斯及那些英勇战斗在第一线的第一批无产阶级革命家。马克思、恩格斯一直把革命作为锻炼盟员的熔炉,积极组织他们投入战斗。法国二月革命后不久,马克思、恩格斯先后从布鲁塞尔来到巴黎组成了以马克思为主席的共产主义者同盟中央委员会,以便就近指导盟员参加革命运动。德国三月革命后,马克思、恩格斯又组织三四百德国盟员和革命者秘密地、分散地进入德国国境。4月初,马克思、恩格斯和同盟中央委员会的其他成员也离开巴黎到达莱茵区的工业和文化中心科隆,并在那里创办了《新莱茵报》。《新莱茵报》是以民主派机关报的面目出现的,实际上,它是最坚强的、最富于远见的无产阶级的战斗司令部。列宁曾经说过,《新莱茵报》是"革命无产阶级最好的机关报"②。马克思担任报纸的总编辑,恩格斯是总编辑的助手。共产主义者同盟的著名活动家威廉·沃尔弗、乔治·维尔特和弗莱里格拉特等人都加入了编辑部。马克思、恩格斯从德国的具体情况出发,回到德国以后没有组织新的同盟中央委员

---

① 《马克思恩格斯选集》第四卷,人民出版社,1972年,第200页。

② 《列宁全集》第21卷,人民出版社,1959年,第60页。

会。《新莱茵报》实际上起到了同盟中央领导机构的作用,在革命过程中,它同一些地区的盟员和支部保持着密切的联系,并把广大的革命群众团结在自己的周围。到1849年秋天,当普鲁士反动政府向革命力量猖狂反扑的时候,《新莱茵报》先后举行了六千人和八千人的两次群众大会来打击反动派的气焰。在《新莱茵报》的指导和帮助下,许多分散在德国各地的盟员和革命者始终站在革命运动的最前列,不断地锻炼成长。

马克思、恩格斯通过共产主义者同盟和革命时期的《新莱茵报》对盟员和革命群众进行理论和思想教育,不断提高他们执行同盟的方针、政策和策略的自觉性。在革命前夕,马克思、恩格斯就对欧洲,特别是德国的形势做了全面的、科学的分析,判定了这次革命的资产阶级民主性质。他们认为,在当时的条件下资产阶级民主革命是无产阶级革命所必须经历的阶段,并在《共产党宣言》中号召共产党人支持反对现存的社会制度和政治制度的革命运动。德国三月革命爆发后,马克思、恩格斯又进一步分析了德国的具体情况,于3月下旬草拟了《共产党在德国的要求》。这个文件对《共产党宣言》所阐述的策略原则进一步具体化,对于当时无产阶级所面临的任务做了具体规定。《共产党在德国的要求》指出,德国革命的基本任务是推翻各邦的封建统治,消除封建割据局面,使"全德国宣布为一个统一的,不可分割的共和国"。《共产党在德国的要求》不仅提出了一系列如像实行普选权、武装全体人民、发给人民代表薪金、使德国工人有可能出席国会这样的民主改革措施,而且提出了许多从资产阶级民主革命转向无产阶级革命的过渡性措施。其中,一切矿山、矿井全部收归国有,采用科学方法大规模地经营农业,成立国家银行来代替所有的私人银行,一切运输工具和通信机构全部归国家所有等项要求,尤其具有重要的意义。

《共产党宣言》和《共产党在德国的要求》所规定的革命纲领,通过《新莱茵报》得到了贯彻,成为指导当时革命运动的强大思想武器。《新莱茵报》对于德国和欧洲其他国家的阶级斗争形势、各个政党的动向、议会机关和群众组织的活动都进行了深刻的分析和及时的评论,规定了无产阶级对待每一个重大事变所应当采取的立场和策略。当德国三月革命刚刚取得胜利,人民群众一片欢腾,放松了警惕,看不清胜利后面掩藏着的危险时,《新莱茵报》就提醒普鲁士人民注意,大资产阶级已经窃取了革命的果实,尖锐地指出:"在街垒战中牺牲的战士们的冰冷尸体成了通向3月29日内阁的道路上的路标和指南。"①《新莱茵报》在统一德国问题上,坚决反对通过普鲁士或奥地利从上而下地统一德国的反动计划,同时也反对建立联邦制保持德国分裂状态的错误主张,坚持由德国人民自下而上地,通过革命斗争彻底消除德国在经济上、政治上的分裂状态,扫除一切封建垃圾,建立一个中央集权的真正统一和真正民主的共和国,也就是列宁指出的,《共产党在德国的要求》中所提出的民主专政的国家。②

《新莱茵报》还在受到普鲁士反动政府疯狂迫害的时候,表现了大无畏的革命气魄,为盟员和革命群众树立了英勇斗争的光辉榜样。1849年5月19日,《新莱茵报》用红色油墨刊印了最后一期报纸,并在向科隆工人的告别书中写道:"'新莱茵报'的编辑们在向你们告别的时候,对你们给予他们的同情表示衷心的感谢。无论何时何地,他们的最后一句话始终将是:工人阶级的解放!"③

在马克思、恩格斯直接领导下的共产主义者同盟这所极好的革命活动学校中,培育出了第一批无产阶级革命家。他们在革命实践中迅速成长,经受了革命的考验,表现了坚定的革命意志。例如,共产主义者同盟的著名活动家约瑟夫·莫尔曾经两次冒着危险到普鲁士军队中为起义军寻找炮手,后来又加入起义军,在牟尔克河谷的战斗中,由于深入敌军阵地而陷入火力网,终于在罗腾菲尔斯桥头身负重伤,壮烈牺牲。恩格斯

---

① 《马克思恩格斯全集》第5卷,人民出版社,1958年,第28页。

② 参见《列宁选集》第一卷,人民出版社,1972年,第620页。

③ 《马克思恩格斯全集》第6卷,人民出版社,1961年,第619页。

十分悲痛地悼念说:"我失去一位老朋友,党则少了一个最不知疲倦的、无所畏惧的和可靠的先进战士。"①另一位同盟的著名活动家弗里德里希·列斯纳遵照马克思和恩格斯的嘱托,在农村中积极开展宣传,并为巴登·普法尔茨的起义军运送弹药。

总之,共产主义者同盟培育无产阶级革命战士的功绩是不可磨灭的。

第一国际的先驱

共产主义者同盟虽然仅仅存在五年,但这却是极不寻常的五年。它经历了革命风暴的考验,也经历了反动政府疯狂迫害和同盟内部斗争的考验,几乎每前进一步都要付出巨大的努力。由于这个原因,同盟积累了丰富的正反两方面的经验,在理论上、思想上、组织上为第一国际的建立准备了必要的条件。

马克思、恩格斯在总结一八四八年革命经验的时候特别强调无产阶级在资产阶级革命运动中的独立地位和长远目标。他们指出:无产阶级的利益和无产阶级的任务是要不间断地进行革命,"直到把一切大大小小的有产阶级的统治都消灭掉,直到无产阶级夺得国家政权,直到无产者的联合不仅在一个国家内而且在世界一切占统治地位的国家内都发展到使这些国家的无产者间的竞争停止,至少是直到那些有决定意义的生产力集中到了无产者手里的时候为止"②。而在小资产者到处都受压迫的时候,在他们同无产阶级暂时还有共同利益的时候,可以建立只适合一定时机的需要的联盟,但是工人、首先是共产主义者同盟者,不能成为小资产阶级民主派的随声附和的合唱队员,应该努力设法建立一个秘密的和公开的独立工人政党的组织。马克思、恩格斯关于建立独立的无

---

① 《马克思恩格斯全集》第7卷,人民出版社,1961年,第219页。

② 《马克思恩格斯选集》第一卷,人民出版社,1972年,第385页。

产阶级政党的思想,在革命暂时处于低落的时期一直没有实现。而且就当时国际工人运动的水平来看,无论哪个欧洲国家的无产阶级都还不具备建立独立的无产阶级政党的条件。这种情况决定了未来的独立的无产阶级政党仍然只能采取共产主义者同盟那样的国际组织的形式,即第一国际。

共产主义者同盟的纲领和章程所提出的基本原则,是马克思、恩格斯制定《国际工人协会成立宣言》和《国际工人协会共同章程》的基础。他们为了捍卫这些原则进行了毫不妥协的斗争。

第一国际的领导机构总委员会在1864年10月5日会议上决定成立九人小组来制定协会的纲领和章程。马克思被选为九人小组的成员,但因生病未能出席10月8日的小组会和10月11日的总委员会。在这两次会议上,欧文主义者约翰·魏斯顿抛出了一份冗长而又杂乱的纲领。意大利代表路易吉·沃尔夫少校提出来一个叫作《意大利工人协会间的兄弟协议》的章程。这个章程把争取经济改善、加强教育和增进道德作为工人协会的三重目的,并且认为:"工人阶级最重要的是以合法的方式,使政府了解他们的情况、愿望和需要。"无论采纳上述哪个纲领或章程,都会改变第一国际的性质,把它变成一个普通的互助团体。马克思闻讯后,抱病出席10月18日总委员会会议,并在经过激烈争论以后,取得了修改文件的权力。马克思在几天之内就草拟出著名的《成立宣言》和《共同章程》。为了照顾当时工人的觉悟程度,以便把更多的革命群众团结到第一国际内部来,马克思在不损害根本原则的情况下,保留了一些"真理""道德"和"正义"之类的词句,在提法上和语气上都比《共产党宣言》缓和一些。

《成立宣言》是继《共产党宣言》以后国际无产阶级的第二个纲领性文献,它的基本原则和《共产党宣言》是一致的,只不过在阐述的方式上有所不同。《成立宣言》针对工联主义、蒲鲁东主义和拉萨尔主义的机会主义观点,阐明了无产阶级的暂时利益和长远利益的关系。它肯定了争取暂时利益的斗争,说明英国工人阶级争得十小时工作制是一次重大胜利,合作运动也是反对资本的一种形式,但紧接着就指出,要是把这些活动作为斗争的目的而不去推翻资本主义的制度,那么无产阶级是得不到真正解放的。《成立宣言》明确指出:"夺取政权已成为工人阶级的伟大使命。"①《成立宣言》在末尾再次提出了"全世界无产者,联合起来!"的伟大号召。

《共同章程》同共产主义者同盟的章程一样,也体现了马克思主义的建党原则。《共同章程》指出:"工人阶级的解放应该由工人阶级自己去争取。"②民主集中制原则在《共同章程》中也得到反映。按照规定,协会的最高组织是会员代表大会,在大会休会期间由总委员会负责处理日常工作。

共产主义者同盟也为第一国际培养了一批优秀的工人运动的领导骨干。他们在欧洲一八四八年革命失败后相继来到伦敦,在马克思、恩格斯的热情关怀和教导下,认真地学习科学共产主义理论。弗·列斯纳和威廉·李卜克内西等人都是积极的参加者。李卜克内西曾经回忆说:"马克思有计划地教育别人","我们坐在大英博物馆里,努力积累知识,为未来的战斗准备武器"。③弗·列斯纳也回忆说:"我把1860年到1864年的几年时间用来充实自己的知识。我按时去听了伦敦大学的教授们赫胥黎、丁铎尔和霍夫曼所做的生理学、地质学和化学方面的讲演……而鼓励我们去听讲的是马克思。"④马克思还鼓舞共产主义者同盟的老活动家积极参加伦敦共产主义工人教育协会的活动,马克思本人还多次为这个协会做有关政治经济学方面的报告。协会在马克思、恩格斯的关怀和教导下都取得了明显的进步。后来,弗·列斯纳成为第一国际总委员会的委员,并在第一国际内部积极地捍卫马克思的正确路线。

---

① 《马克思恩格斯选集》第二卷,人民出版社,1972年,第134页。

② 《马克思恩格斯选集》第二卷,人民出版社,1972年,第136页。

③ 《回忆马克思恩格斯》第2卷,人民出版社,1957年,第102、106页。

④ 《回忆马克思恩格斯》第2卷,人民出版社,1957年,第179页。

李卜克内西也是第一国际的会员,他在德国工人运动中积极开展反对拉萨尔主义、维护国际原则的斗争。曾经反对过马克思、恩格斯的同盟活动家卡尔·沙佩尔,也逐渐接受了马克思、恩格斯的批判和教育,勇敢地改正了错误,成为第一国际总委员会的一员。

　　星星之火,可以燎原。一百多年前共产主义者同盟这支不大的战斗队,今天已经成为拥有千千万万成员的革命大军。马克思、恩格斯在共产主义者同盟成立大会上所提出的"全世界无产者,联合起来!"的战斗号召正在实现。共产主义的宏伟事业一定会在全世界取得胜利!

原载《历史教学》1979年第3期

第三编

第一国际

一、从共产主义者同盟到第一国际

从共产主义者同盟说起

19世纪40年代,在人类历史上发生了一件空前重大的事件——马克思主义诞生了。马克思主义不是写给学究先生们看的那种学说,而是无产阶级的科学革命理论。它给无产阶级指出了正确的斗争道路,使他们认识到自己的伟大历史使命。不过,当时科学革命理论和工人运动还没有结合起来,没有产生巨大的物质力量。马克思主义者的中心任务就是要使工人群众懂得科学的革命理论,把自己的思想武装起来。

马克思主义和工人运动相结合是一个长期的、艰巨的和复杂的过程。马克思和恩格斯在开始奠定科学共产主义的时候,就向工人群众和社会主义者宣传自己的观点,并进一步着手建立以马克思主义为指导思想的无产阶级政党。在他们的不断努力下,共产主义者同盟终于在1847年成立了。虽然同盟还不是成熟的国际无产阶级革命组织,但它是马克思和恩格斯建党计划的最初步骤,同时也是当时宣传马克思主义的国际中心。1848年2月,马克思和恩格斯为同盟起草的纲领——《共产党宣言》公布了。这是国际共产主义运动的第一个纲领性文件,具有划时代的意义。但是,有了革命纲领,不等于工人群众的思想都已武装起来,更重要的是广泛宣传纲领的基本思想,使它和工人运动紧密地结合起来。共产主义者同盟在这方面做了许多工作。

《共产党宣言》刚刚公布,就爆发了欧洲一八四八年革命。共产主义者同盟盟员英勇地站到革命的最前列。革命失败后,欧洲各国的反动势力猖獗一时,对革命者大肆屠杀、进行各种迫害。共产主义者同盟也于1852年宣告解散。同盟完成了自己的历史任务,为第一国际的成立做好了思想准备和组织准备。同盟盟员雷斯纳和埃卡留斯等都是第一国际总委员会的委员。共产主义者同盟是第一国际的先驱。

新的国际形势新的革命高涨

一八四八年革命失败后,革命暂时转入低潮。一批资产阶级和小资产阶级革命家悲观失望,纷纷脱离革命。只有马克思、恩格斯和真正的无产阶级战士确信新的革命高涨必然会到来,并坚持不懈地进行艰苦的积聚力量的工作。马克思曾科学地预言道:"新的革命的来临像新的危机的来临一样是不可避免的。"①事情相隔不过十年,马克思的预言就全部实现了。

19世纪五六十年代是西欧北美资本主义蓬勃发展时期。英国已经完成了工业革命,并且夺得世界工业霸权。在其他主要资本主义国家,工业革命的进展也很迅速。新炼钢法的发现,大大提高了钢铁的产量。电报、电话、发电机也已先后发明。工业和交通运输方面,已广泛采用蒸汽机。火车、轮船成为水陆交通运输的重要工具。生产力的急速发展造成了资本主义的空前"繁荣",形成了资本主义的世界市场。有人把19世纪五六十年代叫作资本主义的"黄金时代"。随着资本主义的发展,阶级矛盾、民族矛盾和资本主义各国之间的矛盾也都日益尖锐化。正是在这个"黄金时代",爆发了1857年的第一次世界性经济危机。

资本主义经济发展的社会后果,是工业资产阶级和无产阶级的迅速成长。

资产阶级力量壮大以后,就力图取得统治权。因此在资产阶级还没有执政的国家里,不断发生资产阶级革命和资产阶级改革。例如德意志

---

① 《马克思恩格斯全集》第7卷,人民出版社,1959年,第114页。

和意大利的统一运动、俄国1861年的改革，就是在这种情况下发生的。这样就形成了19世纪五六十年代的资产阶级革命和资产阶级改革继续发展的时期。

资产阶级发财致富的道路，是完全依靠对国内劳动人民的剥削，对殖民地与经济落后国家人民的掠夺。这就促使资本主义国家内部的阶级矛盾和外部的民族矛盾日益尖锐起来。特别是在1857年经济危机爆发以后，资产阶级要把危机带来的损失转嫁到工人和殖民地人民身上，阶级剥削和民族压迫就变本加厉，各种矛盾也随着深化。工人运动也进入新的高潮：1859年英国建筑工人的罢工，打破了一八四八年革命失败后的长期沉默的局面；法国工人运动也开始活跃，1864年，法国政府被迫废除《霞不列法》①；1863年，德国工人阶级建立了全德工人联合会。与此同时，在亚洲也爆发了民族独立运动：1850年至1864年，在中国发生了太平天国运动，1857年至1859年，印度人民举起反英起义的旗帜。1863年，波兰人民也举行了反对民族压迫的起义。

工人运动和民族独立运动的发展形成了19世纪50年代末和60年代初的革命高涨。

马克思、恩格斯的理论建设和革命活动

马克思和恩格斯在一八四八年革命失败后，进行了大量的宣传和组织工作，努力引导各国工人阶级走上正确的革命道路。他们首先对革命经验进行了总结，先后写了《1848年至1850年的法兰西阶级斗争》《路易·波拿巴的雾月十八日》《德国的革命与反革命》等著作。马克思和恩格斯在这些著作里进一步发展了关于无产阶级革命的学说。他们在《共产党宣言》中，已经提出无产阶级应该逐步夺取政权，建立自己的政治统

---

① 法国大革命时期，制宪会议根据议员勒·霞不列的提案于1791年6月通过法令，禁止一切工人罢工和集会结社的自由。

治,而通过一八四八年革命,又进一步指出,现存的国家机器是掌握在资产阶级手里的反动统治工具,资产阶级曾经用它来镇压无产阶级革命运动,无产阶级只有彻底粉碎旧的国家机器才能取得胜利。马克思和恩格斯还着重说明无产阶级必须通过暴力革命来粉碎旧的国家机器。这个结论对以后国际工人运动的影响很大。不过,由于历史条件的限制,当时马克思还没有说明,粉碎旧的国家机器以后,应该用什么来代替被摧毁的国家机器。

此外,马克思和恩格斯还指出:无产阶级是唯一彻底革命的阶级,只有它才能够领导革命运动。马克思和恩格斯对工农联盟的原理和不断革命的原理也都曾论述过。

19世纪五六十年代,马克思和恩格斯为了充实科学共产主义的理论基础,集中主要的精力创立了无产阶级的政治经济学。马克思和恩格斯搜集了大量材料,仔细研究了资本主义社会的发展规律,批判了资产阶级的和小资产阶级的政治经济学。他们深刻地揭露了资本主义社会的根本矛盾,并科学地证明,这些矛盾发展的结果必然会导致资本主义制度的灭亡和社会主义革命的胜利。这个结论对各国工人阶级是一个很大的鼓舞,加强了他们的革命信心。1859年,马克思把自己的研究成果写成《政治经济学批判》。《资本论》的基本原理在这部书里已经大体形成。

马克思和恩格斯除了进行基本理论建设以外,还注意利用国际事件对工人群众进行思想教育。他们在美国报纸《纽约每日论坛报》上发表关于美国内战和英国侵略中国、印度的文章。马克思还宣传意大利人民的革命斗争。

马克思和恩格斯在争取工人运动领袖方面,在组织和教育群众方面,也都做了巨大的努力。他们在革命低潮时期,利用英国比较自由的环境,尽量争取宪章派①的左翼领袖哈尼、琼斯等人,通过他们去影响群众。马克思、恩格斯和他们的来往都比较密切,并且从各方面帮助宪章派的报纸《人民报》。他们经常为这家报纸写稿,在报纸面临经济困难时,给予必要的帮助。1854年秋,英国宪章派和一部分法国流亡者共同组织国际委员会,由琼斯担任主席。两年后,这个组织和德、英、法等工人团体联合成为国际联合会。马克思和恩格斯的战友威廉·李卜克内西、雷斯纳都是联合会的领导人。国际委员会和国际联合会为第一国际的成立创造了有利条件。

马克思、恩格斯特别注意培养工人运动的领导骨干。从19世纪50年代到60年代初,原共产主义者同盟盟员埃卡留斯、雷斯纳、李卜克内西等人都紧紧团结在马克思和恩格斯的周围。他们在马克思、恩格斯的谆谆教导下,艰苦地学习科学共产主义理论,以便迎接新的革命高潮。李卜克内西回忆道:"马克思有计划地教育别人。"又说:"我们坐在大英博物馆里,努力积累知识,为未来的战斗准备武器。"

马克思和恩格斯的理论建设和革命活动使科学共产主义理论进一步和工人运动结合起来,为第一国际的成立创造了非常重要的前提。

无产阶级国际团结的加强

马克思主义的传播和新的革命高涨推动了国际工人运动的迅速发展。在斗争中,各国工人越来越感到必须加强国际团结。特别是在经济危机的年代里,资产阶级经常从外国招雇廉价劳动力,以破坏工人的罢工斗争,这就更促使各国工人要求团结起来,反击资产阶级的进攻。1862年,三百多法国工人到伦敦去参观世界工业博览会,同英国工人商

---

① 1837年英国工人联合会提出致国会的请愿书,次年正式命名为《人民宪章》。此后,为争取实现这些要求而展开的革命运动称为宪章运动,参加宪章运动的人称为宪章派。宪章派的右翼主张合法斗争,左翼主张总罢工和武装起义。

讨了加强国际团结的问题。

　　各国先进工人还参与了一系列重大的国际政治事件,表现了无产阶级的国际主义精神。在1861年至1865年美国内战期间,英法工人曾起来大力支持美国北方人民反对奴隶制的斗争,竭力制止本国资产阶级政府参加南方奴隶主方面作战。1863年的波兰起义更得到了许多国家工人的支持。在英国和法国,都举行过多次群众集会,声援波兰人民的斗争。总之,马克思、恩格斯在1848年提出来的"全世界无产者,联合起来!"的战斗口号,这时已经被成千上万的工人所理解。建立新的无产阶级国际组织的条件已经成熟了。

　　但是,第一国际的成立并不是一帆风顺的,而是经过了复杂的曲折的斗争的。当时,在各国工人运动内部存在着不同形式的反马克思主义的社会主义流派,这就是英国的工联主义、法国的蒲鲁东主义和德国的拉萨尔主义,有许多工人都受到了它们的影响。为了把受影响的工人群众争取过来,马克思和恩格斯对那些错误观点、各派领袖的叛变行为和破坏活动进行了毫不妥协的斗争。第一国际的历史就是同这些流派进行斗争的历史。

二、在阶级斗争中诞生

国际工人协会的成立

1864年9月28日,英国工人在伦敦圣马丁堂再次为1863年波兰起义事件召开大会。参加大会的有英、法、德、意和波兰的工人代表,马克思也应邀出席了。在大会上,英法等国的代表都讲了话,德国代表埃卡留斯根据马克思准备好的讲稿做了发言。法国代表在致辞时说道:"让我们以团结一致来拯救自己!"他并且建议在伦敦成立各国工人的中央委员会,在欧洲各国首都成立地方委员会。大会代表一致赞成这个提议,决定成立一个国际性的协会。圣马丁堂大会由于通过了这个决议,就被看作是第一国际的成立大会。但是,建立国际的工作还远远没有完成。圣马丁堂大会并没有通过协会的纲领、章程,甚至连名称也没有确定。大会只选出了协会的领导机构——总委员会。总委员会由数十名委员组成,成分非常复杂。其中工联主义分子、蒲鲁东分子占大多数,此外还有欧文①主义者,甚至有资产阶级分子。他们在每一个重大问题上都要和马克思主义者争论。因此,斗争是非常激烈的。

协会首先在命名问题上展开了一场争论。1864年10月11日,资产

---

① 欧文(1771—1858)是英国空想社会主义者,他把希望寄托在"仁慈的"统治者身上,不主张工人进行政治斗争。

阶级分子惠勒和勒诺提议,希望把协会和万国同盟①合并起来。万国同盟是一个国际性的工人慈善文化团体。它的主要宗旨是:缩短工作时间;普遍扩大选举权;设置各种教育文化组织来提高工人的文化,等等。如果把协会和这样一个组织合并在一起,就等于改变协会的国际无产阶级革命组织的性质。马克思因病没有出席这次会议,而由埃卡留斯和英国工人代表怀特洛克提出反对意见,并建议把协会定名为国际工人协会。这项建议得到大多数委员的支持。从这时起,协会就正式叫作国际工人协会(在第二国际成立后才称为第一国际,下文有时称第一国际或国际)。

要什么样的纲领和章程

总委员会在10月5日举行会议,决定成立九人小组来制定纲领和章程。马克思被选入小组,但由于身体不好没有出席10月8日的小组会和10月11日的总委员会会议。这两次会议集中讨论了纲领和章程草案。欧文主义者魏斯顿起草了一份冗长而又杂乱的纲领提交会议研究。意大利代表沃尔夫少校向会议提出名叫《意大利工人协会间的兄弟协议》的章程,希望会议采纳。这个章程实质上是一个互助团体的章程。它把争取经济改善、加强教育和增进道德作为工人协会的三重目的,并且指出:"工人阶级最重要的是以合法的方式,使政府了解他们的境况、愿望和需要。"如果采纳这样的章程,就会改变国际的性质。可是,两次会议并没有对纲领和章程表示拒绝,只要求纲领和章程的起草人和九人小组加以修改和压缩,然后提交总委员会表决。情况是十分紧急的。埃卡留斯曾为此写信给马克思说,如果他再不出席会议就会发生危险。于是,马克思不得不带病出席10月18日总委员会会议,并设法取消提出的纲领和章程草案。埃卡留斯在会上建议小组委员会进一步修改章程。两

---

① 万国同盟的全名是万国劳动阶级福利同盟,后又改称万国劳动阶级物质改善同盟。它是在1863年底由汤斯亨特侯爵创立的。

天后,会议移到马克思家中举行,马克思建议先讨论章程。章程共有四十条,大家对每一条的意见都不统一,一直讨论到深夜1时,才勉强通过了第一条。鉴于这种情况,委员会决定把文件交给马克思修改。马克思在几天之内就重新草拟出著名的《国际工人协会成立宣言》(以下简称《成立宣言》)和《国际工人协会临时章程》(以下简称《临时章程》)。为了照顾当时工人的觉悟程度,马克思在不损害根本原则的情况下,保留了一些"真理""道德"和"正义"之类的词句,在提法上和语气上都比《共产党宣言》温和一些。

《成立宣言》是继《共产党宣言》以后国际无产阶级的第二个纲领性文件,它的基本原则和《共产党宣言》是一致的,只不过在阐述的方式上略有不同。《成立宣言》从工人群众最关心的事情谈起,叙述了英国19世纪50年代和60年代的经济繁荣和无产阶级的贫困化,通过这种对比来揭露资本主义社会的实质,使工人群众认识到,他们的利益和资产阶级的利益是对立的。英国首相帕麦斯顿曾欺骗工人说,只要英国的商品出口增加百分之五十,英国就没有穷人。《成立宣言》揭露了政府这种骗人的鬼话,指出近年英国商品出口已成倍地增长,而大多数工人的实际工资却不断下降。

《成立宣言》针对工联主义、蒲鲁东主义和拉萨尔主义的机会主义观点,阐明了无产阶级的暂时利益和长远利益的关系。它肯定了争取暂时利益的斗争,说明英国工人阶级取得十小时工作制是一次重大胜利,说明合作运动也是反对资本的一种形式。但紧接着就强调说,要是把这些活动作为斗争的目的而不去推翻资本主义制度,那么无产阶级是得不到真正解放的。《成立宣言》明确指出:"夺取政权已成为工人阶级的伟大义务。"

《成立宣言》在末尾再次提出了"全世界无产者,联合起来!"的伟大号召。

《临时章程》也体现了马克思主义的原则。《临时章程》规定工人阶级的总任务是"争取本身的经济解放",而这个任务只有通过政治斗争才能实现。《临时章程》还重申了工人阶级只有依靠本身的力量才能得到解放的原理。民主集中制原则在《临时章程》中也得到反映。按照规定,协会的最高组织是会员代表大会,大会每年召开一次。在大会休会期间由总委员会(1866年以前叫作中央委员会)负责处理日常工作。后来,又在《临时章程》第七条附则里规定各国无产阶级应该努力争取建立自己的政党。①

纲领和章程在11月1日总委员会会议上得到一致通过。这个事实表明,马克思主义的正确路线,在第一国际一开始就取得了胜利。

---

① 这是1871年9月伦敦代表会议吸取巴黎公社的教训而提出的。

三、对反马克思主义的社会主义流派的斗争

第一国际成立后,就面临着一个中心问题,这就是坚持马克思主义路线,粉碎各种反马克思主义的社会主义流派。马克思、恩格斯和他们的战友,先后对蒲鲁东主义、工联主义、拉萨尔主义和巴枯宁主义进行了无情的揭露和批判,对加强国际工人运动在马克思主义基础上的团结,做出了巨大的贡献。

马克思、恩格斯在第一国际期间,对各种社会主义流派的斗争大致可以分为两个时期:

第一时期从第一国际成立起到1868年布鲁塞尔代表大会止。这一时期的中心活动是反对蒲鲁东主义,同时也批判了工联主义和拉萨尔主义。第一国际在这个时期召开了伦敦会议(1865年9月25日—28日)、日内瓦代表大会(1866年9月3日—9日)、洛桑代表大会(1867年9月2日—7日)和布鲁塞尔代表大会(1868年9月6日—13日)。

第二时期从1869年巴塞尔代表大会起到1872年海牙代表大会止。在这段时期里,出现了英勇的巴黎公社起义,召开了伦敦代表会议(1871年9月17日—23日)和海牙代表大会(1872年9月2日—7日)。第二时期的主要活动是反对巴枯宁主义和支援巴黎公社。

反对蒲鲁东主义的斗争

蒲鲁东主义是19世纪中期在法国流行的一种机会主义派别。它反映了小资产阶级的要求。蒲鲁东主义者反对大资本家,但并不赞成废除私有制。他们的理想是建立没有雇佣剥削的小生产者的社会制度。他

们认为,实现这个目的的手段是组织"交换银行"。小生产者可以通过交换银行,互相直接交换产品,也可以从那里得到无息贷款,这样就能够避免商人和高利贷的中间剥削。蒲鲁东主义者只要求在不损害资本主义制度的条件下进行改良,反对政治斗争、反对革命。他们的头目蒲鲁东(1809—1865)是无政府主义的创始人之一,他反对一切组织、政治制度和国家,反对无产阶级专政,主张个人的绝对自由,用个人和集团的自由联合来代替国家。

蒲鲁东分子首先在1865年9月伦敦代表会议上向国际发动进攻。他们把自己反对政治斗争的观点强加给会议,要求会议不要讨论波兰起义问题。蒲鲁东分子还进行了宗派活动,企图把马克思和恩格斯排挤出国际,竟然提出禁止脑力劳动者参加国际的谬论。会议大多数代表反对他们的言行,以多数票通过决议,否决了蒲鲁东分子的提案。会议还指出,必须支持恢复波兰的民主独立,强调工人阶级进行政治斗争的必要性。

伦敦会议以后,国际的影响显著扩大了。在瑞士的德国支部和法国支部加强了和瑞士工人运动的联系。国际的瑞士支部和欧洲各国的工人联合会开始有了来往。在法国除了巴黎外,马赛、里昂等地也成立了新支部。美国芝加哥工人代表大会也通过了加入国际的决议。

但是,蒲鲁东分子并不关心国际的团结和发展,他们在1866年日内瓦代表大会上,仍然企图推行自己的路线。为了达到这个目的,受蒲鲁东主义影响最深的法国支部派出了以托仑、弗里蒲、瓦尔兰等十七人组成的庞大代表团。托仑和弗里蒲在大会批准国际的《临时章程》时又提出脑力劳动者是否可以参加国际的问题来反对马克思和恩格斯。但是,他们的提案再次遭到了否决。于是蒲鲁东主义者又提出国际的任务问题来讨论,企图用他们的主张代替《临时章程》,他们建议把国际变成一个国际性的交换合作社。大会对建议展开了辩论,结果批准了马克思起草的《临时章程》,规定国际的目的是保护、发展和完全解放工人阶级。大会还在按照马克思的意见做出的决议中指出:如果国家政权不从地主和资本家手中转移到工人手里,劳动合作制度是不可能建立的,合作运动任何时候都不能改造资本主义社会。

蒲鲁东分子并不甘心失败,又提出一系列问题要求大会辩论,大会都一一地驳斥了。其中最重要的是资本家和工人的矛盾问题,蒲鲁东分子硬说,资本家和工人在生产中都是不可缺少的,并不存在矛盾。工人阶级的解放应该通过和平改良,而不应该通过阶级斗争来实现。蒲鲁东分子反对阶级斗争的言论,更明显地暴露了他们的机会主义的面目。

马克思主义在日内瓦代表大会上取得了重大胜利。会后,马克思曾写道:"我曾经深为日内瓦第一次代表大会担心,可是它竟出乎我的意料,整个说来会是开得很好的。它在法国、英国和美国的影响是超乎预料的。"[①]

日内瓦代表大会结束后,在欧洲发生了1866年至1867年经济危机,同时许多国家农业歉收,人民生活十分困苦。再加上1866年普奥战争造成的动荡局势,阶级矛盾变得十分尖锐,工人运动进一步高涨。伦敦的裁缝、巴黎的铜匠先后举行罢工。由于国际在工人中影响的加深,罢工工人都首先向总委员会请求援助。总委员会发动国际各个支部和各国工人支持罢工工人。国际和工人运动的联系进一步加强了。

蒲鲁东分子在日内瓦代表大会上遭到惨败以后,又纠集一批人马准备在下一次洛桑代表大会上继续向国际进攻。他们在洛桑代表大会上占多数。当时马克思正忙于《资本论》第一卷的出版工作,没有参加大会。《资本论》第一卷的出版丰富了马克思主义的理论基础,对蒲鲁东主义是一个沉重的打击。《资本论》是马克思专为工人阶级撰写的,恩格斯曾指出:这是自从出现资本家和工人阶级以来,对工人最重要的书。马克思在这本书里,深刻地阐明了剩余价值学说,揭穿了资本家剥削工人的秘密,使工人阶级认识到他们和资产阶级的矛盾是不可调和的,认识到资本主义制度必然灭亡和无产阶级革命、无产阶级专政的必要性。

---

① 《马克思恩格斯文选(两卷集)》第二卷,人民出版社,1961年,第460页。

在洛桑代表大会上，蒲鲁东分子提出所有制问题要求讨论。以托仑为代表的一部分蒲鲁东主义者拥护私有制，说什么"土地归农民，贷款给产业工人"。但由于在农业歉收、工人失业时，土地私有者和商人乘机抬高粮价，这就促使另一些蒲鲁东主义者主张实行土地全社会集体所有制。经过争论，没有结果。大会决定把所有制问题留交下次大会讨论。

大会在政治斗争问题上完全击败了蒲鲁东分子的谬论。大会通过的决议指出，工人的社会解放和政治解放是不可分的，没有政治上的解放，工人的社会解放是不可能实现的。决议还指出每年都要重申这项决议。大会关于政治斗争的决议对蒲鲁东分子是一个严重的打击。

蒲鲁东分子只在一些次要问题上达到了目的，例如通过了建立交换银行的决议。

国际并没有因为蒲鲁东分子的破坏而削弱，相反，它的影响在洛桑代表大会以后更加扩大了。总委员会按照马克思的正确路线热情地支持各国的罢工运动。1868年春天，总委员会通过瑞士支部大力支援日内瓦建筑工人要求缩短工时的斗争，迫使资本家做出让步，把工作日的工作时间缩短一小时。国际日内瓦支部在工人中的威信大为提高，成千工人参加了国际支部。

总委员会还通过布鲁塞尔支部援助沙勒罗瓦矿区的罢工。法庭不得不宣告罢工者无罪。在这次事件以后，在比利时的沙勒罗瓦、根特、布鲁日、安特卫普等地都成立了国际支部。国际在法、德、美、奥的影响也在增长。

随着国际的发展，马克思主义的正确路线日益深入人心。但是蒲鲁东分子并不死心，他们在布鲁塞尔代表大会上重新挑起了争论，公然要求大会继续讨论所有制问题。大会终于做出了正确的决议，指出生产资料和土地国有化是经济发展的需要。这个决议表明，在最关紧要的问题上，马克思主义战胜了蒲鲁东主义。这次大会还通过了一项专门的决议，号召各国工人学习新出版的马克思的《资本论》。

蒲鲁东分子在布鲁塞尔代表大会上遭到彻底失败，会后就发生了分裂。以瓦尔兰为首的左派蒲鲁东主义者逐渐抛弃旧的观点,向革命方面靠拢。至此,反对蒲鲁东主义的斗争暂时告一段落。

蒲鲁东主义虽然被粉碎了,但它的改良主义观点又为以后的机会主义者、修正主义分子继承下来,继续危害工人运动。

反对工联主义和拉萨尔主义的斗争

马克思主义者在第一国际总委员会上反对工联主义的斗争也是十分激烈的。工联主义是19世纪五六十年代英国宪章运动衰落以后发展起来的机会主义派别。工联主义分子追随资产阶级诱骗工人只去争取生活条件的点滴改善,把缩短工作时间、提高工资看成是唯一的目的。他们反对一切革命,是彻头彻尾的阶级调和论者。他们曾说国际领导机构所要解决的问题不过是"如何加强和保护劳动的权利,同时又不致破坏资本的合法权利"。

1865年3月至4月,英国委员魏斯顿在总委员会会议上宣传工联主义思想,反对工人为了争取提高工资而举行罢工。他硬说这种罢工是没有意义的,因为工资提高一定要引起物价上涨,归根结底工人的实际收入仍然没有增加。马克思针对这种谬论在1865年6月20日和27日两次总委员会会议上,做了批判魏斯顿的报告。马克思不但驳斥了他的观点,肯定了争取提高工资斗争的作用,而且进一步指出,工人阶级不应当夸大这种日常斗争的作用,提出用"消灭雇佣劳动制度"的革命口号来代替"正直的劳动,公平的报酬"的改良主义口号。马克思的报告后来以"工资、价格和利润"的标题正式发表。

总委员会在支持英国人民争取第二次选举改革的斗争问题上,和工联主义领袖也展开了斗争。1864年12月29日,总委员会会议第一次讨论了这个问题。1865年2月,根据总委员会的决议,成立了选举制度改革联盟,国际委派英国代表奥哲尔和克里默参加联盟执行委员会的工作。成立联盟的目的本来是为了发动英国工人参加群众性的政治斗争,争取普选权,为英国工人运动的继续发展创造良好条件。但是奥哲尔和克里默等人却竭力把选举改革运动限制在议会斗争的范围内,把联盟变成议会斗争的工具。1865年3月,奥哲尔和克里默就公开反对工人阶级在争取选举改革运动中,为摆脱资产阶级自由主义影响而采取的独立行动。英国工运领袖琼斯在1865年5月16日给马克思的信中提道:"请注意奥哲尔,他是不可靠的。"果然,他和克里默不久就公开支持英国自由党(资产阶级政党)党魁格拉斯顿的改革法案。这个法案只让少数生活优裕的工人得到选举权。奥哲尔和克里默的行动表明,他们已经背叛了人民的利益,公开站到资产阶级立场中去了。

英国工联领袖在爱尔兰问题上也竭力迎合资产阶级的政策。

爱尔兰是英国的第一个殖民地,1801年被正式并入英国。爱尔兰的土地几乎掌握在英国地主手中。所以爱尔兰问题既是一个民族问题,又是一个阶级压迫问题。19世纪60年代爱尔兰发生了芬尼运动。[①]对这次运动究竟采取什么态度是第一国际和英国工人阶级都必须做出抉择的。

马克思和恩格斯认为,支持爱尔兰的民族独立运动是国际的义务。他们指出,不摧毁英国政府在爱尔兰的统治,英国工人阶级的斗争就不可能得到胜利。这是因为一方面英国政府可以从爱尔兰榨取物资来加强自己的实力,另一方面可以把英国工人阶级和爱尔兰工人阶级对立起来,挑起他们之间的民族仇恨。马克思还指出,这就是英国工人运动软弱无力的真正原因。

英国工联领袖奥哲尔等人追随资产阶级,指责芬尼运动,说运动不应当采取暴力的形式。总委员会根据委员荣克和雷斯纳的提议,于1867年11月12日讨论芬尼运动问题。马克思虽然身体很不好,但仍然出席了这次会议。荣克、雷斯纳和杜邦等人先后在会上发言,指出爱尔

---

① 芬尼是爱尔兰历史上一个英勇部落的名字,爱尔兰爱国者以这个名字称呼自己的组织。芬尼党曾在国内外密谋了几次起义,但结果都失败了。

兰人民有权发动争取民族独立的起义,国际理应支持他们。总委员会内的工联主义分子不敢公开表明自己的机会主义立场。11月20日,总委员会通过了马克思起草的致内政部大臣哈第的声明,抗议曼彻斯特法庭判处四名芬尼党人死刑。

1869年,格拉斯顿提出爱尔兰改革法案,英国工联领袖又急忙表示支持,说他"真正关心"爱尔兰。总委员会立即于11月23日对如何对待格拉斯顿提案问题展开辩论。马克思认为,工联领袖充当了殖民主义的辩护士,他和埃卡留斯一道驳斥了他们的谬论,要求总委员会通过决议,揭露格拉斯顿提案的欺骗性。总委员会采纳了他们的建议。鉴于工联领袖继续坚持资产阶级立场,总委员会于1870年4月决定和工联主义的报纸《峰房报》断绝一切关系。

通过爱尔兰问题,马克思和恩格斯全面和深刻地论述了民族解放运动对无产阶级革命事业的重要意义,指出爱尔兰的民族解放是英国工人阶级本身解放的必要前提。

工联主义分子在对待巴黎公社问题上彻底暴露了他们的资产阶级立场。奥哲尔等人竟然反对马克思起草的第一国际的宣言《法兰西内战》。他们终于被开除出国际。马克思主义反对工联主义的斗争取得了重大胜利。

第一国际的马克思主义者对德国的拉萨尔主义也进行了批判。拉萨尔主义是19世纪中期德国的机会主义流派。它的创始人拉萨尔(1825—1864)主张依靠资产阶级国家进行改革。他认为,只要实行普选权就能把国家转到无产阶级手中。对拉萨尔主义的批判是为了清除它对德国工人的毒害,以便使德国的工人运动遵循第一国际的路线健康地发展下去。在马克思、恩格斯和总委员会的指导下,李卜克内西、倍倍尔和布拉克等人都于1867年退出了拉萨尔创立的全德工人联合会,积极筹划建立新党。后来,联合会内部又发生了分化。1868年联合会的汉堡代表大会根据工人的坚决要求,邀请马克思出席大会(马克思因故未能出席),并且通过两项重要决议:1.赞成争取彻底的政治自由;2.同国际工人协会采取一致行动。汉堡代表大会向国际靠拢的行动引起了普鲁士政府的惊慌,它在1868年8月16日下令解散联合会。拉萨尔分子马上执行了命令,这就彻底暴露了他们的面目。

然而,要彻底清除拉萨尔主义的思想影响并不是轻而易举的,这种思想影响在以后的德国工人运动中还不断反映出来。马克思在1875年写了《哥达纲领批判》,彻底清算了拉萨尔主义。拉萨尔主义在工人阶级面前完全破产了,不过它的机会主义观点却被后来的伯恩斯坦修正主义者继承下来,继续危害工人阶级。

反对巴枯宁主义斗争的开始

布鲁塞尔代表大会以后,蒲鲁东主义已经遭到粉碎。工联主义、拉萨尔主义也都受到了沉重的打击。但巴枯宁的无政府主义又滋长起来,成为第一国际的主要危险。

巴枯宁(1814—1876)是俄国人,出生在一个贵族家庭里。1847年,他在巴黎结识了蒲鲁东,受蒲鲁东无政府主义思想影响很深。巴枯宁曾参加欧洲一八四八年革命,革命失败后,度过了多年的监禁和流放生活,以后又流亡日本、美洲和伦敦等地。

巴枯宁主义反映了小生产者在大机器生产的打击下,和在资产阶级政府压迫下的绝望心情,对一切现存事物都抱有否定态度。巴枯宁认为:现代社会的罪恶根源是国家而不是资本主义制度,资本家的财产都是国家赐予的,再加上继承权的确立,这些财富就愈积愈多。巴枯宁恰好把经济基础和国家上层建筑的关系颠倒过来,这是他在理论上的错误。

巴枯宁从这个错误的观点出发,主张废除一切国家,对无产阶级专政也加以反对。他认为代替国家的将是个人、团体的自由联合,然后由各个自由联合组成全世界的自由联邦。巴枯宁认为流氓无产阶级是摧毁国家的力量,只要有少数革命家把他们发动起来,革命就能成功。巴枯宁反对进行长期的教育和组织工人群众的工作,主张采取毫无准备的暴动。巴枯宁主义是极端的无政府主义,它在意大利、西班牙、瑞士等经济落后的国家影响较大。

国际刚一成立,巴枯宁这个野心家就钻了进来,阴谋篡夺国际工人运动的领导权。他为了达到这个目的,经常采用卑鄙的两面手法。马克思曾揭露说:"对巴枯宁先生说来,他的学说……素来都是次要的东西,素来都不过是他私人吹嘘的手段。但是,如果说他在理论上一窍不通,那么他在干阴谋勾当方面却就颇为得心应手了。"①

巴枯宁曾请求马克思让他到意大利去宣传国际的思想。但是,他到意大利后,却组织了一个秘密团体——国际同胞同盟,作为同国际对抗的组织。1868年,他又建立了社会主义民主同盟,还要求第一国际吸收这个组织,并保存这个同盟的纲领和代表大会。

社会主义民主同盟实际上完全处于巴枯宁的独裁统治之下。它的最高机构是国际兄弟会,由巴枯宁的一百个亲信组成,独揽同盟的大权。马克思把这些人叫作"独裁者巴枯宁的百人禁卫罩"②。国际兄弟会的下面便是国家兄弟会,然后是地方组织。各级组织的领导人都是由上级任命的。同盟的纲领完全是机会主义的,它提出了"阶级平等"和"废除继承权是革命的开始"等谬论,把继承权看成是生产资料私有制的基础。

接受这样一个组织而且保留它的独立性,是完全不能容忍的。1868年12月22日,总委员会通过了由马克思起草的《国际工人协会和社会主义民主同盟》的决议,指出如果在国际内部存在第二个国际性组织就会使国际陷于瓦解,就会"变成任何一个种族和民族的阴谋家手中的玩物"③,总委员会向巴枯宁说明,只有在同盟解散和废除它的纲领以后,才能分别接纳盟员加入国际。巴枯宁不得已,就在表面上宣告解散同

---

① 《马克思恩格斯文选(两卷集)》第二卷,人民出版社,1961年,第467页。

② 《马克思恩格斯全集》第18卷,人民出版社,1964年,第376页。

③ 《马克思恩格斯全集》第16卷,人民出版社,1964年,第383页。

盟,但背地里仍然把它保存下来。

巴枯宁及其信徒在混入国际后,就加紧策划搞垮总委员会。他们在1869年的巴塞尔代表大会上,企图破坏总委员会的威信,趁势把国际的领导机构迁到日内瓦去,使国际完全落到巴枯宁分子的手里。为此,他们想尽办法要取得大会代表的多数,甚至伪造代表证。

在大会上,巴枯宁分子提出了继承权问题向马克思主义进攻。巴枯宁分子法国代表布斯麦首先向大会提出报告说,继承权是构成私有制的主要因素,废除继承权就能消灭财产上的不平等,并造成社会革命的起点。埃卡留斯代表总委员会宣读马克思早已拟好的《总委员会关于继承权的报告》。报告指出,继承权只不过是私有制经济基础的上层建筑之一 ——法律。消灭了资本主义制度,继承权自然也就会被消灭。那种把废除继承权作为革命起点的说法是完全错误的,这只会把工人运动引向歧途。最后进行表决时,因为双方坚持不下,所以大会没有对继承权问题做出决定。

巴塞尔代表大会通过了一个重要的决议,就是扩大总委员会的职权。决议规定:总委员会有权吸收和拒绝新团体或支部加入国际,有权在大会休会期间开除支部。这个决议加强了总委员会反对巴枯宁主义斗争的威力。

巴塞尔代表大会以后,巴枯宁分子、工联主义分子、拉萨尔分子和残余的右派蒲鲁东分子勾结在一起,进行反对总委员会的活动。他们在《进步报》和《平等报》上发表文章,攻击马克思、恩格斯和总委员会。他们要求总委员会放弃对英国工人运动的领导,设立英国中央委员会,专门管理英国的事务,还反对总委员会支持芬尼运动,等等。

巴枯宁还在瑞士各支部建立自己的独裁统治,把积极参加斗争的支部随意开除出去。

为了回击巴枯宁分子的进攻,马克思于1870年3月28日拟就了总委员会的《机密通知》。《机密通知》揭露了巴枯宁分子篡夺总委员会的阴谋,并对他们的诽谤一一进行了驳斥,指出英国工人运动的缺点是缺乏

"总结的精神和革命的热情"，非常需要总委员会的直接指导，而成立一个专门组织来取代总委员会的指导是十分有害的。《机密通知》还声明，国际在爱尔兰问题上的立场是十分明确的，那就是坚持解放爱尔兰人民是英国工人阶级获得解放的先决条件。这个思想是后来列宁形成关于"全世界无产阶级和被压迫民族联合起来"这一革命口号的理论根据。

瑞士日内瓦中央委员会和《平等报》编辑部也都在国际的指导下起来反对巴枯宁主义。巴枯宁分子被迫退出《平等报》，巴枯宁的影响在其他地区也在削弱。马克思曾指出："……这个极端危险的阴谋家的手法，至少在国际的范围内，很快就要完蛋了。"[①]

但是，巴枯宁并不甘心失败，竭力加强对瑞士拉丁语区联合会委员会的控制，并在1870年4月4日至6日在拉绍德封举行大会，通过了不过问政治的口号。巴枯宁分子的行径遭到日内瓦支部的坚决反对。拉绍德封代表大会以后，巴枯宁分子所控制的各支部于1871年联合起来改称汝拉联合会。联合会成为巴枯宁分子活动的基地。

1870年7月19日，普法战争爆发了。国际的主要注意力转到战争问题上。

---

① 《马克思恩格斯全集》第16卷，人民出版社，1964年，第479页。

四、第一国际和巴黎公社

普法战争是一场王朝战争。7月19日,拿破仑三世正式向普鲁士宣战。四天后,国际发表了马克思起草的关于战争的第一篇宣言。宣言说明,普法战争是一次王朝战争,发动这次战争的是两国的统治阶级。不过,在开始时,德国处于防御地位。宣言警告德国人民不要让统治阶级把战争变为侵略性的,同时要求法国工人起来反对拿破仑三世所进行的王朝战争。宣言预见到,这次战争无论其结果如何,将成为法兰西第二帝国的丧钟。

法国和德国工人阶级在这个严峻的时刻,采取了正确的态度。还在7月12日,国际的巴黎各支部发布了《告全世界各民族的工人们》的宣言,表示要和德国人民站在一起。德国工人也纷纷集会,响应法国工人的号召。

普法战争开始后不久,拿破仑三世就遭到彻底失败。9月2日,法军投降。9月4日,巴黎爆发革命,宣布成立法兰西共和国。但是共和国政府落到资产阶级的手里。他们为了利用人民的爱国情绪来巩固自己的统治,把共和国政府叫作国防政府,而实际上却在进行卖国勾当。针对这种情况,总委员会在9月9日发表了由马克思起草的第二篇宣言。宣言指出国防政府反人民的实质,并预见到它会充当复辟帝制的桥梁。

1871年3月,资产阶级政府终于公开向巴黎工人阶级发起进攻,于是巴黎的无产阶级在3月18日举行起义。3月28日,在市政厅广场上,举行了巴黎公社的成立大会。公社虽只存在七十二天,但是在这短短的日子里,起义者对反革命势力展开了英勇不屈的武装斗争,给无产阶级革命创造了丰富的经验。

总委员会对巴黎公社非常关心,经常研究和讨论公社的情况。恩格斯在3月21日曾向总委员会报告起义胜利的消息,又在4月11日的会议上,指出起义者不该放过进攻凡尔赛的机会。马克思对公社的措施也发表过意见,但是由于和公社取得联系非常困难,这些意见不能及时传达给公社领导人。当时总委员会和公社的通讯靠一个来往伦敦、巴黎之间的德国商人传递。公社委员弗兰克尔曾经询问马克思对于社会改革的意见。马克思也给弗兰克尔、瓦尔兰等人写过信。他恳切地指出公社应该注意法国政府和俾斯麦勾结的阴谋,要求公社加强蒙马特尔高地北面的防务,预防法国军队从德占区偷袭公社。但是,公社领导人没有采纳这个正确意见。后来法国军队果然从德占区攻破了公社的防御。

　　马克思和恩格斯向国际的各个支部写信,在报刊上发表文章,大力为巴黎公社宣传,使公社能够得到广泛的国际支持。国际的各个支部都对巴黎公社表示热烈的支持。瑞士支部中有人表示愿意到巴黎参加战斗。比利时地方联合会发动工人签名支持巴黎公社。其他地区的支部也都举行群众大会或者通过别的形式表示对起义者的声援。德国工人阶级对巴黎公社的态度最为热烈。他们组织了多次工人集会,并通过了支持公社的决议。1871年4月2日汉诺威工人大会的决议曾这样写道:"法国的工人们! 你们又一次成为各国人民解放斗争的先锋。现在全体无产阶级的视线都已萦注在你们身上,他们都同情你们,他们都在期望着你们。"

　　各国工人阶级还对公社进行了物质上的援助。在公社失败后,英国和美国工人都捐款资助流亡社员。总委员会和国际各支部还替流亡的起义者寻找工作。

　　国际法国巴黎支部的会员大部分都是公社社员,瓦尔兰、弗兰克尔、马隆和塞拉叶等还参加了公社的领导。

　　国际会员虽然积极参加巴黎公社起义,但是却没有形成马克思主义的领导核心。在公社领导机构中的会员大多是蒲鲁东主义者、布朗基主义者,以及新雅各宾派。缺乏马克思主义政党的坚强领导,是巴黎公社失败的主要原因。

在巴黎公社失败后，马克思不顾一切反动势力的攻击和迫害，在5月30日总委员会会议上提出关于巴黎公社的宣言，这就是马克思的名著《法兰西内战》。宣言热烈地歌颂巴黎工人的英勇斗争精神，并总结了公社的经验，提出粉碎旧国家机器，建立无产阶级专政的思想。这个结论进一步发展了马克思主义的国家学说、关于无产阶级革命和无产阶级专政的学说。

巴黎公社失败后，各国政府都对国际加紧迫害，巴枯宁分子也趁势进攻，国际面临着极为严重的形势。在这个时期，国际召开了伦敦代表会议和海牙代表大会，讨论国际的行动路线。

五、反对巴枯宁主义斗争的胜利，伦敦代表会议和海牙代表大会

　　巴枯宁分子在对待普法战争和巴黎公社的态度上进一步暴露了他们的机会主义观点。在战争初期，他们公开宣传民族沙文主义，不顾战争的性质，竟然提出"拥护法国，反对普鲁士野蛮人"的口号。他们还认为战争已经造成了暴动的良机，准备在全欧洲范围内举行起义。他们认为，只要有两三百个革命家就能解决问题。马克思会警告他们不要玩弄革命。但是，他们不顾这个警告，在1870年9月28日举行了里昂暴动，占领市政厅，宣布法国国家已被废除。可是法国政府只派了两连军队就把巴枯宁分子赶走了。这个可悲的事实再一次证明巴枯宁主义是完全站不住脚的。另一方面，巴枯宁对于巴黎公社却是冷淡的。他会说："我非常清楚地看到，事情是失败了……我们在那里并没有什么可做的事情。"

　　巴黎公社失败后，巴枯宁分子利用国际的困难处境，企图纠合其他社会主义流派的残余篡夺国际的领导权。总委员会为了加强国际的团结，粉碎他们的阴谋活动，在恩格斯的提议下，召开伦敦代表会议。伦敦代表会议通过了几项重要的决议。会议第一次在工人组织的决议中提出建立无产阶级政党问题，并把这个决议补列到《章程》的第七条附则里。从此以后，马克思和恩格斯把注意力集中在各国的建党工作上。会议还规定，禁止一切宗派名称和宗派活动，规定"所有地方分部、支部、小组及其委员会，今后一律定名为国际工人协会分部、支部、小组和委员会，冠以该地地名"[1]。这项决议狠狠地打击了巴枯宁的分裂活动。会

---

[1]《马克思恩格斯全集》第17卷，人民出版社，1963年，第451页。

议吸取了巴黎公社的经验,指出了工农联盟的重要意义。

巴枯宁没有出席伦敦代表会议,却在筹备另外一个代表大会来和伦敦会议相对抗。他还制造各种流言蜚语,对总委员会进行诽谤,说什么巴塞尔代表大会把"危险"的权力交到总委员会手里,说什么总委员会利用权威对各地组织实行"独裁",要求取消这种"独裁"。其实,实行独裁统治的正是巴枯宁自己。他把汝拉联合会看成自己的王国,可以随便开除不服从他个人意志的支部。说穿了,巴枯宁反对"独裁""权威",就是为了搞垮总委员会,废除民主集中制原则,建立他个人的专制统治。

1871年11月,汝拉联合会在桑维耳耶举行代表大会。大会于11月12日通过了给国际各支部的通告,公开反对伦敦代表会议的决议。通告借口伦敦代表会议不是代表大会,不能决定重大问题。他们明知由于各国反动政府的镇压,召集公开的代表大会是不可能的,却要求立即召开代表大会,妄想趁机取得大会的多数。

国际的许多支部和地方组织的机关报都起来驳斥桑维耳耶通告。1871年12月24日,《平等报》发表了拉丁语区联合会委员会谴责通告的决议。1871年11月27日,西班牙《解放报》也发表了法国代表拉法格驳斥通告的文章。恩格斯的《桑维耳耶代表大会和国际》一文也在《人民国家报》上发表。接着马克思和恩格斯又于1872年1月着手撰写总委员会的通告《所谓国际内部的分裂》。马克思和恩格斯指出:正当工人阶级需要团结一致,抗击一切反动势力的时候,巴枯宁的汝拉联合会却要起来反对总委员会的领导,要工人阶级按照巴枯宁的空想组织起来,这实际上是在瓦解国际,剥夺工人阶级的思想武器。

巴枯宁分子的分裂活动表明,他们已经自绝于国际。1872年9月海牙代表大会彻底清算了巴枯宁主义。在大会上,由恩格斯和拉法格做关于社会主义民主同盟破坏活动的调查报告。报告对巴枯宁从1868年以来进行的破坏活动和玩弄的两面手法深刻地加以揭露。恩格斯指出,这是工人阶级斗争历史上第一次碰到的工人阶级内部的阴谋。

大会鉴于派别活动的危害性,决定进一步扩大总委员会的职权。从此总委员会拥有在大会休会期间开除联合会一级委员会和整个联合会的权限。在讨论这个问题时，曾展开了激烈争辩。巴枯宁分子吉约姆公开反对加强总委员会的领导。马克思严厉地驳斥说，取消总委员会的说法是别有用心的，绝对不能把总委员会变成各国支部的邮箱。

大会最后决定把巴枯宁和吉约姆开除出国际。反对巴枯宁的斗争取得了辉煌的胜利。

由于欧洲的形势对国际的活动非常不利，大会决定把总委员会驻地迁到美国。总委员会迁到美国以后，实际上没有进行活动。1876年，根据马克思的建议，在美国费城（全称费拉德尔菲亚）代表会议上通过了解散国际的决定。

国际解散，首先是因为巴黎公社失败之后，各国资产阶级政府对国际采取了疯狂的迫害，同时巴枯宁派分裂国际的活动也很猖獗，使国际不能进行日常的工作。其次，巴黎公社失败后，欧洲工人运动进入了一个积蓄力量准备再起的新时期，国际的原有组织形式已不能适应工人运动所面临的新任务了。但是，国际的解散并没有中断无产阶级的国际联系，正如恩格斯所说："国际所唤起的各国无产阶级利益一致共同合作的自觉，即令没有一个定形的国际联合会，仍然能够为自己开辟道路，而这种联合会的系带在当时是会要变成一种桎梏的。"①

---

① 《马克思恩格斯文选（两卷集）》第二卷，人民出版社，1961年，第161页。

六、第一国际的革命精神万古长存

第一国际虽然解散了，但它已完成了自己的伟大历史任务，在全世界劳动人民的心目中留下了深刻的印象。它的最大功绩是"奠定了国际无产阶级争取社会主义斗争的基础"[①]。

在国际工人运动早期，压倒一切的革命中心任务是把马克思主义和工人运动结合起来。只有这样才能形成坚强的无产阶级革命队伍，才能引导这支队伍向资本主义冲击，并取得无产阶级革命的胜利。这个任务是十分艰巨的，在第一国际成立以前，马克思、恩格斯和他们的战友已经做了许多工作，第一国际最后完成了这个任务。

马克思主义和工人运动相结合的过程，也就是对各种机会主义、分裂主义做斗争的过程。第一国际从成立之日起就和蒲鲁东主义、工联主义、拉萨尔主义和巴枯宁主义展开了坚决的斗争，并取得了重大胜利。这场斗争使工人阶级的先进分子受到一次深刻的阶级教育。他们清楚地看到，只有马克思主义才是代表无产阶级根本利益的革命理论，在马克思主义者的带动下，各国工人阶级紧密地团结在第一国际的周围。这场斗争的胜利确立了马克思主义在国际工人运动中的统治地位。

由于国际贯彻了马克思主义路线，它不愧为真正的无产阶级的革命战斗组织，不愧为当时国际工人运动的领导核心。国际为各国工人运动制定了统一策略，积极赞助和指导运动的开展，并且为各国工人阶级培养了大批领导骨干。国际还阐明了无产阶级政党的纲领和章程，并确定了民主集中制的组织原则。所有这些都给国际工人运动的继续发展创

---

① 《列宁全集》第29卷，人民出版社，1956年，第274页。

造了有利的条件。

早在一百年前成立的第一国际,它的历史经验和坚持革命的精神仍然鼓舞着人们的斗志。

第一国际的历史告诉我们,坚持革命路线——承认暴力革命是无产阶级革命的普遍规律,承认必须打碎旧的国家机器,建立无产阶级专政,是马克思主义者的根本立场。一切机会主义者为了反对这一革命路线,总是采用分裂的手法把自己的路线强加于国际工人运动。第一国际时期的巴枯宁之流就曾大搞分裂活动。

第一国际的历史还告诉我们,一切机会主义者虽然猖狂一时,但必然在无产阶级革命发展中遭到破产和失败。蒲鲁东分子、巴枯宁分子的命运是这样,一切修正主义者的命运也是这样。现在,马克思列宁主义正在斗争中大大发展起来,修正主义者的反革命嘴脸正在彻底暴露,处境越来越孤立,日子越来越不好过。无产阶级革命先锋队必然会紧密团结和领导着各国劳动人民战胜一切敌人和困难,把第一国际所创始的革命事业推向最后胜利。第一国际的革命精神万古长存!

七、第一国际美国各支部的建立和分裂

第一国际是科学社会主义同各国工人运动相结合的产物,其目的"就在于把至今仍然分散的各国工人阶级争取自身解放的斗争联合起来,把它纳入共同的轨道"①。它的产生和发展一方面是马克思主义者努力传播科学社会主义的结果,另一方面也是各国工人运动不断发展的结果。国际前期的活动中心在欧洲,海牙代表大会以后由于形势的突变,从欧洲转移到美国。马克思、恩格斯曾经对美国的运动寄予很大的希望。然而,国际在美国的活动却始终没有真正开展起来。其原因是多方面的,而美国各支部的状况则是其中最基本的原因。本节仅就这个问题做初步探讨。

(一)

马克思、恩格斯选中美国作为第一国际总委员会的新驻地绝不是偶然的。一方面,当时的美国工人运动正处在年轻时代,国际在那里有可能扎下坚实的根基;另一方面,美国的社会主义运动也具备了一定的基础,为第一国际各支部的建立和发展提供了必要的前提。

在组织上,美国存在过各种社会主义团体。这些团体在一定的历史时期,在团结社会主义者和先进工人方面是起过重要作用的。早在1845年,流亡美国的正义者同盟盟员曾经仿照该同盟的模式在美国建立了一个人数不多的秘密会社——青年美国,后来又改名为社会改革协

---

① 《马克思恩格斯全集》第16卷,人民出版社,1964年,第214页。

会。协会在其极盛时期,在费城、纽瓦克、圣路易斯、辛辛那提、巴尔的摩和密尔沃基等地都拥有自己的分会。①不过,这个协会活动的时间不长,活动的范围也极其狭窄,在美国工人运动史上没有产生重大影响。代之而起的是工人同盟总会。同盟总会是在1850年9月费城美籍德国工人第一次全国代表大会上成立的,曾经受到威廉·魏特林及其空想共产主义的严重影响。两年后,魏特林由于坚持反对工会运动的错误立场和企图凌驾于同盟总会之上的专横态度而引起广大会员的不满,最后不得不退出总会。美国工人运动的先驱约瑟夫·魏德迈到达美国后不久也曾在同盟总会中进行工作。但工人同盟总会终因内部思想混乱于1855年停止了活动。

19世纪50年代后半期,国际协会兴起。②它是上述组织的继续,主要是由来自欧洲的避难者组成的,其中多数是法国人。国际协会不是一个严密的统一组织,对各个分支不存在约束力。内部存在着各种"主义",包括无政府主义、伊卡利亚空想社会主义、雅各宾主义,等等。其中德国人分支的思想倾向同1867年左尔格等人创立的共产主义俱乐部很相似,它把消除特权和等级的烙印作为自己的斗争目标。在德国分支的推动下,国际协会同共产主义俱乐部保持着良好的关系,国际协会的书记就是由共产主义俱乐部的副主席阿伯特·康普兼任的。

国际协会曾经在纽约、波士顿、圣路易斯、新奥尔良等大城市中建立自己的组织,1858年达到了顶峰时期。这一年,它连续举行两次大规模的政治活动,因而扩大了自己的影响。一次是4月为纪念曾企图刺杀拿破仑三世的意大利人费利奇·奥新尼而举行的五千人火炬游行,另一次是6月23日悼念六月起义殉难烈士的千人会议。不幸的是,1857年的

---

① Samuel Bernstein, *The First International in America*, New York:Augustus M.Kelley,1962,p.9.

② 国际协会成立于1856年,是为了纪念法国大革命而在伦敦组织起来的。它是一个国际性革命组织,在欧洲没有引起足够的注意,在美国却得到了迅速发展,建立了国际协会美国中央委员会,同美国许多城市的工人团体都有联系。

经济危机也威胁到国际协会的存在。它的大部分会员由于失业而不得不停止活动。到1859年，协会濒于解体。虽然国际协会存在的时间不长，但它的活动却是很有意义的。正如威廉·福斯特所说："所有这些活动，使德国马克思主义者和其他的工人阶级力量建立了联系，这就替1864年成立的国际工人协会（后来称为第一国际）准备了基础。"①

除此以外，马克思、恩格斯的战友和学生魏德迈与左尔格所建立的无产者同盟和共产主义俱乐部在第一国际美国各支部的建立中起到了至关重要的作用。

在思想上，马克思主义的传播和第一国际的影响都是不可或缺的条件。

美国的第一批马克思主义传播者是一八四八年革命失败后逃亡到美国的社会主义者。马克思曾回顾说："在一八四八年革命失败后，大陆上工人阶级所有的党组织和党的机关报刊都被暴力的铁腕所摧毁，工人阶级最先进的子弟在绝望中逃亡到大西洋彼岸的共和国去。"②在这份逃亡者名单中，有著名的共产主义者同盟的活动家约瑟夫·魏德迈、弗里德里希·阿道夫·左尔格、P.罗萨、F.雅可比、K.克莱因等人。

1851年2月，在魏德迈到达美国前不久，有二十本《共产党宣言》寄到美国，但传播情况不明。当年11月7日，魏德迈到达纽约以后才开始着手系统地宣传科学社会主义的工作。他的工作是从三个方面进行的。

第一，筹办刊物作为固定的宣传阵地。1851年12月，他向纽约工人和激进派呼吁，希望他们支持《革命》的创办工作。1852年1月1日，他公开在德文报纸《纽约周转报》上登载广告声明：《革命》是由已经被美因河畔法兰克福警察所封闭的《新莱茵报》原编辑约·魏德迈编辑出版的周刊。它将于每星期日出版，并得到原《新莱茵报》编辑卡尔·马克思、弗

① [美]威廉·福斯特：《美国共产党史》，世界知识出版社，1959年，第22页。
② 《马克思恩格斯选集》第二卷，人民出版社，1972年，第131页。

286

里德里希·恩格斯和斐迪南·弗莱里格拉特等人的赞助。"①这个广告表明,未来的刊物将是《新莱茵报》式的革命战斗旗帜。

在魏德迈的努力下,《革命》终于于 1852 年 1 月 6 日出版了创刊号。但由于经济原因,这个刊物在 1 月 13 日出版了第二期以后就被迫停刊了。《革命》虽然只出了两期,但所刊登的文章却是极其重要的。其中有《共产党宣言》的第一部分、马克思的《1845 年—1847 年的贸易危机史》、弗莱里格拉特批判金克尔的诗。马克思的《路易·波拿巴的雾月十八日》虽然未能在《革命》上发表,但由于魏德迈的努力和一位美籍德国工人的解囊相助而得以在这年夏天出版,比欧洲出版这本书的时间早十几年。

《革命》停刊后,魏德迈在马克思、恩格斯的鼓励和支持下又创办了另一份周刊《改革报》。该周报于 1853 年 3 月 5 日开始发行,同年 10 月 15 日扩展为日报,直到 1854 年 4 月 26 日停刊。这份刊物刊登了马克思、恩格斯、魏德迈和其他马克思主义者的大量文章,在传播马克思主义方面起过重要的作用。

第二,魏德迈遵照马克思的嘱咐,尽量利用美国已有的各种英文德文刊物,登载马克思主义者的文章来扩大宣传范围。他曾把恩格斯的《德国农民战争》送到《纽约体育报》转载,并在这家报纸上发表了自己撰写的文章《论无产阶级专政》《政治经济评述》,以及有关美国工人、自由贸易和保护关税问题的论文。

第三,建立共产主义小组,对社会主义运动内部的错误思想展开斗争。1852 年 6 月,魏德迈同四个志同道合的朋友共同建立了无产者同盟。用福斯特的话来说,这是"美国第一个真正的马克思主义团体"②。纽约市十七名最先进的马克思的拥护者加入了这一组织。无产者同盟的领导人和成员魏德迈、克路斯、梅耶等人同马克思、恩格斯保持着经常

---

① David Herreshoft, *American Disciples of Marx: From the Age of Jackson to the Progressive Era*, Detroit: Wagne State University Press, 1967, p.59.

②［美］威廉·福斯特:《美国共产党史》,世界知识出版社,1959 年,第 19 页。

的联系,从那里不断得到建议和指导。他们对海因岑、魏特林、维利希和金克尔的错误思想进行了批判,并正面阐述了马克思主义的基本原理。例如,魏德迈在驳斥魏特林以"劳动交换银行"和合作社为中心的改革方案时,强调了政治斗争的重要性和工人阶级的作用。他指出:"劳工阶级是一切一般或特殊的改革运动所必须视为主要依靠的基石。"①马克思撰写的批判维利希的文章《高尚意识的骑士》一文也在魏德迈和克路斯的帮助下于1854年1月在纽约出版单行本。

除此以外,《纽约每日论坛报》也是一个非常重要的宣传阵地。这家报纸虽然不是马克思主义者开办的,但它拥有充裕的资金,二十万订户,在美国社会上颇有影响。马克思、恩格斯利用这个条件,在该报发表了一系列文章,从而使科学社会主义的基本思想直接同美国的广大读者见面。但是,由于该报编辑部轻率地处理马克思、恩格斯的稿件,有些文章未予刊用就被随手抛弃,有些文章不署马克思的名,或者作为社论发表。这样就造成了区分马克思、恩格斯所写文章的困难。在《马克思恩格斯全集》俄文第一版问世的时候,经鉴定为马克思、恩格斯手笔的文章大约有两百篇。在出版《马克思恩格斯全集》俄文第二版的时候,仅在《纽约每日论坛报》1853年到1862年各期上又发现了九十三篇。在已鉴定的文章中,由恩格斯执笔的大约有一百二十多篇。该报最早刊登的一组文章就是恩格斯的《德国的革命与反革命》。

所有这些文章对于美国社会主义运动的开展无疑是具有重大意义的。1883年3月17日,恩格斯在马克思墓前的讲话中,把马克思通过《纽约每日论坛报》所进行的宣传理论工作作为他一生事业的一个组成部分,并把该报同《新莱茵报》《德意志—布鲁塞尔报》并列。

第一国际的成立及其存在本身就是对美国社会主义运动的重大影响。尽管资产阶级舆论界对此表示沉默,甚至两三年以后对日内瓦大会和洛桑大会都没有做详细报道,但是,消息毕竟是封锁不住的。在第一

---

① [美]方纳:《美国工人运动史》第1卷,生活·读书·新知三联书店,1956年,第352页。

国际成立六个月后,《圣路易斯日报》首先发表了一篇社论,友好地报道了第一国际的成立情况,并且大段地摘登了马克思的开幕词。随后,《纽约论坛报》《纽约晚邮报》《纽约太阳报》分别于1867年9月23日、9月19日、9月20日登载了关于洛桑会议的简短消息。1868年以后,关于第一国际的报道逐渐增加,国际的影响不断增长。《纽约世界报》预料,关于国际的争论将"很快成为有吸引力的政治问题"①。

(二)

第一国际美国各支部的建立不是自发的,而是总委员会和国际美国会员努力的结果。第一国际成立后不久就任命侨居伦敦的美国会员利昂·刘易斯为美国通讯书记,负责同美国工人的通讯联络工作,随后又改任命英国记者彼得·福克斯担任这个职务。最后,这项工作由著名的工人运动活动家格奥尔格·埃卡留斯担任。

为了顺利开展在美国建立第一国际分支的工作,总委员会利用了各种可能的渠道。首先,总委员会试图在迁居美国的移民会员中物色合适的组织者。1866年3月,国际会员塞萨尔·奥尔西尼从欧洲动身去美国时受总委员会的委托,携带一包国际工人协会宣言和规章到美国散发,为建立国际分支做准备。不久后,他在从美国寄给总委员会的报告中说,他已经发展了温德尔·菲利浦斯、著名报纸编辑霍勒斯·格里利、参议员查尔斯·萨姆纳、芬尼运动领导人詹姆斯·斯蒂芬斯等人为会员,而且他代表这些人向总委员会表示愿意做第一国际在美国的代表,协助国际开展组织发展工作。②

总委员会还任命两位去美国的法国人克劳德·佩尔蒂埃和保罗·克

---

① Samuel Bernstein, *The First International in America*, 1963, p.35.

② 塞萨尔·奥尔西尼所提的这几个人的国际会员的身份没有别的材料能够证明,在历史上还是一个疑问。

拉塞里特作为美籍法国人通讯书记。1868年7月,总委员会又授权左尔格作为美国的德国通讯书记。后来又有两名德国流亡者,矿山工程师齐格弗里特·迈耶尔和鞋匠奥古斯特·福格特成为左尔格的副手,他们于1863年9月29日也得到了总委员会颁发的当地常驻通讯员的委托书。

其次,总委员会同当时美国最大的工人组织全国劳工同盟建立联系,争取它和它所属的工会加入国际。这个组织曾对美国的工人运动产生过重大影响。《工人和乌托邦》一书的作者认为,全国劳工同盟是"美国第一个真正的全国工人联盟"①,而且拥有众多的会员。1869年,据《芝加哥论坛报》估计,约有八十万人,席威斯估计为六十万人。根据最稳妥的估计,也在二十万人至四十万人之间。②

1867年,总委员会正式呼吁全国劳工同盟给予伦敦的罢工者以经济上的支持。但由于同盟在两年的活动中已经耗费三十六万五千美元,而且尚有两千名失业工人需要救济,无力援助。席威斯立即回信说明这个情况,表示可以采取个人捐助的办法来解决这个问题,并委托同盟的副主席威廉·杰塞普协助总委员会办理。总委员会曾同杰塞普多次通信,在信中正式邀请全国劳工同盟派代表参加洛桑代表大会。根据总委员会的邀请,同盟在芝加哥大会上选派理查德·特里维里克作为出席国际代表大会的代表。不过,由于缺少旅费未能成行。

在全国劳工同盟的领导人中,主席威廉·席威斯同总委员会一直保持着良好的关系。可惜的是,他于1869年7月27日过早地病逝,这对美国工人运动和第一国际在美国的发展都有严重影响。同盟的活动家安德鲁·卡梅伦认为:"他是所有领袖中最具有组织和团结工人才能的人……他的去世几乎是无法弥补的。"③同盟的副主席杰塞普也表示了愿意同总委员会保持密切联系的愿望,他在致总委员会的信中这样写

---

①② Gerald N. Grob, *Workers and Utopia*, New York: Quadrangle, 1961, p.11.

③ Jonathan Philip Grossman, *William Sylvis, Pioneer of American Labor*, New York: Hippocrene Books, 1972, p.264.

道:"我认识到我们双方经常联系的必要性,假如明年我在这个组织中继续担负正式职务的话,我将在权限允许的范围内做一切事情来维持这种联系,并愿意提供你或者总委员会所需要的消息,或者交换感兴趣的书信或文件。"①

1869年8月,席威斯病逝后不久,总委员会再次向同盟发出参加应届代表大会的邀请。卡梅伦代表同盟应邀出席了巴塞尔代表大会,并在大会上发言。他还代表同盟邀请总委员会派代表出席同盟的辛辛那提代表大会。巴塞尔代表大会结束后,卡梅伦带回了第一国际关于加强同全国劳工同盟的共同行动的建议。其中有如下两点内容:第一,共同成立一个移民部,与欧洲各工会、移民会社保持联系,互相交换关于工人状况和罢工的消息,为"实现世界劳工大团结和全体劳工的解放"而努力;第二,总委员会将"极力阻止美国资本家在欧洲雇佣工人供反对美国工人之用"。②

第一国际对同盟的影响在同盟1870年辛辛那提大会上达到了顶点,在此以后急转直下。这次大会通过一项决议正式表明:"全国劳工会在此宣布,此后将坚决维护国际工人协会所提出之各种原则,并计划于最短期内加入该协会。"③然而这个决议始终未能实现。从这次大会开始,全国劳工同盟由于凯洛格金融改革论影响的加强逐渐同绿背党合流,完全背离了第一国际的事业。左尔格甚至这样估计说:在辛辛那提大会上,"绿背党人完全控制了会议,并且把仍然留在全国劳工同盟内部的工会主义会员全部赶出了组织"④。1872年,同盟的哥伦布会议通过决议将同盟改名为工人改革党。至此,全国劳工同盟的活动实际上宣告终结,总委员会争取同盟的努力没有成功。

---

① Samuel Bernstein, *The First International in America*, New York: Augustus M. Kelley, 1962, p.29.

② 参见[美]方纳:《美国工人运动史》第1卷,生活·读书·新知三联书店,1956年,第612页。

③ [美]方纳:《美国工人运动史》第1卷,生活·读书·新知三联书店,1956年,第613页。

④ Philips Foner and Brewster Chamberlin (eds.), *Friedrich A. Sorge's Labor Movement in the United States*, Westport, Co: Greenwood Press, 1977, p.142.

建立第一个国际工人协会美国支部的功劳应当归于左尔格。1867年10月,左尔格等人创建的共产主义俱乐部加入了第一国际,成为美国的第一个国际支部,但仍然保留原来的名称。1868年,共产主义俱乐部同德籍工人总工会合并成立纽约及其近郊社会党,由左尔格担任主席。在此基础上,纽约第一支部于1869年12月宣告成立,大约拥有五十名会员。

第一支部的成员在左尔格的带领下,在工人群众中展开了广泛的宣传组织工作,同他们保持着密切的联系。国际的影响逐渐扩大。1870年6月,大约有一百名美籍法国人在纽约举行了第二支部成立大会,8月得到总委员会的正式批准。接着纽约的捷克工人协会又建成了另一个国际工人协会支部。1870年11月19日晚上,三个支部开始了共同行动,在纽约的库柏大厅联合召开两千人的反对普法战争的群众大会。左尔格作为大会主席发表了演说,强调指出这次大会"坚持自由制度反对专制制度,维护人类权力反对上帝恩赐"的决心。这次群众大会通过了七项决议:

> 1.我们谴责继续进行非正义的只是助长专制主义利益反对法兰西共和国的战争;2.我们衷心同情我们法国和德国兄弟姐妹,他们都受到了纯粹是维护专制统治者利益而发动的这场非正义战争的损害;3.我们认为强占阿尔萨斯、洛林是野蛮的和暴虐的非正义行为;4.和5.我们呼吁一切善良的公民促使美国政府运用其全部有利于法兰西共和国的影响,按照美国独立宣言的精神行事,以结束这场残酷的战争;6.我们要求美国政府向欧洲国家建议,积极施加压力以废除常备军,并成立常设的国际仲裁法庭;7.我们迫切邀请赞成自由、平等和永久和平的人们加入协会,这个协会将保障所有国家都能得到真正的自治政府,从而使他们不再忍受一小撮一贯倾向和支持专制主义的垄断者和投机者的统治。①

---

① Samuel Bernstein, *The First International in America*, New York: Augustus M. Kelley, 1962, p.48.

从决议的内容看,大会的立场是正确的,符合总委员会精神。库柏会议不仅引起了各方的注视,也为三个支部的进一步团结打下了基础。1870年12月1日,根据法国通讯书记尤金·杜邦的建议,三个支部联合成立了国际工人协会北美中央委员会每个支部推出一名代表组成了三人中央委员会,左尔格任书记,B.休伯特、V.詹达斯为委员。马克思支持联合,但对于这种组织方法表示担心,因为这种方法可能给敌视工人运动的人提供混进国际地方领导机构的机会。最好的办法是在各支部代表大会上选举国际的地方领导机构。他在1871年1月21日致齐格弗里特·迈耶尔的信中写道:"在纽约建立所谓的中央委员会,我看很不好。我曾竭力阻止总委员会承认它。"[1]鉴于美国各支部中央委员会的建立已成事实,马克思和总委员会同意它行使职权,但建议在条件成熟的时候立即召开各支部代表大会选举一个新的联合会委员会来代替它。

　　中央委员会成立后积极开展组织工作,并准备在爱尔兰移民中吸收非熟练工人参加国际的组织。这项工作十分重要,是符合马克思的建议的。马克思曾在致迈耶尔和福格特的信中强调说:"使德国工人同爱尔兰工人(当然,也同那些愿意联合的英国工人和美国工人)联合起来,这就是你们现在能够进行的最重要的工作。"[2]中央委员会的工作收到了显著成效。到1871年9月,支部数量从三个增加到十九个,10月,又增加到二十七个。12月17日,中央委员会宣布,它已拥有将近三十五个支部,还有一些正在筹建中的支部。关于国际美国会员的总人数没有准确的报道,我们只能根据左尔格提供的一些情况进行估算。1871年4月2日,他在给总委员会的信中提到他已转交出八个支部二百九十三名会员的会费,每个支部平均人数约为三十七人。6月28日,左尔格又报道:"现

---

　　[1]《马克思恩格斯全集》第33卷,人民出版社,1973年,第176页。

　　[2]《马克思恩格斯全集》第32卷,人民出版社,1974年,第658页。

有十一个支部或分支,每个支部约有二十人至一百人。"①平均每个支部为六十人。如果按照后面这个较高的平均数计算,1871年底,中央委员会所属支部人数共有两千多人。再加上所属支部以外的十二个支部的人员,以及未建立支部地区单独活动的会员,总数不超过三千人,1872年上半年的高峰时期,也不过四千人。希尔奎特估计的数字要高一些,大概是五千人。②尽管这个数字在美国工人队伍中所占的比例很小,但同其他国家的国际支部相比较,已经是相当可观了。本来美国的第一国际组织应当起到十分重要的作用,但这却没有成为现实。

(三)

应当承认,美国的大多数支部在宣传和捍卫第一国际的原则中,在争取八小时工作制运动中,在反对拉萨尔主义轻视工会作用的斗争中,以及在支持罢工等方面都做出过自己的贡献。但可惜的是,它们的大部分时间和精力都在内部的纷争中消耗了。1871年7月,第十二支部成立后就出现了以第一支部为一方,第十二支部为另一方相互对峙的局面。第十二支部根本不承认中央委员会的领导,企图另立中心,凌驾于各支部之上。9月27日,它背着中央委员会私自致函总委员会美国通讯书记埃卡留斯,要求总委员会承认它是国际在美国的最高组织。总委员会研究了美国的情况。于1871年11月5日通过了在马克思的参与下由常务委员会起草的《总委员会关于国际工人协会美国各支部中央委员会的决议》(以下简称《决议》)。《决议》拒绝了第十二支部的要求,肯定了美国各支部中央委员会的成就和领导地位。《决议》认为该委员会"具有真正代

---

① Samuel Bernstein, *The First International in America*, New York: Augustus M. Kelley, 1962, p.65.

② Morris Hillquit, *History of Socialism in the United States*, New York: Funk & Wagnalls, Company, 1903, p.197.

表机构的性质","国际在美国的组织与成就,在很大程度上应归功于纽约的联合会委员会",《决议》最后强调指出:"总委员会建议继续维持纽约的美国中央委员会的职权,直到国际在美国由于扩大而必需召集美国所有支部来选举新的联合会委员会为止。"①

然而,第十二支部并没有遵从总委员会的决议,仍然利用一切方式攻击中央委员会,而且肆意歪曲总委员会的决议,把它解释为对中央委员会的批评。此外,它还利用自己在中央委员会的代表进行破坏活动。因此中央委员会不得不在1871年11月19日会议上以十九票对五票的多数通过决议,无限期休会。然后对立双方分别于12月3日和12月18日建立各自的地方联合会委员会。一个是以第一支部左尔格、波尔特等人为首的临时联合会委员会,另一个是以第十二支部为中心的联合会委员会,又称第二委员会。

总委员会认为,在当时的情况下,分裂对国际在美国的发展是不利的,乃于1872年3月5日和12日通过关于合众国联合会的决议,号召两个联合会委员会"重新团结起来",在美国全国代表大会召开之前"作为合众国统一的临时联合会委员会进行活动"。《决议》建议于1872年7月1日召开美国各支部和所属团体的全国代表大会,选举统一的合众国联合会委员会,并重申:"今后仍不接受新的美国支部加入协会,除非它的会员至少有三分之二是雇佣工人。"②最后,总委员会决定暂时开除第十二支部,并交由下届代表大会做裁决。然而,联合始终未能实现。5月中旬,双方都在加紧筹备各自的代表大会,联合的希望完全破灭。针对这一情况,总委员会于1872年5月28日正式宣布承认以第一支部为核心的临时联合会委员会是国际在美国的唯一领导机关。

1872年7月6日至8日,北美联合会代表大会在纽约召开。大会选出了由九人组成(后来增加到十一人)的常设性的北美联合会委员会,规

---

① 《马克思恩格斯全集》第17卷,人民出版社,1963年,第716页。

② 《马克思恩格斯全集》第18卷,人民出版社,1964年,第58页。

定委员任期一年,但如应届大会不能按时召开,可以继续行使职权。与此同时,第二委员会也于7月9日到10日在费城召开了分裂的代表大会,成立了国际工人协会美国联合会。国际在美国的组织终于彻底分裂了。

分裂使北美联合会的人数锐减,力量受到削弱,在举行代表大会的时候,只剩下二十二个支部,九百五十名会员。[①]但是,这场分裂是由于原则性的分歧所造成的,因而也是不可避免的。双方的分歧集中表现在如下三个方面:

第一,第一国际美国支部是不是一个以工人为主体的革命组织?以第一支部为代表的一方坚持国际各支部首先必须是一个工人组织,虽然不排斥其他社会阶层的人,但必须贯彻工人人数不得少于三分之二的原则,以保证工人阶级的优势。纽约中央委员会确认了这一原则,并做出了正式规定。后来,总委员会在自己的决议中又重申了这一原则。以第十二支部和第九支部为代表的另一方反对这项原则,要求国际向一切人敞开大门。实际上,第十二支部和第九支部的创建人和领导人维多利亚·伍德赫尔和田纳西·克拉夫林姐妹都是富有的有产者,两个支部又都是在新民主会的基础上建立起来的,其成员几乎都是资产阶级和小资产阶级知识分子。正如塞缪尔·伯恩施坦所说,以第一支部为核心的临时联合会"几乎都是由工资工人和工会分子组成的",而第二委员会则是由"店主和所谓属于中产阶级的独立人"组成的。[②]所以第二委员会成立后立即废除了工人人数不得少于三分之二的原则。结果使得资产阶级政客、改良主义者、降神术士之流的骗子混入了国际组织,使得双方的斗争采取了更为激烈的形式,并且更加不可调和。恩格斯曾经一针见血地道破了这场纷争的实质,他指出:"以主张利用国家政权的人、钻营家、自

---

① Samuel Bernstein, *The First International in America*, New York: Augustus M. Kelley, 1962, p.141.

② Samuel Bernstein, *The First International in America*, New York: Augustus M. Kelley, 1962, p.120.

296

由恋爱的拥护者、降神术士,以及其他资产阶级骗子为一方,以真诚认为国际工人协会在美国也是工人阶级的组织,而不是资产阶级的组织的工人为另一方,终于展开了公开的斗争。"①1872年7月,第二委员会在费城分裂大会上公开宣布:"雇主和雇员,一切职业和一切阶级的人"都可以成为会员。②这样,分裂主义者就完全背离了第一国际的组织原则。

第二,国际工人协会的目的是什么? 以第一支部为核心的一方按照国际工人协会成立宣言和共同规章的规定,一贯把争取工人阶级的解放作为自己的奋斗目标。左尔格指出:"临时中央委员会中工人支部代表站在现实状况和经济形势的基础上来对待工人问题,并且努力组织和使工人集中起来去进行争取解放的斗争。"③从第一支部成立时起,他们就把自己的工作重心放在组织和支持工人上面。例如,1869年10月,第一支部曾委派一个特别委员会专门在黑人工人中间开展工作,在支持巴黎公社的活动中也走在最前列。1873年大恐慌后,刚刚同改良派决裂的北美联合会委员会成为推动工人运动的重要力量。它号召所有的会员要紧紧把握住斗争目标。它指出:"……在目前,一切劳工运动先驱的职责是,不要再像过去一样,把时间和精力花费于进行各种令人厌恶的争吵,而应将一切工人组织成为一个阶级并在他们中创造阶级感情,这种感情将永不容许任何工人再愿放弃这向实现国际工人协会的伟大目标——解放劳工——前进着的这一组织。"④

第十二支部方面则完全歪曲了国际的目的,硬把它说成是争取妇女权利、性爱自由和世界语言的机构。该支部书记威·威斯特在1871年8月30日发表的宣言中说:"国际的最终目的很简单:通过夺取政权解放

---

① 《马克思恩格斯全集》第18卷,人民出版社,1964年,第109页。

② Samuel Bernstein, *The First International in America*, New York: Augustus M.Kelley, 1962, p.139.

③ Philips Foner and Brewster Chamberlin(eds.), *Friedrich A. Sorge's Labor Movement in the United States*, Westport, Co: Greenwood Press, 1977, p.159.

④ [美]方纳:《美国工人运动史》第1卷,生活·读书·新知三联书店,1956年,第617页。

男女工人。这首先包括:男女的政治平等和社会自由。政治平等就是人人亲自参与一切人都必须遵守的法律的拟订、通过和实行。社会自由就是充分保障每个人在一切纯属个人性质的问题上,例如宗教信仰、男女关系、服装式样等等,不受任何无理的干涉。其次,它还包括建立一个全世界的总政府。不言而喻,这个纲领也要求消灭一切语言差别。"①这里所说的夺取政权并不是推翻现存国家的基础,而是利用现存国家。《宣言》说:"国际的任务不外是在现有形式内建立一种新的管理形式,以代替旧的管理形式。"②

第一支部大部分成员反对这种观点,认为"这一切说法都是愚蠢的",不能"让他们的谬论作为这个协会的一种观点"③。左尔格也写信给总委员会说:"这里的政客及其他某些人的用心是相当明显的——他们要使我国的国际工人协会组织被完全认为是一种进行争取妇女权利,宣传自由性爱及其他类似运动的机构,而我们则必须艰苦斗争,以使我们不为这些由别人妄加的称号所污。"④

第三,是不是遵守国际工人协会的章程和决议? 伍德赫尔、克拉夫林等人和第一支部的工人会员不同,本来就是一些资产阶级冒险家,他们从来不打算遵守国际的章程和决议,而是企图利用国际来实现自己的冒险计划。第十二支部刚一建立就同纽约中央委员会对抗,企图夺取它的地位,把一切权力掌握在自己手中。接着在1871年8月30日宣言中公开宣传支部自主权,说什么:"每个支部的自主权就是自由解释代表大会决议,以及总委员会的章程和决议(即协会的共同章程和条例),因为每个支部都对自己的言行负责。"⑤在两个联合会委员会分别建立以后,

---

①《马克思恩格斯全集》第18卷,人民出版社,1964年,第107页。

②⑤《马克思恩格斯全集》第18卷,人民出版社,1964年,第108页。

③ Samuel Bernstein, *The First International in America*, New York:Augustus M.Kelley, 1962, p.117、178.

④ [美]方纳:《美国工人运动史》第1卷,生活·读书·新知三联书店,1956年,第617页。

第二委员会违背总委员会的决议首先于1872年5月9日至11日在纽约阿波罗大厅召开了非常特别代表大会，以国际的名义提名维多利亚·伍德赫尔为合众国的总统候选人，并成立了平权党。6月6日，第二委员会完全断绝了同总委员会的一切联系。它的领导人甚至公开声称国际工人协会是舶来品，不适合美国的情况，准备建立一个完全由美国人组成的国际。

显而易见，这三方面的分歧，就其性质来说，都是无产阶级同资产阶级的分歧。调和就意味着妥协，从这个意义上说，分裂是一件好事。它可以使美国的国际组织更纯洁、更团结。然而，分裂并没有成为北美联合会的新起点，反而使它急剧衰落。其原因在于美国国际组织领导人的严重宗派情绪。他们不接受马克思、恩格斯的再三劝告，拒绝在本土美国工人中开展扎扎实实的工作，因而失去了这个雄厚的基础，以致在分裂后不能从广大工人中发展会员，扩大组织，使自己几乎成为"沙漠的布道者"。北美联合会所能向未来的纽约总委员会提供的就是这样一个薄弱的基础。无疑这是总委员会迁往美国后不能正常开展活动的一个重要因素。①

原载《国际共运史研究资料》第15辑，人民出版社，1985年

---

① 参见《马克思恩格斯全集》第18卷，人民出版社，1964年，第108页。

八、第一国际纽约总委员会和
北美联合会的关系及其主要活动

　　欧洲是第一国际的主要活动舞台。巴黎公社失败后,第一国际在欧洲遇到了极大的困难。来自外部和内部的巨大压力,使它无法继续开展活动。根据海牙代表大会的决议,第一国际总委员会的驻地从伦敦迁往纽约,从此开始了第一国际新的活动时期。过去由于种种原因,我们对这一时期的了解和研究都很不够。本章仅就此做一点初步的探索,希望能够引起对这个问题的注意。

(一)纽约总委员会是在什么条件下进行工作的?

　　不少历史著作和文章认为第一国际的领导机构迁往美国以后,国际实际上停止了活动,因此绝口不提纽约总委员会和国际在美国的地方组织的情况,或者语焉不详。这种看法是值得商榷的。诚然,同伦敦总委员会相比较,纽约总委员会的影响和活动范围都大为逊色。但如果考虑一下美国和欧洲的具体情况,就不难发现,第一国际在美国开展的每一项活动,都是同纽约总委员会、北美联合会,以及普通会员的努力分不开的,他们的努力应当载入第一国际的史册。

　　纽约总委员会所面临的形势是极其严峻的。在欧洲,国际上的反动势力趾高气扬,妄图扼杀各国的革命运动和第一国际。镇压巴黎公社的刽子手梯也尔公开宣称:"社会主义从此休矣! 巴黎遍地堆满了尸体。应当相信,这种可怕的景象将成为胆敢宣称拥护公社的起义者的教训。"①德国俾斯麦政府也于1872年5月27日以"图谋叛国"的罪名判处倍倍尔、李卜克内西两年监禁。罗马教皇庇护九世不惜撕去"仁慈"的面罩,号召天主教徒向第一国际宣战,先绞死他们,然后再做"祈祷"。国际内部的敌人无政府主义者,加紧分裂活动,妄图用它的秘密宗派组织来取代国际。蒲鲁东主义者、工联主义者和拉萨尔主义分子的残余也都聚集在无政府主义的旗帜下,成为纽约总委员会的反对派。

海牙代表大会闭会后不久,汝拉联合会的代表大会在瑞士的圣伊米耶召开。会议通过决议,声明不承认海牙代表大会的各项决定和总委员会的权威力量。同时,在这里还举行了无政府主义者的"国际"代表大会。大会号召各国反对派支部联合建立一个自由联盟来取代第一国际。两个圣伊米耶大会得到一些国家的无政府主义者的支持。法国的卢昂支部公开反对扩大总委员会的权限。1872年12月,比利时工人代表大会和西班牙联合会代表大会,也提出了同样的抗议。纽约总委员会很快就失去了在这些地方的影响。在意大利、荷兰和丹麦也发生了类似的情况。

在美国,国际各支部已经发生了分裂。纽约第二支部由于未能取得派代表出席海牙代表大会的权利而成为纽约总委员会的反对派。它甚至把总委员会成员德雷尔开除出自己的组织,并通过《社会主义者》攻击马克思和左尔格。以第十二支部为核心的国际工人协会美国联合会也由于同样原因对纽约总委员会耿耿于怀,它逐渐同无政府主义者合流,并于1873年4月6日发表了一个反权威的《致全体国际工人协会会员的通告信》。《致全体国际工人协会会员的通告信》的矛头是直接指向纽约总委员会的。它同无政府主义的宣言极其相似,认为"个人的完全自由和支部、联合会自治"是联合行动的基础,充满了反集权、反权威的思想。②

---

① [苏联]凯任策夫:《巴黎公社史》,生活·读书·新知三联书店,1961年,第659—660页。

② Samuel Bernstein, *The First International in America*, New York:Augustus M.Kelley, 1962, p.180.

左尔格充分想到了总委员会迁到美国将面临种种的困难。他在海牙大会上,当表决新总委员会的驻地和成员时投了弃权票。一直到1872年10月11日,他才接受纽约总委员会的加聘,担任总书记。当时,纽约总委员会已经是四分五裂、涣散不振。意大利裔委员福尔纳契耶利由于必须做工谋生而不能出席会议,最后不得不辞去委员职务。德雷尔离开纽约去南方寻找工作,等于自动退出了总委员会。爱尔兰裔委员圣克莱尔不仅不出席总委员会,而且拒绝交出他负责保管的正式记录。总委员会的司库勒维埃耳曾一度卷款潜逃。这两人也相继退出了总委员会。爱德华·大卫和美国委员华德拒绝接受总委员会委员的职务。在纽约总委员会委员中能够坚持日常工作的,除左尔格以外,只有卡尔、波尔特、劳雷尔、施佩耶尔几个人了。而波尔特、卡尔两人又是拉萨尔主义者,从一开始就在进行派别活动,给纽约总委员会造成了不少的困难。

在物质条件方面,纽约总委员会几乎是一无所有。根据左尔格提供的材料来看,从海牙代表大会闭幕到1873年3月2日,纽约总委员会不名一文。左尔格在1873年3月2日致各支部的信中写道:"总委员会完全没有基金,也没有得到任何资助,它不得不中断重要的工作。"①在这以后,总委员会虽然陆续收到各地交来的会费,但数目太少而且不固定。定期交纳全部会费的只有北美联合会。但是,这个联合会的人数不满一千,而且还要维持自己的机关报《工人报》的开支,要援助逃亡美国的公社社员的家庭和国内外的罢工运动,所以不可能在经济上向纽约总委员会提供更大的支持。因此,纽约总委员会的财政长期处于极端困难的状况。左尔格在1873年8月11日的信中指出:"总委员会的日常收入如此惊人地微薄而不固定,乃至几乎付不出同世界各地进行频繁通信的邮资。"②

在这样的条件下开展工作,其困难程度是不难想象的。

---

① ② Samuel Bernstein, *The First International in America*, New York: Augustus M. Kelley, 1962, p.166.

(二)纽约总委员会的主要活动

由于左尔格及其支持者的努力,纽约总委员会克服了重重困难,在其存在的短暂时间里开展了一些重要的工作。

左尔格担任总书记以后的第一件事情就是设法使纽约总委员运转起来,恢复它同欧洲各国分支的联系。1872年10月20日,纽约总委员会发布了致国际工人协会会员的第一个通告,宣布新的总委员会开始行使自己的职权。通告发表在11月23日《国际先驱论坛报》上。在此以前,左尔格曾于10月12日给马克思写信,把纽约总委员会的工作计划告诉他。左尔格认为,在总委员会人数少和不熟悉各国语言的情况下,不可能在总委员会内部设立各国通讯书记的职务,整个通讯工作只能掌握在总书记手中。对于许多难于建立直接联系的国家则由总书记委任总委员会代表和全权代表处理通讯工作。根据这个设想,1872年12月22日,前法国通讯书记赛拉叶被委派总委员会负责处理法国事务的代表。1873年1月5日,恩格斯得到了纽约总委员会的全权委托书,被委派为负责意大利事务的全权代表。后来,恩格斯还兼任总委员会负责西班牙、葡萄牙和英国事务的全权代表。前波兰通讯书记瓦利里·符卢勃列夫斯基也于1873年2月2日被委派为负责波兰事务的全权代表。

总委员会所采取的同各国分支保持经常联系、互通消息的另一个措施就是每月定期发布综合通报。这种通报是在综合各国支部提供的材料和书信中的信息的基础上编写出来的,后来,随着支部数量的减少和联系的削弱而逐渐失去作用。除此以外,纽约总委员会还曾发出一个调查各地工人状况的问答式调查提纲,其中包括工资、工时、用饭时间、生活费用、车间的规模和状况、失业状况及其原因、工人家属的人数及工业疾病等项目。可惜的是,按照这个提纲所收集到的材料由于缺乏经费未能印发。纽约总委员会于11月20日发出的一份致协会各联合会、所属团体、支部和全体会员的通告包含有非常重要的内容。它向各支部阐明了总委员会的坚定立场,坦率而又尖锐地指出,在资本主义制度下,工人组织只能采取两种截然不同的立场:反抗或者顺从。第一国际及其拥护者果断地选择了"反抗的道路,选择了斗争的道路,庄严地宣布他们坚定不移的决心。即决定要借助于唯一可靠的手段,通过名副其实的战斗组织即国际工人协会这座坚如磐石的作战营垒,为劳动解放而继续斗争"①。纽约总委员会希望通过这个通告使各国分支重新在思想上统一起来,从而进一步粉碎无政府主义者分裂国际的阴谋。通告还谈到了工人阶级行动一致的重要性,并提出了加强国际工人协会组织的任务。

马克思、恩格斯对纽约总委员会恢复同各国分支联系的活动非常关心,并且给予了必要的支持。恩格斯在10月5日致左尔格的信中写道:"每次邮班我们都等着你的消息和新总委员会的活动情况。"②恩格斯在担任总委员会负责意大利事务的全权代表以前就根据左尔格的委托了解第一国际在意大利的情况,并将结果告诉左尔格和总委员会。例如,他在1872年11月2日致左尔格的信中将意大利两个新支部成立的情况通知总委员会。1872年12月22日,纽约总委员会根据恩格斯的报告接受了这两个新支部。恩格斯在担任全权代表以后,于1873年1月至2月中旬这段时间里撰写了《关于国际在大陆上活动情况的报道》(以下简称《报道》),陆续发表在《国际先驱报》1月11日、2月1日、2月8日和2月15日各期上。《报道》的第一部分谈到了国际在意大利、西班牙、葡萄牙和英国的活动情况。在意大利,由于政府当局的疯狂迫害,支持纽约总委员会的力量受到了沉重的打击。洛迪支部首当其冲,支部的三名委员被捕,其余六人不得不隐藏起来,躲避政府的搜查。在西班牙,反对分裂,支持新总委员会的力量正在重新组合,准备同分裂者决一雌雄。例如,格腊西阿联合会宣布拥护海牙代表大会的各项决议并谴责西班牙代表

---

① [苏联]伊·布拉斯拉夫斯基编:《第一国际第二国际历史资料》,生活·读书·新知三联书店,1964年,第166页。

②《马克思恩格斯全集》第33卷,人民出版社,1973年,第527页。

在海牙代表大会上的行为。在葡萄牙,由于该国法律的限制,第一国际已经失去了自由进行组织的可能,但是,国际在那里组织的工人运动却得到了蓬勃的发展。在英国,前不列颠联合会委员会多数派是分裂者,因而拥有暂时的优势。《报道》也谈到德国和法国的情况。毫无疑问,所有这些情况对于纽约总委员会都是极其有用的。马克思也于1872年12月30日接受总委员会的委托负责收集和保管前总委员会的全部财产。

纽约总委员会所进行的第二项重要工作就是开展反对无政府主义的斗争。1872年11月8日,总委员会向汝拉联合会发出呼吁书,向它提出警告,要求它修改圣伊米耶大会的决议,否则就将它暂时开除出国际工人协会,交应届大会审议。12月1日,总委员会又向比利时工人代表大会寄去呼吁书,要求比利时工人加强国际团结,并说明海牙代表大会的重要意义。但是,由于无政府主义者拒绝接受总委员会的告诫,纽约总委员会乃于1873年1月5日通过决议将汝拉联合会暂时开除出国际。

纽约总委员会的第三项重要工作是试图建立各种国际工会联合会。根据海牙代表大会关于建立各种国际工会联合会的决议,纽约总委员会在1872年11月20日通告信中就强调了资本主义制度下加强工人阶级国际联合的重要性。纽约总委员会曾经以传单的形式公布了一个国际工会联合会的章程草案,名字叫作《国际工人协会总委员会致各工会和工人协会书》。这个传单发表在1873年3月8日《国际先驱报》第49号上,左尔格曾于1873年2月12日将传单寄给恩格斯。

章程草案的开头强调指出,阶级冲突的扩大和劳动力的输出已经把建立国际工会联合会的问题提上日程。草案认为,首先应当按工业部门建立联合,然后建立全国联合,最后组成国际工会联合会。然而,在当时的条件下,这个设想是脱离实际的,因而始终未能付诸实施。

1873年9月8日至13日,第一国际在日内瓦召开第六次代表大会。本来,召开这次大会来总结国际一年的工作,并为下一步活动制订计划,应当是纽约总委员会的一项中心工作。但是,由于缺乏经费,并且同欧洲各支部的联系又极其微弱,纽约总委员会不但无力进行必要的筹备工作,而且未能派出自己的代表参加大会。全仗贝克尔的努力,这次大会才得以召开。不过,这次大会没有取得成功,是第一国际历届大会中最缺乏代表性和最缺乏成果的一次大会。欧洲大多数支部都反对召开这次大会,拒绝派代表出席。结果形成了瑞士代表独占优势的局面。出席大会的三十名代表中,瑞士代表十八人、奥地利代表八人、匈牙利代表二人、德国代表一人、荷兰代表一人。

　　贝克尔在1873年9月22日给左尔格的信中,谈到了筹备这次大会所遇到的困难。他感到意外的是,第一国际英国联合会竟然没有派代表出席大会,认为"这是一件无法辩解,而且也难以原谅的事情"[①]。贝克尔担心,由于英国代表的缺席,日内瓦和罗曼语区的代表将利用自己在大会上的优势把总委员会的驻地从纽约迁到瑞士,从而使总委员会落到亲巴枯宁分子手中。因此,他曾设想"从地下发掘出十三名新的代表,以便从与会的人数上来给代表大会增添一些光彩,并且以必要的多数来保证大会的正确进行"[②]。

　　纽约总委员会向日内瓦代表大会提出了一份书面报告。报道了各国工人运动的状况和国际组织的活动情况,呼吁各国工人在新形势下组织起来,并且加强自己的国际团结。报告号召说:"工人同志们! 你们要看到旧社会已在土崩瓦解,你们要把自己的队伍团结得更加紧密,要不断改进你们的组织,使它更加完善,以便准备好自己的力量,随时响应客观形势的号召,去解决自己的历史任务——建立一个以劳动为基础的新社会。"[③]

　　大会根据总委员会的报告提纲首先讨论了工会运动问题,并且通过了成立各行各业国际工会的决定。决定要求各个国家不同行业的工会联合起来,并选出本国的执行委员会,执行委员会将通过总执行委员会同其他国家建立经常的联系。大会还讨论了工人阶级的政治斗争问题,

---

　　①② [苏联]伊·布拉斯拉夫斯基:《第一国际第二国际历史资料》,生活·读书·新知三联书店,1964年,第171页。

　　③ [苏联]伊·布拉斯拉夫斯基:《第一国际第二国际历史资料》,生活·读书·新知三联书店,1964年,第174页。

并通过了关于工人的政治组织的决议,建议"工人阶级参加旨在解放本阶级的任何政治活动"。

在日内瓦代表大会上,日内瓦代表和瑞士罗曼语区的代表曾企图把总委员会搬到日内瓦。幸亏德国代表和瑞士日耳曼语区代表的一致努力,纽约才再一次被选定为总委员会会址,纽约总委员会也才得以继续行使自己的职权。

日内瓦大会后,无政府主义者在欧洲的活动十分猖狂,他们企图自立门户,建立无政府主义者的国际。纽约总委员会基本上失去了同欧洲各国分支的联系,它的主要活动舞台转到美国。

(三)纽约总委员会和北美联合会的合流

在美国国内,第一国际各支部经过分裂改组以后,形成了第二支部、美国联合会和北美联合会三支力量。前两支力量都是反对纽约总委员会的,只有北美联合会是唯一能够依靠的力量。总委员会的委员基本上都是这个联合会的成员和领导人。总委员会的驻地设在北美联合会总部第十沃尔德旅馆内。总委员的主要经费来源也是北美联合会定期交纳的会费。在对待美国国内问题上,两个组织经常采取一致行动。他们的关系十分密切。总委员会的工作重点转到美国国内以后,两个组织虽然是上下级的关系,但实际上实现了合流。正如左尔格所说的:"在美国,总委员会也作为联合会来行动,经常参加工人阶级的一切活动,并力求重新赢得已经失去的信任。"①从这个意义上说,北美联合会的活动就是纽约总委员会整个活动的一个主要组成部分。

北美联合会成立于1872年7月,是在原来的第一委员会的基础上组织起来的。海牙代表大会以后,这个组织经历了一个危机时期:它所辖的

---

① Philips Foner and Brewster Chamberlin(eds.), *Friedrich A. Sorge's Labor Movement in the United States*, Westport, Co: Greenwood Press, 1977, p.161.

二十二个支部中有两个支部自动解放了。西霍布肯的第二十五支部名存实亡；纽约第七支部、第十支部和布鲁克林第一支部的情况不明，它们是否存在，令人怀疑；纽约第十一支部和第十三支部相继解体，在这个基础上建立了第八支部；会员人数不断减少；许多支部陷于沉寂，几乎停止了一切活动。联合会书记波尔特曾估计说："看来大会耗尽了各支部的能量，结果使联合会和各支部的行动受到削弱"，各支部的会员人数，"除少数例外，减少多于增加"。①各支部同北美联合会的联系也曾一度中断。波尔特于1872年12月7日写信告诉总委员会说："没有任何关于有关支部的报告从波士顿、费城、芝加哥、巴尔的摩等地送到我们这里来。"②

北美联合会的领导人感觉到，在这种纪律涣散、精神不振的情况下，迫切需要创立自己的报纸，加强各个支部，立即开展组织群众和宣传群众的工作。波尔特曾在给总委员会的报告中说："组织工人，只有组织工人……谁最先了解工人的呼声，谁最先向工人提供帮助，工人就将团结在谁的周围。"③

1873年2月，北美联合会的报纸《工人报》创刊。这份报纸虽然是德文报纸，但它的发行量达到三千份，具有一定的影响。《工人报》的出版给北美联合会带来了活力。北美联合会委员会的通知和建议经常通过《工人报》传达给每一个会员和支部，收到了统一行动的效果。

北美联合会最主要的活动就是在1873年至1878年经济危机时期所进行的反失业斗争。1873年经济危机从杰·库克银行的倒闭开始，其势如狂风暴雨，顷刻之间席卷了整个美国。全国的信用机构纷纷垮台，或者处于瘫痪状态。到年底，商业破产事件达五千多起。

首先受到经济危机打击的是广大工人。他们的工资被大幅度削减，

---

① Samuel Bernstein, *The First International in America*, New York：Augustus M.Kelley, 1962, p.185.

②③ Samuel Bernstein, *The First International in America*, New York：Augustus M.Kelley, 1962, p.186.

工时被延长,而且随时面临着失业的威胁。据估计,几年之间纺织工人的工资下降百分之四十五,铁路工人的工资下降百分之三十至百分之四十,家具工人的工资下降百分之四十至百分之六十。到1877年,失业工人占全国工人的五分之一,五分之二的工人每年只有六七个月的工作时间,有正常工作的工人约为五分之一。1877年到1878年,失业人数达到三百万。

成千上万的失业工人为了捍卫自己的生存权利奋起反抗资产者的盘剥,示威运动此起彼伏。北美联合会的各个支部积极投入运动,并且成为各地运动的组织核心,发挥了应有的作用。

1873年10月底,北美联合会发表了《致北美工人的宣言》①。《致北美工人的宣言》指出:"在资本和劳动之间没有和谐,只有斗争,只能以这一方或另一方的完全屈服而告终……为了避免奴隶的命运,一切工人都必须组织起来。"②《致北美工人的宣言》还提出了具体的组织计划:

> 住在同一个、两个或更多的街段上的工人们在一起组织一个俱乐部,一个区域中的俱乐部联合起来组成一个区域委员会,每一区域委员会要派出三个代表组成一个中心机构。
>
> 在这种方式下组织起来的工人则将向各地的政府当局提出下列的要求:1. 在一般的工资标准和八小时工作制的原则下,给一切愿意而且有工作能力的人以工作;2. 对于实际在困苦中的劳动者及其家人,贷给他们只够维持一星期生活的现金或食物;3. 在12月1日至1874年5月1日期间,不容许房主因得不到房租驱逐房客。③

《致北美工人的宣言》在失业工人中产生了广泛影响。11月9日,在

---

① 这份宣言是用英文写成的,以传单形式向群众散发。德文本于1873年在11月29日的《工人报》上刊出。

② Samuel Bernstein, *The First International in America*, New York:Augustus M.Kelley, 1962, p.221.

③ [美]方纳:《美国工人运动史》第1卷,生活·读书·新知三联书店,1956年,第657—658页。

费城有五千工人集会，准备建立失业工人组织，会议要求市政当局实行八小时工作制、禁止使用童工和立刻援助失业工人。在坎顿、纽瓦克、波士顿、辛辛那提、芝加哥、路易斯维尔等城市都发生了类似的事件。美籍德裔工人最先成立了失业工人会。11月15日，纽约市的各个工会也行动起来，举行一次有各工会代表出席的会议，向市政当局和联邦国会发出呼吁，要求解决就业和救济问题。

12月11日，失业工人大会在纽约库柏学院举行。这次会议是由各个工会的负责人和国际第一支部的代表共同筹备发起的，北美联合会书记波尔特参加了筹备工作。参加大会的除去北美联合会的成员以外，还有美国联合会的领导人。出席大会的工人约有五千。[1]会场挂满了标语，上面写着"失业工人要求的是工作不是救济""当工人开始思想的时候，垄断商人将开始战栗"等口号。《纽约时报》曾惊呼说，这些口号是"无可怀疑的共产主义的"口号。此后，在纽约连续发生失业工人的示威运动，1874年1月13日的示威达到了高潮，出现了警察镇压运动的事件。

在芝加哥，北美联合会各支部同当地工会联合行动，成立了工人委员会，动员失业工人组织起来开展斗争。工人委员会向政府提出了四点要求："1.给所有具有劳动能力的人提供职业；2.由财政部门向生活困难者提供钱或食物；3.为了实行公平分配，一切款项和食物的分配都应当由工人委派的委员会进行；4.在财政部门缺少现金的情况下，可以借用城市贷款。"[2]这四点要求很快得到芝加哥广大失业工人的拥护。12月21日，在工人委员会的发起下，举行了失业工人大会。大会要求市政当局向失业工人提供职业和救济。第二天两万失业工人走上街头举行了大规模游行。1873年反失业斗争是北美联合会开展活动的顶峰。在这

---

① Samuel Bernstein, *The First International in America*, New York: Augustus M.Kelley, 1962, p.225.

② *Chicago Daily Tribune*, Dec.23,1873; Samuel Berustein, *The First International in America*, New York: Augustus M.Kelley, 1962, p.228.

以后,由于内部分裂活动的加剧,联合会日益削弱。

(四)北美联合会的分裂和纽约总委员会的终结

北美联合会从成立开始,内部存在着各种思想和各种派别。除马克思主义者以外,还有拉萨尔分子、改良主义者、反权威主义者,这就是后来造成分裂的主要潜在因素。首先起来反对北美联合会的是纽约的地方委员会。根据北美联合会第一次代表大会的决议,在一个地区,有两个以上的支部、五十名以上的会员,就可以成立地方委员会。纽约地方委员会就是根据这个原则,由五个支部联合组成的。这个委员会通过了自己的规章,选举前自由思想者协会会员乔治·斯泰布林为通讯书记,并且对北美联合会的权威表示怀疑。为了巩固联合会的地位,联合会的核心第一支部对上述决议定出一条修正案,不允许在北美联合会的驻地纽约成立地方委员会。这个修正案遭到了纽约地方委员会的拒绝。从此,在北美联合会内部出现了公开的反对派。

1873年夏,北美联合会委员会改选。新选出的委员会对于反对派是有利的,波尔特再度当选为书记,反对派的头面人物斯泰布林当选为司库。新委员会中的四五名委员由于种种原因不能担任职务而使委员会的力量大为削弱。改良主义思想泛滥一时,芝加哥的国际支部竟然建立了一个借贷和宅地协会,把自己的目标转向自由土地运动和金融改革,从而背离了第一国际的基本方向。有些支部的会员甚至陷入了卡贝的伊加利亚幻想。至少有七名国际工人协会的会员公开表示相信这种幻想有可能实现,人们将会在人间找到这样的天堂。波士顿第一支部按照新英格兰工人改革同盟大会通告信的蓝本,提出实行不可兑换的币制和互助银行计划,走上了同金融改革者合流的道路。拉萨尔分子的活动在国际内部也日益猖獗,引起了同马克思主义者的尖锐冲突。

马克思主义者认为,在当时美国的具体情况下,工人阶级组织自己政党的条件还不成熟。国际首先应当开展工会工作,发展工会组织,在条件具备的时候,再提出建立工人政党的问题。

拉萨尔分子则反对工会运动,主张进行政治斗争。他们重弹拉萨尔的老调,宣传通过选举由工人控制政府、依靠政府帮助来发展合作事业的主张。他们宣布不同工会发生关系,因为工会"从来也没有为任何行业的人争取到有永恒意义的生活上的改善"。在拉萨尔分子的影响下,北美联合会所属的一些支部于1873年12月至1874年5月间分离出去组成伊利诺劳工党和北美社会民主党。

在北美联合会各支部之间也出现了对立双方力量的重新组合。1874年1月底,形成了第一支部和第四支部反对第六支部和第八支部的局面。前两个支部在总委员会中拥有多数代表,后两个支部的主要阵地在北美联合会委员会中。第一支部在北美联合会委员会中的两名成员波尔特和卡尔宣布退出该委员会,出现了纽约总委员会和北美联合会委员会两个委员会对峙的形势。1874年2月5日,总委员会决定解散北美联合会委员会并将斯泰布林开除出去。左尔格曾对此评论说:"各种密谋策划使北美联合会瘫痪到这种程度,致使总委员会终于不得不进行干预:解散联合会委员会,并接替其工作。"①

经过总委员会的筹备,1874年4月11日,在费城召开了北美联合会的第二次代表大会。大会肯定了总委员会的决定和工作,选举了新的七人委员会来负责北美联合会的事务。一部分持不同意见者和不遵守纪律的人被开除出联合会,第一国际在美国的力量进一步削弱。第二次代表大会闭幕后不久,北美联合会失去了九个支部,剩下的十四个支部中只有十个支部按时向北美联合会报告情况。其余的支部或者严重减员或者无限期停止活动,甚至同拉萨尔分子的伊利诺劳工党站在一起。②

---

① Philips Foner and Brewster Chamberlin(eds.), *Friedrich A. Sorge's Labor Movement in the United States*, Westport, Co: Greenwood Press, 1977, p.161.

② Samuel Bernstein, *The First International in America*, New York: Augustus M. Kelley, 1962, p.262.

继北美联合会之后,总委员会也发生了公开的分裂,左尔格同以波尔特为首的拉萨尔分子之间的矛盾达到十分尖锐的程度。1874年下半年,左尔格为了清除国际内部存在的拉萨尔主义的影响,建议《工人报》编辑部邀请威廉·李卜克内西为该报的每周专栏撰稿。但是,这个建议遭到编辑康拉德·卡尔的坚决反对,于是,左尔格辞去了该报监管委员会委员的职务,不久以后又退出了总委员会。从此,总委员会实际上停止了活动。国际工人协会美国会员中,以左尔格为首的马克思主义的拥护者都集中精力于建立工人政党的工作。恩格斯在给左尔格的信中曾经这样估计说:"在你退出以后,旧国际就完全终结了。"①

　　1876年7月15日,在费城举行了第一国际的最后一次代表会议。出席的共二十五人,其中总委员会的代表十人,北美联合会的代表十四人,德国社会主义组织的代表一人。会议听取了总委员会的报告,报告指出,纽约总委员会已经同欧洲的工人运动失去一切联系,经费耗尽,在法国国际组织没有恢复、德国社会主义者没有积极加入国际的情况下,第一国际和纽约总委员会都应当宣告解散。大会通过了解散第一国际的决议,并发布了宣言。宣言强调指出,国际的组织原则绝不会因为第一国际的解散而消失,而是将继续发扬光大,"代之而起的则是整个文明世界的进步工人对这种原则的承认和维护"②。宣言结尾特别表明了总委员会驻在国家美国工人对待第一国际事业的决心:"美国工人向你们保证,他们要神圣地捍卫并珍惜国际在美国所获得的成果,直到更为有利的条件使得各国工人在共同的斗争旗帜下重新团结一起,那时候人们将以更大的力量高呼:全世界无产者,联合起来!"③

　　的确,第一国际的解散并不是国际的"死亡",它基本上完成了自己的使命,它"奠定了工人国际组织的基础,使工人做好向资本进行革命进

---

①《马克思恩格斯选集》第四卷,人民出版社,1972年,第412页。

②③〔苏联〕伊·布拉斯拉夫斯基编:《第一国际第二国际历史资料》,生活·读书·新知三联书店,1964年,第184页。

攻的准备"①。从某种意义上说,第一国际的解散是不可避免的,是国际工人运动进一步发展的必然结果。正如恩格斯所说:"工人阶级运动已经大大发展,以致这类形式上的联盟不仅不必要而且也不可能存在下去了。"②在这以后,各国社会主义者为了寻求新的国际联合的基础,开始了建立各国工人政党的活动,把国际工人运动推向了新的阶段。

原载《国际共运史研究资料》第 16 辑,人民出版社,1986 年

---

① 《列宁选集》第三卷,人民出版社,1972 年,第 809 页。
② 《马克思恩格斯全集》第 19 卷,人民出版社,1963 年,第 143 页。

第四编

第二国际

一百多年来,国际共产主义运动以无比强大的生命力,冲破一切障碍,蓬勃发展。共产主义的光辉照亮了人类前进的道路。

　　在马克思和恩格斯的领导下,第一国际(1864—1876)把科学社会主义和国际工人运动紧密结合起来,制定了无产阶级革命的正确路线。在第一国际的影响下,巴黎的工人阶级举行了武装起义,建立了历史上第一个无产阶级专政的革命政权——巴黎公社。马克思、恩格斯及时总结巴黎公社的经验,进一步发展了马克思主义关于无产阶级革命和无产阶级专政的理论。

　　在第一国际时期,马克思和恩格斯同各种机会主义进行了原则性的、毫不妥协的斗争,这一斗争的胜利确立了马克思主义在国际工人运动中的统治地位。

　　1889年,第二国际(1889—1914)宣告成立。在第二国际时期,马克思主义得到了更广泛的传播,国际工人运动有了更大的发展,但同时迷恋于合法的议会道路的机会主义也在各国党内滋长起来。恩格斯同机会主义做了不妥协的斗争。恩格斯逝世以后,修正主义者逐步篡夺了第二国际的领导权。坚持无产阶级革命路线的重任落到列宁的身上,列宁继承了第一国际的马克思主义的革命传统,在无产阶级革命和无产阶级专政等一系列根本问题上,彻底粉碎了修正主义的各种谬论,捍卫和发展了马克思主义,把马克思主义提高到一个新阶段,即列宁主义阶段。斯大林曾说:"列宁主义是帝国主义和无产阶级革命时代的马克思主义。"[1]

---

　　[1]《斯大林全集》第6卷,人民出版社,1956年,第63页。

列宁在理论和实践方面对无产阶级革命事业都做出极其伟大的贡献。他领导俄国无产阶级取得十月社会主义革命的伟大胜利,开辟了人类历史的新纪元。

十月社会主义革命的胜利,是马克思列宁主义对第二国际修正主义斗争的胜利。

一百多年来的国际共产主义运动的历史证明:马克思列宁主义同机会主义、修正主义是势不两立的;国际共产主义运动正是在马克思列宁主义不断战胜各种机会主义、修正主义的斗争中向前发展的。

一、为建立第二国际而斗争

　　19世纪70年代以后,在西欧和北美的资本主义国家中,资产阶级已经战胜了封建势力,取得了统治地位,无产阶级和资产阶级的矛盾上升到第一位。同时,这些国家开始从资本主义向帝国主义阶段过渡,垄断资本逐渐形成,工人阶级所受的压迫和剥削十分沉重,阶级矛盾日益尖锐,无产阶级进入了最后冲击资本主义制度的准备时期。而这时东方各国进行资产阶级革命的条件尚未成熟。因此,出现了一个世界资本主义"和平"发展时期。这个时期无产阶级的中心任务就是积聚革命力量,从思想上、组织上做好准备,以便迎接即将到来的革命高潮。

　　巴黎公社起义失败后,国际工人运动遭到各国反动政府的疯狂镇压。但是各国工人阶级并没有被吓倒,他们进行着艰苦的积聚力量的工作,并向反动政府展开顽强的斗争。经过大约十年的时间,国际工人运动又迅速广泛地开展起来了。这时的国际工人运动和以前相比,发生了很大变化,这就是马克思主义在工人运动中的广泛传播。但是,在大多数国家,无产阶级的队伍还没有很好组织起来,坚强的领导核心也还没有形成,因此要把国际工人运动向前推进一步,首先就必须建立各国工人阶级自己的革命政党。马克思和恩格斯总结了巴黎公社的历史经验,在第一国际伦敦会议(1871)上就曾向各国工人阶级发出了建党号召。各国工人阶级热烈地响应这个号召,在欧洲、北美的许多国家里先后建立起自己的政党。①这些政党的成立是国际工人运动中的一件大事。但是,它们还很不成熟,没有经过革命风暴的考验,而它们面对着的阶级斗争形势却是十分复杂的:既有外部的敌人,资产阶级及其政府;又有内部的敌人,就是那些被资产阶级收买了的机会主义分子。这些人表面上是工人,实际上是资产阶级的代理人。他们在工人运动内部搞破坏活动,危害很大。

马克思和恩格斯根据这种情况,集中精力帮助各国党开展思想建设和组织建设工作。他们耐心指导建立最早和最大的工人阶级政党——德国社会民主党(爱森纳赫派)②,希望通过它的活动推动整个国际工人运动的发展。

在马克思、恩格斯的亲切关怀下,德国社会民主党爱森纳赫派执行正确的路线,在工人和劳动群众中影响越来越大。而机会主义拉萨尔派③由于坚持错误路线,失去了工人群众的信任,眼看就要瓦解了。在这种情况下,拉萨尔派为了挽救自己,要求和爱森纳赫派合并。他们积极地鼓吹"统一",而且叫喊"团结"的声音比谁都响亮。这时候,马克思和恩格斯一再告诫爱森纳赫派,为了统一,首先必须同拉萨尔派展开坚决的斗争,绝不能拿原则做交易。工人运动只有在科学社会主义的原则基础上,才能在组织上统一起来。"不要让'团结'的叫喊把自己弄糊涂了。"④但是,爱森纳赫派的领袖威廉·李卜克内西等人,没有遵照马克思和恩格斯的指示来处理两派统一问题,而毫无原则地准备在一个机会主义纲领的基础上

①美国社会主义工党,成立于1877年;法国工人党,成立于1879年;意大利工人党,成立于1882年;比利时工人党,成立于1885年;挪威工人党,成立于1887年;奥地利社会民主党,成立于1888年;瑞士和瑞典社会民主党,成立于1889年。

② 1869年,德国的先进工人组织在爱森纳赫城召开代表大会,正式成立德国社会民主党,又称爱森纳赫派。

③ 拉萨尔(1825—1864),19世纪中叶德国工人运动中机会主义的代表,他反对暴力革命,主张通过议会道路去实现社会主义。爱森纳赫派和拉萨尔派执行两条不同路线,存在根本分歧。

④《马克思恩格斯选集》第四卷,人民出版社,1972年,第410页。

实行合并。1875年5月,德国社会民主党在哥达城召开两派统一的代表大会,通过了一个充满了拉萨尔观点的所谓统一的党纲《哥达纲领》。

马克思和恩格斯看到这个纲领后非常生气,马上对它进行了逐字逐句的批判。马克思指出,这是一个"极其糟糕的、会使党堕落的纲领"①。恩格斯指出,这是整个德国社会主义无产阶级向拉萨尔主义的投降。马克思指明,纲领的要害是完全背叛了马克思主义关于阶级、阶级矛盾、无产阶级革命和无产阶级专政的学说。1875年4月至5月,马克思写了《哥达纲领批判》,彻底批判了拉萨尔主义,为真正革命的无产阶级政纲制定了正确的原则。马克思在这篇光辉文献里,总结了国际无产阶级斗争的基本经验,深刻地论述了无产阶级专政的历史必然性。马克思指出:"在资本主义社会和共产主义社会之间,有一个从前者变为后者的革命转变时期。同这个时期相适应的也有一个政治上的过渡时期,这个时期的国家只能是无产阶级的革命专政。"②

由于社会民主党同拉萨尔派无原则的合并,给德国党带来了极大的危害。一些机会主义、反马克思主义思想乘机泛滥起来,代表人物就是小资产阶级的思想家杜林。他利用德国党内许多人对马克思主义的基本理论不够了解的弱点,把自己打扮成马克思主义的理论权威,拼命推销一整套反马克思主义的论调。杜林③写了很多著作,恶毒攻击马克思主义,企图以资产阶级关于自由、正义、平等和博爱的神话来代替唯物主义,推翻科学社会主义理论。杜林的反动理论在德国党内产生很大影响。得意忘形的杜林,竟纠集自己的追随者伯恩施坦④等人,组成一个小宗派,进行分裂活动,企图另组新党。

在这种情况下,摆在马克思、恩格斯面前的迫切任务就是揭露杜林

①《哥达纲领批判》,人民出版社,1965年,第5页。

②《哥达纲领批判》,人民出版社,1965年,第22—23页。

③ 杜林(1833—1921),柏林大学的讲师,小资产阶级思想家,马克思主义的凶恶敌人。

④ 爱德华·伯恩施坦(1850—1932),德国社会民主党人,第二国际修正主义的头子,公开提出"修正"马克思主义的口号。

的反动本质,捍卫党的原则,引导德国社会民主党走上正确的道路。马克思和恩格斯从1877年初就投入了批判杜林的战斗。恩格斯在马克思的密切合作下,写了一系列批判文章,后来集印成书,这就是著名的《反杜林论》。恩格斯在这本书中第一次系统地论述了马克思主义的三个组成部分,即哲学、政治经济学和科学社会主义。他用马克思主义的伟大真理和无可辩驳的科学材料,把杜林的反动思想驳得体无完肤。通过这场论战,提高了工人阶级的觉悟,提高了党的理论水平,捍卫了马克思主义的党性原则。

批判《哥达纲领》和反杜林的斗争表明,马克思、恩格斯同机会主义的斗争从来都是不可调和的,同时它也给各国无产阶级政党树立了坚持原则、坚决斗争的光辉榜样。

马克思和恩格斯对其他国家的工人政党也很关心。例如,法国工人党的党纲就是在马克思的指导下制定的,马克思还亲自起草了党纲的总纲部分。

在马克思和恩格斯的指导下,各国工人政党的建党工作得到迅速开展。这就为建立一个新的国际无产阶级革命组织创造了良好的条件。但不幸的是,伟大的无产阶级革命导师马克思在1883年3月14日逝世了,国际工人运动遭到巨大的损失。从此领导国际共产主义运动的重任就落在恩格斯的肩上。

马克思逝世后,恩格斯仍然把各国工人政党的建设和巩固工作放在第一位。但是当时形势起了变化,各种机会主义派别争夺国际工人运动领导权的活动加紧了。英国工联主义①、法国可能派②和无政府主义利用各国工人要求加强国际团结的愿望,召集了一系列国际工人代表会议,企图篡夺国际共产主义运动的领导权。1888年,工联主义分子在伦敦集会,决定委托可能派于第二年7月在巴黎组织国际工人代表会议,准备成立受他们控制的国际工人组织。在这种形势下,恩格斯为了粉碎可能派妄图篡夺国际工人运动领导权的阴谋,毫不迟疑地放下其他工作,"像一个少年人一样投入战斗"③。他要求各国工人运动领袖联合起来,建立自己的国际组织。1889年1月恩格斯向德国社会民主党的领导人发出警告:"可能派已经卖身投靠政府了。"④1889年的2月,各国工人党根据恩格斯的指示在荷兰的海牙举行了会议,决定当年7月在巴黎召开国际社会主义者代表大会。

在大会召开以前,恩格斯给李卜克内西、倍倍尔⑤、拉法格⑥做了大量的说服教育工作,劝说他们一定要把大会开好,教导他们不要放弃原则和可能派联合,并亲自对要去参加可能派大会的代表做说服工作。恩格斯认为,为建立第二国际而开展的这场斗争,是第一国际内部斗争的继续。他在给左尔格⑦的信中写道:"这里的敌人还是那些敌人,不同之

---

① 工联主义是19世纪50年代英国工人运动中出现的机会主义派别。它代表工人贵族的利益,主张阶级调和;只注重眼前的经济利益,提出"做一天公平的工作,得一天公平的工资"的改良主义口号;从根本上反对革命斗争,反对推翻资本主义制度。

② 可能派是19世纪80年代法国工人运动中的机会主义派别。它反对无产阶级革命和无产阶级专政,主张只提出一些在当时条件下可能达到的要求,所以叫作可能派。

③《列宁全集》第12卷,人民出版社,1959年,第352页。

④《马克思恩格斯全集》第37卷,人民出版社,1971年,第128页。

⑤ 奥古斯特·倍倍尔(1840—1913),德国和国际工人运动著名的活动家,1869年和李卜克内西一起创立了德国社会民主党,第二国际的主要领导人。

⑥ 保罗·拉法格(1842—1911),法国卓越的社会主义者,国际工人运动的积极活动家,马克思的女婿。

⑦ 弗里德里希·阿道夫·左尔格(1828—1906),国际和美国工人运动卓越的活动家,马克思主义的宣传家,他是马克思和恩格斯的朋友和战友。

处只是用可能派的旗帜代替了无政府主义者的旗帜:这里同样是为了获得细小的让步,主要是为了领袖们能取得一些肥缺……而向资产阶级出卖自己的原则。甚至策略都是一模一样的。"①恩格斯反对机会主义者的斗争是保证巴黎代表大会获得成功的不可缺少的前提。

1889年7月14日,国际社会主义者代表大会在巴黎开幕了。来自欧美二十二个国家的工人代表参加了大会,大会开得很热烈。恩格斯因为忙着整理《资本论》第三卷,没有出席。大会由德国工运领导人威廉·李卜克内西、奥古斯特·倍倍尔、法国工运领导人爱·伐扬、保罗·拉法格等人主持。就在这个大会上宣布了第二国际的成立。

大会讨论了无产阶级的政治斗争和经济斗争等问题,并通过了各项决议,明确规定了当时国际工人运动面临的战斗任务。大会还通过了具有重大历史意义的决议,把1886年5月1日美国芝加哥工人为争取八小时工作制而进行英勇斗争的日子,作为国际工人阶级举行国际示威游行,争取八小时工作制和实现大会各项决议的日子。从此,5月1日这一天就成了全世界无产阶级和劳动人民团结战斗的节日。

以法国可能派为代表的一小撮机会主义分子这时也在巴黎召开会议。不过,这个会议完全被第二国际成立大会的声势所压倒。机会主义分子企图篡夺国际工人运动领导权的阴谋遭到失败。

但是,第二国际的成分是复杂的。大会代表中有无政府主义者和各种改良主义分子。因此,第二国际一成立,就在对待机会主义的态度问题上展开了原则性的争论。不少代表借口加强国际工人运动的团结,要求大会不惜任何代价和同时在巴黎召开的可能派的会议合并。只有少数代表激烈反对这种要求。他们指出,合并就是迁就那些长期认敌为友的人。双方相持不下,最后大会通过了李卜克内西的提案。提案反对不惜任何代价的合并,规定必须坚持承认马克思主义在国际工人运动中的领导权的原则,并由下一次代表大会提出全体代表都能接受的合并条

<hr />

① 《马克思恩格斯给美国人的信》,人民出版社,1958年,第257—258页。

件。后面这句话是含混不清的,充满调和的色彩。但是,可能派拒绝接受这个建议,并且非常无理地要求取得审查大会代表资格的权利。第二国际的领导人拒绝了这个无理要求,机会主义者的可耻目的没有达到。

恩格斯虽然没有参加大会,但是非常关心这场争论的发展。恩格斯在7月17日给弗·阿·左尔格的信里写道:"在合理的条件下,联合是很好的,可是我们有些人主张无论如何都要联合,就是欺骗行为了。"①在恩格斯知道大会和可能派决裂以后,高兴地指出:"我们那些感情丰富的调和主义者得到了应有的报酬,他们极力主张友爱和睦,但是结果他们的屁股上挨了一脚。"②

大会在反对无政府主义方面取得了胜利,批判了反对日常的经济斗争和政治斗争的无政府主义观点,但却片面夸大了议会斗争的作用,使机会主义有机可乘。这次大会表明,第二国际从创立时期起,左派和机会主义的斗争就非常激烈,而左派在斗争中表现了动摇,这就给以后的工人运动带来了严重的影响。

---

① 《马克思恩格斯给美国人的信》,人民出版社,1958年,第260页。

② 《列宁全集》第12卷,人民出版社,1959年,第353页。

二、第二国际初期反对无政府主义的斗争和右倾情绪的滋长

　　毛泽东指出："一个时期有一种主要倾向,但它又掩盖着另一种倾向。在反对右倾时候,就可能出'左';在反对'左'倾时候,就可能出右。"①这是一条颠扑不破的真理,违背了这一真理,革命就会受到损失。第二国际的历史在这方面提供了深刻的、沉痛的教训。

　　第二国际从成立到伦敦代表大会(1896)的主要活动,是开展反对无政府主义的斗争,中间经过在比利时布鲁塞尔、瑞士苏黎世召开的两次代表大会(1891、1893)。

　　无政府主义是19世纪中期形成的机会主义派别。马克思和恩格斯在第一国际时期就曾对它进行过坚决的斗争。以分裂主义者米哈伊尔·巴枯宁(1814—1876)为首的无政府主义被批判倒了,而且被清除出第一国际。但是,在巴黎公社失败后,世界资本主义出现了一个向帝国主义过渡的阶段。在资本的倾轧下,大批小资产阶级破产,不断地补充到工人队伍中去。这批人的非无产阶级思想助长了工人运动中无政府主义思潮的滋长。因此,反对无政府主义的斗争是第二国际初期最重要的任务。这时无政府主义的代表有法国的工团主义,德国的"青年派"和荷兰的纽文胡斯分子等。

　　无政府主义者追求所谓个人的绝对自由和绝对平等。他们反对无产阶级专政,否定组织无产阶级政党的必要性,主张不顾客观条件随时采用暴力手段来实现革命。他们反对深入细致的群众工作,反对一切合

---

　　①《人民日报》,1969年6月9日。

326

法斗争。无政府主义的这些主张,对当时的革命运动是很不利的。因为这时革命时机还没有成熟,各国工人阶级在巴黎公社失败后受到的损失也没有完全恢复,正需要在工人群众中进行大量的宣传和组织工作。在武装起义还不成熟时,无产阶级政党应该利用合法条件进行工作,如果放弃合法斗争就会失去联系群众的一条纽带。为了引导工人运动走上正确的斗争道路,第二国际的领袖们在1889年成立大会上,就围绕这个问题和无政府主义者展开了激烈的争论。

倍倍尔在大会上提出了一个关于国际劳工法的决议草案。草案指出无产阶级革命的目的是夺取政权,剥夺资产者的生产资料,建立社会主义制度。但是在当前应该进行争取改善工人生活状况的斗争,如实行八小时工作制和加强劳动保护等。无政府主义者立即起来反对这个草案,要求大会宣布放弃日常的经济斗争和政治斗争。大会拒绝了无政府主义者的要求,通过了倍倍尔的决议。但是,倍倍尔在决议案中没有说明革命高涨时期无产阶级应该采取什么样的革命手段,这就给右倾机会主义者留下一个可钻的空子。当时就有人利用这点站在机会主义的立场上赞成决议案。如英国代表凯尔·哈第公开说,争取八小时工作制比一切革命更有价值。奥地利代表阿德勒宣扬"资本主义自动崩溃论",让无产阶级放弃革命斗争。大会满足于他们能够赞成决议案,对他们的机会主义言论根本不去驳斥。这说明第二国际的一些领袖们一开始就没有和右倾机会主义划清界限。

无政府主义者还在大会上否定政治斗争,反对工人参加选举和议会斗争,不加分析地指出参加议会斗争就是叛卖革命。大会对这个观点也加以驳斥,并且通过决议,指出工人阶级只靠经济斗争不能获得解放,应该组成社会主义政党,参加争取普选权斗争和议会斗争。把议会斗争作为一种揭露资产阶级政府的斗争形式是可以的。但是,决议不恰当地夸大了议会斗争的作用,犯了右倾机会主义的错误。

无政府主义者对在成立大会上的失败并不甘心,在1891年8月的布鲁塞尔代表大会上,他们利用资产阶级政府血腥镇压罢工工人和机会主义在各国党内开始滋长的事实为借口又提出自己的主张,要求第二国际号召各国工人阶级采取统一行动,反对国际资产阶级的镇压。大会不同意这种主张。大会采纳了倍倍尔的意见,指出国际工人运动还没有发展到这个地步,当前的策略是把推翻资本主义的最终目的同争取民主权利和满足工人群众的经济要求的斗争结合起来,利用一切可能,深入宣传马克思主义,这样才能动员更多的工人群众参加政治斗争。

大会虽然又一次击退了无政府主义者的进攻,但是同时表露了第二国际的一些人对议会斗争的崇拜和对罢工的恐惧。有不少英、法代表竟认为:罢工是一种"两面有刃的武器",它能伤害敌人,也会伤害自己;在工人阶级面子上过得去的时候,"宁可去进行调解,而不要宣布罢工"。这种论调充分反映了他们害怕群众运动,随时准备向资产阶级投降的心情。

1893年8月苏黎世代表大会继续批判无政府主义,并且在筹备会议上通过了不允许无政府主义者参加大会的决定。

第二国际领袖们反对无政府主义的斗争到1896年伦敦代表大会告一段落。这次大会最后用决议的形式肯定了以前各次代表大会反对无政府主义斗争的成果,无政府主义者终于被驱逐出去。

第二国际初期反对无政府主义的斗争推动了国际工人运动的发展,使马克思主义得到了广泛的传播。但是,第二国际的一些领袖在反对无政府主义的时候,却对右倾机会主义丧失了警惕,他们本身的右倾情绪也不断滋长。例如大会接受了法国机会主义者米勒兰(1859—1943)等"独立社会主义者"参加第二国际,就是对右倾机会主义的让步。在伦敦代表大会上很少有反对右倾机会主义的发言。大会的决议只谈和平道路和利用议会的问题,根本不提武装斗争。大会的主持人之一倍倍尔曾经说:"要尽量多举行选举,越多越好!"这种做法完全符合右倾机会主义者的口味,如果继续发展下去,无产阶级的革命事业就会遭到更大的损失。马克思主义者认为暴力革命是无产阶级革命的普遍规律,没有暴力革命就不能对资产阶级的制度进行根本改造，"枪杆子里面出政权"①，这是唯一正确的结论，而第二国际的一些领袖却反其道而行之。他们的错误倾向是十分严重的。

---

① 《毛泽东选集》第二卷，人民出版社，1964年，第512页。

三、恩格斯反对左、右倾机会主义的斗争

恩格斯在第二国际成立时已经六十九岁了,但是他仍然以旺盛的精力为贯彻马克思主义路线而斗争。只有他,既反对无政府主义,又反对右倾机会主义。

恩格斯一贯支持1891年布鲁塞尔大会和1893年苏黎世大会反对无政府主义的斗争。他还对德国的左倾机会主义代表"青年派"进行了批判。"青年派"的成员是德国党内一批以理论家和以领袖自称的年轻文学家和大学生。他们不懂得利用合法条件的必要性,要求党放弃一切可以利用合法斗争的机会。"青年派"的机关报《萨克森工人报》曾经硬说恩格斯和他们是一致的。1890年9月7日恩格斯写信给《萨克森工人报》编辑部,批评他们这种极端无耻的行为,指出他们实际上把马克思主义歪曲得不成样子,并指出他们的脱离实际的冒险主义策略的严重危害性:"如果把这种幻想搬到现实中去,则可能把一个甚至最强大的、拥有数百万成员的党,在所有敌视它的人们完全合情合理地哈哈大笑中毁灭掉。"[1]恩格斯还一针见血地指出:"他们这些受过'学院式教育'的人,总的说来,应该向工人学习的地方,比工人应该向他们学习的地方要多得多。"[2]"青年派"很快被批驳倒了,并被清理出党的队伍。

恩格斯把主要精力集中在反对右倾机会主义上面,因为右倾机会主义已经成为19世纪90年代国际共产主义运动的主要危险。德国党内出

---

[1]《马克思恩格斯选集》第四卷,人民出版社,1972年,第269页。

[2]《马克思恩格斯选集》第四卷,人民出版社,1972年,第270页。

现了以福尔马尔①,格里林伯格尔②为代表的右倾机会主义。他们认为德国政府废除"非常法"③是"对工人真正友好"的"新方针",还认为统治阶级政府能够"按照全体人民的利益办事"。他们从这里找出理由,企图说明通过议会可以达到一切,而暴力斗争是不需要的。福尔马尔在德国国会第八届立法会议上说:"我以全部精力……毫不含糊地反对暴力的革命。"不少德国社会民主党的领袖也有这种机会主义观点。如威廉·李卜克内西就经常大谈和平过渡到社会主义的可能性,把一切主张武装革命的人都当作"无政府主义者"。恩格斯曾经在1890年3月9日写信给李卜克内西,批评他的错误言论,指出他反对以任何形式、在任何情况下使用武力,是不能容忍的。因为,随便哪个敌人都不会相信你这种说法,而我们自己更不能甘心处于挨打的地位。李卜克内西实际上把马克思主义者也看成无政府主义者了。倍倍尔对待福尔马尔等人的态度也是错误的,他不承认福尔马尔是工人阶级的叛徒,而且在布鲁塞尔大会上保证德国党内不会有机会主义。倍倍尔简直成了福尔马尔等人的保护人了。

针对这种情况,恩格斯冲破了第二国际领袖们的阻拦,坚持在1891年初公开发表了马克思的《哥达纲领批判》,接着又在3月18日再版了《法兰西内战》,并为这本书写了导言,同年6月完成了《1891年社会民主党纲领草案批判》。这三本著作集中阐发了暴力革命和打碎资产阶级国家机器、建立无产阶级专政的原理,是反对右倾机会主义的锐利武器。此外,恩格斯还多次提醒德国社会民主党的领导人注意机会主义分子的活动,赶快和他们决裂。1892年恩格斯在给倍倍尔所写的一封信中指出,从福尔马尔的言行可以看出他已经不配做一个党员了,今年不开除,

---

① 福尔马尔(1850—1922),德国社会民主党活动家,从19世纪90年代中期起成为德国社会民主党内右倾机会主义派的首领之一。

② 格里林伯格尔(1848—1897),德国社会民主党内右倾机会主义派的首领之一。

③ 1878年10月,德国首相俾斯麦利用议会通过了"镇压社会民主党企图危害治安的法令",即"非常法"。在法令实行时期,有三百三十个工人组织被解散,九百多人被放逐……由于社会民主党和工人阶级的坚决斗争,德国统治者不得不在1896年废除了"非常法"。

以后也必须开除他。

恩格斯对德国社会民主党和法国工人党在农民问题上的右倾机会主义路线也进行了坚决的斗争,1894年脱稿的《法德农民问题》就是专门为此而写的。

1895年3月,恩格斯发表了最后一篇文章《〈1848年至1850年法兰西阶级斗争〉导言》,回顾和总结了五十年来工人阶级的斗争历史,并在这个基础上指出,随着条件的变化,无产阶级应该比一八四八年革命更充分地做好武装起义准备,同时也不放弃合法斗争,以便争取群众,聚集力量,迎接革命的决战。但是,这篇文章被德国社会民主党的领袖们篡改了,凡是谈到武装斗争的地方都被删掉。这样一来,一篇战斗性很强的文章就变成了适合右倾机会主义口味的东西,把恩格斯的原意歪曲为似乎武装起义已经过时,只能通过和平途径夺取政权。恩格斯对这种卑鄙手法非常愤怒,曾经对社会民主党领导人提出强烈的抗议和谴责:“这样一删节竟把我弄得无论如何都是站在温和的合法性崇拜者的地位。我特别希望全文现在能在《新时代》上发表,以便消除这个可耻的印象。”[1]

1895年8月5日,伟大的无产阶级导师恩格斯在英国伦敦逝世。恩格斯和马克思一样把毕生精力贡献给无产阶级的革命事业。他的逝世是国际工人运动又一个重大损失。

恩格斯晚年反对德国党内右倾机会主义的斗争具有重大的国际意义,因为在法国、英国和其他国家的党内右倾机会主义的活动越来越猖狂。例如,法国工人党的领袖们在19世纪90年代初由于在议会选举中取得了胜利,就把党的工作重心放在争取选票上。为了达到这个目的,他们还和以米勒兰、饶勒斯[2]为首的冒牌社会主义者联合起来,在议会里结成一个集团,在这个集团里米勒兰派占多数。法国工人党受到这些

---

[1]《马克思恩格斯书信选集》,人民出版社,1962年,第536页。

[2] 饶勒斯(1859—1914),法国工人党内改良主义派的领袖,他支持米勒兰参加资产阶级反动政府。

人的控制,法国工人党的领袖也走上了十分危险的道路。

但是,第二国际各国党的领袖们对恩格斯的警告并未注意,仍然对右倾机会主义采取纵容的态度。在恩格斯逝世后不久,机会主义分子就对马克思主义发动了全面猖狂的进攻。为了捍卫马克思主义的基本原则,保证国际共产主义运动沿着正确的轨道发展,就必须对机会主义者给予坚决回击。

四、第二国际左派反对修正主义的活动

19世纪90年代后半期,修正主义在各国党内普遍滋长起来,形成国际共产主义运动中的一股逆流。德国有伯恩施坦修正主义,法国有入阁派①,英国有费边主义②,俄国有"合法马克思主义者"、经济派③和后来的孟什维克④。修正主义的迅速滋长不是偶然的,它是资本主义制度和资产阶级政策的产物。

19世纪末20世纪初,西欧和北美的一些资本主义国家正在向帝国主义阶段过渡,垄断资本逐渐形成。这些国家的资产阶级从国内外人民身上榨取大量超额利润。他们为了破坏工人运动,巩固自己的统治,就用他们从劳动人民身上剥削得来的利润收买工人队伍中的一部分不坚定分子和机会主义领袖。这些人形成了一个特殊的"工人贵族"阶层。他们为了领取资产阶级的施舍,充当了资产阶级的代理人,在工人队伍内部进行破坏活动,这是产生修正主义的主要社会根源。工人贵族就是

---

① 法国社会党修正主义头子米勒兰,在1899年当了法国资产阶级反动政府的工商部部长,法国党内一批拥护他这种叛变行为的修正主义分子被称为"入阁派"。

② 费边主义是英国工人运动中机会主义集团费边社提出的一套观点。费边社是在1884年组织起来的,它要求工人阶级只争取缓慢的改良,放弃革命斗争。

③ "合法马克思主义者"和"经济派"都是19世纪90年代在俄国出现的机会主义派别。"合法马克思主义者"是把马克思主义篡改为资产阶级改良主义,他们抹杀阶级矛盾,反对无产阶级革命和无产阶级专政的学说。"经济派"只主张工人阶级进行经济斗争,崇拜工人运动的自发性,反对建立无产阶级的政党。

④ 俄国社会民主工党在1903年第二次党代表大会上分成以列宁为首的革命的布尔什维克(俄文多数派的意思)和机会主义的孟什维克(少数派)。

修正主义的阶级基础。

同时,在资本主义向帝国主义过渡阶段,大批的小生产者纷纷破产,不断地流入无产阶级的队伍中来。小生产者从它的阶级地位出发,不要求彻底革命,不主张推翻资本主义制度,而只要求某些对自己有利的社会改良。这种小资产阶级的世界观被带到工人队伍中,并广泛传播,引起了无产阶级队伍中的思想混乱,给修正主义的蔓延造成可乘之机。

当时的和平环境也有利于修正主义的滋长。从巴黎公社(1871)失败到1905年俄国革命爆发的几十年是资本主义"和平"发展时期。一批第二国际领袖们在和平环境里把马克思主义关于武装斗争、暴力革命的基本原理丢得一干二净,片面夸大议会斗争的作用,成了"议会迷"。此外,资产阶级在对工人运动采取镇压手段的同时,也采取欺骗手段,施行一些微小的社会改良来麻痹无产阶级的革命意志,这就使一些人对资产阶级政府产生幻想,容易接受修正主义的改良道路。

由于以上种种原因,在第二国际内部,一股修正主义逆流泛滥起来。它成了一种国际现象,在许多国家的党里滋长、蔓延,并逐渐占据了支配地位。这股逆流的代表就是臭名昭著的修正主义的鼻祖伯恩施坦。

爱德华·伯恩施坦是德国修正主义的头目,1872年混进了德国社会民主党,从1881年到1890年担任《社会民主党人》杂志的编辑。伯恩施坦很早就在党内搞破坏活动。入党后不久,他就和杜林勾结起来向党进攻,以后又组织苏黎世三人团①,宣扬修正主义,妄图瓦解党。伯恩施坦的背叛活动遭到马克思和恩格斯的严厉批判。伯恩施坦看见形势不妙,就暂时退却,伪装悔过。恩格斯逝世后不久,伯恩施坦又明目张胆地活动起来了。1899年伯恩施坦出版了《社会主义前提和社会民主党人的任务》一书,打着马克思主义旗号,对马克思主义的哲学、政治经济学、阶

---

① 苏黎世三人团是在德国反动政府颁布"非常法"镇压工人运动时期形成的右倾机会主义集团。这个集团的成员有伯恩施坦、霍希伯格、施拉姆三个极端的机会主义者。他们提出取消阶级斗争,反对暴力革命,主张走和平的道路实现社会主义,并且要求党无条件地服从"非常法"。

级斗争学说进行了全面的"修正"。他企图用改良主义来代替科学的革命理论。"修正主义"这个名词就是从这里来的。

马克思主义的哲学是辩证唯物主义和历史唯物主义。辩证唯物主义是无产阶级认识世界和改造世界的思想武器。它的核心是对立统一规律,即任何事物的发展都是由事物本身两个对立面的斗争所决定的,斗争的结果必然引起质变,由一种事物变为另外一种新事物,哲学上把这种现象叫作飞跃。无产阶级政党用这个理论指导革命斗争,制定出正确的革命战略和策略。伯恩施坦妄图用资产阶级唯心主义——新康德主义①来代替革命的辩证唯物主义,宣扬"进化论"。他认为事物的变革都是慢慢完成的,没有突变,并用这种理论证明改良主义道路是"正确的"。伯恩施坦这些谬论的实质就是篡改马克思主义的理论,妄图以争取改良来代替无产阶级革命,把革命的无产阶级政党改变成改良的机会主义党。

马克思主义政治经济学的强大战斗力,就在于它创造了剩余价值学说,揭露了资产阶级的剥削实质、资本主义制度的根本矛盾和它必然灭亡的历史命运。伯恩施坦却拼命美化资本主义制度。他荒谬地提出,在资本主义制度下无产阶级和资产阶级的矛盾是可以调和的,由于垄断组织的出现会减少竞争,资本主义社会的经济危机是可以避免的。列宁尖锐地指出,伯恩施坦这些反动的谬论"否认有可能科学地论证社会主义和根据唯物史观证明社会主义的必要性和必然性;他否认大众日益贫困、日益无产阶级化,以及资本主义矛盾日益尖锐的事实;他……坚决否定无产阶级专政的思想"②。伯恩施坦反对马克思主义的剩余价值学说和经济危机的理论,反对资本主义必然灭亡这一科学论断,目的就是为了推行他那一套迎合资产阶级的投降主义路线。

---

① 新康德主义是19世纪后半期的资产阶级唯心主义派别。康德(1724—1804)是德国哲学家,他的唯心主义体系中有一点唯物主义的因素,即是承认物质是客观存在的,但不承认客观世界是可以认识的。新康德主义提出"回到康德去"的口号,而根本不承认自然和社会中存在客观规律性,比康德还落后。

②《列宁全集》第5卷,人民出版社,1959年,第319页。

马克思主义的阶级斗争学说科学地论证了阶级斗争是阶级社会发展的动力,它使人类社会从奴隶社会进入到封建社会,从封建社会进入到资本主义社会;还科学地论证了资本主义社会的阶级斗争必然导致无产阶级专政,而且这个政权在从资本主义到共产主义的整个过渡时期一直存在。这个科学的论断直接击中了资产阶级的要害,所以一切机会主义者、修正主义者对它怕得要死,总是千方百计加以歪曲和篡改。伯恩施坦也费尽心机编造一套谎话,说什么实行普选权就可以使阶级斗争的基础消失,无产阶级可以通过和资产阶级的"民主国家"合作的办法建成社会主义。他的卑鄙目的就在于迎合资产阶级的需要,把工人运动引到追求点滴改良、放弃革命目标、放弃暴力手段的错误道路上去。伯恩施坦有一句臭名昭彰的话:"最终目的是微不足道的,运动就是一切。"列宁尖锐地指出:"伯恩施坦的这句风行一时的话,要比许多长篇大论更能表明修正主义的实质。临时应付,迁就眼前的事变,迁就微小的政治变动,忘记无产阶级的根本利益,忘记整个资本主义制度、整个资本主义演变的基本特点,为谋取实际的或可以设想的一时的利益而牺牲无产阶级的根本利益——这就是修正主义的政策。"[1]

德国党内的左派对伯恩施坦的猖狂进攻进行了回击。罗莎·卢森堡[2]、卡尔·李卜克内西[3]、克拉拉·蔡特金[4]等人都起来批判伯恩施坦。但是,当时暗藏的修正主义分子卡尔·考茨基[5]把持了党的领导权。他

---

[1]《列宁全集》第15卷,人民出版社,1959年,第19页。

[2] 罗莎·卢森堡(1871—1919),德国社会民主党和第二国际的左派领袖,德国共产党创始人之一,并参加创立波兰社会民主党。

[3] 卡尔·李卜克内西(1871—1919),德国社会民主党和第二国际的左派领袖,德国共产党创始人之一,威廉·李卜克内西的儿子。

[4] 克拉拉·蔡特金(1857—1933),德国社会民主党和第二国际的左派领袖,国际社会主义妇女运动的领袖,德国共产党的创始人之一。

[5] 卡尔·考茨基(1854—1938),德国社会民主党和第二国际的机会主义首领之一,马克思主义的叛徒。

竭力包庇伯恩施坦,设法拖延对伯恩施坦的批判,有意掩盖这场争论的实质,说什么德国党应该感谢伯恩施坦挑起的"理论争论"。德国党的领导人倍倍尔对伯恩施坦的真面目也认识不清,没有积极支持左派,这样就增加了左派进行反修斗争的困难。

在左派的坚持下,1898年9月德国社会民主党召开了斯图加特代表大会。大会初步批判了伯恩施坦的修正主义观点。1899年9月,党的汉诺威(德国北部大城市)代表大会又通过一项决议,专门批判伯恩施坦攻击党的言论。同年,卢森堡发表了《社会改良还是社会革命?》一书。她在这本书里第一次明确指出和伯恩施坦的斗争是两种世界观和两个阶级的斗争。

但是,德国社会民主党左派始终把反修斗争只看作政治思想上的斗争,没有在组织上和修正主义彻底划清界限。另外,他们本身对无产阶级革命、无产阶级专政这个马克思主义的根本原理也是认识不足的,所以在反修斗争中显得软弱无力。

左派和修正主义的斗争逐步扩大到国际舞台上。1900年,第二国际在巴黎召开代表大会。这次大会讨论的中心问题是米勒兰事件。这个事件不仅是米勒兰个人的问题,它涉及无产阶级夺取国家政权的道路和对待资产阶级政党的态度。伯恩施坦和其他修正主义分子认为,社会主义者和资产阶级在一个政府内合作是完全可以的,并且希望自己的党不久以后也能派代表参加资产阶级政府。他们还胡说什么这是无产阶级夺取政权的第一步。列宁深刻揭露了他们狼狈为奸的实质:"米勒兰做出了实行这种实践的伯恩施坦主义的绝好的榜样,难怪伯恩施坦和福尔马尔都来极力为米勒兰辩护并且对他大加赞赏了!"[1]

以卢森堡等人为代表的左派对米勒兰的叛变行为进行了严厉的指责。他们指出,社会主义者不能参加资产阶级政府,因为这样他就会成为资产阶级利益的代表,结果只能使党的队伍腐化和混乱。并指出,无

---

[1]《列宁全集》第5卷,人民出版社,1959年,第320页。

产阶级要获得解放,必须用暴力夺取政权,实行无产阶级专政。

会上,第二国际领导人之一考茨基提出了一个决议案。这个决议案把社会民主党人参加资产阶级政府这样一个原则问题,说成是"非原则性的策略问题",要大会不对这个问题做出决定,由各国社会民主党根据具体情况处理,实际上是为修正主义的背叛行为打掩护。由于这个决议案随便怎样解释都可以,对修正主义者没有丝毫约束,所以人们讽刺它是"橡皮决议"。但是,左派没有认清"橡皮决议"的实质,只对它做了一些不重要的修改就在大会上通过了。考茨基的调和主义实际上是隐蔽的修正主义,而且它更容易迷惑人,比公开的修正主义还要危险。列宁曾无情地揭露了他的叛徒嘴脸:"对无产阶级的思想独立来说,目前世界上没有什么东西能比考茨基的这种丑恶的自鸣得意和卑劣的伪善态度更有害和更危险的了,他想蒙蔽一切和掩盖一切,想用诡辩和似乎是博学的废话来平息工人的已经觉醒了的心。"①

在这次大会上,由各社会党的代表组成一个第二国际的常设执行机构国际社会党执行局。执行局设在比利时的首都布鲁塞尔,由每个国家代表团各推选两人组成。比利时社会党领袖艾米尔·王德威尔得②担任主席。国际社会党执行局从成立那天起,就是修正主义者在国际工人运动中推行自己路线的工具。

巴黎代表大会表明,修正主义已经猖獗起来了,第二国际左派抵挡不住这股逆流。反对修正主义斗争的重担落到了列宁和他领导的布尔什维克党身上。

---

① 《列宁全集》第35卷,人民出版社,1959年,第152页。
② 王德威尔得(1866—1938),修正主义者,比利时社会党的领导者,第二国际的右翼首领之一,1900年起担任第二国际社会党执行局主席。

五、列宁高举反对修正主义的旗帜

在第二国际中起领导作用的德国社会民主党,在巴黎公社失败后曾经是革命的先锋。但是,由于修正主义的腐蚀,到19世纪末,它已经蜕化变质,完全丧失了国际工人运动中心的地位。这时,革命的中心已从德国转移到俄国。

俄国是当时帝国主义一切矛盾的集合点。俄国出现了西欧发达的资本主义国家所没有的革命形势,处于无产阶级大革命的前夜;俄国的无产阶级建立了革命的马克思主义政党,在政治上比其他国家的工人阶级都成熟;在俄国诞生了伟大的革命导师列宁,他把马克思主义发展到列宁主义的阶段。因此,捍卫马克思主义原则,反击第二国际修正主义猖狂进攻的重任就落在列宁和布尔什维克党的肩上。

弗拉基米尔·伊里奇·列宁1870年4月22日诞生于伏尔加河畔的西姆比尔斯克城。列宁的革命活动是在19世纪80年代末开始的。19世纪末,当俄国出现了修正主义派别的时候,列宁就开始了反对修正主义的斗争。列宁最先反对"合法马克思主义者"。因为这些人给资本主义涂脂抹粉,说什么要"承认我们不文明,去向资本主义领教"。列宁揭露了"合法马克思主义者"的资产阶级实质,和他们企图把马克思主义篡改为改良主义的阴谋。在列宁的无情揭露和严厉批判下,他们很快就遭到彻底破产。但是,另外一个修正主义派别——经济派接着出现了,它是伯恩施坦主义在俄国的变种。他们趁列宁被捕和流放在西伯利亚的机会,大肆宣传自己的观点。这些人硬说,政治斗争是资产阶级自由派的事,工人阶级只需要进行经济斗争,并且公开反对建立无产阶级政党。1899年,列宁召集了流放在附近地区的十七位马克思主义者开会,并起草《俄国社会民主党人抗议书》,随后又发表了一系列文章。列宁在这些著作中严厉地谴责了经济派的背叛行为,指出他们不是在宣传革命理论,而是在那里宣传对反动政府和资产阶级政党让步的理论。[①]

1902年,列宁写了《做什么?》一书,彻底批评了经济主义。列宁指出,把工人运动的斗争任务只局限在经济斗争方面,就会使工人永远处于做奴隶的地位。因为经济斗争只能争取到一点暂时的利益,只有无产阶级革命和无产阶级专政才能使工人得到彻底的解放。列宁在这本书中还揭露了机会主义的思想根源——崇拜工人运动的自发性和轻视马克思主义在工人运动中的指导作用。

列宁在谴责经济派的时候,对国际上的修正主义也进行了批评,他指出:"臭名远扬的伯恩施坦主义……就是企图缩小马克思主义的理论,把革命的工人党变为改良党。"[②]

列宁在开始和俄国修正主义做斗争的时候,就坚决主张和它彻底决裂。为了达到这个目的,列宁在流放期间,周密地考虑并拟定了建立新型的革命政党的计划。列宁认为要建立一个马克思主义的党,必须首先从思想建设开始,从思想上同修正主义划清界限。因此,建党工作需要创办一份宣传马克思主义的报纸。流放期满以后,列宁立刻到国外筹办《火星报》。列宁克服了很多困难,在俄国工人的大力支持下,在1900年12月完成了《火星报》的创办工作。这份报纸立即成了当时反对修正主义斗争的重要阵地。《火星报》把零散的马克思主义小组连成一片,团结了国内的马克思主义力量,为建立新的无产阶级政党奠定了思想、组织基础。

1903年,俄国布尔什维克党诞生了。这是列宁亲手缔造的无产阶级政党。当时只有这个党以马克思列宁主义为自己的指导思想,把进行无产阶级革命、建立无产阶级专政作为自己的行动纲领。只有这个党具

---

① 参见《列宁全集》第4卷,人民出版社,1958年,第187页。

②《列宁全集》第4卷,人民出版社,1958年,第152—153页。

备了严密的纪律和高度的战斗力。布尔什维克党的建立具有极其重大的意义,它在列宁的英明领导下,很快成长起来,成为反对第二国际修正主义、捍卫马克思列宁主义、领导无产阶级革命走向胜利的战斗堡垒。

为了彻底批判孟什维克和第二国际的机会主义路线,列宁在1904年2月到5月写了《进一步,退两步》,全面阐述了新型无产阶级政党的组织原则,捍卫和发展了马克思主义的建党学说。

在反修斗争初期,布尔什维克党是少数。它和俄国社会民主工党内部的修正主义——孟什维克展开激烈斗争时,国际修正主义者都出来替孟什维克帮腔。他们纷纷在德国社会民主党的杂志《社会主义月刊》和俄国孟什维克的刊物上发表文章支持孟什维克,反对列宁和布尔什维克,并且故意歪曲这场斗争的性质。考茨基硬说分歧不大,列宁不应该把孟什维克开除出《火星报》编辑部(实际是没有选上)。由于修正主义分子把持着许多报刊,各国工人无法了解事实真相,因此非常需要向工人群众说明布尔什维克的立场和这场斗争的性质,以便揭穿修正主义者的谎言,最大程度地孤立他们。

1904年8月,第二国际在荷兰阿姆斯特丹举行代表大会。布尔什维克在同孟什维克激烈斗争之后派遣自己的代表参加了这次会议。虽然列宁没有出席大会,但他积极领导了布尔什维克代表的活动。他为布尔什维克党向大会提出的报告《俄国社会民主工党党内危机的说明材料》拟定大纲,并写了其中一部分。这份报告深刻地说明了俄国社会民主工党党内斗争的性质,揭露了孟什维克的修正主义面目。这份报告指出,布尔什维克和孟什维克的争论是关系到建立革命的政党或者机会主义政党的根本原则问题。布尔什维克要求党员必须参加党的一个组织,这是建立组织严密的无产阶级革命政党的根本保证,而孟什维克却主张党员可以不参加党的一个组织,他们想建立一个没有定形、成分复杂、组织涣散的党。

阿姆斯特丹大会在德国社会民主党的操纵下通过了要求各国建立统一的社会民主党的错误决议。为了贯彻这项决议,1905年2月和6

月,国际社会党执行局成立了"仲裁委员会",两次出面"调解"俄国党内的斗争。列宁严正地拒绝了执行局的粗暴干涉,坚持把反修斗争进行到底。

1905年,俄国资产阶级民主革命爆发了。革命就像试金石一样把真假马克思主义者分辨得清清楚楚。第二国际修正主义分子和孟什维克害怕革命,主张资产阶级革命只能由资产阶级领导,叫嚷要无产阶级跟着资产阶级走,让资产阶级坐天下。列宁和布尔什维克彻底揭露了孟什维克的机会主义策略,并且在《社会民主党在民主革命中的两种策略》中提出了完整的革命策略路线,基本内容是:无产阶级应该夺取资产阶级民主革命的领导权,并在这次革命中把农民作为可靠的同盟军团结起来,这样就可以把资产阶级民主革命转变为社会主义革命。列宁在《社会民主党对农民运动的态度》一文中明确提出:"我们将立刻由民主革命开始向社会主义革命过渡,并且恰恰是按照我们的力量,按照有觉悟有组织的无产阶级的力量,开始向社会主义革命过渡。我们主张不断革命。我们绝不半途而废。"[①]进一步发展了马克思主义关于不断革命的理论。

列宁和布尔什维克根本不理睬孟什维克那一套争取召集国家杜马(俄国的议会)来实现革命的鬼话,号召工人、大学生,以及其他革命分子立即组织十人到三十人的战斗队,"谁能找到什么就用什么武装起来,用左轮枪、用刀、用浸了煤油的放火布片等武装起来"[②]。

第二国际修正主义者和孟什维克一样,尽量贬低俄国革命的意义。国际社会党执行局委员安塞尔叫道:"难道像俄国这样一些落后的国家会给我们提出我党的策略吗?"这些人从心底里反对革命,反对阶级斗争,非常害怕群众性罢工和武装斗争,所以他们一同起来攻击布尔什维克的革命策略,是一点也不奇怪的。他们为了能够和资产阶级"和平共处",把议会斗争说成是唯一的斗争形式。

---

① 《列宁全集》第9卷,人民出版社,1959年,第221页。

② 《列宁全集》第9卷,人民出版社,1959年,第331页。

尽管修正主义者大叫大闹,但是俄国和其他国家的工人阶级继续沿着革命的道路前进。1905年11月,在奥地利维也纳有二十五万群众举行争取普选权的游行示威。同时在法国的土伦、洛里昂等地,爆发了海军部所属各兵工厂工人的政治大罢工。英国、美国、比利时的罢工运动也接着开展起来。欧洲的资本主义"和平"发展时期结束了。

　　1905年俄国革命在亚洲国家发生了巨大的影响,迅速出现了东方国家的民族解放运动高潮,亚洲也开始觉醒了。同时,帝国主义国家之间争夺殖民地的斗争也加紧起来,国际形势十分紧张。

　　在这种形势下,第二国际于1907年8月在德国斯图加特召开代表大会。这是列宁第一次亲自参加的国际会议。他在大会上和修正主义者展开了面对面的激烈斗争。

　　斯图加特大会是一次规模空前的大会,参加大会的有来自五大洲二十五个国家的八百八十六名代表。在大会上,德国社会民主党的代表团最大,但是其中大部分是修正主义者(伯恩施坦、列金、福尔马尔等人),而像卢森堡这样的左派却受到排挤,她只得以波兰党代表的身份出席大会。德国代表团力图利用自己的地位控制大会,推行修正主义路线。它的企图得到国际社会党执行局的支持,执行局决定由德国代表担任全体会议的主席。这对列宁和第二国际左派是十分不利的。但是,列宁在处于少数的情况下,做了坚决斗争,紧密地团结左派,终于在一些重要问题上打垮了修正主义者,通过了基本正确的决议。为了和左派取得一致意见,列宁曾经在大会期间几次召开左派会议,并和倍倍尔进行个别谈话。

　　在大会讨论的问题中,最重要的是对待战争和军国主义的态度问题。大会成立了专门讨论这个问题的委员会,列宁亲自参加委员会的工作。委员会上提出了四种决议草案,法国的爱尔威主张用罢工和起义反对任何战争。列宁对他这种左倾机会主义观点进行了严厉的批判。列宁指出,爱尔威不懂得战争是资本主义的必然产物,无产阶级对待战争的态度应取决于战争的性质,反对战争的目的不是以和平代替战争,而是以社会主义代替资本主义,所以"问题的实质不在于单纯地防止发动战争,而在于利用战争所产生的危机加速推翻资产阶级"①。法国代表提出另外两个有严重错误的决议草案,同样遭到了列宁和左派代表的反对和批判。

第四个决议草案是倍倍尔代表德国社会民主党提出的。草案指出军国主义是资本主义的产物,战争只有在资本主义制度消灭后才能消除。草案对战争根源的分析是正确的,但是对战争的正义性和非正义性没有区分清楚,而只是在形式上把战争分为"进攻的"和"防御的"。这样就模糊了战争的阶级实质。尤其严重的是,草案只承认议会斗争是反对军国主义和战争的手段,所以连福尔马尔这样的修正主义者对倍倍尔的草案都表示赞成。列宁曾经说,倍倍尔的草案是接近机会主义的。

列宁和卢森堡、蔡特金等人共同研究了倍倍尔的草案,并由他和卢森堡提出修正案。修正案删掉了草案中有关防御战的段落,对草案最后两段话做了原则上的修改,明确规定了无产阶级在战争中的战斗任务:"必须在青年中进行鼓动工作;必须利用战争所引起的危机加速资产阶级的崩溃;必须注意到斗争的方法和手段必然随着阶级斗争的加剧和政治形势的改变而改变。"②修改后的倍倍尔决议草案面目一新,为大会所通过,列宁和左派在反对军国主义和对待战争的问题上取得了重大的胜利。

殖民地问题也是很重要的问题,争论同样是十分激烈的。荷兰代表万·柯尔竟在决议草案中为帝国主义的殖民政策辩护,说什么:"大会并不在原则上和在任何时候都谴责一切的殖民政策,殖民政策在社会主义制度下可以起传播文明的作用。"③伯恩施坦也叫嚷要"监护未开化"的民族,还猛烈地攻击左派,说左派不了解改良的意义,没有切实的殖民纲领,等等。列宁对修正主义分子的叫嚣立刻给予坚决回击,并对万·柯尔

---

① 《列宁全集》第13卷,人民出版社,1959年,第64页。

② 《列宁全集》第13卷,人民出版社,1959年,第75页。

③ 《列宁全集》第13卷,人民出版社,1959年,第70页。

的决议草案提出修正案。列宁尖锐地指出："'社会主义殖民政策'这个概念本身就是荒谬绝伦的。""这个论点实际上等于直接退向资产阶级政策,退向资产阶级的世界观,替殖民战争及野蛮行为辩护。"①经过列宁的坚决斗争,大会的多数代表通过了一个谴责殖民政策的决议,粉碎了修正主义分子为帝国主义殖民政策辩护的阴谋。但是,由于大多数左派还不了解殖民地民族解放运动和无产阶级革命的关系,没有提出民族自决权②问题。这是一个缺陷。

此外,列宁还在大会上批判了"工会中立论"等修正主义观点,指出宣传工会中立实际上是对党实行中立,不接受党的领导,这只能使工人阶级离开社会主义道路,接受资产阶级的影响。

从斯图加特代表大会的讨论中可以看出,一方面,第二国际的各国社会民主党的领导人大多数已陷入机会主义、修正主义的泥坑;另一方面也表明马克思主义革命派正在迅速成长,以列宁为首的革命左派在大会上坚决捍卫马克思主义的革命原则,使大会通过的各项决议基本上都是正确的。

修正主义者对大会上遭到的失败并不甘心,大会刚刚结束,他们就违背大会决议,推行自己的路线。1908年,法国社会党人饶勒斯在党的代表大会上胡说帝国主义军事集团——协约国(英、法、俄三国在1907年最后形成三国协约)是"和平的保障"。德国社会民主党的机会主义者在1907年埃森代表大会上攻击党内左派,并扬言德国社会民主党人在任何战争中都将"保卫祖国",宣扬社会沙文主义观点。在俄国党内也出现了取消派和召回派。③

---

①《列宁全集》第13卷,人民出版社,1959年,第70、71页。

②各民族决定自己命运的权力,这是马克思列宁主义解决民族问题的原则。

③1905年俄国革命失败后,反动政府对人民进行残酷镇压。这时孟什维克公开叛变革命,提出取消秘密的社会民主工党,被称为取消派。与此同时,布尔什维克内部的一部分人,以左的面貌出现,要求召回沙皇议会中的社会民主工党代表,被称为召回派,实际上是变相的取消派。这两派都是俄国社会民主工党中的机会主义派别。

各国的修正主义分子纠合起来反对革命,他们和资产阶级站在一起,又一次对马克思主义的理论基础——辩证唯物主义和历史唯物主义展开进攻。他们公开宣传唯心主义,甚至说无产阶级也需要自己的"宗教"和自己的"神"。

　　1907年,俄国发生了六三政变。沙皇政府在6月3日解散了第二届国家杜马(即议会),工人阶级在议会中的代表被交给法庭审判,流放到辽远边区。接着广大俄国工人阶级也遭到沙皇的血腥镇压,沙皇的大臣斯托雷平在全国布满了绞刑架,成千上万的革命者惨遭杀害。俄国工人运动中的一小撮机会主义分子,在沙皇的屠刀面前惊慌失措,其中一部分人公开投靠沙皇,当了可耻的叛徒,剩下一部分人,跑到合法团体中,制造思想混乱,引诱无产阶级脱离革命,成为阴险狠毒的内奸。当时,出现了一批"时髦"作家,对马克思主义进行"修正"和"批评",辱骂、讥笑革命,宣扬叛徒哲学。其中的代表人物有波格丹诺夫①、卢那察尔斯基②、尤什凯维奇③、瓦连廷诺夫④。他们打着马克思主义的旗帜,疯狂攻击辩证唯物主义和历史唯物主义。

　　为了捍卫马克思主义哲学的纯洁性,列宁对这些修正主义分子进行了坚决的斗争。从1908年到1909年,列宁写了许多文章,揭露批判形形色色的修正主义谬论。1908年,为纪念马克思逝世二十五周年,列宁写了《马克思主义和修正主义》,揭露了修正主义的资产阶级本质,指出了反修斗争对争取无产阶级解放的重大意义。1909年5月,列宁又发表了《唯物主义和经验批判主义》这一具有鲜明党性的著作。在书中,列宁彻

---

　　① 波格丹诺夫(1873—1928),布尔什维克的同路人,1905年混入布尔什维克,曾任"布尔什维克委员会常委局"委员,马赫主义(主观唯心主义)者,俄国哲学上的修正主义的主要代表人物。1909年6月,布尔什维克《无产者报》编辑部宣布和他脱离关系。

　　② 卢那察尔斯基(1875—1933),布尔什维克的同路人,1905年混入布尔什维克,波格丹诺夫集团的重要成员。

　　③ 尤什凯维奇,社会民主党人,孟什维克,马赫主义者。

　　④ 瓦连廷诺夫,社会民主党人,孟什维克,马赫主义者。

底批判了反动的唯心主义,捍卫和发展了马克思主义的理论基础——辩证唯物主义和历史唯物主义。并用共产主义的世界观武装了布尔什维克党和俄国的无产阶级,使他们坚定信心,增强斗志,总结经验,克服困难,将无产阶级革命进行到底!后来,斯大林说:"依据唯物主义的哲学,把从恩格斯到列宁这个时期最重要的科学成就概括起来,并从各方面去批判马克思主义者队伍里的反唯物主义的派别,这是一个极重大的任务……正是列宁在他的《唯物主义和经验批判主义》这部杰作中为自己的时代完成了这个任务。"[①]

1910年8月,列宁参加了第二国际在丹麦哥本哈根召开的代表大会。在大会上,列宁进一步把左派团结在自己的周围,进行斗争,虽然在修正主义占优势的情况下,却通过了基本上有利于国际工人运动的决议。例如,大会重申了斯图加特大会关于反对军国主义决议的论点。

哥本哈根大会结束后,国际形势更加紧张,修正主义的活动也更加猖狂。德国社会民主党巴登议会党团竟然违反党代表大会的决议,投票赞成资产阶级政府的预算。英国社会民主党的代表会议通过了赞成政府扩充海军的决议。修正主义分子的背叛行为,助长了帝国主义国家的备战活动。1911年,德国和法国为了争夺非洲的摩洛哥几乎爆发战争。同年,意大利发动了对土耳其的战争,占领了土耳其的非洲属地的黎波里和昔兰尼加。第二年10月发生了巴尔干半岛战争。世界大战眼看就要爆发了。

面对着这种严重的国际形势,第二国际必须提出自己的主张和办法。1912年11月,在瑞士的巴塞尔召开了非常代表大会。大会专门讨论防止战争威胁问题,并且通过了《巴塞尔宣言》。《巴塞尔宣言》谴责和揭露了帝国主义的战争阴谋和正在酝酿着的战争的侵略实质。《巴塞尔宣言》警告帝国主义分子,如果他们硬要发动战争,人民就会用革命来回答他们。战争引起革命,普法战争引起巴黎公社革命,日俄战争引起俄

---

① 《斯大林全集》第6卷,人民出版社,1956年,第80—81页。

国1905年革命就是例证。

修正主义分子害怕群众的指责，没有胆量在大会上公开反对大会的决议。但在会后，他们完全违背决议的精神，继续重复"保卫祖国""保卫文化"的沙文主义口号，帮助资产阶级政府扩军备战。也有一些修正主义分子和资产阶级和平主义者一起组织和平会议来欺骗群众。1913年5月，社会党人参加了在瑞士伯尔尼召开的法、德议会议员反战代表会议。会议通过决议，要求裁减军备和实行国际调解。这个决议丝毫也不能阻止帝国主义的战备活动，只不过是几句无关痛痒的空话。列宁曾指出，少数小资产阶级民主派是没有力量坚持和保卫和平的，只有工人运动才是和平的保障。①

只有列宁和布尔什维克党始终忠于马克思主义，高举反对帝国主义战争的革命旗帜，为实现巴塞尔大会的决议进行着坚持不懈的斗争。这种革命行动自然要引起第二国际修正主义的疑惧。他们把列宁和布尔什维克党看成眼中钉，千方百计妄图瓦解、溶解这个革命政党。1914年，国际局在布鲁塞尔召开一个所谓恢复俄国党"统一"的大会。会议在考茨基的把持下，竟然通过一个恢复"统一"的决议案，企图强迫布尔什维克和孟什维克取消派调和。布尔什维克拒绝对这一决议案表决。列宁认为同取消派没有任何妥协的余地，坚决反对第二国际修正主义的无理干涉，坚持把这场原则斗争进行到底，从而粉碎了第二国际修正主义的猖狂进攻，使他们的阴谋遭到了彻底失败。

在反对国内外修正主义的斗争中，俄国布尔什维克党内锻炼出一批坚强的无产阶级革命领袖。列宁的亲密战友约瑟夫·维萨奥诺维奇·斯大林（1879—1953）就是在这场斗争中成长起来的。

---

① 参见《列宁全集》第19卷，人民出版社，1959年，第65—66页。

六、第二国际的破产，
列宁为建立第三国际而斗争

　　1914年，第一次世界大战爆发。由于这次战争是英、法、俄和德、奥之间争夺殖民地的侵略性的帝国主义战争，所以无产阶级应该坚决反对这场战争，并利用战争引起的政治危机和经济危机来推动无产阶级革命。第二国际修正主义分子再一次暴露自己的叛徒面目，公开和本国反动政府站在一起，欺骗工人群众和其他劳动人民去为资产阶级的利益卖命。德国工会总委员会竟然在政府宣战的第二天(8月2日)宣布"国内和平"，禁止罢工，并要求工人上前线为帝国主义充当"炮灰"。8月4日，德国社会民主党议员投票赞成政府的军事预算，并且胡说德国进行的是"防御性"战争，因此每一个人都应该"保卫祖国"。更可耻的是，这些人在议会里高呼德国皇帝"万岁"，恭恭敬敬地接受德皇的谢意，根本看不出他们和资产阶级的议员有什么不同。德国社会民主党的领袖还和政府各部门建立了联系，从各方面支持政府，有些人还跑到前线去为政府军队打气。

　　法国社会党人不仅投票赞成政府的军事预算，而且该党领袖盖德和桑巴还在8月26日参加了资产阶级政府，妄想让工人和资产阶级在战争中"合作"，成为资产阶级的正式代理人。

　　国际社会党执行局主席、比利时社会党头目王德威尔得无条件地支持本国政府，并当上了本国资产阶级政府的部长。其他交战国的社会党人也争先恐后地发表支持本国资产阶级政府的声明。尽管各国党内都有一定数量的左派，但是第二国际的大多数领袖、大多数党已经公开背叛了革命，背叛了无产阶级，堕落成为社会沙文主义者。第二国际完全破产了。列宁指出:"第二国际(1889—1914)大多数领袖背叛社会主义的行为,意味着这个国际在思想上政治上的破产。"①当然,第二国际的破产不是社会主义的破产,而是"机会主义和改良主义的破产"②。

为了使革命群众认清形势,列宁写了《第二国际的破产》《机会主义和第二国际的破产》等文章,来揭露第二国际修正主义分子的丑恶面目,揭露他们对待战争所采取的社会沙文主义立场。

列宁指出:"所谓社会沙文主义,我们是指在这次帝国主义战争中承认保卫祖国的思想,拥护社会党人在这次战争中同'本国'资产阶级和政府的联合,拒绝宣传和不去支持无产阶级反对'本国'资产阶级的革命行动,等等。"③列宁还指出:社会沙文主义就是机会主义在帝国主义战争条件下的具体表现,它们有共同的经济基础,有同一的政治思想内容,它们的本质就是用阶级合作代替阶级斗争,反对无产阶级革命和无产阶级专政。

隐蔽的社会沙文主义分子考茨基利用他在第二国际中的地位,竭力为社会沙文主义分子的叛变行为辩护。他说,大家都有权利和义务"保卫祖国"。列宁指出,这种"保卫祖国",实际上是"让法国工人向德国工人开枪,让德国工人向法国工人开枪!"④这是对无产阶级国际主义,对斯图加特决议、巴塞尔宣言的彻底背叛。列宁教导说,在帝国主义战争的情况下,无产阶级唯一正确的行动方针是变帝国主义战争为国内战争,以革命战争反对帝国主义战争。"社会党人应当朝这方面而且只能朝这方面进行工作。"⑤而第二国际的修正主义者是"口头上的社会主义实际上的帝国主义,即机会主义变成了帝国主义"⑥。

---

① 《列宁全集》第21卷,人民出版社,1959年,第2页。

② 《列宁全集》第21卷,人民出版社,1959年,第6—7页。

③ 《列宁全集》第21卷,人民出版社,1959年,第218—219页。

④ 《列宁全集》第21卷,人民出版社,1959年,第196页。

⑤ 《列宁全集》第21卷,人民出版社,1959年,第22页。

⑥ 《列宁全集》第29卷,人民出版社,1956年,第458页。

只有列宁和布尔什维克党才制定了反对帝国主义战争的革命纲领。1914年8月底,列宁在瑞士伯尔尼布尔什维克小组会上宣读了《革命社会民主党在欧洲大战中的任务》,这篇文章很快就在俄国传播开来。10月,布尔什维克党中央的宣言《战争和俄国社会民主党》正式发表了。宣言的中心思想是用革命来结束战争。

　　列宁明确指出:“变现代帝国主义战争为国内战争是唯一正确的无产阶级口号……不管这种转变在某一时刻会遇到多大困难,社会党人决不能放弃在这方面进行有步骤的、坚持不渝的准备工作。”[①]列宁在战争和革命的问题上提出了彻底革命的纲领。为了实现列宁提出的这一革命方针,布尔什维克党进行了积极、大量的工作:在国会中投票反对军事预算,印发传单揭露帝国主义战争的反动实质,在沙皇军队中建立秘密组织,支持前线交战双方的士兵举行联欢,等等。俄国人民的反战运动很快开展起来。

　　第二国际的左派也逐渐认识到社会沙文主义分子的机会主义立场,开始和布尔什维克党站在一起,开展反对帝国主义政府的斗争。1916年,德国社会民主党左派在卡尔·李卜克内西的领导下组成了“斯巴达克团”。同年5月1日,他们发动柏林工人举行了一次反对帝国主义战争的示威,提出“敌人在国内”的口号。

　　在整个战争时期,以列宁和布尔什维克党为首的革命派和第二国际修正主义分子的斗争,从来没有停止过。列宁和布尔什维克党在战争刚爆发时,就准备建立一个革命的第三国际来代替完全破产了的机会主义的第二国际。俄国布尔什维克党中央委员会在1914年11月发表《社会主义国际的状况和任务》的宣言中,正式发出建立第三国际的号召。

　　建立第三国际的中心工作是彻底驳倒修正主义,争取和教育左派。这项工作是十分艰巨的。

　　1915年3月,在布尔什维克党的倡导下,国际社会主义妇女代表会

---

①《列宁全集》第21卷,人民出版社,1959年,第16页。

议在伯尔尼召开了。同年4月，又在伯尔尼举行了国际社会主义青年代表会议。在这两次会议上，布尔什维克党的代表都揭露了社会沙文主义，并且宣传了"变帝国主义战争为国内战争"的主张。虽然这两次会议都没有采纳布尔什维克党的革命口号，但是布尔什维克代表们的活动，提高了各国妇女和青年的国际主义觉悟。

紧接着两次会议后，列宁进一步加紧教育和团结各国左派的工作，积极筹备左派社会党人代表会议。1915年9月，代表会议在伯尔尼附近的一个村庄齐美尔瓦尔得举行。这次会议代表的成分很复杂，有真正的左派，也有中派①分子。列宁把会议上的八个左派代表团结在自己的周围，组成了齐美尔瓦尔得左派集团，为建立第三国际创造了良好前提。在列宁和左派的坚持下，齐美尔瓦尔得会议指出了战争的帝国主义性质，并谴责修正主义分子违背战前第二国际历次大会关于战争的决议的叛变行为。会后，各国党左派进一步和社会沙文主义者决裂。齐美尔瓦尔得左派成立了自己的常务局，并出版德文杂志《先驱》。

1916年4月，齐美尔瓦尔得左派的第二次会议在伯尼尔附近的另一个村庄昆塔尔召开。这次会议上中派的力量虽然还是比较大，但是左派力量已经进一步加强了。在列宁和左派的坚持下，会议通过了谴责国际社会党执行局机会主义立场的决议，但没有采纳布尔什维克关于变帝国主义战争为国内战争的决议案。尽管昆塔尔会议还有缺陷，但它已经表明，建立第三国际的时机进一步成熟。

在这几次国际会议的斗争中，列宁始终坚持反对帝国主义必须和反对机会主义相结合的马克思主义路线，对国际工人运动起了重要的指导作用。

1917年，伟大的十月社会主义革命胜利了。接着，在欧洲的许多国家掀起了一场革命风暴。正是在这场革命风暴中于1919年创立了第三国际。从此国际共产主义运动又进入了新的发展阶段。

---

① 第二国际中以考茨基为代表的修正主义派别。它标榜站在左派和右派之间的"中派"立场，要求保持"党的统一"和党内和平，实际上是让左派放弃革命原则向机会主义投降。

七、第二国际的历史教训

毛泽东指出:"历史的经验值得注意。一个路线,一种观点,要经常讲,反复讲。只给少数人讲不行,要使广大革命群众都知道。"[1]第二国际的历史给我们提供了许多经验教训,对于开展路线斗争教育和开展反对修正主义的斗争,都具有重要的现实意义。

第二国际的历史证明:坚持还是反对无产阶级专政,是马克思主义同无政府主义、修正主义思想反复斗争的焦点,是国际共产主义运动中两条路线反复斗争的焦点,也是划分马克思主义和修正主义的分水岭。第二国际老修正主义和现代修正主义都在这个根本问题上篡改和攻击马克思列宁主义。在反对第二国际修正主义的斗争中,伟大的列宁粉碎了老修正主义的种种谬论,捍卫和发展了马克思主义关于无产阶级专政的学说,并领导俄国无产阶级取得十月社会主义革命的伟大胜利。

通过第二国际的历史,我们更清楚地认识到,无产阶级专政是马克思主义的灵魂。打碎旧的国家机器,建立无产阶级专政,在无产阶级取得政权后,为巩固无产阶级专政而斗争,是每个无产阶级革命战士的首要任务。因此,我们千万不可忘记阶级斗争,千万不可忘记无产阶级专政。

第二国际的历史证明:在无产阶级革命的道路问题上,存在着原则分歧,两个阶级、两条路线的斗争十分激烈、十分尖锐。第二国际修正主义分子是"议会迷",他们疯狂反对暴力革命、武装夺取政权的革命道路。他们为了到反动政府去做官,拼命把革命运动拉向右转,使运动走上资

---

[1]《人民日报》,1968年11月25日。

产阶级改良主义的轨道,正像毛主席指出的那样:"右倾机会主义的特点,就是引导无产阶级适合资产阶级一群一党的私利。"①

暴力革命是无产阶级革命的普遍原则。"枪杆子里面出政权"这个著名论断,高度概括了武装夺取政权的重大意义。从第二国际成立到今天八十多年的历史证明,凡是遵照暴力革命的原则,坚持武装斗争的道路,无产阶级革命就能够取得胜利。俄国革命是这样,中国革命是这样,阿尔巴尼亚、越南、朝鲜等国的革命也都是这样。凡是走第二国际修正主义老路的地方,无产阶级革命都遭到了挫折和失败,这样的例子是很多的。第二国际的历史说明了革命人民掌握枪杆子的重要性。

第二国际的历史证明:"正确的政治的和军事的路线,不是自然地平安地产生和发展起来的,而是从斗争中产生和发展起来的。"②马克思主义从诞生那天起就是在反对各种机会主义的斗争中发展和壮大起来的。第二国际时期曾经出现无政府主义、改良主义和修正主义,但是,通过激烈的斗争,马克思主义一一战胜了这些敌人,而发展到新的阶段——列宁主义阶段。毛泽东继承、捍卫和发展了马克思列宁主义。毛泽东的正确路线和各项无产阶级政策,指引着党不断巩固、壮大。帝国主义、社会帝国主义和我们党内的修正主义都没有把我们搞垮。恰恰相反,每一次正确路线战胜了错误路线,都沉重地打击了国内外的阶级敌人,保证了我们的革命事业胜利前进。

第二国际的历史证明:在原则问题上不能向修正主义者妥协,否则就会造成重大损失。第二国际的一些领袖由于对修正主义采取妥协和纵容的政策,把整个第二国际葬送了,使国际工人运动遭受严重挫折。所以,对修正主义绝对不能抱有任何幻想,必须把反对修正主义的斗争进行到底。毛泽东指出:对于路线问题,必须年年讲,月月讲,天天讲。在路线问题上没有调和的余地。只要坚持马克思列宁主义的革命路线,

---

①《毛泽东选集》第二卷,人民出版社,1964年,第571页。

②《毛泽东选集》第一卷,人民出版社,1964年,第170页。

革命力量即使暂时处于少数,也会迅速发展壮大起来,取得革命的胜利。列宁刚刚参加革命斗争的时候,马克思主义者是少数,第二国际修正主义分子把持了国际工人运动的领导权,气焰很嚣张。但是,马克思主义者在列宁的领导下,坚持无产阶级革命路线,坚持原则,坚持斗争,逐渐成长壮大,终于打垮了修正主义。

20世纪60年代,世界的主要倾向是革命。世界处在革命大变动的过程中,革命形势飞速发展,全世界人民反对帝、修、反斗争的浪潮汹涌澎湃。马克思主义的革命路线,日益深入人心,修正主义的日子越来越不好过,他们的彻底垮台已经为期不远了。

第二国际的历史证明:无产阶级革命事业的敌人总是首先把攻击的矛头对准马克思主义,他们经常采取歪曲、篡改马克思主义的卑鄙手段欺骗群众,以此来达到他们的反革命目的。第二国际的修正主义者们甚至在恩格斯在世时就明目张胆地篡改他的著作。所以,伟大导师列宁在和修正主义论战的许多著作中,都成段地、原原本本地引用马克思、恩格斯的教导,详尽地对比马克思和恩格斯的原话和被篡改以后的句子,使人们能够分清马克思主义的革命路线和修正主义的反革命路线,提高识别真假马克思主义的能力。毛泽东总结了国际的和国内的两条路线斗争的丰富历史经验,号召我们:"认真看书学习,弄通马克思主义。"这是提高广大党员、广大革命人民路线斗争觉悟和理论水平的战略措施,具有极其深远的伟大意义。

第二国际的历史还证明:无产阶级的战斗团结只有在马克思列宁主义的基础上才能实现。当第二国际修正主义者们歪曲和攻击马克思主义的时候,列宁庄严地宣告:"我们完全以马克思的理论为依据","因为革命理论能使一切社会主义者团结起来。"[1]第二国际修正主义者们口头上叫喊"统一""团结",实际上反对和背叛马克思主义,和马克思主义者闹分裂,他们是真正的分裂主义者。正是他们这一小撮,在第一次世

---

① 《列宁全集》第4卷,人民出版社,1958年,第186、187页。

界大战中,公开背叛无产阶级国际团结的原则,为了帝国主义的利益驱使各国无产阶级互相残杀,造成国际无产阶级最严重的分裂。只有和这些分裂主义者划清界限,把他们打倒,并清除出去,才能维护国际工人运动的团结。伟大的列宁在和第二国际分裂主义者们的斗争中,和各国党的左派紧密团结在一起,建立了第三国际,代替已经破产的第二国际。

第三国际成立于1919年3月,它继承了第二国际的工作成果,清除了那些机会主义的、社会沙文主义的、资产阶级和小资产阶级的脏东西,使世界无产阶级革命在"全世界无产者,联合起来!"①的口号下得到了广泛和深入的发展。

修正主义者们和第二国际的老牌修正主义一样,彻底背叛了马克思列宁主义,他们是当代最大的分裂主义者。修正主义者们为了推行他们的修正主义路线,公开干涉别国内政,甚至出兵占领捷克斯洛伐克。他们还在许多共产党内部煽风点火,搞颠覆活动,制造分裂,给国际共产主义运动造成巨大损失。

修正主义的分裂活动,只不过是国际共产主义运动中的一股逆流,它终究会被革命的洪流冲倒,世界无产阶级的革命团结必将进一步加强,当代的分裂主义者们最终都逃不脱身败名裂,自取灭亡的下场。

第二国际的历史经验最后归结到一点:反帝必须反修。第二国际机会主义者们在第一次世界大战爆发以后变成了社会沙文主义者。60年代,苏修叛徒集团也已从修正主义变成了社会帝国主义。他们到处打击、破坏、分裂革命势力,或者用欺骗手段,把一些不明真相的人引上邪路。他们起到了帝国主义所不能起的破坏作用。

---

① 《共产党宣言》,人民出版社,1964年,第58页。